BASTEI
LÜBBE

Erwin K. Scheuch
unter Mitarbeit von Dr. Ute Scheuch

WIE DEUTSCH SIND DIE DEUTSCHEN?

Eine Nation wandelt ihr Gesicht

BASTEI LÜBBE

BASTEI-LÜBBE-TASCHENBUCH
Band 60292

Originalausgabe

Printed in Germany, Juni 1991
Einbandgestaltung: Klaus Blumenberg, Bergisch Gladbach
Titelbild: Dirk Padberg
Satz: Fotosatz Froitzheim, Bonn
Druck und Bindung: Ebner Ulm
ISBN 3-404-60292-7

Professor Dr. Erwin K. Scheuch

Geboren 1928 in Köln. Studium der Volkswirtschaft, Statistik, Sozialpsychologie und Soziologie an der Universität zu Köln und der University of Connecticut/USA. Von 1959–1960 Rockefeller Foundation Fellow an der Columbia University, der University of Michigan, Chicago und Berkeley. 1961 Habilitation in Soziologie in Köln.
Von 1962–1964 Tätigkeit als Hochschullehrer an der Harvard University, seit 1965 Ordinarius in Köln. Gastprofessuren an der Freien Universität Berlin (1965–1966), am Institute for Advanced Study, Princeton (1973–1974), University of Pennsylvania/Philadelphia (1975), Auckland University, New Zealand (1976), Universität Stockholm (1979) und der Ecole des Hautes Etudes en Sciences Sociales, Paris.
Ab 1965 Direktor des Instituts für angewandte Sozialforschung. Ferner Direktor des Zentralarchivs für empirische Sozialforschung und des Seminars für Soziologie, Universität zu Köln.
Professor Scheuch hat als Autor, Mitautor und Herausgeber eine Vielzahl von soziologischen Standardwerken und wissenschaftlichen Veröffentlichungen zu wesentlichen Fragen unserer Zeit publiziert und damit bedeutende Beiträge zur Sozialwissenschaft geleistet.

Dr. Ute Scheuch

Geboren 1943 in Düsseldorf. Zunächst Anwaltsgehilfin und seit 1963 als Pressestenograph beim Deutschlandfunk. Daneben zunächst Abendstudium, dann Studium der Erwachsenenbildung, Soziologie, Psychologie und Geschichte an der Erziehungswissenschaftlichen Fakultät der Universität zu Köln. Diplom 1984 und Promotion 1988.
Dr. Scheuch hat in einer großen Partei verschiedene Wahlämter bekleidet und war in Spitzenpositionen in politischen Verbänden aktiv. Seither hat sie verschiedene Projekte der empirischen Sozialforschung durchgeführt, wobei die Themen aus der Kommunikationsforschung am häufigsten waren.
Dr. Ute Scheuch hat zahlreiche Aufsätze veröffentlicht, vor allem zu den Themen Massenkommunikation, Erwachsenenbildung und zu politischen Themen. 1986 und 1988 erschienen zwei Bücher über Rückmeldungen vom Publikum zum Massenmedium. Gemeinsam mit Prof. Scheuch wurde 1987 »China und Indien – eine soziologische Landvermessung« veröffentlicht. Ein gemeinsames Buch über »Amerikas viele Gesichter« ist in Vorbereitung.

Inhaltsverzeichnis

Tabellen:

Schaubilder

Einleitung

Würde jemand fragen, wie französisch sind die Franzosen oder wie englisch sind die Engländer? In Reaktion auf das Einebnen der Teilung wurde gerade diese Frage im kulturellen Establishment der Bundesrepublik zum Thema.
Die Deutschen sind auch Rheinländer oder Sachsen, auch Westeuropäer – und doch auch deutsch. Das ist vielleicht das Besondere an ihnen, daß sich bei ihnen im institutionell akzeptierten Selbstverständnis nicht ausschließt, was in England und Frankreich als Gegensatz wirkt.
Für ihre Nachbarn sind die Deutschen ein Vexierbild. Mal sind sie das Volk der Dichter und Denker, mal arrogante Bevormunder, an denen die Welt genesen soll. Unter Wilhelm II. galt es als deutsch, militaristisch zu sein, unter Willy Brandt neigte die kulturelle Öffentlichkeit zur Selbstbezichtigung. Auf solche spekulativen und oft mystifizierenden Etikettierungen kann heute verzichtet werden. Für Deutungsbedürfnisse sind Ergebnisse der Sozialforschung verfügbar. Hiernach sind die Menschen dieses Landes ein besonders befriedetes Volk Westeuropas – in vielen Punkten sogar der westeuropäische Durchschnitt.
Nun sind die Deutschen-West schon seit 40 Jahren ziemlich erfolgreiche Demokraten, und innerhalb des vormaligen

Ostens galt die DDR als ein vergleichsweise erfolgreicher Fall von Sozialismus. Kann man solcher Gegensätzlichkeit trauen? Als die Mauer fiel und das Hineinwachsen der vormaligen DDR in die Bundesrepublik zur Gewißheit wurde, gab es im In- und Ausland eine erregte Reaktion des kulturellen Establishments. Diese Diskussion eignet sich für den empirischen Soziologen als ein Gegenstand, an dem sich der Zustand des kulturellen Establishments charakterisieren läßt. Insofern wird diese Diskussion in ihren Grundzügen auch in diesem Buch thematisiert werden müssen.

In den Szenarios für das Hineinwachsen der DDR in die Bundesrepublik wurde ein besonderer Charakter der Deutschen als Gefahrenquelle unterstellt. Dazu gehörte nach der überraschenden Öffnung der Berliner Mauer am 9. November 1989 die Beschwörung eines »Taumels von Nationalismus«, während tatsächlich ein solcher Begeisterungssturm – vor allem im Westen – ausblieb. Schon symbolisch mutete es dann an, daß drei Tage vor der faktischen Wiedervereinigung durch die Wirtschafts-, Währungs- und Sozialunion am 1. Juli 1990 das Schulschiff »Deutschland«, ein Zerstörer der Bundesmarine, aus Altersgründen nach 30 Jahren aus dem Dienst genommen wurde.

Zu den meisten Fragen, die vom kulturellen Establishment für die Öffentlichkeit thematisiert werden, läßt sich mit den Mitteln der empirischen Sozialforschung und den Begriffen der Soziologie wenig sagen. Die folgenden Fragen können aber mit dem Anspruch auf fachliche Kompetenz im Vergleich zur bloßen Meinung behandelt werden – und das sollen Akzente dieses Buches sein:

1. Haben die Deutschen einen besonders rabiaten Nationalismus, den die Nachbarn zu fürchten hätten?

2. Bewirkt ein Hineinwachsen der DDR in die Bundesrepublik, daß die Deutschen sich nun wieder als ein besonderes Volk definieren mit Eigenschaften, die einer Gemeinsamkeit mit seinen Nachbarn entgegenstehen?
3. Stimmt das Bild, das Almond und Verba Ende der fünfziger Jahre in ihrer Untersuchung »The Civic Culture« entwarfen und das eine ganze Generation von Sozialwissenschaftlern insbesondere in den USA beeindruckte: daß die Deutschen kein Verhältnis zur Demokratie haben und deren Grundwerte nicht akzeptieren?

In der internationalen Literatur, auch der sozialwissenschaftlichen, nach 1945 war es üblich, die besondere Geschichte Deutschlands in der Gegenwart aus dem für einmalig erachteten Charakter des Volkes abzuleiten. Das gilt heute noch für Norbert Elias, der zwar den Nationalcharakter als wechselnd und nicht wie üblich als konstant beschreibt, aber doch an einen Nationalcharakter glaubt[1]. Es ist jedoch wenig plausibel, sich bei einer heterogenen Bevölkerung einen einheitlichen Nationalcharakter – wenn auch nur als »sedimentierte Geschichte« – vorzustellen. So ist auch der Nationalsozialismus als Herrschaftssystem durchaus erklärbar ohne die Unterstellung, daß die Mehrzahl der Menschen, vom Nationalsozialismus überzeugt, diese Herrschaftsform gewissermaßen erzwungen hätte – ebensowenig wie man unterstellen muß, daß es eine Mehrheit von »allseits gebildeten sozialistischen Persönlichkeiten« in der Sowjetunion gegeben hat.

Das Buch befaßt sich mit den Deutschen als Bevölkerung. Die Eigenarten Deutschlands als politisches Gebilde und

1. Norbert Elias: »Studien über die Deutschen«, Frankfurt am Main 1989

seine kulturelle Identität lassen sich daraus nicht ableiten. Die Besonderheit Deutschlands zu einem jeweiligen Zeitpunkt folgt nicht aus der Summe der Eigenschaften seiner Menschen. In der sozialwissenschaftlichen Methodenlehre wird bei der Analyse von Gebilden u. a. unterschieden zwischen Kollektiveigenschaften und Aggregateigenschaften. Kollektiveigenschaften bestehen auch bei einem kompletten Austausch der Mitglieder eines Kollektivs weiter. Aggregateigenschaften dagegen ergeben sich aus der Summe der Eigenschaften der einzelnen Einheiten, so daß sich also bei Veränderung in der Zusammensetzung der Personen eines Gebildes auch das Gebilde selbst verändert. Üblicherweise werden die Eigenschaften eines Kollektivs als Aggregatdaten behandelt, also als Konsequenz der Eigenschaften beispielsweise »der Amerikaner« oder »der Deutschen«. Für uns sind dagegen die Besonderheiten der Staaten USA oder Deutschland in erster Linie Kollektiveigenschaften.

Die Besonderheit Deutschlands ist vorwiegend zu suchen in den Institutionen und im Charakter der wechselnden Führungsgruppen[2].

Die übliche Gleichsetzung von Deutschland als kollek-

2. Technisch gesprochen, wird diese Erklärung von Besonderheiten auf der Ebene des Kollektivs mit den aggregierten Eigenschaften der Personen als »ökologischer Fehlschluß« bezeichnet (was mit ökologisch im aktuellen Sinne nichts zu tun hat). Siehe hierzu als »Klassiker« E. L. Thorndike: »On the Fallacy of Imputing the Correlations Found for Groups to the Individuals or Smaller Groups Composing them«. In: American Journal of Psychology, 1939; W. S. Robinson: »Ecological Correlations and the Behavior of Individuals«. In: American Sociological Review, 1950. In der sozialwissenschaftlichen Literatur wird »Kultur«, und dabei insbesondere auch das Normen- und Wertesystem, vorwiegend als Summe der Kollektiveigenschaften behandelt

tivem Akteur mit der Summe der Deutschen ist nur möglich bei einer Mystifizierung der Bevölkerung. Gegen solche Mystifizierungen ist dieses Buch geschrieben. Es ist dem besseren Verständnis der Menschen in Deutschland gewidmet und nur indirekt dem besseren Verständnis Deutschlands.

1. Kapitel: Deutsch = Nation?

1.1. Die modernen Nationalstaaten – Gesellschaften wie nie zuvor

Bei der Behandlung des Themas Nationalgefühl in der Bundesrepublik Deutschland war viel von dem besonderen nationalen Schicksal der Deutschen die Rede. Das ist wahr und falsch zugleich. Wir haben in der Tat ein nationales Schicksal, das sich unterscheidet von dem anderer Völker, aber bei näherem Hinsehen hat eben fast jedes andere Volk sein besonderes nationales Schicksal. Nationale »Sonderwege« gingen beispielsweise das zaristische Rußland und später die kommunistische Sowjetunion, das katholische Spanien, das revolutionäre Frankreich, Italien, die USA oder Australien, und alle diese Sonderwege waren mit Blutvergießen verbunden. »Normale« Nationen als Gegenbild gibt es fast keine, vielmehr sind es gerade die Sonderwege der einzelnen Nationen, die als das Verbindende der europäischen Geschichte bezeichnet werden können[3].

Die Gleichsetzung einer Bevölkerung mit einem Nationalstaat erscheint zu Unrecht heute selbstverständlich. Nicht

3. Klaus Hildebrand: »Der deutsche Eigenweg. Über das Problem der Normalität in der modernen Geschichte Deutschlands und Europas«. In: Manfred Funke, Hans-Adolf Jacobsen, Hans-Helmuth Knütter und Hans-Peter Schwarz (Hg.): »Demokratie und Diktatur. Geist und Gestalt politischer Herrschaft in Deutschland und Europa«. Schriftenreihe der Bundeszentrale für politische Bildung. Bd. 250, Bonn 1987, S. 15–34.

zuletzt wird dies an den Bemühungen der neugegründeten Staaten Afrikas deutlich, sich als politische Organisation eines bestimmten Volkes zu definieren, das in der Realität aus einer meist willkürlichen Versammlung von Stämmen besteht. Umgekehrt zeigen manche Völker, denen die Einheit in einem Nationalstaat verwehrt ist, trotzdem als »Kulturnation« eine außerordentliche Kontinuität[4]. Hierzu finden sich in Geschichte und Gegenwart viele Beispiele. So sind etwa die Kurden in drei Quasi-Nationalstaaten geteilt als Minderheiten in der Türkei, im Irak und im Iran. Die Aserbaidschaner leben in der Sowjetunion, der Türkei und dem Iran, und die Juden vermochten in der Diaspora zwei Jahrtausende lang ihre Identität zu bewahren.

In Polen, in Rumänien, in Ungarn und in der Sowjetunion leben Deutsche, deren Vorfahren bereits vor Jahrhunderten in diese Gebiete ausgewandert waren. Sie hatten das damals arme Deutschland verlassen, um in östlich gelegenen Ländern ein neues, besseres Leben zu beginnen. Nationalistisches Denken oder eine »Germanisierung« ihrer neuen Nachbarn war ihnen fremd, aber das Gefühl, Deutsche zu sein, blieb ihnen trotz unterschiedlicher politischer und wirtschaftlicher Entwicklungen erhalten. Das Bedürfnis der Nachkommen, heute in die Heimat der Vorfahren umzusiedeln, liegt nicht an einem wiedererwachenden deutschen Nationalismus, sondern an den schlechten

4. F. Meinecke, der das Begriffspaar »Kulturnation« und »Staatsnation« prägte, bezeichnet als Kulturnation die politisch-kulturelle Volkseinheit mit dem Bewußtsein gemeinsamer Kultur, welche die Staatsbildung noch vollziehen muß; die Staatsnation ist dagegen eine in gemeinsamer staatlich-politischer Entwicklung gewachsene Nation. In diesem Begriff wird die Bedeutung der staatlichen Leistung für den nationalen Zusammenhang hervorgehoben. Vgl. Friedrich Meinecke: »Weltbürgertum und Nationalstaat«. Neuauflage der 7. Aufl. Berlin 1962

wirtschaftlichen Verhältnissen und dem daraus resultierenden wachsenden politischen Druck durch die Mehrheiten in den bisherigen Heimatländern.

Beim Entstehen der Nationalstaaten in Europa war ein ähnlicher Gegensatz zwischen »Volk« und staatlicher Organisation üblich. »Volk« war damals im 19. Jahrhundert der Gegenbegriff zu der legitimen politischen Organisation nach dem Prinzip der Dynastie. Nur in Ausnahmesituationen und meist nur gewaltsam wurden Volk und Staat deckungsgleich mit dem Nationalstaat, und am ehesten paßte dieser Begriff noch auf die spätere Organisation der Länder Frankreich, Schweden und teilweise England. Das Gegenbeispiel ist die sogenannte Donau-Monarchie als Vielvölkerstaat.

Im heutigen Verständnis gilt ein Vielvölkerstaat als ein unnatürliches Gebilde, aber gerade die Donau-Monarchie ist ein Beispiel für Machbarkeit und Nützlichkeit einer solchen politischen Organisation. Auch die Schweiz ist ein Exempel dafür, daß der Begriff »Volk« als Grundlage für den Nationalstaat weniger selbstverständlich ist, als er in der heutigen Diskussion um das deutsche Volk verwendet wird, nämlich als Zusammentreffen eines Volkes mit einer eigenen Kultur, einer eigenen Sprache und einer eigenen politischen Ordnung. In diesem Sinn war das Deutschland vor dem Ersten Weltkrieg ohnehin kein wirklicher Nationalstaat. Großpreußen umfaßte zwar mehr als ein Volk, aber weniger als alle Deutschen. Einen einzigen zentralistischen Staat deutscher Nation gab es nur innerhalb einer sehr kurzen Zeitspanne: 1938 nach dem Anschluß Österreichs bis zur Niederlage Deutschlands 1945[5].

5. Die militärisch besetzten geschlossenen Siedlungsgebiete der Polen und Tsche-

Der Begriff »Nation« als Einheit von politischer Organisation und Volk hatte speziell im 19. Jahrhundert eine teleologische Zielsetzung. Die Einheit, die man damals empirisch feststellte, versah man mit dem Etikett »Volk«. So wurde in Europa der Begriff »Nation« zu einer Kampfparole gegen die damaligen politischen Ordnungen, die bei fehlender Übereinstimmung von Volk und Staat als illegitim gegenüber den »natürlichen« Ordnungen galten. Ein solcher Nationenbegriff paßte nur auf geschlossene Siedlungsgebiete und hatte für das Durcheinandersiedeln der verschiedenen Völker in weiten Teilen Europas verheerende Folgen. Nach zwei verlorenen Kriegen ist uns das Problem einer wirklich multikulturellen Gesellschaft bis heute erspart geblieben.
Wesentlich für das Entstehen der modernen Nationalstaaten waren die Ideen der Aufklärung mit ihrer Forderung nach einer Einheit aller Menschen. Damit war die Vorstellung verbunden, unbekannte Kulturen und Völker mit fremden Lebensweisen als Teil einer Weltgesellschaft zu begreifen, die nach dem Prinzip der Volkssouveränität zu einem Zusammenwirken aller Nationen organisiert werden sollte. Die Vereinten Nationen sind als ein spätes Kind dieser Vorstellung einer Weltgesellschaft zu verstehen.
»Deutschland? aber wo liegt es? Ich weiß das Land nicht zu finden« heißt es in den »Xenien«[6] von Schiller. Schiller war ein Exponent der deutschen Denker, denen es nicht um einen deutschen Nationalstaat ging. In seinem Fragment »Deutsche Größe« stellt Schiller die Blüte der deutschen

---

chen hatten rechtlich einen Sonderstatus als Generalgouvernement oder Protektorat

6. Friedrich Schiller: »Gedichte und Balladen«. München 1961, S. 193

Kultur um 1800 der politischen Ohnmacht des Deutschen Reiches gegenüber. Deutsches Reich und deutsche Nation seien zweierlei Dinge, und die Größe der deutschen Nation hänge nicht von ihrem politischen Schicksal ab. »Deutsche Nation« war für Schiller eine kulturelle Willensgemeinschaft[7]. Er selbst verstand sich – ähnlich wie Goethe, Wilhelm von Humboldt und Herder – als Weltbürger[8] und trat für ein nationales Selbstbewußtsein ohne Aggressivität gegen andere ein. Heutige Historiker sind sich darüber einig, daß der deutsche Nationalismus zunächst kein politischer, sondern ein Kulturbegriff war[9]. Die Forderung nach einem eigenen Nationalstaat für die Deutschen verbreitete sich erst in den deutschen Befreiungskriegen gegen das napoleonische Frankreich. In Anlehnung an die absolutistischen Fürstenstaaten sollte nun im 19. Jahrhundert an deren Stelle der Nationalstaat treten.

Als eine Besonderheit wird die Entwicklung in Frankreich gesehen, wo die Umgestaltung der Gesellschaft im Sinne eines aufklärerischen Leitbildes von den politischen Instanzen betrieben wurde durch das Zerschlagen aller überkommenen Organisationsformen[10]. Der neue republikanische Staat war ein Monopolist, der nicht duldete, daß zwischen ihn und die Bürger Unterschiede nach Regionen, Religio-

---

7. Friedrich Schiller: Sämtliche Werke, Bd. 1, herausgegeben von Gerhard Fricke und Herbert G. Göpfert, München 1973, S. 473
8. So betonte beispielsweise Johann Wolfgang von Goethe: »Wissenschaft und Kunst gehören der Welt an, und vor ihnen verschwinden die Schranken der Nationalität« (Goethe: »Deutschlands Zukunft«, 13. 11. 1813. In: Bernhard Pollmann (Hg.): »Lesebuch zur deutschen Geschichte«. Bd. II, Dortmund 1984, S. 212)
9. Robert M. Berdahl: »Der deutsche Nationalismus in neuer Sicht«. In: Heinrich August Winkel (Hg.): »Nationalismus«. Königstein 1978, S. 138–154
10. Richard Münch: »Die Kultur der Moderne«. 2 Bände, Frankfurt 1986

nen, Berufsverbänden oder sonstigen kulturellen Besonderheiten traten. Modernisierung äußerte sich somit in Europa nicht nur in einer Erstarkung des Nationengedankens, sondern auch im Herauslösen der Menschen aus »mediatisierenden Instanzen«. Mit »Mediatisierung« meinen Recht und Sozialwissenschaft, daß eine Person nur durch dazwischengeschaltete Instanzen mit anderen Instanzen und dem Staat verbunden ist.

Entsprechend wurde in der Französischen Revolution versucht, die bisherigen Regionen durch eine neue »rationalistische« Einteilung der Departements zu ersetzen, die Kirchen bestenfalls als Privatsache zu belassen und die Berufsverbände zu ignorieren. Der Nationalstaat, beispielhaft in Frankreich und auch England verwirklicht, verstand sich somit als Feind der aus dem Mittelalter überlieferten Ordnungen. In Deutschland dagegen wurde das Prinzip der mediatisierenden Instanzen beibehalten, und man billigte ihnen sogar staatsähnliche Autorität zu beispielsweise in den für Deutschland so kennzeichnenden Gebilden der Industrie- und Handelskammern, der Handwerkskammern, auch der öffentlich-rechtlichen Rundfunkanstalten, der Kirchen, Landschaftsverbände und Berufsgenossenschaften. Aber auch dieser Weg in die Moderne ist nicht typisch deutsch, wie sich an Schweden zeigt.

In der Ausbildung der europäischen Nationalstaaten wird die Spannung zwischen der Realität und dem Begriff der Nation offenbar. Der Prozeß der Nationenbildung vollzog sich als eine Folge charakteristischer Konflikte, die sich aus der Konkurrenz zwischen überkommenen Identitäten und dem Anspruch auf das Monopol aller von diesem neuen Nationalstaat erhobenen Bindungen ergaben und heute noch nachwirken, insbesondere im Parteiensystem europäischer Staaten[11]. Die Parteien verkörpern dabei zum Teil die sich feindlich gegenüberstehenden Lager im Prozeß des »Nation-Building« und sind gewissermaßen eingefrorene Grundkonflikte der Vergangenheit.

Die sich als Gegenpart zum revolutionären Frankreich verstehende deutsche Nationalbewegung bewirkte die Ausbildung einer eigenständigen Nationalideologie, bei der die Nationalbewegung auf die Vergangenheit zurückgriff, in der Deutschland als Reich zeitweise die Vormacht der Christenheit und des Abendlands gewesen war. Dem Nationengedanken der Französischen Revolution wurde so ein aus dem Mittelalter abgeleiteter Nationenbegriff der Deutschen entgegengesetzt, der auf den Ideen der Volksgemeinschaft als einer organisch strukturierten Einheit beruhte und sich mit einer Heilsmission ausstattete[12]. Auch dies war keine deutsche Besonderheit, da es allgemein üblich ist, Abschnitte mit besonderer Strahlkraft aus der Vergangenheit herauszugreifen und für die Gegenwart umzudeuten. Im Fall des deutschen Nationenbegriffs führte

---

11. Der Prozeß der Nationenbildung und die Entwicklung einer Typologie für die Abfolge von »Grundkonflikten« war der zentrale Topos des »Committee on Comparative Politics« der Internationalen Vereinigung für politische Wissenschaft in den späten fünfziger und zu Anfang der sechziger Jahre. Beeinflußt von der Vorstellung Th. Marshalls über die Ausweitung des Bürgerrechts (Extension of Citizenship) und des AGIL-Schemas bei Talcott Parsons, entwickelte Stein Rokkan sein Ablaufschema für die Nationenbildung im modernen Westeuropa. Siehe hierzu Stein Rokkan: »Nation-Building and the Structuring of Mass Politics«. In: S. N. Eisenstadt (Hg.): »Political Sociology. A Reader«. New York/London 1971, S. 393–411; Dankwart Rüstow: »A World of Nations«. Washington 1968; Reinhard Bendix: »Nation Building and Citizenship«. New York 1964
12. Joseph Rovan: »Staat und Nation in der deutschen Geschichte«. In: Werner Weidenfeld (Hg.): »Die Identität der Deutschen«. Schriftenreihe der Bundeszentrale für politische Bildung. Bd. 200, Bonn 1983, S. 244f.

dies allerdings zu einem ziemlich anti-modernen Konglomerat von Gesellschaftsvorstellungen.

Der Philosoph Johann Gottlieb Fichte war der erste prominente Denker in Deutschland, der als Konsequenz aus der Napoleonischen Fremdherrschaft einen selbständigen deutschen Nationalstaat forderte. In seinen »Reden an die deutsche Nation« entwarf er eine Utopie: »Ihr ... seht noch unter euch und um euch herum ein Geschlecht aufblühen, das euch und den Deutschen das rühmlichste Andenken verspricht. Ihr seht im Geiste durch dieses Geschlecht den deutschen Namen sich zum glorreichsten unter allen Völkern erheben, ihr seht diese Nation als Wiedergebärerin und Wiederherstellerin der Welt[13].« Die Besonderheit von Fichtes Vorstellungen lag darin, daß es nicht um die Freiheit der Deutschen als Individuen ging, sondern nur um ihre Freiheit als Angehörige eines »zerrissenen« Volkes[14].

Problematisch in der deutschen politischen Geschichte ist nicht so sehr die Verwendung des Begriffs »national« als die besondere Bedeutung, die in der Romantik das Wort »Volk« erhielt. Was im Englischen mit »the people«, im Französischen mit »peuple«, im Italienischen mit »popolo« oder im Russischen mit »narod« ausgedrückt wird, meint die politische Mehrheit der Bevölkerung, die gegenüber der staatlichen Führung ihren Anspruch auf Mitgestaltung als eigentlicher Souverän anmeldet. In diesem Sinn skan-

13. Johann Gottlieb Fichte: »Rede an die deutsche Nation«. In: Pollmann: »Lesebuch zur deutschen Geschichte«, Bd. II, a.a.O., S. 196–210
14. Zum Freiheitsverständnis der deutschen Idealisten siehe Alexander Schwan: »Deutscher Liberalismus und nationale Frage im 19. Jahrhundert«. In: Funke et. al.: »Demokratie und Diktatur«. a.a.O., S. 46–59

dierte man im November 1989 in der damaligen DDR »Wir sind das Volk«. Diese Bedeutung ist allerdings nicht gemeint, wenn im Zusammenhang mit Nationalismus auf die Bedeutung verwiesen wird, die die deutsche Romantik – vor allem Johann Gottfried Herder, Johann Gottlieb Fichte, Georg Wilhelm Friedrich Hegel, Joseph von Görres und Ernst Moritz Arndt – dem Wort »Volk« verliehen hat. Sie verstanden unter »Volk« die Gemeinschaft gleichempfindender Menschen. Genauere Definitionen sucht man bei ihnen vergeblich. In dieser Tradition sprach nach dem Zweiten Weltkrieg Willy Hellpach vom Volk als Dreiheit »Naturtatsache, geistige Gewalt, Willensschöpfung«[15]. In dieser Tradition der konservativen Romantik ist Volk ein wertgeladener Begriff, den man nicht zum Gegenstand analytischen Denkens machte.

Wilhelm Emil Mühlmann versuchte nun diesen Begriff für die Zwecke der Sozialwissenschaft neutraler zu definieren[16]:

1. Ein Volk sollte als Population nicht zu klein sein.
2. Es sollte die gleiche Sprache sprechen.
3. Es sollte über ein relativ geschlossenes Siedlungsgebiet verfügen.
4. Es sollte eine gemeinsame Geschichte haben.

Von einem Volk in diesem Sinn sollte man beispielsweise nicht sprechen bei den durch Religion gebildeten Gemeinschaften der Japaner, Tibetaner, Burmesen und Thailänder. Laut Mühlmann ist es nicht die reale Geschichte,

---

15. Von Geramb: »Der Volksbegriff in der Geistesgeschichte und Volkskunde«. In: Zeitschrift für Volkskunde, Bd. 50, 1953
16. Wilhelm Emil Mühlmann: »Volk«. In: Wilhelm Bernsdorf: »Wörterbuch der Soziologie«. 2. Aufl., Stuttgart 1969, S. 1248–1252. Siehe auch: W. E. Mühlmann: »Rassen, Ethnien, Kulturen. Moderne Ethnologie«. Neuwied 1964

welche die Identität eines Volkes bestimmt, sondern die »Geschichtslegende«, die das Volk selbst über seine Herkunft erfindet. Demgegenüber sollte der Begriff reserviert werden für die politische Organisation eines Volkes. Und dies ist auch die vorherrschende Praxis in den Sozialwissenschaften.

In der Geschichte war der Begriff »Deutsches Volk« nicht nur wertgeladener, als es beispielsweise Bernsdorf für akzeptabel hält, sondern aggressiv als Bezeichnung für »wahres Volk« oder »unverdorbenes Volk«, im Gegensatz zu der tatsächlichen Bevölkerung. Bevölkerung ist der neutrale Begriff für Menschen, die politisch eine Nation bilden, mit Volk dagegen bezeichnet man die Gemeinschaft, die in unverdorbenem Zustand keine Pluralität aufweist – beispielsweise bei Herder und Hegel. In diesem Sinn wurde der Begriff schließlich auch für die Blut-und-Boden-Mystik der Nazis dienlich gemacht. Die Problematik des deutschen Nationalismus liegt in der Kombination des Nationen- und dieses besonderen Volksbegriffs[17].

Schon bei Fichte ist »Volk« ein mystischer Begriff, bei dem das Individuum nur als Teil eines sittlichen Ganzen verstanden wird, das sich schließlich als Nation entfaltet. Das so romantisierte Volk ist der Bevölkerung überlegen, und nach Fichte kommt den Deutschen dabei eine Art Weltmission zu. Dieser Gedanke artete nach 1848 zu einem »nationalistischen Messianismus« aus (»Am deutschen Wesen soll die Welt genesen«)[18]. Damit löste sich die Idee

17. Hans Freyer: »Der politische Begriff des Volkes«. Jena 1933
18. Helmut L. Müller: »Vaterland versus Muttersprache. Deutsche Schriftsteller und deutsche Nation«. In: Aus Politik und Zeitgeschichte. B 11/82, 20. März 1982, S. 18

der Nation vom Kosmopolitismus und wurde nach Friedrich Meinecke und seiner klassischen Studie »Weltbürgertum und Nationalstaat« erst »für die Zwecke des Staates brauchbar«[19].

Historiker und Publizisten sprachen von einem deutschen »Sonderweg«[20], der allerdings nach Meinung des Historikers Bracher mehr etwas mit einem »deutschen Sonderbewußtsein« zu tun hatte, das sich vor allem in der Abwehr westlicher Ideen artikuliere, aus »überspannten Vorstellungen« eine politische Kraft mache und aus einem Mythos »furchtbare Realität«[21]. Anders als in den meisten westeuropäischen Nationen, insbesondere Frankreich und Großbritannien, wo die freiheitlichen Gedanken in der Glorious Revolution bzw. der Französischen Revolution wurzelten, forderten die deutschen Nationalisten etwas, das man später die »Ideen von 1914« nannte. Darunter verstand man die Verwirklichung vermeintlich speziell deutscher Werte und Institutionen und eines starken, die Gesellschaft beherrschenden, als Gemeinschaft formierenden Staates, dessen Ordnung sich gegen liberale, kapitalistische und demokratische Vorstellungen richtete[22]. Deutschland sollte die »Gemeinschaft aller Stände« sein,

---

19. Friedrich Meinecke: »Weltbürgertum und Nationalstaat« (Friedrich Meinecke Werke Band V), herausgegeben und eingeleitet von Hans Herzfeld, München 1962, S. 51
20. Als Überblick siehe Bernd Faulenbach: »Ideologie des deutschen Weges«. München 1980; ders.: »Deutscher Sonderweg. Zur Geschichte und Problematik einer zentralen Kategorie des deutschen geschichtlichen Bewußtseins«. In: Aus Politik und Zeitgeschichte, B 33/1981, S. 3–21
21. Karl Dietrich Bracher: »Deutscher Sonderweg«. In: Institut für Zeitgeschichte (Hg.): »Deutscher Sonderweg – Mythos oder Realität?« München 1982, S. 46–53
22. Kurt Sontheimer: »Ein deutscher Sonderweg?« In: Weidenfeld, a.a.O., S. 324–335

durch die sich das Staatsleben mit sozialem Gehalt erfüllen würde. Nach Meinung von Max Wundt, des Philosophen des Deutschen, waren Parteien zutiefst »undeutsch«, in denen sich die Individuen zusammenschlossen, um egoistische Interessen zu verfolgen[23].

Nach dem Ersten Weltkrieg wiederholte sich in den politisch und kulturell aktivsten Kreisen eine ähnliche Entwicklung wie nach den Befreiungskriegen gegen Napoleon. Die »Schmach von Versailles« wurde von den nationalistisch gesinnten Kreisen der Weimarer Republik genutzt, um Zweifel am Wertsystem der Sieger zu nähren. Die krisengeschüttelte junge Demokratie wurde systematisch mit moralisierenden Vorbehalten bekämpft, und die Mechanismen der Konfliktregelung in der entstehenden pluralistischen Industriegesellschaft schienen vielen zu kompliziert. Als Antwort propagierten besonders die Nationalsozialisten eine Rückkehr zur Volksgemeinschaft. Die in den »Ideen von 1914« geforderte Unterordnung des einzelnen unter die Gemeinschaft gipfelte nun in der nationalsozialistischen Parole: »Du bist nichts, dein Volk ist alles.« Analog lautete der Unterwerfungsspruch der Kommunisten: »Die Partei hat immer recht.« Das antiwestliche Ressentiment kam von den elitären Nationalbolschewisten, die ein Bündnis empfahlen mit dem »gesunden« Volk der Russen gegen die dekadente Zivilisation des Westens[24]. Richard Löwenthal bezeichnete die geistige Wegbereitung des Nationalismus als den »Aufstand gegen den Westen ...

---

23. Zitiert nach Kurt Sontheimer: »Der ›deutsche Geist‹ als Ideologie. Ein Beitrag zur Theorie vom deutschen Sonderbewußtsein«. In Funke et. al.: »Demokratie und Diktatur«, a.a.O., S. 37f.
24. Otto Ernst Schüddekopf: »Linke Leute von rechts«. Stuttgart 1960

im Geiste einer radikalisierten, utopisch angereicherten und politisch aktivierten Romantik«[25].

Entgegen dem Selbstverständnis der deutschen Nationalbolschewisten und der Ideologen der »Grünen« ist aber die Feindschaft gegen die Moderne ihrem Inhalt nach eine Erscheinung in allen Industriegesellschaften. So liest man über die einflußreiche faschistische Bewegung in Frankreich: »Die rationalistische und mechanistische Welterklärung, welche das europäische Denken seit dem 17. Jahrhundert beherrscht, wird durch eine ›organische‹ ersetzt.« Für die Männer der Generation von 1880 – Le Bon, Barrès, Sorel oder Vacher de Lapouge – ist das Individuum an sich nicht mehr von Wert und das Kollektiv nicht mehr als Summe der Individuen zu begreifen. Diese neue Generation erhob sich heftig gegen den rationalistischen Individualismus der liberalen Gesellschaft, gegen die Auflösung der sozialen Bande in der bürgerlichen Gesellschaft und gegen ihren »Utilitarismus und Materialismus«. Man glaubte an die Subordination des Individuums unter das Kollektiv und die Geschichte[26].

Eine weitere Besonderheit des »Nation-Building« in Deutschland ist – neben dem Weiterleben mittelalterlicher mediatisierender Instanzen – das »Sonderbewußtsein« der Deutschen, die ihre Mittellage in der europäischen Mächtekonstellation des 19. Jahrhunderts als Gefährdung ansahen und die deutsche Einheit gegen äußere Feinde

---

25. Richard Löwenthal: »Romantischer Rückfall«. Stuttgart 1970, S. 24
26. Zeev Sternhell, in: Le Débat, No. 32 (1985). Ein Kernstück dieser Vorstellung ist die Planwirtschaft, denn diese bedeutet den »Sieg des Politischen über das Ökonomische«, ebenda. Siehe auch Sternhell: »Ni droite, ni gauche«. Editions du Seuil, Paris 1983; ferner ders.: »Les Origines françaises du Fascisme«, Paris 1978

erkämpfen zu müssen glaubten. Charakteristisch für diese Politik war es, für die Proklamation des Deutschen Reichs im Jahre 1871 den Spiegelsaal im Versailler Schloß zu wählen[27]. Diesen symbolträchtigen Akt an einem für die Besiegten sakralen Ort besiegeln zu lassen, mußte das Mißtrauen der europäischen Mächte verstärken. Insofern hatte die Reichsgründung einen aggressiven Charakter, bei dem das Selbstbewußtsein der deutschen Nation durch die Demütigung der Verlierer gestärkt werden sollte.

Die Lage der deutschen Nation blieb in der Folge labil und bedrohlich[28]. Ihre Niederlage von 1918, die in politisch und kulturell führenden Kreisen zur Folge eines Verrats umgedeutet wurde, gab den Siegermächten Frankreich und England erst die Möglichkeit zum Haß-Frieden von Versailles, der neben seinem törichten Inhalt in der Inszenierung der demütigenden Szene von 1871 entsprach[29].

Das Verstoßen des Deutschen Reiches aus dem Kreis der Mächte konnte sich verbinden mit einer geistig-politischen Tradition, in der Deutschland seine Identität in der Zurückweisung westlicher Werte gewann. Die Konsequenz war, daß ein sogenannter dritter Weg eingeschlagen wurde,

---

27. Rudolf Vierhaus: »Historische Entwicklungslinien deutscher Identität«. In: »Die Frage nach der deutschen Identität«. Ergebnisse einer Fachtagung der Bundeszentrale für politische Bildung. Schriftenreihe der Bundeszentrale für politische Bildung. Bd. 221. Bonn 1985
28. Michael Stürmer: »Das ruhelose Reich. Deutschland 1866–1918«. Berlin 1983, S. 186ff.
29. Die von England und Frankreich zum großen Teil gegen die USA durchgesetzten Friedensverträge erwiesen sich als etwa ebenso furchtbar in ihren Auswirkungen wie der Erste Weltkrieg. Wenn schon durch die Friedensverträge von St. Germain-en-Laye, Neuilly und Trianon schwere Konflikte vorprogrammiert waren, so gilt dies in noch viel größerem Maße für die Regelungen im Nahen Osten nach dem Friedensvertrag von Sèvres.

ein Weg der Neutralität und Unentschiedenheit, mit dem man sich den großen Konfrontationen der Zeit entzog. Dieser Unentschiedenheit der Deutschen entsprach – wie Hildebrand unterstrich – ein unberechenbares Entscheidungsverhalten[30]. Die Distanz gegenüber dem Wertsystem des Westens bestimmte auch in der Weimarer Republik die – verhängnisvolle – Suche der Kulturintelligenz nach einer erneuten Mittlerposition zwischen Ost und West[31].

Die Idee von einem »Sonderweg« des deutschen Volkes und seines Staates wurde bis 1945 von den meisten Historikern und Publizisten positiv bewertet. Nach Carl Schmitt, Ernst Forsthoff und Hans Freyer – um drei für diese Richtung repräsentative Vertreter zu nennen – bestand der Vorzug des deutschen Sonderwegs darin, noch eine »Volksgemeinschaft« herstellen zu können und deshalb keinen parlamentarischen Pluralismus zu benötigen[32]. Erst nach 1945 beurteilten die meisten Historiker gerade die Abkehr von den westlichen liberalen Werten als die Ursache für die verhängnisvolle innere und äußere Entwicklung Deutschlands[33]. Allerdings ist Hildebrand wohl zuzustimmen, wenn er weniger von einem deutschen »Sonderweg« als von einem »Sonderfall« ausgeht, den Hitler repräsentierte und der zur vorläufigen Zerstörung der Einheit der deutschen Nation führte[34].

---

30. Hildebrand, a.a.O., S. 28ff.
31. Weidenfeld, a.a.O., S. 25
32. Bezeichnenderweise übernahm die Neue Linke – wie Habermas in seiner Habilitationsschrift »Strukturwandel der Öffentlichkeit« (2. durchgesehene Aufl., Neuwied 1965) darlegte – die Parlamentarismuskritik von Forsthoff und Schmitt
33. Sontheimer, a.a.O.
34. Hildebrand, a.a.O., S. 30f.

Der für die Nationenbildung in Westeuropa bitterste und für den Charakter der daraus resultierenden Staaten wichtigste Konflikt war der um die Legitimität des staatlichen Anspruchs auf das Monopol der Loyalität seiner Bürger. Dieser Konflikt wurde im Deutschen Reich zum zentralen Thema im sogenannten »Kulturkampf«. Das Reich förderte das Luthertum, das Kirche und Nationalstaat als deckungsgleich verstand, während sich im Katholizismus ein der Nation feindliches kosmopolitisches Prinzip ausdrückte, wie das politische Schimpfwort »ultramontan« zeigte[35]. Die Schärfe des Konflikts kann daran abgelesen werden, daß die preußische Regierung den Kardinal von Köln ins Gefängnis einwies – es war das letzte Mal, daß ein Kardinal in Deutschland gefangengesetzt wurde[36], und das Ergebnis dieser Auseinandersetzungen war zum einen die Zentrumspartei, zum anderen die Diskriminierung der Katholiken in der deutschen Führungsschicht, die dadurch noch preußischer wurde.
Ohne diese Dramatik verlief der Konflikt um die Ausgrenzung der Wirtschaft aus den überkommenen Ordnungen. In der mittelalterlichen Gesellschaft war das Wirtschaften korporatistisch organisiert gewesen. Die Märkte hatten im wesentlichen nur die Funktion, »Spitzen« auszugleichen. Arbeitszeiten, Arbeitsinhalte, Löhne, die Warenqualität, die Preise und Mengen oblagen im Grundsatz der Entscheidung von Korporationen und politischen Instanzen. Deren Jurisdiktion ging so weit, daß auch der Verbrauch reglementiert werden konnte, wie etwa bei den Verordnungen

35. Alexander Schwan, a.a.O., S. 51
36. Ernst Heinen: »Staatliche Macht und Katholizismus in Deutschland«. 1. Band: bis 1867. Paderborn 1969. 2. Band: 1867 bis 1914. Paderborn 1979

über den Umfang von Hochzeitsmählern oder die nach Steuerklassen geregelte Kleidung[37]. Diese in ihren Ursprüngen mittelalterlichen Ordnungen, dieses Abschotten wirtschaftlicher Abläufe vom reinen Marktgeschehen wurden in Deutschland erst nach dem Zweiten Weltkrieg – und da nur in der Bundesrepublik – zurückgedrängt. Bis in die Nachkriegszeit hinein hatten berufsständische Organisationen mediatisierende Gewalt über die wirtschaftliche Tätigkeit ihrer Mitglieder, zum Teil durch eine Zwangsmitgliedschaft. Es gab Zugangsbeschränkungen zu den Gewerben und eine Reglementierung der Formen des Wettbewerbs. Und nicht zuletzt war Deutschland das klassische Land der Kartelle. Die Marktwirtschaft war hier eine bedeutende Innovation, von Minderheiten um Ludwig Erhard und Alfred Müller-Armack gegen die Mehrheit selbst der CDU handstreichartig durchgesetzt. Ein wenig liberales Erbe war in der Bundesrepublik aufzuarbeiten.

Intellektuelle des 19. Jahrhunderts waren meist gegen das Herauslösen wirtschaftlicher Tätigkeit aus den überkommenen Ordnungen. Beispielhaft ist hier die Forderung von Durkheim, die Gesellschaft politisch nach »natürlichen« wirtschaftlichen Einheiten zu gliedern. Als solche natürlichen Einheiten galten die Berufsstände, und auch das politische Leben sollte sich um die Gemeinschaftlichkeiten beruflicher Erfahrungen und Interessen organisieren. Theoretisch wurde diese Vorstellung in den »Fasces« des italienischen Faschismus weitergeführt, ist aber auch Leitbild für die päpstlichen Enzykliken »Rerum Novarum« und

37. Beispiele – wie die Kleiderordnung von Kiel oder die Hochzeitsordnung von Lübeck – bringen Karl Martin Bolte und S. Hradil: »Soziale Ungleichheit«. Opladen 1984

»Quadragesimo Anno«, die berufsständischen Vorstellungen von Ottmar Spann und die rätedemokratischen Ideen der extremen Linken. Den »dritten Weg« gab es nach Lipset von extrem rechts bis extrem links[38]; und wenn der Nationalsozialismus überhaupt eine wirtschaftliche Ordnungsvorstellung hatte, bestand diese in einer Mischung von berufsständischer Ordnung und Kriegswirtschaft.
Einer der wichtigsten Konflikte im Prozeß der Nationenbildung Europas war der Gegensatz zwischen Zentrum und Peripherie. Für Deutschland fiel die Entscheidung darüber bereits in der Paulskirche[39]. Damals waren die fortgeschrittensten Teile des Deutschen Reiches – d. h. die südwestlichen und die westdeutschen urbanisierten Gebiete und damit das Zentrum im Sinne von Rokkan – für eine großdeutsche Lösung, was die beiden militärischen Großmächte des Reiches jedoch als gegen ihre Interessen gerichtet empfanden. So wurde »Kleindeutschland« von dem wirtschaftlich, kulturell und sozial weniger entwickelten – in Ostelbien sogar unterentwickelten und damit periphären – Preußen organisiert. Daraus folgte ein Zweites Deutsches Reich als ein Großpreußen mit oppositionellen Regionen wie Bayern, der Rheinprovinz und später Schleswig-Holstein. Die wirtschaftliche Peripherie hatte so das Zentrum überwunden[40] und eine Führungsschicht hervorgebracht, die mit der Moderne Schwierigkeiten hatte. Dieser Gegen-

---

38. Vgl. Martin Seymour Lipset: »Political Man«, London, 2. Aufl. 1983, darin Kapitel 5: »Fascism – Left, Right and Center«
39. Heinrich Best: »Interessenpolitik und nationale Integration 1848/49«. Göttingen 1980
40. Heinrich Best: »Die Männer von Bildung und Besitz – Struktur und Handeln parlamentarischer Führungsgruppen in Deutschland und Frankreich«. Düsseldorf 1990

satz zwischen zentralen und peripheren Gebieten gefror im deutschen Parteiensystem in der Bayerischen Volkspartei, dem Rheinischen Zentrum und viel später in der Ausbreitungsphase des Nationalsozialismus in Schleswig-Holstein.
Im Gegensatz zu Frankreich, wo die Revolution die überkommene regionale Gliederung zerschlagen und durch die künstlichen Departements ersetzt hatte, blieb das Deutsche Reich auch nach dem Ersten Weltkrieg ein föderales Gebilde. Die Dauerkoalition der Parteien SPD und Zentrum während der Weimarer Republik war eine Art Sieg der politischen Peripherie über das Zentrum, d. h. der Koalition westlicher und südlicher Landesteile gegen den altpreußischen Kern des Zweiten Reiches. Die Führungskreise der Weimarer Republik sahen jedoch in der föderalen Eigenständigkeit dieser Landesteile ein Problem.
In der Bundesrepublik Deutschland setzte sich endgültig die föderale Gliederung als ein Organisationsprinzip durch – ihre spätere Stärke entsprach allerdings nicht dem Willen der damaligen Mehrheit im Parlamentarischen Rat, denn der zum Grundgesetz erhobene Föderalismus war durch die Besatzungsmächte aufgezwungen. Die westlichen Alliierten und führende Kreise Deutschlands sahen in einer Stärkung der regionalen Kompetenzen eine willkommene Schwächung des Gesamtstaates. In der Deutschen Demokratischen Republik dagegen konnten die zentralistischen Kräfte der Sozialistischen Einheitspartei die Zerschlagung der verbliebenen regionalen Strukturen durchsetzen.
Die drei großen Konflikte der Nationenbildung in Europa – Legitimität, Ausgrenzung der Wirtschaft und Zentrum/Peripherie – wurden in der Bundesrepublik Deutschland anders befriedet als bei vorherigen staatlichen Organisationen für Deutsche – eine Gnade der »späten Geburt«.

- Der Legimitätskonflikt hat sich durch Säkularisierung der Gesellschaft politisch erledigt, wobei die Kirchen zu staatlich geförderten Kulturinstituten geworden sind.
- Erstmals in der Geschichte Deutschlands beschränkte sich die politische Ordnung offiziell – allerdings keinesfalls praktisch – auf die Kontrolle der Rahmenbedingungen für die wirtschaftliche Eigendynamik.
- Der Gegensatz Zentrum/Peripherie wurde neutralisiert durch die Ausgliederung des Zentrums bei der Teilung Deutschlands. Was früher »zentral« war, war nun staatliche Tradition der DDR, komplettiert mit der Pflege preußischer Ideologie. Die Bundesrepublik wurde bestimmt durch die liberaleren Fraktionen der Peripherie.

Die Ablehnung eines »deutschen Sonderweges« oder »Sonderbewußtseins« hatte sich nach 1945 in beiden Teilen Deutschlands durchgesetzt: in der DDR durch die Behauptung, nur eine sozialistische Wirtschafts- und Gesellschaftsordnung sei ein sicherer Garant für die endgültige Abkehr Deutschlands vom verhängnisvollen Weg seiner im »Faschismus« kulminierenden nationalen Entwicklung; in der Bundesrepublik durch die Rückkehr zu den bereits in der Weimarer Republik verfassungsrechtlich verankerten Prinzipien einer freiheitlichen Demokratie mit ihrer naturrechtlichen, aufklärerischen und liberalen Tradition[41].

Wie ersichtlich, gab es in Westeuropa mehr als einen Weg zur heutigen Moderne, und zwischen den verschiedenen Ländern bleibt – bei aller Familienähnlichkeit – eine deutliche Unterschiedlichkeit bestehen. Das ist auch das Leitmotiv der vergleichenden Untersuchung von Richard

41. Sontheimer, a.a.O., S. 331f.

München, der auf die Besonderheiten der Entwicklung zur Moderne hin in England (dem ersten Land), den USA (dem Land mit der ältesten republikanischen Verfassung), Frankreich und Deutschland hinweist[42]. Dennoch ist allen diesen Ländern gemein, daß auf der Alltagsebene die vorbehaltlose Identifizierung zwischen Kollektiven und Individuen verblaßt und in ihren Loyalitäten problematisch wird. Heute sehen wir, daß der Versuch der Führungsgruppen von Nationalstaaten, Zwischeninstanzen zu zerschlagen, nicht so erfolgreich war wie angenommen. Das ist für unsere Argumente und den gesamten Text von zentraler Bedeutung. Der Nationalstaat als Ebene der Entscheidung, als Ordnungselement, verliert nicht nur an Bedeutung durch übernationale Verflechtungen, sondern auch durch das Wiederbeleben regionaler und korporatistischer Bezüge. Die Deutschen brauchen dabei weniger Lernarbeit oder Umstellung als manche ihrer Nachbarn. Aber selbst im seit Jahrhunderten zentralistisch regierten Frankreich ist es wieder zu einer Belebung der regionalen Kulturen und der regionalistischen Selbstbehauptungen gekommen[43]. Im Falle des in Wirklichkeit gar nicht Vereinigten Königreichs Großbritannien, in dem die Engländer an den Schotten und Iren einen kulturellen Genozid versuchten, wirkt sich dieses im Erstarken von Antagonismen aus, sonst aber in der Ausbildung von Mehrfach-Identitäten.

---

42. Richard Münch: »Die Struktur der Moderne«. Frankfurt 1984; ders.: »Die Kultur der Moderne«, 2 Bände, Frankfurt 1986 (a.a.O.)
43. Alfred Grosser: »Frankreich, die Bundesrepublik und das Problem der Nation in Europa«. In: Funke et. al. (Hg.): »Demokratie und Diktatur«, a.a.O., S. 417–423, hier S. 420. Wie sehr die Unterschiede der Sozialstruktur, die vor der Zentralisierung im Gebiet des heutigen Frankreich bestanden, bis in die Gegenwart weiterwirken, zeigen Hervé Le Bras und Emmanuel Todd: »L'invention de la France. Atlas anthropologique et politique«. Paris 1981

Italien ist wie Deutschland spät geeint und ungeachtet einer zentralistischen Tradition in der Staatsauffassung offensichtlich eine Föderation von Landschaften. Wie wenig hier der Nationalstaat einebnend wirkte, zeigt eine Befragung in der Reihe der Eurobarometer-Untersuchungen der EG-Kommission, die nach dem Vertrauen fragte, das man in die eigene Nation und in die der Nachbarn habe. In keinem Land der Gemeinschaft differierten nach Region die Werte so stark wie in Italien, und die Binnenvariation war dort größer als die Unterschiede im Urteil der Italiener zu den anderen Kernländern der EG.

Tabelle 1: Das Vertrauen der Italiener zum eigenen Volk; nach Landesteilen geordnet[44]

	Viel Vertrauen %	Einiges Vertrauen %	Wenig Vertrauen %	Gar kein Vertrauen %	Keine Antwort %	Index
Italien insgesamt	16	47	30	5	2	.33
Nordwesten	16	53	23	3	5	.50
Nordosten	15	55	27	2	1	.45
Zentrum	21	44	27	7	1	.37
Süden	16	40	39	5	.	.19
Inseln	12	39	35	11	3	.04

(Die Index-Werte, bei denen die Aussage über Vertrauen in Bezug gesetzt wird zum Mißtrauen, können zwischen 1 – totales Vertrauen – und 0 – kein Vertrauen – schwanken.)

44. Eurobarometer Juni 1986, Brüssel, S. 48

Die in dieser Tabelle ausgewiesenen Unterschiede sind im Zeitablauf stabil geblieben, drücken also eine Eigenschaft Italiens als Gemeinwesen aus. Insgesamt jedoch steigt überall in Europa – so auch in Italien – in den letzten Jahrzehnten die Zufriedenheit mit sich und den Nachbarn, ohne daß die internen Unterschiede innerhalb der Länder dadurch geringer würden.

Mit den Italienern, die sich auch als Piemonteser oder Sizilianer verstehen, teilen die Deutschen, daß sie sich auch bisher schon als gute Schleswig-Holsteiner oder Bayern und ebenso als Deutsche fühlen können. Der Versuch, in der DDR einen Mini-Nationalstaat durchzusetzen, der in der Ersetzung des Begriffs der deutschen Nation durch sozialistische Nation gipfelte, erwies sich im Moment der Wiedervereinigung als gescheitert. Es gab keine Nation der DDR, wohl aber beispielsweise Sachsen, und in Sachsen gab es gute oder auch weniger gute Deutsche.

Zur Konzeption der Mehrfach-Identitäten gibt es nur eine empirische Arbeit aus der Schweiz[45]. Die allgemeine Thematik dieser Schrift ist: Welche Bedeutung hat heute der nationale Horizont gegenüber den anderen territorialen Horizonten in den verschiedenen Gruppen der Bevölkerung? In der Schweiz wird bekanntlich der Föderalismus verstärkt und teilweise überlagert durch die Sprachregion als Zwischeneinheit zwischen nationaler Ebene und Kanton. Allgemein ist die wichtigste Ebene der Identifikation für die Schweizer die Nation – mit der Ausnahme der italienisch sprechenden Schweizer, die sich in erster Linie mit ihrem Kanton identifizieren, was ja weitgehend mit dem

---

45. Hans-Peter Meier-Dallach, Rolf Ritschard und Rolf Nef: »Nationale Identität – ein Faß ohne empirischen Boden?« Zürich 1990

Sprachgebiet zusammenfällt. Für die deutschsprachigen Schweizer – die große Majorität – sind weitere Identifikationsebenen in der folgenden Reihenfolge wichtig: 1. der Wohnort, 2. der Kanton, 3. das Sprachgebiet und 4. die Region.

Das Sprachgebiet ist dagegen die wichtigste Bezugsebene für die französischsprachigen Schweizer – vor Wohnort, Kanton und Region. Mit Abstand nennen alle Schweizer danach erst Europa[46]. Dieses Ergebnis wird theoretisch so gedeutet, daß »eine sozialwissenschaftliche Theorie nationaler Identität ... auf drei konzeptionellen Elementen« aufbaut:

1. nationale Identität als Größe im politisch-ökonomischen System
2. nationale Identität als dynamische Größe im Ereignisverlauf
3. nationale Identität als Größe im Alltagsbewußtsein und -handeln[47]. Der nationalen Identität kommt nach Meinung der Autoren ein gewisser Vorrang vor den anderen Identitäten zu, weil hier allein klare Grenzen gezogen sind zwischen »denen da draußen« und »wir hier drinnen«.

Die verschiedenen Identifikationsebenen stehen in einem Spannungsverhältnis zueinander, bei dem die nationale Identität in der Moderne nach Einschätzung der Autoren sowohl unter- als auch überlagert wird. Gemeint ist, daß die nationale Identität in Konflikt geraten kann mit dem Kanton bzw. der Region als kulturellem Kollektiv und den internationalen Einbindungen in Europa. »Nationale Identität ist weder eine statische Größe noch mechanisch durch

46. ebenda, S. 8
47. ebenda, S. 55

bestimmte Konstellationen determiniert. In bestimmten Stadien der gesellschaftlichen Entwicklung gewinnt die nationale Identität einen selbständigen und besonders bei den Eliten einen strategischen Stellenwert[48].«
Dabei ist zu bedenken, daß die Schweiz zwar eine der ältesten Nationen überhaupt ist, daß aber die noch älteren Identitäten des Sprachgebietes, des Kantons und des Wohnortes von ungebrochener Bedeutung sind. Zugleich sind bei den Außenbeziehungen die nationalen Identitäten intakt, was beispielsweise an der Verteidigungsbereitschaft der Schweizer während des Zweiten Weltkrieges deutlich wurde.
Die Europäische Gemeinschaft verstärkt nicht nur die gegenseitigen Verflechtungen, sondern will zugleich das Europa der Regionen bauen helfen. Wenn nun die DDR in die Bundesrepublik Deutschland hineinwächst, und wenn diese Bundesrepublik sich versteht als Teil des westeuropäischen Zusammenhangs, dann wird nicht vorrangig der Nationalstaat wiedervereinigt – wie das Kritiker durchweg unterstellen –, sondern auch Europa um einige Regionen erweitert.
Die Größenordnungen werden sich verschieben und dabei viele Befürchtungen vor einem überstarken Deutschland relativieren, denn es wachsen nicht nur knapp 17 Millionen Bewohner der ehemaligen DDR in die Bundesrepublik hinein, sondern auch in ein Europa von über 320 Millionen Europäern. In einem solchen Verband von dann etwa 340 Millionen Menschen wird das föderalistische Deutschland ein wichtiges Land unter anderen sein – aber eben kein Großdeutschland. Die Bewohner des Gebietes der

48. ebenda, S. 64

ehemaligen DDR sind Deutsche, die auf westeuropäische Weise in Freiheit leben wollen, und nicht Deutschtum ist gefragt, sondern ein »Western European Way of Life«.

1.2. Schwierigkeiten mit der Modernität als Kultur

Die Bundesrepublik Deutschland ist zweifellos eine moderne Gesellschaft, und doch wird immer wieder behauptet – beispielsweise von Dahrendorf –, die Deutschen selbst seien unmodern, ungeachtet ihrer zeitgemäß funktionierenden Institutionen[49]. Tatsächlich ist bei Umfragen unverkennbar, daß die Deutschen ambivalent sind gegenüber Entwicklungen und Institutionen, die in der sozialwissenschaftlichen Literatur als kennzeichnend für Modernität gelten[50]. Ob alles, was den Deutschen als Mangel an Modernität vorgeworfen wird – wie etwa ihre starken korporatistischen Organisationen –, tatsächlich unmodern ist, sei erst später erörtert. Was ausländische Beobachter zu dieser Diagnose führt, ist die deutsche »Kulturkritik«, die früher eher rechts, heute aber eher links orientiert ist und in der Konstanz ihrer Topoi etwas ebenso Einmaliges hat wie die Feuilletons deutschsprachiger Zeitungen, die Arenen dieser permanenten Gesellschaftskritik[51].

---

49. Ralf Dahrendorf: »Gesellschaft und Demokratie in Deutschland«. München, Neuaufl. 1968
50. Erwin K. Scheuch: »Politischer Extremismus in der Bundesrepublik«. In: Richard Löwenthal und Hans-Peter Schwarz (Hg.): »Die zweite Republik. 25 Jahre Bundesrepublik Deutschland – eine Bilanz«. Stuttgart 1974
51. Siehe hierzu auch: Erwin K. Scheuch: »Eine Gesellschaft wie nie zuvor«. In: Hans Spatzenegger (Hg.): »Freiheit, Gleichheit, Brüderlichkeit. Die Ideale der Französischen Revolution – was ist aus ihnen geworden?« Salzburg 1989, S. 143–167

(1) Kulturkritik als Institution

Seit die Industrialisierung zu einem gewissen Massenwohlstand führte, nimmt das Klagen der Kulturberufe in Deutschland über eine schreckliche Zukunft kein Ende[52]. Da war zunächst die Sorge über die Kommerzialisierung aller Lebensbereiche, die vordem angeblich durch gemeinschaftliche Bindungen und kulturelle Ansprüche geprägt waren. Amerika erschien in den zwanziger Jahren als das Schreckbild einer solchen kommerzialisierten Zivilisation, die den Untergang aller hohen kulturellen Werte zur Folge haben mußte[53]. Daß gleichzeitig in Amerika die Produktion anspruchsvoller Buchtitel wuchs, daß die Zahl der Museen explodierte, daß auch mittlere Städte ein Theater und ein Konzertorchester bekamen, daß also die hohe Kultur ein Wachstumsbereich war, wurde übersehen – aus einem wichtigen Grund, von dem später noch die Rede sein wird.

In den USA trat der »common man«, also der »kleine Mann«, mit seinen Ansprüchen und seinem Geschmack zuerst in die Öffentlichkeit, statt sich auf Lokalebene weitgehend unsichtbar mit sich selbst zu beschäftigen[54]. Eine ähnliche Entwicklung setzte sich später in Europa durch, während beispielsweise in Drittweltländern wie Indien das Geschehen in den Großstädten unbeeinflußt blieb vom

52. Vgl. Nikolaus Lobkowitz (Hg.): »Irrwege der Angst«. Köln 1983
53. Beispielsweise in den Schriften von Oswald Spengler (aus den zwanziger Jahren), der im vermeintlichen Niedergang der nicht-kommerzialisierten Kultur das Kriterium für den Untergang des Abendlandes sah und in Rußland den Träger einer neuen Kultur vermutete.
54. Siehe hierzu Erwin K. und Ute Scheuch: »Amerikas viele Gesichter«. Köln 1991

Leben auf dem Dorf. In Indien lebt die brahmanische Oberschicht ihre Geistigkeit aus, ohne zur Kenntnis nehmen zu müssen, daß die Lebensweise der großen Mehrheit wenig mit einer solch vergeistigten Schau der Dinge zu tun hat[55].

Die erste große Klagewelle, die in Deutschland zur Tradition der Kulturkritik führte, entstand in Wirklichkeit aus der Trauer darüber, daß Menschen, die bisher nicht zählten, nun beachtet werden mußten und das öffentliche Leben mitbestimmten. Das führte in der ersten Phase dieser Kulturkritik zu der These, in der Zukunft werde die bisher angeblich aus Persönlichkeiten bestehende Gesellschaft ersetzt durch die Gesellschaft der gesichtslosen Massen[56]. Ortega y Gasset galt unseren Kulturberufen in den dreißiger bis sechziger Jahren als der Prophet dieser Zukunft. Film, Radio und dann erst recht das Fernsehen waren für Jahrzehnte den kulturkritischen Begleitchören ein Beweis für die Richtigkeit ihrer These von der Vermassung. Es traf ja auch zu, daß die Bürger etwa 40 Prozent ihrer freien Zeit an Wochentagen vor dem Fernsehapparat und seinen damals nur zwei Programmen verbrachten. Aber der Augenschein führte in die Irre: Sobald mehr Wahlmöglichkeiten beim Fernseher bestanden, wurde auch deutlich, was das eigentliche Leitmotiv der Gesellschaft der Moderne ist: die immer weitergehende Indivi-

---

55. Exemplarisch für die Voreingenommenheit der deutschen Indologie, die in Indien die blaue Blume der Romantik mit der Seele sucht, sind die Schriften von Detlef Kantowsky. Dagegen Erwin K. und Ute Scheuch: »China und Indien – eine soziologische Landvermessung«. Osnabrück 1987

56. Beispielhaft hierfür sind Veröffentlichungen von Hendrik de Man wie »Vermassung und Kulturverfall«, 2. Aufl., München 1952. Dagegen Theodor Geiger: »Die Legende von der Massengesellschaft«. In: Archiv für Rechts- und Sozialphilosophie, Bd. 39 (1950/51)

dualisierung der Lebensläufe und Lebensweisen[57]. In einem Haushalt mit 24 und mehr verschiedenen Fernsehprogrammen wird keineswegs mehr ferngesehen – das ist nur eine von vielen irrigen Behauptungen, die auch mit dem Absender Wissenschaft über Feuilletons gestreut werden –, statt dessen wird die gleiche Dauer auf vielfältigere Weise geschaut.

»Auf dem Weg zur individualisierten Gesellschaft« überschreibt der Schweizer Soziologe Hoffmann-Nowotny seinen neuesten Versuch zur Charakterisierung der Gegenwart[58], der in vollständigem Gegensatz steht zu einer Diagnose, die im Augenblick Hochkonjunktur in den Feuilletons hat: der These des Soziologen Ulrich Beck, der behauptet, wir lebten in einer sogenannten Risikogesellschaft[59]. Er meint, daß an die Stelle alter Gegensätze und Gefährdungen nun neue getreten seien. Klassenkampf, konventionelle Kriege, Unwetter oder andere Unbill der

---

57. In deutscher Sprache stammt die aktuellste Darstellung dieser Konzeptionen und der damit verbundenen empirischen Forschung von Hartmut Lüdtke: »Expressive Ungleichheit – zur Soziologie der Lebensstile«. Opladen 1989. Die anerkannteste theoretische Begründung für die gestiegene Bedeutung von Lebensstilen gegenüber dem gesunkenen Stellenwert von sozialen Schichten oder Klassen für die Strukturierung von Lebensweisen bringt Pierre Bourdieu: »Die feinen Unterschiede«. Frankfurt 1982. Eine repräsentative Zusammenfassung der empirischen Befunde zur Pluralisierung von Lebensweisen ist der Bericht der Kommission »Zukunftsperspektiven gesellschaftlicher Entwicklung«, erstellt im Auftrag der Landesregierung von Baden-Württemberg, Stuttgart, November 1983, Abschnitt II.5: »Die Pluralisierung von Lebensstilen«. Siehe auch Hans-Peter Müller: »Lebensstile – ein neues Paradigma der Differenzierungs- und Ungleichheitsforschung«. In: Kölner Zeitschrift für Soziologie und Sozialpsychologie, Jg. 41 (1989), S. 53–71. Ferner Ansgar Weipmann (Hg.): »Handlungsspielräume – Untersuchungen zur Individualisierung und Institutionalisierung von Lebensläufen in der Moderne«. Stuttgart 1989
58. Joachim Hoffmann-Nowotny: »Auf dem Wege zu einer individualisierten Gesellschaft«. Universität Zürich, Nr. 6, 1989, S. 6ff.
59. Ulrich Beck: »Risikogesellschaft«. Frankfurt 1986

Natur seien heute weit überschattet von den Risiken der Kernkraft, der Großchemie und der Umweltzerstörung. Diese Kollektivrisiken, die alle in gleicher Weise beträfen, schafften eine Gemeinsamkeit der existentiellen Gefährdung, die die noch bestehenden Trennlinien weit überlagere. Im Kern heißt das: Wir sitzen alle in einem Boot – und dieses Boot ist leck.

Der Erfolg von Autoren wie Ortega y Gasset und auch Ulrich Beck zeigt ein Bedürfnis, die vielfältigen und der eigenen Erfahrung entzogenen Veränderungen in einer modernen Gesellschaft auf etwas zu reduzieren, das sich in einem griffigen Wort ausdrücken läßt. Von der »neuen Unübersichtlichkeit« sprach man gewissermaßen über Nacht in »progressiven« Soziologenkreisen geisteswissenschaftlicher Provenienz, bevor dann der Begriff der »Risikogesellschaft« seinen Erfolgszug begann[60]. Was nun neu gewesen sein sollte an dieser Unübersichtlichkeit, ob sie nicht bei den vorher geringeren Kommunikationsmitteln und dem Fehlen der heute gängigen empirischen Forschung früher mindestens ebenso groß gewesen war – das wurde nicht geprüft. Aus einem bezeichnenden Grund: Alles, was die Mitmenschen in den Kulturberufen bewegt, wird als Krise des Augenblicks begriffen. Das gilt für Klagen über die Umwelt wie über die Orientierungslosigkeit der Menschen, über die fehlende Verläßlichkeit in zwischenmenschlichen Bindungen wie über die wachsende Bereitschaft zur Gewalt – eine ganze Liste von angeblichen Heimsuchungen, die sich spontan verlängern ließe.

Dieses Verständnis der modernen Gesellschaft entspricht etwa dem Chor in der griechischen Tragödie, der hinter

60. Jürgen Habermas: »Die neue Unübersichtlichkeit«. Frankfurt 1985

allen Absichten und Taten der handelnden Personen die verborgene Kraft des Schicksals ausmacht. Ein Schicksal, dem niemand entrinnen kann und an dem nicht einmal die Anrufung der Götter etwas zu ändern vermag. Zugleich fühlen sich die Kulturberufe marginalisiert durch eine Entwicklung, in der das wirtschaftliche Handeln, das in traditionellen Gesellschaften nur randseitige Bedeutung hatte, bloße Grundlage für das wirklich interessante, das politische Handeln der Eliten, ins Zentrum der Aufmerksamkeit gerückt ist. Je erfolgreicher dieses wirtschaftliche Handeln und je eindrucksvoller die wirtschaftliche Entwicklung, um so beleidigter sind unsere Kulturberufe[61].

Die Marginalisierung der Kulturberufe – die sich gegenwärtig durch die Medien zu ändern scheint – hat nicht nur die Folge, daß es unentwegt Kritik gibt und zugleich verschwiegen wird, was dieser neuen bürgerlichen Wirtschaftsgesellschaft als Erfolg zuzuschreiben wäre. Sie ist auch eine Erklärung für das irrige Bild, das von der modernen Wirtschaftsgesellschaft im Schrifttum seit den Anfängen gezeichnet wird[62]. Die Kulturwissenschaften eröffnen jedenfalls nicht den Zugang zum Verständnis der modernen Wirtschaftsgesellschaften.

»Wenn nichts funktioniert und jeder weiß warum, dann ist das Sozialismus; wenn alles funktioniert und keiner weiß warum, dann ist das Kapitalismus«, pflegte man in der

---

61. Hierzu Erwin K. Scheuch: »Kulturintelligenz als Machtfaktor«. Osnabrück 1974. Noch entschiedener György Konrad und Ivan Szelenyi: »Die Intelligenz auf dem Wege zur Klassenmacht«. Frankfurt 1978

62. Siehe hierzu die Analyse der Intellektuellen bei Joseph A. Schumpeter in: »Kapitalismus, Sozialismus und Demokratie«. Zunächst New York 1942, 3. deutsche Auflage München 1972, S. 235–251. Verwandt damit sind die Ausführungen von Charles Percy Snow: »The Two Cultures and the Scientific Revolution«. Cambridge 1959

ehemaligen DDR zu spotten. Anders ausgedrückt: Es gibt zwar Wirtschaftstheorien, aber keine allgemeine Theorie der real existierenden Wirtschaftsgesellschaften[63].
Große Denker des 19. Jahrhunderts wie Karl Marx hatten dieses Fehlen einer vernünftigen Erklärung des Kreislaufs der Wirtschaft als einen Mangel verstanden. Marx selbst schloß daraus, daß ein System mit unverstandenen Kräften, die auf unbekannte Weise aufeinander reagieren, notwendig zusammenbrechen müsse.
Zur damaligen Zeit war die vorherrschende Verteidigung der bestehenden Verhältnisse intellektuell nicht sonderlich beeindruckend. Der allgemeinen deistischen Strömung bei den Gebildeten entsprechend, wurde behauptet, hinter der unverstandenen Vielfalt des menschlichen Handelns stehe eine unsichtbar ordnende Hand, ein Demiurg. Diese göttliche Kraft käme um so besser zum Zuge, je weniger die Menschen eigene Vorschriften entwickelten, die der göttlichen Vernunft ohnehin immer unterlegen wären.
Bis heute gibt es keine allgemeine Theorie unserer Wirtschaftsgesellschaft, aber vielleicht könnte sie auf den Grundlagen von Walter Eucken einmal entwickelt werden[64]. Gegenüber einem Anspruch der nationalökonomischen Theorie, das reale Wirtschaftsgeschehen modellieren zu können, ist Skepsis angebracht. Die Dauerhaftigkeit der Faszination, die der Marxismus auf die Kulturberufe ausübt, folgt auch aus der Tatsache, daß er als einzige systema-

---

63. Das ist das Thema von Erwin K. Scheuch: »Auf der Suche nach der Krise. Vom Theorie-Defizit des real existierenden Kapitalismus«. In: Der Monat: »Darf der Kapitalismus pleite gehen?« Weinheim 1983, S. 194–208
64. Walter Eucken: »Grundlagen der Nationalökonomie«. 2. Auflage 1961

tische Kritik an der ungeliebten Wirtschaftsgesellschaft konkurrenzlos dasteht[65].

(2) Die lange Vorgeschichte der Moderne

Erst in der heutigen Zeit wird es möglich, die Entwicklung unserer Gesellschaft hin zur Moderne angemessener zu verstehen. Die bisherigen Beschreibungen gründeten sich auf Eindrücke von Zeitgenossen, auf unvollkommene Statistiken und waren eine Überbetonung des Krisenhaften und der Konflikte. Auch Karl Marx hatte sich bei seiner Analyse der kapitalistischen Gesellschaft auf die Berichte der Royal Commissions über Mißstände in der englischen Industrie verlassen. Dabei war es zweifellos nicht zu tadeln, daß er die Schilderung englischer Verhältnisse für eine Theorie benutzte, die für alle Industriegesellschaften gelten sollte. Das war der Geist der Zeit: In den verschiedenen europäischen Gesellschaften beobachtete man einander, um bei sich selbst die Fehler und Mißstände anderer zu vermeiden. Auch bei den deutschen Zeitgenossen überwog ganz eindeutig die Aufmerksamkeit für krisenhafte Abläufe im damals »modernen« England[66].

Inzwischen gibt es eine quantitativ-historische Forschung, die nicht nur bestimmte Phänomene, sondern auch ihre Verallgemeinerungen zu überprüfen erlaubt. So ist uns

---

65. Auf lange Zeit hinaus war die Lehre von Marx tatsächlich der einzige Entwurf eines Systems des Wirtschaftskreislaufs. Für die Weiterwirkung dürfte jedoch die Abwertung des Kapitalismus entscheidend sein – so Daniel Bell: »The Cultural Contradictions of Capitalism«. New York 1976. Hierzu auch Raymond C. Aron: »L'Opium des Intellectuels«. Paris 1955, deutsch 1957

66. Darauf gründete Friedrich List seine Entwicklungslehre der Wirtschaft, in der er für »Nachzügler« der Industrialisierung wie dem Deutschen Bund und den USA Schutzzölle empfahl

möglich, die Vergangenheit korrekter als bisher zu beschreiben. Diese neue Art der Forschung ergab als allgemeinste Schlußfolgerung: 1. Die Entwicklung zur Moderne geht weiter zurück als angenommen. 2. Entscheidende Wandlungen in Gesellschaft und Natur gingen der allgemeineren Verwendung von Maschinen erheblich voraus[67]. Modernität in Westeuropa war also nicht die Folge des Einführens von Maschinen in das Wirtschaften. Im Gegenteil: Erst der vorausgegangene soziale Wandel hatte die Grundlage geschaffen, um die maschinellen Möglichkeiten voll nutzen zu können.

Die englische Volkszählung von 1648 zeigte bereits eine Gesellschaft in voller Umwälzung[68]. Sicherlich war England damals wirtschaftlich den Kontinentalstaaten – mit Ausnahme Frankreichs und der Niederlande – in der Entwicklungsdynamik voraus. Dennoch ließ sich auch in deutschen Städten des Südwestens und des Westens eine Auflösung mittelalterlicher Ordnungen und das Entstehen »moderner« Verhältnisse ausmachen[69]. Der älteste mit

---

67. Inzwischen wird der Vorlauf zur Wirtschaftsentwicklung im 19. Jahrhundert immer weiter zurückverlegt, so von Jean Gimpel in den Zeitraum 11.–13. Jahrhundert. Jean Gimpel: »La Révolution Industrielle du Moyen Age«. Paris 1975, deutsche Ausgabe Zürich 1980; ferner M. M. Postan and E. E. Rich (Hg.): »Trade and Industry in the Middle Ages«. Cambridge 1952

68. Peter Mathias: »The First Industrial Nation«. London 1969

69. Hier wurden auch die ersten Formen der Sozialfürsorge entwickelt, die später von Bismarck zur Sozialgesetzgebung für das Deutsche Reich systematisiert wurden – wie die Prinzipien unseres Ortskrankenkassensystems. Genauere Informationen bringen K. Borchardt: »Die industrielle Revolution in Deutschland«. München 1972; Werner Conze (Hg.): »Staat und Gesellschaft im deutschen Vormärz 1815–1848« (Industrielle Welt I), 2. Aufl. Stuttgart 1970; Wolfram Fischer: »Der Staat und die Anfänge der Industrialisierung in Baden 1780–1850«, Bd. 1, Berlin 1962; Herman Kellenbenz: »Wirtschafts- und Sozialentwicklung der nördlichen Rheinlande seit 1815«. In: Franz Petri und Georg Droege (Hg.): »Rheinische Geschichte«. Bd. 3, Düsseldorf 1979, S. 1–70; Frank B. Tipton Jr.: »Regional Variations of Germany during the Nineteenth Century«. Middleton/Conn. 1976

dem Anspruch auf wissenschaftlicher Begründung betriebene Wirtschaftszweig war der Bergbau. Dessen Erfordernisse brachten die entscheidenden Anstöße zur Entwicklung der Dampfmaschine sowie der Eisenbahn – und nicht umgekehrt. Weil nun die damalige Technik des Kohlebergbaus keine Möglichkeit bot, die Wassereinbrüche in größeren Abbautiefen zu beherrschen, stand Europa am Rande einer Brennstoff-Krise, die mit der heutigen Energiesituation etwa in Indien vergleichbar ist. Das Abholzen der Wälder führte dazu, daß England bereits im 18. Jahrhundert nahezu entwaldet war, bis sich mit der Dampfmaschine die Möglichkeit eröffnete, vom Holz als dem dominierenden Brennstoff loszukommen. Diese Maschine erlaubte den Abbau der Kohle auch in großen Tiefen. Und wenn sich auch die Zeitgenossen schon bald über rauchende Schornsteine als Umweltverschmutzung beklagten, so gab es doch keine Zweifel daran, daß jetzt immerhin die Entwaldung und die damit verbundene Gefahr einer Verkarstung abgewendet werden konnte[70]. Das galt auch für Deutschland, dessen Waldfläche im 18. Jahrhundert wieder verdoppelt werden konnte und damit etwa den heutigen Umfang erreichte.

Das 18. Jahrhundert war die Zeit gewaltiger Veränderungen der natürlichen Landschaft. Das Bevölkerungswachstum in Deutschland wurde zum Teil aufgefangen durch die

70. Joachim Allmann: »Der Wald in der frühen Neuzeit«. Berlin 1989. Die Arbeit von Allmann ist nicht nur eine Darstellung des Forstwesens mit Schwerpunkt Pfälzer Wald, sondern darüber hinaus eine Geschichte der Wahrnehmung und Wertung des Waldes in Deutschland. In Indien vollzieht sich gegenwärtig eine Entwaldung, weil neben dem Kuhdung als dem verbreitetsten Brennstoff nur Holz verfügbar ist. Zwar existieren gewaltige Kohlevorräte, aber sie werden kaum erschlossen. Siehe Erwin K. und Ute Scheuch: »China und Indien« (a.a.O.)

Kultivierung bisher nicht genutzten Ödlands, insbesondere durch das Trockenlegen von Sümpfen. So wurde aus dem Malariagebiet am Oberrhein eine für den Menschen besonders ertragreiche Landschaft, dessen damaliges Trockenlegen allerdings heute Kritik auf sich zieht. Beklagt wird etwa von den Grünen der Verlust wertvoller Feuchtbiotope und die größere Strömungsgeschwindigkeit des Rheins als Folge seiner Begradigung. Andererseits wurde mit diesen Maßnahmen nicht nur Siedlungsraum erschlossen, sondern eben auch die tückische Malaria besiegt, die es damals noch in manchen Teilen Deutschlands gegeben hat[71].

Aufforstung, Trockenlegung von Sümpfen und Entwicklung eines Straßensystems waren nicht die einzigen Eingriffe in die Landschaft, die die Modernisierung der Lebensbedingungen in West- und Mitteleuropa mit sich brachten. Von gleicher Bedeutung war die Umstellung auf andere landwirtschaftliche Produkte. Die Entdeckung Amerikas hatte den ziemlich eintönigen Speisezettel Europas extrem vielfältiger gemacht, und mit den neuen Produkten wurden auch die bisher immer wiederkehrenden Hungerkrisen beherrschbar. Für Deutschland und Irland bedeutete das in erster Linie ein Ausbreiten des Hackbaus, insbesondere der Kartoffel, auf Kosten von Getreidewirtschaft[72]. Feldergröße und Hofgestalt wandelten sich, bis schließlich die um 1830 von den Zeitgenossen beschriebene Landschaft entstand.

Der Zeitpunkt 1830 ist hier mit Bedacht genannt, denn erst

---

71. Friedrich-Wilhelm Henning: »Das vorindustrielle Deutschland 800–1800«. Paderborn 1974, insbesondere S. 104ff., 220ff., 245ff.
72. Einzelheiten finden sich in Wilhelm Abel: »Geschichte der deutschen Landwirtschaft vom frühen Mittelalter bis zum 19. Jahrhundert«. 2. Aufl., Stuttgart 1967

von da an können die gewerbliche Wirtschaft und die Industrie als wichtigste Ursache für weitere Landschaftsveränderungen gelten. Vorher waren das Bevölkerungswachstum, die neuen Produkte in der Landwirtschaft und die Bedürfnisse der neu entstehenden Flächenstaaten in Deutschland die wichtigsten Gründe für Eingriffe in die Landschaft. Flächenstaat – das bedeutete Straßenbau, das Graben von Kanälen, geplante Anpflanzungen, Bauten für ein stehendes Heer und Staatsverwaltungen.
Es ist einer der Irrtümer der heutigen Medienzeit, Landschaftsveränderungen und Umweltbelastungen gleichzusetzen mit Technik und Wirtschaftswachstum. Umweltveränderungen durch fortwährende Eingriffe in die Landschaft waren und sind in Wirklichkeit allerorts Folgen des Bevölkerungswachstums. Erst Hochtechnik und Wohlstand machen es möglich, die Natur in einem Sinne umzugestalten, daß das Leben insgesamt angenehmer wird. Kalkutta, Gouang Dong, Lagos, Mexico City, Caracas, der Norden Brasiliens und die Sahelzone sind Fälle katastrophaler Umweltzerstörung, aber in diesen Regionen fehlen auch die Mittel der hochtechnisierten Wohlstandsgesellschaft.

Auch die Landschaftsveränderungen in Deutschland nach 1830 waren zweifellos erheblich. In den wasserreichen Tälern begannen sich die Frühformen der Industriebetriebe anzusiedeln. Sie wuchsen zu Industriegebieten zuerst in Sachsen und dann in Westdeutschland zusammen. Die Kulturberufe empfanden die Folgen der Industrialisierung, zu denen sehr bald auch das Anwachsen der Städte gehörte, als Zerstörung. Es wurde geklagt über die endlosen grauen Häuserzeilen der in die Landschaft hineinwuchernden Städte und über das Schwärzen des Himmels durch rauchende Schlote. Die Produkte der Industrie wurden mit denen des Handwerks verglichen und als minderwertig befunden, was sie in einem damals noch zurückgebliebenen Land wie Deutschland zweifellos auch waren. Fabrikerzeugnis war gleichbedeutend mit Massenware, nur gut für Verbraucher ohne differenzierten Geschmack[73]. Die Klage der Zeitgenossen war verständlicherweise in erster Linie bestimmt durch Entwicklungen, die sie als neu empfanden. Das galt insbesondere für das Ausbreiten von Fabrikationen auf der Grundlage der Energieerzeugung, was im Falle Deutschlands und der Nachbarstaaten gleichbedeutend mit Dampfkraft war. Die Romantik im geistigen Leben sowie die wirtschaftliche und technische Modernisierung der Gesellschaft waren schon damals ein Pendant.

(3) Eine soziale und nicht bloß technische Revolution

In der Zeitkritik ab etwa 1830 wurde übersehen, daß wesentliche gesellschaftliche Veränderungen dieser Maschinisierung der Wirtschaft vorausgegangen waren. Richard Münch verweist auf eine Reihe solcher für uns heute selbstverständlichen »modernen« Aspekte vorindustrieller Entwicklungen[74], vor allem auf die Ausbildung einer rationalen Verwaltung in Frankreich. Das französische Beispiel wurde in anderen Ländern kopiert – nicht zuletzt in Bayern und in Preußen, die zumindest darin eine bemerkenswerte Ähnlichkeit haben.

73. Eric J. Hobsbawm: »The Age of Capital 1848–1875«. New York 1975; ferner Wilhelm Treue: »Wirtschaftsgeschichte der Neuzeit«. Bd. 1, 3. Aufl., Stuttgart 1973

74. Richard Münch: »Die Struktur der Moderne«. Frankfurt 1984; ders.; »Die Kultur der Moderne«, 2 Bände, Frankfurt 1986 (a.a.O.)

In der Wissenschaft hat sich inzwischen die Empirie durchgesetzt, und zwar eine Empirie, die vom Bedürfnis nach einer ordnenden Theorie geleitet wird. Diese Kombination von Theorie und Empirie ist das Neue im Vergleich zu den gelehrten Betrachtungen anderer Zeiten und anderer Kulturkreise. Mit Descartes wird diese Kombination für alle Wissenschaften verpflichtend, die den Anspruch auf empirisch gültige Sätze erheben und sich darin bereits vor der eigentlichen Aufklärung von den Kulturwissenschaften abgrenzen.

Die empirischen Wissenschaften sind mitverantwortlich für die Unruhe in der modernen Gesellschaft. Viele ihrer Sätze sind kontraintuitiv, widersprechen dem sogenannten »gesunden Menschenverstand«. Das gilt nicht nur für die Naturwissenschaften im engeren Sinn, sondern auch für andere neue Wissenschaften wie die Nationalökonomie[75]. Ein Beispiel ist die Theorie der komparativen Kosten von David Ricardo, nach der ein internationaler Austausch für die Länder auch dann von Vorteil ist, wenn ein Land dem anderen in jeder Hinsicht überlegen ist. Das stand im Widerspruch zu den Traditionen wirtschaftlichen Denkens, bei dem der Reichtum dadurch gemehrt werden sollte, indem man anderen möglichst viel verkaufte und selbst den Partnern nur wenig abkaufte.

Inzwischen finden sich auch in den Sozialwissenschaften im engeren Sinne solche kontraintuitiven Sätze, also Aussagen, die der privaten Lebenserfahrung zuwiderlaufen. Ein Beispiel ist der Befund, daß die meisten Jugendkriminellen und gelegentlichen Drogennehmer aus völlig intak-

---

75. Viktor Vanberg: »Die zwei Soziologien: Individualismus und Kollektivismus in der Sozialtheorie«. Tübingen 1975

ten Elternhäusern kommen, daß also Kleinkriminalität und gelegentlicher Drogenkonsum mit einer besonderen Motivlage oder Lebenssituation nicht zu erklären sind[76]. Die empirisch ausgerichtete Soziologie ist stolz darauf, an möglichst vielen Stellen soziale Folgen von Handeln aufzuweisen, die keiner der Handelnden bei seinen Entscheidungen wollte. Hierfür ist ein Beispiel der Nachweis, daß die Verbreiterung des Bildungsangebots, das den sozialen Aufstieg fördern sollte, tatsächlich genau gegenteilig wirkt, nämlich als Minderung des sozialen Aufstiegs[77].

Je weiter sich eine Wissenschaft vom Anschaulichen entfernt, desto mehr benötigt sie einen Vertrauensvorschuß, da ihre Ergebnisse selbst von hochgebildeten Zeitgenossen nicht mehr zu überprüfen sind. Nach Max Weber ist es für den besonderen Charakter unserer Gesellschaft kennzeichnend, daß sich der Rationalismus der Wissenschaft als Prinzip in der Öffentlichkeit allgemein durchgesetzt hat[78]. Auch dies ist ein Charakteristikum der Moderne, dessen Verbreitung dem breiteren Einsatz von Maschinen in der Wirtschaft zeitlich erheblich vorauslief.

Was war eher – die Henne oder das Ei? Diese Frage kann auch hier nicht entschieden werden. Aber es gab und gibt eine Parallele zwischen dem Glauben (!), daß die Wissenschaft alles erklärbar und damit beherrschbar machen kann, und der Vorstellung, daß man das Dasein nicht nur erdulden muß, sondern auch gestalten kann. Dieser Glaube an die Machbarkeit hat sich auch auf die Gesund-

---

76. So in der Habilitationsschrift von Karl-Heinz Reuband: »Soziale Determinanten des Drogengebrauchs«, die im Herbst 1990 von der WiSo-Fakultät der Universität zu Köln angenommen wurde.
77. Raymond Boudon: »Effets pervers et Ordre social«. Paris 1977
78. Arthur Bogner: »Zivilisation und Rationalisierung – Die Zivilisationstheorien M. Webers, N. Elias' und der Frankfurter Schule«. Opladen 1989

heit ausgeweitet, obgleich etwa die Hälfte aller Krankheiten nicht therapierbar ist[79].

Wissenschaft war und ist durchaus nicht nur eine Sammlung von Sätzen, die sich an der Erfahrung bewähren, sondern auch Ausdruck eines Weltbildes. Kosmos und Lebenswelt wurden von den philosophisch orientierten Wissenschaftlern der Zeit als Mechanismus verstanden, und Mechanik war zentral für die praktische Anwendung von Wissenschaft. Mechanische Schachspieler und die Rechenmaschinen waren mindestens so kennzeichnend für den frühen Geist der Moderne wie die Dampfmaschinen[80].

Besuchern aus Entwicklungsländern fällt an den Menschen westlicher Gesellschaften eine Eigenschaft auf, für die wir den Begriff Individualismus verwenden, und die Durchsetzung dieses Verhaltensprinzips ist sicher durch die Verbreitung der Wissenschaft sehr gefördert worden. Denn mit der Wissenschaft ist jeder einzelne aufgefordert, in Zweifelsfragen selbst rational abzuwägen und zu entscheiden. Damit verbunden war aber etwas anderes, nämlich die Auflösung eines Grundbausteins der Architektur von traditionalen Gesellschaften[81].

---

79. Erwin K. Scheuch: »Eine Gesellschaft wie nie zuvor«. In: Hans Spatzenegger (Hg.): »Freiheit, Gleichheit, Brüderlichkeit«. Salzburg 1989, S. 152. Die vordem andersartige Vorstellung vom Heilen wird deutlich in Kurt Pollak: »Die Heilkunde der Antike«. Düsseldorf 1969, sowie Heinrich Schipperges: »Der Garten der Gesundheit – Medizin im Mittelalter«. Zürich 1985. Die klassische Quelle ist Erwin H. Ackerknecht: »A Short History of Medicine«. New York 1955.

80. Peter Mathias: »Wer entfesselte Prometheus – Naturwissenschaften und technischer Wandel von 1600 bis 1800«. In: Karin Hausen und Reinhard Rürup (Hg.): »Moderne Technikgeschichte«. Köln 1975, S. 73–95. Siehe auch Bernward Joerges: »Soziologie und Maschinerie«. In: Peter Weingart (Hg.): »Technik als sozialer Prozeß«. Frankfurt 1989, S. 44–89.

81. Die Modernisierungstheorien der 50er und 60er Jahre betonten demgegenüber »Modernität« als eine Verhaltensdisposition von Individuen – so insbesondere Alex Inkeles und D. H. Smith: »Becoming Modern – Individual Change in Six Developing Countries«. London 1974.

Als traditional gilt eine Gesellschaft nicht nur insofern, als ihre Mitglieder ihr soziales Handeln an überlieferten Vorstellungen orientieren – das tun wir alle zum großen Teil auch heute –, traditional ist vor allem, daß Menschen in Gruppenloyalitäten leben. Auch in modernen außereuropäischen Gesellschaften wie Japan beobachten Europäer mit Staunen, welchen Vorrang das Kollektiv vor den Interessen der Einzelperson hat. Vor 200 Jahren waren die für die Bewohner Mitteleuropas wirksamen Bindungen weniger die Einheit als Volk als Bindungen anderer Art. Mehrere Bezüge nebeneinander waren kennzeichnend: Die Menschen fühlten sich beispielsweise als Christen im Zusammenhang mit den Auseinandersetzungen, die vom Mittelmeer her kamen. Sie verstanden sich als Bayern oder als Piemonteser, wenn sie an einem anderen Ort, etwa an einer Universität, mit anderen Menschen auf damals multikulturelle Art zusammenlebten, und je nach den Außenbezügen wurde eine andere Loyalität aktiviert. Vor allem aber waren neben den territoralen Bezügen die Korporationen als Zwischeninstanzen zwischen den Individuen und umfassenderen Ordnungsgestalten wichtig.

Die heutigen modernen Gesellschaften unterscheiden sich erheblich im Grad, zu dem die Grundbausteine einer traditionalen Gesellschaft aufgelöst wurden. Das ist am ehesten noch realisiert in Frankreich, und es war sehr bald das Prinzip in den Vereinigten Staaten. In diesem Sinn hat sich aber die Moderne in Deutschland nie konsequent durchgesetzt. Hier wurden die mediatisierenden Instanzen zum Teil mit Staatsaufgaben versehen, wie etwa bei den Innungen und Berufsverbänden. Technisch sprechen wir hier von »para fisci«, weil solche Gebilde mit staatsgleicher Legitimation Beiträge erheben und Strafen verhängen können[82]. Schließlich ist als kennzeichnend für die Moderne noch das Prinzip des Universalismus zu nennen. Eine traditionale Gesellschaft hat als eine wichtige Eigenschaft unterschiedliches Recht für verschieden gestellte Ränge. Das Recht des Herrn ist nicht gleich dem des Knechts, das der Frau nicht gleich dem des Kindes und das Recht einer Stadt nicht das gleiche wie das der Landbevölkerung[83]. Im modernen Flächenstaat wird aber die gleiche Rechtsordnung für alle zumindest als Prinzip durchgesetzt. Auch das nicht ganz konsequent, wie sich beispielsweise hier in der Bundesrepublik heute noch an den verschiedenen Notariatsordnungen zeigt – im Rheinland die französische Konzeption des Notariats – oder an den unterschiedlichen Geldstrafen je nach Einkommen des Schuldigen, oder eine abweichende Strafordnung für Jugendliche.

Auch die soziale Organisation der Produktion, ein Charakteristikum der Industriegesellschaft, geht in der Entwicklung dieser voraus. Im Flächenstaat war besonders die Armee ein gewaltiger Motor für das Ausbreiten von »Manufakturen«, von Produktionsstätten also, die fabrikgleich sind mit Ausnahme des allgemeinen Einsatzes von Maschinen. Entsprechend ist heute in einem Entwicklungsland wie Ägypten die Armee der Betreiber von Manufak-

82. Solche Strukturen galten bis in die siebziger Jahre in den Sozialwissenschaften als altmodische Relikte in sonst modernen Gesellschaften. Dann schlug das Urteil um, und insbesondere amerikanische Politikwissenschaftler sahen in ihnen ein Strukturelement, durch welches die Regierbarkeit erhöht wird. Vgl. Erwin K. Scheuch: »Wird die Bundesrepublik unregierbar?« Köln 1976. Hauptvertreter dieses »Neocorporatismus« sind Philippe C. Schmitter und Gerhard Lehmbruch (Hg.): »Trend Toward Corporatist Intermediation«. Beverly Hills 1979

83. Siehe hierzu William Seagle: »The Quest for Law«. New York 1941

turen für die Herstellung von Eisschränken und anderen gewerblichen Gütern. Im stehenden Heer sind Prinzipien durchgesetzt, die Entwicklungsgesellschaften sonst fremd sind: Arbeit zu festen Zeitplänen, aufeinander abgestimmt und diszipliniert[84]. Wie wichtig eine militärähnliche Disziplin beim Produzieren ist, erweist sich beim Export moderner Produktionsanlagen in Entwicklungsländer. Es liegt nicht am fehlenden Geschick im Umgang mit Maschinen oder am Widerstand gegen die Arbeit überhaupt, wenn eine im Geberland gut ausgedachte Produktionsanlage am neuen Ort nicht wie erwartet funktioniert. Die Sozialorganisation, die Selbstverständlichkeiten des Verhaltens in Entwicklungsländern sind traditioneller Art und widersprechen dem, was uns als Arbeitsdisziplin selbstverständlich erscheint.
In Westeuropa war bereits im Mittelalter das Leitbild des Berufs als einer Kombination von Fertigkeiten mit Qualitätskriterien gut entwickelt[85]. Bis heute ist im deutschen Kulturbereich die Ausbildung des Facharbeiters am Vorbild des Handwerks orientiert. International erweist sich das als eine hervorragende Form der Vorbereitung auf qualitätsvolle gewerbliche Arbeit – weit überlegen den nach der Entstehungszeit »modernen« Ausbildungsweisen in den USA und in England.

---

84. Die Eigenart des Arbeitens unter den Bedingungen der industriellen Fertigung kennzeichnet Alain Touraine: »Le Travail ouvrier et l'Entreprise industrielle«. In: L. H. Parias (Hg.): »Histoire générale de Travail«. Bd. 4, Paris 1962, S. 17–31. Ferner Stephan Viljoen: »Economic Systems in World History«. New York 1974, part 7; Niklas Luhmann: »Westzeit und Systemgeschichte«. In: Christian Peter Ludz (Hg.) a.a.O., S. 81–115. Mit dem Begriff »Zeitsouveränität« wird gerade dieses Unterordnen des Arbeitsvollzugs unter die Disziplin einer durch eine Maschine definierten Zeit heute problematisiert.
85. Die Ausdifferenzierung von Berufen geht dem militärähnlichen Typus der Organisation von Produkten voraus, wie u. a. Max Weber in seiner berühmten Schrift über das Entstehen des Kapitalismus aus dem Geist des Calvinismus darlegt.

(4) Die Industriegesellschaft als Unwert

Eine Reihe von Eigenschaften moderner Gesellschaften wurde bereits genannt, die alle schon vor der allgemeinen Verbreitung von Maschinen als Prinzipien ausgebildet waren: bürokratische Verwaltungen, Wissenschaft im modernen Sinn, Universalismus des rechtlichen Rahmens, Individualismus in der Lebensführung, Disziplin in der Erwerbsarbeit, verbunden mit der Konzeption des Berufs sowie nicht zuletzt die Umgestaltung der Landschaft nach den Bedürfnissen der Menschen. Mit Ausnahme der letzteren Veränderungen erfaßten diese Wandlungen um 1830 erst einen kleinen Teil der Bevölkerung in Westeuropa, riefen aber bereits damals radikalen Widerspruch hervor. Als Antithese zu diesem Prozeß einer sich rationalisierenden Gesellschaft wurde der Weg zurück zur Natur propagiert, wobei das Leben in dieser Natur weitgehend gesellschaftsfrei verlaufen sollte[86]. Gesellschaft wurde schon damals als ein System von Abhängigkeiten verstanden, dem der einzelne nur entgehen konnte, indem er sich als Teil der Natur verstand. Als konsequenter Poet des »Aussteigens« zog sich Henry David Thoreau von 1845 bis 1847 an den abgelegenen See Walden Pond (nahe Boston) zurück und demonstrierte das – allerdings subventionierte – Überleben als Bauer in der Wildnis, was unter Literaten utopische Phantasien über einen Neubeginn menschlicher Existenz auslöste. Der »Robinson Crusoe« war Ausdruck des Zeitgeistes im Bildungsbürgertum.

86. Für die deutsche Kulturtradition sind die späten Schriften von Johann Gottlieb Fichte kennzeichnend, in denen Erziehung als Training im Widerstand gegen die Gesellschaft der Nützlichkeiten verstanden wird.

Industrie und Technik waren allerdings um 1830 noch Inseln in einem Meer von traditionellen Bauernexistenzen. Erst im letzten Viertel des 19. Jahrhunderts kann wirklich von Industriegesellschaften gesprochen werden, im Sinne einer durch diese Produktionsweise allgemein geprägten Gesellschaft. Die Maschine hatte sich schließlich generell durchgesetzt, moderne Transportmittel veränderten die Bedeutung von Zeit und Raum, und Märkte setzten sich neben den Regelungssystemen der Korporationen durch.

Dabei war man auch durchaus schon sensibilisiert für die Kosten, die Modernisierung und Industrialisierung zur Folge hatten. Gar nicht so selten wurde der Versuch unternommen, die Produktionsstätte Fabrik mit der Pflege einer neu geschaffenen Gemeinschaft zu verbinden. Krupp brachte beispielsweise seine Arbeiter wie in einem Dorf unter, förderte Werkswohnungen, Werkskapellen, Werksfeste und Werksdeputate. Dem entsprachen auch Bemühungen an anderen Orten, bis hin zu einer Reglementierung des Feierabends bei Röchling an der Saar. Dahinter steckte die Vorstellung, daß der Industrielle als Nachfolger des Sippenchefs verantwortlich sei für die Sittlichkeit der ihm Anvertrauten[87].

Fabriken wurden nicht nur nach Grundsätzen reiner Nützlichkeit errichtet, sondern auch in dem Bemühen um Ästhetik, wie verquer diese auch immer heute anmuten mag. Wer beispielsweise auf Hartford in Connecticut zufährt, sieht schon aus weiter Entfernung ein orientali-

87. Hierzu Peter N. Stearns: »Die Herausbildung einer sozialen Gesinnung im Frühindustrialismus – ein Vergleich der Auffassungen französischer, britischer und deutscher Unternehmer«. In: Peter Christian Ludz (Hg.), a.a.O., S. 320–342

sches Gebäude – die Fabrik der Firma Colt, des damals führenden Herstellers von Faustfeuerwaffen. Und im Ruhrgebiet stellen wir heute Fabriken unter Denkmalschutz, weil sie keine reinen Zweckgebäude waren, sondern das Bemühen um eine Ästhetisierung der Industrie dokumentieren.
Ein besonders anschauliches Beispiel für den Versuch einer Versöhnung von Industrie und Umwelt ist die Eisenbahnstrecke durch das Ahrtal. Viele Kurven und Tunnel hätte man bei ihrem Bau vermeiden können, wenn es nur um möglichst geringen Kostenaufwand gegangen wäre. Nach dem Willen auch der preußischen Regierung hatte jedoch die Ästhetik Vorrang vor der bloßen Nützlichkeit. Der Vergleich amerikanischer Zugstrecken mit den Linienführungen der Eisenbahnen in Deutschland macht augenfällig, daß die den Vorvätern zugeschriebene Roheit gegenüber Umwelt und Mensch auf einer gewaltigen Vereinfachung der Kulturkritiker beruht[88].
Die Industriekritik war vor hundert Jahren zu einer rechten Mode im Bildungsbürgertum geworden. Beispielsweise mußten Schweizer Bauern fassungslos zusehen, wie Städter aus dem Deutschen Reich bei ihnen auftauchten und in der Siedlung Monte Veritá im Adamskostüm Ackerbau betreiben wollten[89]. Nacktheit war der demonstrative Protest gegen die Künstlichkeit der Zivilisation und bei dem Kulturkritiker Fidus auch gegen die bürgerliche Existenz schlechthin. Bei Rosegger fand das eigentliche Leben auf

88. B. Stumpf: »Geschichte der deutschen Eisenbahn«. 3. Aufl. 1960; dagegen S. H. Holbrook: »The Story of American Railroads«. 1947
89. Christoph Conti: »Abschied vom Bürgertum – Alternative Bewegungen in Deutschland«. Hamburg 1984

dem Lande statt. Auch die Kolonie Worpswede, wo in der Heide Künstler möglichst alle Gegenstände des täglichen Bedarfs einschließlich roh gewebter Gewandungen selbst erzeugten, ist ein Beispiel für diese Gesinnung. In den Städten entstanden Reformhäuser mit Nüssen und Körnern als alternative Lebensmittelläden[90].

»Aus grauer Städte Mauern« wollte der 1901 gegründete Wandervogel die noch »unverdorbene Jugend« in die Natur führen. Aber in welche Natur? Diese Naturromantik, diese Verklärung der agrarischen Existenz war ein großer Selbstbetrug, denn man lebte in Deutschland schon seit dem frühen Mittelalter in Kulturlandschaften! Zur Zeit dieses großen Aufbruchs aus der verstädterten Welt der Industriegesellschaften gab es in Deutschland keinen größeren Fluß mehr, der noch ein »natürliches« Bett gehabt hätte, keinen größeren Wald, der nicht angepflanzt worden wäre, kaum einen Hügelhang, an dem man nicht die Konturen verändert hatte. Die Natur, die man um die Jahrhundertwende glorifizierte, war die der bäuerlichen Wirtschaftsweise um etwa 1830, die ihr Erscheinungsbild der Produktion in Familienbetrieben verdankte. Aus diesen Subsistenzwirtschaften entwickelte sich dann eine Mischung landwirtschaftlicher Nutzungsarten, die für Mitteleuropa kennzeichnend ist[91].

Ein erster Höhepunkt der Wirtschafts- und Industriekritik war das Treffen von etwa 2000 Jugendlichen am 12. Oktober 1913 auf dem Hohen Meißner, wo der berühmte Philosoph Ludwig Klages den Aufruf formulierte: »Unter den Vorwänden von Nutzen, wirtschaftlicher Entwicklung,

90. Ulrich Linse: »Ökopax und Anarchie«. München 1986
91. Grundlegend hierzu Wilhelm Abel (a.a.O.)

Kultur geht der Fortschritt in Wahrheit auf Vernichtung des Lebens aus. Eine Verwüstungsorgie ohnegleichen hat die Menschheit ergriffen, die Zivilisation trägt die Züge entfesselter Mordsucht, und die Fülle der Erde verdorrt vor ihrem giftigen Anhauch.«[92]
Der Erste Weltkrieg schien diese Prophezeiung zu bestätigen – zwar nicht als Folge einer immer weiter wachsenden Wirtschaft, wohl aber durch die Industrialisierung des Krieges. Also hieß es im August 1919 beim Treffen auf Schloß Brunn im Altmühltal mit den Worten Ludwig Habbels: »Eine neue Jugend wächst im Sturz der alten Welt. Aus dem Trümmerfeld führt ihre Spur hinaus in die Wälder. In ihr wächst die Menschheit zurück an das Herz der Natur. Aus ihren lautesten Pulsen strömt das neue Leben: aus den Pflanzen und Tieren, aus dem Unverdorbenen. Waldeskraft, das ist der Weg zur Natürlichkeit, zur Unverdorbenheit.«

(5) Der deutsche Kulturpessimismus ...

Von da ab blieb im deutschen Sprachbereich der Protest gegen die Wirtschaftsgesellschaft in den Kulturberufen und auch im Bildungsbürgertum vorherrschend. Warum ausgerechnet in Deutschland dieser Kulturpessimismus bereits ab der Jahrhundertwende dominiert, ist Gegenstand verschiedener Erklärungsversuche gewesen. Allein mit der späten Industrialisierung im Vergleich zu den westeuropäischen Nachbarn läßt er sich nicht erklären. Einmal waren manche Teile Deutschlands gar nicht so spät in der Ent-

92. Zitiert nach Jörg von Uthmann: »Die Sehnsucht nach dem Paradies«. Stuttgart 1986, S. 83

wicklung – wie etwa Sachsen. Zum anderen verlief der Prozeß der Industrialisierung ungefähr gleichzeitig mit dem in den Vereinigten Staaten, und gerade diese dienten und dienen dem deutschen Bildungsbürgertum als Gegenbild, als Land einer gefährlichen Naivität bei der Durchsetzung der Eigenschaften der Moderne[93].

Das Leitmotiv für das Gesellschaftsbild des Kulturpessimismus ist die Vorstellung, daß die modernen Gesellschaften atomisiert seien und in ihren Ausdrucksformen vulgär. Die westlichen Gesellschaften erschienen als negatives Vorbild, und die Rettung gegenüber der verderblichen Entwicklung wird im Bündnis mit den sogenannten unverdorbenen Massen des Ostens gesehen.

Bereits 1919 versuchten die Hamburger Nationalbolschewisten, Nationalismus und Kommunismus in einer antiwestlichen Ideologie zu versöhnen. Wichtiger wurde aber der Nikisch-Kreis, zu dem im weiteren Sinn auch Ernst Jünger und Teile der Bündischen Jugend zählten. Otto Strasser und seine Kampfgemeinschaft Revolutionäre Nationalsozialisten empfahlen ein Bündnis mit der KPD, die Ende August 1930 eine ähnliche Programmerklärung zur nationalen und sozialen Befreiung des deutschen Volkes formulierte. Man war sich einig im »Antikapitalismus«, da die liberale Wirtschaftsordnung als kultur- und naturzerstörerisch begriffen wurde[94]. Analog zu diesem National-

93. Für die Einzigartigkeit des deutschen Kulturpessimismus siehe Stephan Kalberg: »The Origin and Extension of Culture Pessimism«. In: »Sociological Theory«, Bd. 5, 1987

94. Otto-Ernst Schüddekopf (a.a.O.). Diese Ablehnung einer liberalen Gesellschaft ist ein Grundmuster der deutschen Kulturtradition, das sich je nach Zeitpunkt in »linken« oder »rechten« Figuren ausdrückt; Hans Mathias Kepplinger: »Rechte Leute von Links«. Olten 1970

bolschewismus erlebten wir 1987 eine Mini-Renaissance dieser Anschauungen durch Schriften des Berliner Philosophen Ernst Tugendhat in der »Zeit« und des Historikers Hellmut Diwald.

Der Antikapitalismus als Teil des deutschen Kulturpessimismus war eigentlich weniger die Ablehnung einer Wirtschaftsform als vielmehr einer Lebensweise. Programmatisch wird das in dem Gegensatz, den man hierzulande in den Begriffen Kultur und Zivilisation sieht. Zivilisation – das ist die Industriegesellschaft mit ihrer Technik, in der materielle Werte absoluten Vorrang haben. Demgegenüber soll die Chance einer gewissen Rückständigkeit genutzt und der Zivilisation die noch nicht durch westliche Modernisierung verdorbene deutsche Kultur entgegengesetzt werden.

Werner Sombart empfahl zum Beispiel schon Anfang der zwanziger Jahre eine völlige Reagrarisierung, wie sie Henry Morgenthau nach dem Zweiten Weltkrieg Deutschland verordnen wollte. Auch Walter Rathenau trat für eine Abschaffung der Industrialisierung ein. Andere prominente Gegner einer Wirtschaftsgesellschaft und weiterer Industrialisierung waren die Mitglieder des Tatkreises wie Hans Zehrer, Giselher Wirsing und Ferdinand Fried[95]. Und Hans Freyer, der einzige bereits vor der nationalsozialistischen Herrschaft prominente Soziologe, der sich später mit den Nazis gut arrangierte, jubelte aus Anlaß der Welt-

95. Louis Dupeux: »Nationalbolschewismus in Deutschland 1919–1933«, München 1985. Josef Goebbels leitete seine Dissertation mit einem Dostojewski-Zitat ein, in dem die Bedeutung der Vernunft für den Gang der Ereignisse abgewertet wird; und Goebbels blieb ein Bewunderer des Beinahe-Terroristen Dostojewski

wirtschaftskrise: »Die industrielle Aufrüstung der Welt ist nunmehr liquidiert!«[96]

Träger dieser Mischung aus Feindschaft gegen die Lebensart des »Westens« und die Wirtschaftsgesellschaft wurden insbesondere Lehrer. So schrieb Oswald Spengler in seinem Bestseller »Untergang des Abendlandes«, daß ein Weiterführen der individualistischen liberalen Traditionen und des Kapitalismus den Untergang des Abendlandes zur Folge haben müsse, der sich – so Spengler – allenfalls noch abwehren ließe durch einen preußischen Sozialismus. 1920 meinte er bereits, nicht Marx, sondern Friedrich Wilhelm I. sei der erste bewußte Sozialist gewesen[97].

Exemplarisch für eine Art des Antimodernismus wurde dann der nationalsozialistische Staat mit seinem selektiven Verzicht auf moderne Lebensweisen bei gleichzeitiger Nutzung modernster Technik[98]. Schon in der Art seines Wahlkampfes gegen Ende der Weimarer Republik verkörperte Hitler diesen selektiven Antimodernismus, indem er als einziger prominenter Wahlkämpfer mit dem Flugzeug von Stadt zu Stadt flog und die Abkehr von den Leitbildern der Industriegesellschaft predigte. Im sogenannten Dritten Reich galt als Vorbild für das Privatleben eine verkitschte Vorstellung von der großbäuerlichen Familie. Zugleich eiferte man den Vereinigten Staaten nach in dem Bemühen, möglichst alle Haushalte mit Radios zu versorgen und als erstes europäisches Land die Vollmotorisierung nachzumachen. Diese Mischung, moderne Industriepro-

---

96. Hans Freyer: »Revolutionen von rechts«. Jena 1931, S. 25. Werner Sombart forderte nach seiner Konversion zum Nationalsozialismus 1934 eine »Auflandung Deutschlands«.
97. Oswald Spengler: »Preußentum und Sozialismus«. München 1920
98. Jeffrey Hart: »Reactionary Modernism«. Cambridge 1984

dukte zu nutzen und zugleich die Moderne als Kultur abzulehnen, fand sich auch in anderen Industriegesellschaften, wofür der Hitler-Bewunderer Henry Ford ein Beispiel ist. Aber nur in Deutschland hatte diese Mixtur System. Die Glorifizierung des Erbhofs und der deutschen Scholle wurde unter den Nationalsozialisten in Einklang gebracht mit einer Landschaftsveränderung größten Stils, dem Bau der Autobahnen. Bei der Planung der Trasse mußte jedoch sehr oft die ökonomische Nützlichkeit zurücktreten gegenüber der Vorstellung von einer schönen Landschaft – entsprechend der deutschen Tradition beim Eisenbahnbau im 19. Jahrhundert. Der Autofahrer sollte Deutschland möglichst als reines Agrarland erleben; deshalb wurden die Autobahnen mitten durch Wälder geführt und eröffneten mit kühn geschwungenen Brücken weite Blicke über die Landschaft. Ein derart »getürktes« Bild wurde beispielsweise im Ruhrgebiet durch die Trassenführung der südlichen Tangente der A 3 bewirkt, die nur selten an Fabriken vorbeiführte, wodurch etwa für einen Ausländer gar nicht sichtbar werden konnte, daß er das Herzstück der deutschen Industrie passierte.

(6) ...nimmt kein Ende

Nach Ralf Dahrendorf[99] hat der Nationalsozialismus einen gewaltigen Modernisierungsschub für die deutsche Gesellschaft bewirkt, allerdings ohne dies zu beabsichtigen; denn die Nationalsozialisten wollten eigentlich möglichst viele Elemente der spätmittelalterlichen Gesellschaftsordnung

---

99. Ralf Dahrendorf: »Gesellschaft und Demokratie in Deutschland«. München 1965, Kapitel 26

durchsetzen. Besonders deutlich wird das an der zwangsweisen Einführung einer berufsständischen Ordnung, deren Korporationen einerseits der Kontrolle der Bürger dienten und andererseits als Mittel zur Mobilisierung ihrer Zwangsmitglieder für das Kollektiv. Das hatten die Nationalsozialisten den Sowjets abgeschaut, und diese wiederum hatten sich orientiert an den Modellen des sogenannten dritten Weges um die Jahrhundertwende. Berufsständische Ordnung gab es als antimodernistisches Rezept bei der Linken im Rätesozialismus, bei der Rechten im Nationalsozialismus und in der Mitte bei den Katholiken[100].

Nicht der Nationalsozialismus, sondern die Totalität des Zusammenbruchs bewirkte den wirklichen Modernisierungsschub für die deutsche Gesellschaft. Inzwischen gibt es mit der Bundesrepublik erstmalig ein nicht nur wirtschaftlich, sondern auch sozial modernes Deutschland nach westlich-liberalem Vorbild und erstmals auch eine Marktwirtschaft in diesem für Kartelle und reglementierende Korporationen klassischen Land. Zugleich ist dieser erste wirklich marktwirtschaftlich orientierte Staat in Deutschland auch ein konsequent entwickelter Sozialstaat, dessen soziale Marktwirtschaft zu einer international vorbildlichen Gesellschaftsordnung wurde.

Schon in den fünfziger Jahren probten hiergegen die Linksintellektuellen den Aufstand[101]. Sie sahen in der sozialen Marktwirtschaft eine kapitalistische Verwestlichung und das Verkümmern eigener wertvoller Traditionen. Die Frankfurter Schule der Sozialphilosophie, eher irreführend

---

100. S. M. Lipset: »Political Man«, a.a.O.
101. Siehe Henry Ashby Turner: »Geschichte der beiden deutschen Staaten seit 1945«. München 1989, S. 67ff.

Neomarxismus genannt, rief auf zum Kampf gegen die sogenannte »instrumentelle Vernunft« – gegen das empirische Denken also[102] – und propagierte mit neuen Worten wieder die alte deutsche Unterscheidung zwischen Kultur und Zivilisation. Es hieß, die Bundesrepublik entwickele sich immer mehr zur bloßen Zivilisation und weg von der deutschen Kultur. Das liege insbesondere am Vorherrschen des praktischen Denkens, das übrigens auch den Linksintellektuellen in Frankreich als Unwert erschien. So formulierte beispielsweise Jean Baudrillard: »So wie das unter Wölfen lebende Kind schließlich selbst zum Wolf wird, so werden wir immer funktionalistischer. Wir leben nach dem Rhythmus der Sachen«[103].

Abscheulichster Ausdruck dieser Entwicklung ist für die deutschen Kulturpessimisten der Konsum. Erstmals lebt die Mehrheit der Bundesdeutschen deutlich jenseits des Lebensnotwendigen, ist sehr zufrieden mit der Möglichkeit, Dispositionsbeträge zu haben und damit auswählen zu können. Und gerade diese Zufriedenheit provoziert, denn die Konsumzufriedenheit erscheint den Kulturpessimisten deutscher Tradition als Abkehr des Menschen von seinen wahren Bedürfnissen und als Knechtschaft durch Bedürfnisse, die ihm von der Werbung bloß eingeredet werden[104]. Diese Art des Kampfes gegen die moderne Gesellschaft ist

---

102. Theodor W. Adorno und Max Horkheimer: »Dialektik der Aufklärung«. Neueste Aufl. Frankfurt 1987

103. Jean Baudrillard: »Selected Writings«. Stanford 1988, S. 29

104. Daraus folgt nach Marcuse die »Surplus-Repression«, die für hochentwickelte Gesellschaften kennzeichnend sei. In diesen Gesellschaften wird nicht mehr ausgebeutet, indem man den Menschen die notwendigsten Dinge vorenthält, sondern hier werden Menschen zu unnötiger Arbeit motiviert (Herbert Marcuse: »Der eindimensionale Mensch«. Neuwied 1967)

allerdings nicht auf Deutschland beschränkt. In Frankreich wurde während der 68er Intellektuellen-Revolte die Mehrzahl der Mitbürger in Karikaturen als eine blöde Schafherde gezeichnet, die in Konsumläden einfällt. Die Möglichkeit zur Wahl in der Politik, beim Konsum und nun auch noch bei den Kommunikationsmitteln – das kann nach Meinung der Kulturpessimisten nicht gut gehen, weil diejenigen, die wählen dürfen, nicht gut genug sind. Es sind ja bloße Herdenmenschen, die sich eigentlich von Linksintellektuellen führen lassen sollten, statt dessen aber von der Werbung zum Mehren des Profits von Kapitalisten verführt werden.

Eine solche Kritik verfehlt selbstverständlich den eigentlichen Charakter des Wandels, der sich nach dem Zweiten Weltkrieg auch in der Gesellschaft der Bundesrepublik Deutschland durchsetzte. Erstmals wurde die Mehrheit nicht mehr beherrscht von den Bedingungen, unter denen sie lebte, sondern erhielt die Möglichkeit, ihr Leben als Entwurf zu verstehen und unter mehr als einer Art von Lebensführung wählen zu können. Daß individuelle Dispositionsbeträge und ein hohes Wirtschaftswachstum eine Form der Befreiung von Notwendigkeiten darstellen, daß der Arme nicht etwa frei, sondern höchst unfrei ist – das wird von den Kritikern der Konsumgesellschaft völlig übersehen[105].

105. »Freisetzen von Zwängen« als Eigenschaft hochentwickelter Gesellschaften wird thematisiert in Erwin K. Scheuch und Marvin B. Sussman: »Gesellschaftliche Modernität und Modernität der Familie«. In: Günther Lüschen und Eugen Lupri (Hg.): »Soziologie der Familie«. Opladen 1970, S. 239–253.

2. Kapitel: Sind die Deutschen Nationalisten?

2.1. Nationalgefühl in Deutschland

Die Frage, ob wir Deutschen ein ausreichendes Maß an Nationalgefühl haben, ist in Abständen immer wieder ebenso aktuell wie die gegenteilige Vermutung, daß unser Nationalgefühl zu ausgeprägt sein könnte[106].

Viele kritische Beobachter fürchteten eine Orgie von Nationalismus, als sich Deutsche aus Ost und West nach der Öffnung der Mauer am 9. November 1989 in die Arme fielen. Als immer häufiger auf den Straßen der DDR schwarz-rot-goldene Fahnen geschwenkt wurden und die Demonstranten immer intensiver die einleitenden Worte der ersten DDR-Hymne skandierten – »Deutschland, einig

---

106. Siehe zu dieser Thematik Erwin K. Scheuch: »Was ist deutsch heute?« In: »Politik und Kultur«. Heft 1/1977, S. 24–39. Ders.: »Nationalität deutsch – Für die Bundesdeutschen ein Nichtproblem«. In: »Politik und Kultur«. Heft 6/10. Jg. 1983, S. 3–19. Ders.: »Die deutsche Nation im Bewußtsein der Bevölkerung der Bundesrepublik«. In: Klaus Weigelt (Hg.): »Heimat und Nation. Zur Geschichte und Identität der Deutschen«. Mainz 1984, S. 161–188

Vaterland« – argwöhnten linke Politiker »Deutschtümelei« und »nationale Besoffenheit« (Lafontaine)[107].
Von einem »nationalistischen Taumel« konnte in Deutschland nicht die Rede sein – wenigstens nicht über die Stimmung einzelner Abende und Tage hinaus. Die Bundesdeutschen gehören weltweit zu den am wenigsten nationalistischen Völkern. Es war ein weitverbreiteter Irrtum zu glauben, der Stolz auf das Deutschtum habe zugenommen mit dem Erfolg der Bundesrepublik als Wirtschaftsmacht. Tatsächlich war er mit am intensivsten unmittelbar nach dem Zweiten Weltkrieg. Die frühesten Messungen liegen aus den Jahren 1951/52 vor. Aber dieser Stolz ist nicht etwa zugunsten einer Selbst-Ablehnung verschwunden, sondern nur in seiner Ausprägungsintensität moderater geworden. Heute hat der Stolz auf das eigene Land kaum eine aggressive Komponente.
Nach einer vergleichenden Studie, die mit differenzierten Antwortvorgaben arbeitete, sind folgende Völker besonders wenig nationalistisch: die Niederländer, die Japaner, die Schweden, die Belgier – und allen voran die Bundesrepublikaner.

---

107. Von einer »nationalen Euphorie« sprach im Juni 1990 ein Leser in einem Brief an den Kölner Stadt-Anzeiger, in dem der SPD-Kanzlerkandidat Lafontaine als »Staatsmann« gepriesen wird (Kurt Born: »Lafontaine – Schon jetzt ein Staatsmann«. In: Kölner Stadt-Anzeiger, 14./15. 6. 1990, S. 20). Der Briefschreiber schien sich nicht der Ironie bewußt gewesen zu sein, daß gerade der mögliche Erfolg des Appells Lafontaines gegen eine deutsche Einheit, sein Versuch, eine »Partei des Geizes und jene des Neides« zu mobilisieren – so Helmut Herles in der FAZ –, ein Beleg dafür war, daß es einen nationalen Taumel nicht gab (Helmut Herles: »Hat Lafontaine jetzt das letzte Blättchen von seiner Ja-nein-ja-Margerite gepflückt?« FAZ, 12. 6. 1990, S. 3)

Tabelle 2: Nationalstolz im internationalen Vergleich[108]

Frage: »Sind Sie stolz, ... (Nationalität) zu sein? Würden Sie sagen: Sehr stolz, ziemlich stolz, nicht sehr stolz, überhaupt nicht stolz?«

	Sehr/ziemlich stolz %	Nicht stolz %	Unentschieden %
Amerikaner	96	2	2
Iren	91	6	3
Isländer	89	9	2
Mexikaner	88	11	1
Briten	86	11	3
Spanier	83	12	5
Finnen	81	17	2
Italiener	80	17	2
Franzosen	76	17	7
Dänen	71	22	7
Belgier	70	19	11
Schweden	69	25	6
Japaner	62	31	7
Niederländer	60	32	8
Deutsche	59	29	12

Das Allensbacher Institut kommentierte: »Als Günter Gaus ... aus Anlaß seiner Ablösung als ständiger Vertreter der Bundesrepublik in der DDR laut darüber nachdachte, daß wir möglicherweise sogar auf die Verwendung des Begriffs ›Nation‹ verzichten müssen, hat er nur ausgesprochen, was sowieso längst von vielen praktiziert wurde.« 1971 hatten noch 42 % gesagt, sie seien unbedingt stolz darauf, ein Deutscher zu sein. Im November 1981 sagten das nur noch 35 %[109].

108. Internationale Wertestudie 1981/82, abgedruckt in: Allensbacher Berichte 1982, Nr. 6: »Die Frage nach dem Nationalstolz der Deutschen«
109. ebenda

Tabelle 3: Worauf die Deutschen stolz sind[110]

Frage: »Wir möchten gerne mal wissen, worauf man als Deutscher alles stolz sein kann. Hier auf diesen Karten steht einiges aufgeschrieben. Könnten Sie die bitte einmal durchsehen und mir alles herauslegen, von dem Sie meinen, daß man darauf als Deutscher stolz sein kann.« (Vorlage von Kärtchen und Antwortvorgaben)

	September/ Oktober 1984 %
Goethe, Schiller und andere große Dichter	71
Die schönen Landschaften	71
Beethoven, Bach und andere klassische deutsche Komponisten	63
Technische Hochleistungen der deutschen Industrie	59
Deutsche Wissenschaft und Forschung	59
Die mittelalterlichen Städte	57
Kölner Dom, deutsche Dome und Münster	57
Unsere sozialen Leistungen, soziale Sicherheit	55
Der Fleiß und die Arbeitsfreude der Deutschen	52
Die deutschen Philosophen	47
Der Wiederaufbau nach dem Krieg	47
Das Ansehen Deutschlands in der Welt	46
Autos aus der Bundesrepublik	42
Die Treue und die Zuverlässigkeit der Deutschen	41
Friedrich der Große, Bismarck und andere Staatsmänner	33
Die Tapferkeit deutscher Soldaten	33
Der deutsche Widerstand	30
Die Kultur der Germanen	24
Die Leistungen im Fußball	20
Preußen	18
Das Deutsche Reich im Mittelalter, die Kaiser der Hohenstaufen	17
Unmöglich zu sagen	6
	948

110. Allensbacher Archiv, IfD-Umfrage 4049 (n = 2206)

Stolz ist man also nicht in erster Linie auf das politische Gemeinwesen im Gegensatz zu den Amerikanern und Engländern, die mit ihrem jeweiligen Land vor allem dessen politische Institutionen verbinden. Die Bundesbürger dachten an die Gesellschaft, die Wirtschaft, die Heimat und das, was man als Eigenschaften des eigenen Volkes als einer Gemeinschaft von Individuen versteht. Die Bundesrepublik war vor allem eine Gesellschaft und nicht ein Staat – zum Entsetzen traditional-konservativer Zeitgenossen, die die »Entstaatlichung« des Gemeinwesens den Linksliberalen und der »Neuen Linken« anlasteten und damit tatsächlich Kausalität umkehren: Die »Entstaatlichung« bringt mehr Linksliberale und Neue Linke hervor, als Reflex auf veränderte Bedingungen.
Dennoch ist die Bundesrepublik als politisches System zweifelsfrei akzeptiert. Noch 1959 hatten Almond und Verba anhand einer internationalen Vergleichsstudie über die Quellen des Nationalstolzes aus dem niedrigen Prozentsatz für die politischen Institutionen bzw. das politische System der Bundesrepublik den Schluß gezogen, den Deutschen mangele es an Demokratieverständnis[111]. Diese Zweifel sind zwischenzeitlich widerlegt.

---

111. Gabriel Almond und Sidney Verba: »The Civic Culture«. Princeton 1963

Tabelle 4: Quellen des Nationalstolzes[112]

Frage: »Mal ganz allgemein gesprochen: worauf sind Sie im Hinblick auf unser Land am meisten stolz?« (Mehrfachnennungen)

	1959					1978
	USA %	GB %	I %	M %	D %	D %
Politisches System, politische Institutionen	85	46	3	30	7	31
Soziale Gesetzgebung	13	18	1	2	6	18
Internationale Position	5	11	2	3	5	9
Wirtschaftssystem	23	10	3	24	33	40
Eigenschaften der Bevölkerung	7	18	11	15	36	25
Geistige Tugenden und Religion	3	1	6	8	3	6
Beiträge zur Kunst	1	6	16	9	11	10
Beiträge zur Wissenschaft	3	7	3	1	12	13
Natürliche Eigenschaften des Landes	5	10	25	22	17	14
Andere	9	11	27	14	3	10
Nichts, weiß nicht	4	10	27	16	15	–
	158	148	118	144	148	176
N =	970	963	995	1 007	966	2 030

(GB = Großbritannien, I = Italien, M = Mexiko, D = Bundesrepublik Deutschland)

112. Die Angaben für 1959 sind Almond und Verba (a.a.O.) entnommen; die für 1978 sind von Rudolf Wildenmann: »Über die größten Errungenschaften«. Capital-Erhebung 1978. In: Capital, Das deutsche Wirtschaftsmagazin, Nr. 10/1978

2.2. *Was ist deutsch?*

Deutsche Idealisten – insbesondere vor dem Ersten Weltkrieg – zeigten sich überzeugt, daß es »wahre deutsche Tugenden« gebe, die Grundpfeiler der deutschen Kultur darstellten. Zu diesen Tugenden zählte beispielsweise der Jurist Otto von Gierke: »Die seit der germanischen Urzeit von Geschlecht zu Geschlecht vererbte Treue. Das strenge Pflichtbewußtsein. Der Ernst der Lebensauffassung. Der schlichte und gerade Sinn, die Wahrhaftigkeit und die Gerechtigkeit. Der Mut, der die Furcht nicht kennt. Und als der tiefste Born unserer Kraft die religiöse Gewißheit, der Glaube an ein höheres Ziel des Lebens und an das Walten Gottes in den Schicksalen der Menschen.«[113] Nach zwei verlorenen Weltkriegen waren die Deutschen anderer Meinung. Für ihre besten Eigenschaften hielten Bundesdeutsche »Fleiß, Tüchtigkeit und Strebsamkeit«, erst mit weitem Abstand folgten »Ordnungsliebe und Zuverlässigkeit«. Die vielzitierte deutsche Treue kam 1965 mit gerade 6 % auf einen vierten Platz, »Mut und Tapferkeit« nannten nur 3 %; damit rangierten diese Tugenden auf dem abgeschlagenen achten Platz. Die Werte hatten sich seit der ersten Allensbach-Umfrage bedeutend verringert, aber auch 1952 waren die genannten Eigenschaften nur von 11 bzw. 7 % der Befragten genannt worden.

113. »Deutsche Reden in schwerer Zeit«. Berlin 1915, S. 98, zitiert nach Sontheimer: »Der ›Deutsche Geist‹ als Ideologie«. In: Funke et. al.: »Demokratie und Diktatur«, a.a.O., S. 39. Das ist nicht nur Propaganda-Kitsch in einem Krieg, sondern drückt ein verbreitetes Mißverständnis gegenüber Stammesgesellschaften und ihrer Moral aus. Was Gierke hier an Tugenden nennt, galt bei Germanen wie bei Indianern, solange diese Stämme noch homogen waren. Stammesfremde durften betrogen, belogen und bekriegt werden. Es handelte sich also um eine reine Binnenmoral unter Stammesbrüdern.

Tabelle 5: Die besten Eigenschaften der Deutschen[114]

Frage: »Was halten Sie – einmal ganz allgemein gesagt – für die besten Eigenschaften der Deutschen?«

	1952 %	1962 %	1963 %	1965 %
Fleiß, Tüchtigkeit, Strebsamkeit	72	71	68	67
Ordnungsliebe, Zuverlässigkeit, Gründlichkeit, Sauberkeit	21	12	18	19
Offenheit, Ehrlichkeit, Aufrichtigkeit	–	6	5	9
Treue	11	4	5	6
Gutmütigkeit, Gutwilligkeit	12	3	4	3
Intelligenz, erfinderischer Geist	9	4	5	3
Ausdauer, Zähigkeit	8	4	2	3
Mut, Tapferkeit, soldatische Fähigkeiten	7	3	3	3
Bescheidenheit	3	x	x	1
Frömmigkeit, Innerlichkeit	2	x	x	x
Andere Angaben	13	12	6	17
Weiß nicht	4	14	16	14
	162	133	132	145

14 bzw. 24 Jahre später ergaben Umfragen mit einer anderen Fragestellung – die auch das Nennen negativer Eigenschaften ermöglichte – strukturell das gleiche Bild, wenn auch die Prozentsätze sich veränderten. Das war auch zu erwarten gewesen, denn die Forschung zu den nationalen Stereotypen bestätigt diese Stabilität, die die Vorstellungen jenseits der Tagesaktualitäten bewahren.

114. Elisabeth Noelle und Erich Peter Neumann: »Jahrbuch der öffentlichen Meinung 1965–1967«. Allensbach und Bonn 1968, S. 156. Speziell für die fünfziger Jahre siehe auch: EMNID-Informationen Nr. 50/1958, Anlage »Völker im Urteil der Deutschen«

Tabelle 6: Nationaleigenschaften der Deutschen[115]

	1979 %	1989 %
Fleißig, ehrgeizig, intelligent	46	42
Gründlich, sauber, sparsam, genau	19	19
Treu, ehrlich, zuverlässig	3	8
Protzig, eingebildet, rechthaberisch	5	6
Modern, fortschrittlich	2	4
Bieder, gemütlich, Biertrinker	7	4
Egoistisch, unberechenbar	0	4
Zäh, diszipliniert	0	3
Steif, stur	3	3
Gutmütig, herzlich	1	2
Hilfsbereit, tolerant	0	2
Ihre Kultur	0	2
Habgierig	0	2
Engstirnig, dumm	1	2
Fehlender Nationalstolz, selbstkritisch	0	1

Noelle-Neumann meint allerdings, daß den Bundesdeutschen in geradezu bedrohlichem Maße der Nationalstolz abhanden gekommen sei. Der allgemeine Kleinmut der Deutschen sei nicht zuletzt deshalb gefährlich, weil »die Verteidigungsbereitschaft bei Personen ohne ausgeprägten Nationalstolz deutlich herabgesetzt« sei[116]. Als kennzeichnend für die Grundstimmung, die sich nach der Kapitulation von 1945 ausbreitete, nennt sie: »Nun alles anders zu machen als früher, mit allen deutschen Traditionen zu brechen, kein Militarismus mehr, kein Nationalismus, kein Idealismus, nicht mehr Pflicht und Ordnung über alles zu

115. Emnid-Informationen Nr. 11/12 1989, 41. Jg., S. 9

116. Elisabeth Noelle-Neumann und Renate Köcher: »Die verletzte Nation«. Stuttgart 1987, S. 30f.

stellen ...«[117] Und da man nicht ohne ernste Schwierigkeiten seinen nationalen Charakter auswechseln könne, folge daraus ein Unbehagen, das durch Hedonismus überspielt werde: einerseits traurig, kleinmütig und gelangweilt, andererseits Genußsuche. »Gut essen und trinken – bedeutet Ihnen das viel, oder ist das für Sie Nebensache?« fragte das Institut 1985. Zwei Drittel entschieden sich für »bedeutet mir viel«! Diese Deutschen sehen ihren Lebenssinn im persönlichen Glück[118].

Nun ist die Bundesrepublik und heute das vereinte Deutschland in diesen Bereichen, die überwiegend Stimmungen wiedergeben, keineswegs einmalig in Europa. Die Werte für Italien sind in den meisten Messungen noch weiter entfernt von dem, was Noelle-Neumann als normal ansehen würde. Aber die allgemeine Deutung dieser Stimmungswerte wird bei Noelle-Neumann durch diese Nachbarschaft zu Italien gestützt: Die früher normale bürgerliche Wert- und Empfindungswelt verlor durch Diktatur und Niederlage an Legitimität. Als Alternative erscheint dann ein eher linksliberaler Gefühlskonsensus, dem die mit Staat verbundenen militärischen Attribute besonders fremd sind. Allerdings sind nur Italien und die Bundesrepublik etwas weiter entfernt von der früher üblichen bürgerlichen Wert- und Empfindungswelt, im Gegensatz zu ihren Nachbarn auf dem europäischen Kontinent. Dieser aber und nicht unsere eigene und weithin tote Vergangenheit ist der Maßstab für die Beurteilung der Befunde, um die es hier geht.

---

117. Elisabeth Noelle-Neumann: »Der Versuch, einen nationalen Charakter zu verändern«. In: FAZ, 28.2.1986, S. 11
118. eodem loco

Auf die Frage: »Was ist deutsch heute?« läßt sich keine formelhafte Antwort finden[119]. Der polnische Schriftsteller Andrej Szczypiorski, Innenminister im Kabinett der ersten nichtkommunistischen Regierung Mazowiecki, wies beispielsweise ironisch darauf hin, wie wenig in Leipzig oder Rostock von der im Westen so gerühmten bis berüchtigten »deutschen Wirtschaft« zu sehen und wie wenig von der angeblichen deutschen Verantwortlichkeit und Ordnung geblieben sei. Das Funktionieren einer Wirtschaft liege eben dort wie in Polen nicht an den Tugenden oder Untugenden eines Volkes; Ursache für die Misere sei das kommunistische System[120]. Anläßlich der Debatten zum Beitritt der DDR zur Bundesrepublik kommentierte die Frankfurter Rundschau, »Made in Germany« sei also doch nicht eine »Nation ohne Humor, die gnadenlos ordentlich und schrecklich organisiert ist«, das seien nur Klischees. »Das deutsche Beitritts-Datums-Ballett ist von hoher tänzerischer Eleganz (italienisch?), geleitet von einer irgendwie französisch anmutenden Inkonsequenz, gewürzt mit einer Prise hintergründigen Humors, der ... nur den Engländern zu eigen ist ... Und wir können ein Chaos produzieren, ein Chaos, ... von dem selbst der sprichwörtliche Balkan noch einiges zu lernen hat ... Im übrigen ist das, was hier geschrieben wird, wahrscheinlich in wenigen Stunden oder Minuten überholt; denn wir sind nicht einmal zuverlässig (angeblich deutsche Eigenschaft Nummer eins) ...«[121]

---

119. Siehe auch Helge Pross: »Was ist heute deutsch?« Wertorientierungen in der Bundesrepublik. Reinbek 1982

120. Andrej Szczypiorski: »Zu viele Tugenden. Ein polnisches Plädoyer für mehr Maß bei deutscher Selbstbezichtigung«. In FAZ, 18. 6. 1990, S. 34

121. »Made in Germany«. FR, 23. 8. 1990, S. 3

Fragt man Bundesdeutsche nach ihren Mutmaßungen über die Unbeliebtheit der Deutschen – und diese Mutmaßungen sind teilweise Projektionen! –, stellt man ein erhebliches Maß an Bereitschaft zur Selbstkritik fest. Mit wachsendem Abstand zum Zweiten Weltkrieg hat sich die selbstkritische Neigung sogar noch verstärkt. 61 % sahen 1980 (gegenüber 45 % 10 Jahre nach dem Zweiten Weltkrieg!) unsere negativen Charaktereigenschaften als Grund für unsere vermutete Unbeliebtheit in der Welt an. 1955 hatten nur 13 % den Nationalsozialismus als Erklärung angeführt, 1980 waren es beinahe dreimal so viele der Befragten. Besonders stark war diese Meinung in der Nachkriegsgeneration verbreitet. Der Umbruch im Selbstverständnis, die größere Bereitschaft zur Selbstkritik erfolgte bezeichnenderweise zu einem Zeitpunkt, als die Bundesrepublik Deutschland wirtschaftlich erstarkte. Von deutscher Überheblichkeit kann keine Rede sein – auch wenn gut ein Fünftel aller Befragten meinte, schuld an unserem schlechten Image sei der Neid auf unsere positiven Eigenschaften.

Die Frage nach dem Urteil der anderen über die Deutschen ist eine Information über uns selbst. Will man das Urteil über uns wirklich kennen, muß man andere Bevölkerungen befragen. Mit wenigen Ausnahmen – z. B. England – ist das Bild positiver, als wir meinen. So führte Anfang der sechziger Jahre die Gallup-Kette Repräsentativbefragungen in einigen Ländern Asiens und Lateinamerikas zu den »typischen« Eigenschaften anderer Völker durch. Gefragt wurde nach dem Bild des »typischen« Russen, Nordamerikaners, Deutschen und Engländers. Die nachstehenden Tabellen geben wieder, wie der »typische Deutsche« in den erfaßten Ländern gesehen wurde.

Tabelle 7: Die unbeliebten Deutschen[122]

Frage: »Es wird oft behauptet, daß die Deutschen auf der ganzen Welt unbeliebt sind. Was denken Sie, ist der Grund hierfür?«

	1955 %	1956 %	1959 %	1969 %	1974 %	1975 %	1980 %
Unsere negativen Eigenschaften	45	46	51	60	60	62	61
darunter: vom Krieg, vom Dritten Reich her	13	14	21	38	32	27	36
Überheblichkeit, Rechthaberei, wenig kontaktfreudig zu Ausländern	16	16	15	13	19	26	17
Zu strebsam	8	7	7	4	3	6	6
Schlechtes Benehmen (im Ausland)	8	5	7	6	7	8	4
Unsere positiven Eigenschaften	25	25	19	20	18	17	22
darunter: Fleiß, Tüchtigkeit, (Konkurrenz-)Neid der anderen	20	20	16	18	16	15	19
Durch Hetze, falsche Propaganda	3	3	2	1	1	1	2
Intelligenz	1	1	x	x	x	x	x
Die Deutschen sind nicht unbeliebt	14	13	10	9	15	7	9
Andere Erklärungen	2	4	3	2	3	5	4
Keine Angabe	14	16	20	14	11	16	11
	100	104	103	105	107	107	107

122. Institut für Demoskopie Allensbach, Allensbacher Berichte 1980, Nr. 15

Tabelle 8: Eigenschaften des »typischen Deutschen« in Lateinamerika[123]

	BR %	U %	C %	BO %	P %	M %
Ehrlich	22	17	24	26	18	19
Fleißig	43	60	63	71	56	41
Gründlich	13	17	34	27	22	19
Philosophisch	8	11	13	14	17	16
Fanatisch	7	8	14	8	6	13
Großzügig	6	6	7	11	6	6
Tapfer	24	22	32	43	34	23
Gutartig	9	6	11	5	4	6
Gebildet	25	19	18	15	21	28
Selbstsüchtig	11	4	9	4	6	12
Beherrschend	16	13	19	9	21	10
Intellektuell	15	15	13	12	6	6
Praktisch	14	18	25	34	18	12
Hilfsbereit	5	7	15	12	6	6
Unehrlich	2	1	1	1	1	2

(BR = Brasilien, U = Uruguay, C = Chile, BO = Bolivien, P = Peru, M = Mexiko)

Von den Lateinamerikanern wurde der »typische« Deutsche als besonders fleißig beurteilt, galt aber als weniger »gründlich« als der Engländer, auch als weniger »gebildet« und etwa in gleicher Weise »intellektuell« wie die Engländer und Nordamerikaner. Amerikaner und Engländer wurden im Vergleich mit den Deutschen als »praktischer« angesehen. Arthur Schopenhauer hatte 1851 geschrieben, jede Nation spotte über die anderen, und alle hätten recht. So spotten amerikanische Wissenschaftler gern, in der

123. Gallup-Repräsentativbefragung unter der erwachsenen Bevölkerung mit Schulbildung im Jahre 1963 in den Hauptstädten von Brasilien, Uruguay, Chile, Bolivien, Peru und Mexiko, zitiert nach K. G. von Stackelberg: »›Alle Kreter lügen‹. Vorurteile über Menschen und Völker«. Wien/Düsseldorf 1965, S. 46

internationalen Arbeitsteilung seien die Deutschen zuständig für »Tiefsinn«. Die Deutschen galten aber in den lateinamerikanischen Ländern nicht als »philosophischer» als die Engländer. Der Engländer erschien »großzügiger« als der Deutsche, aber nicht so großzügig wie der Amerikaner. Als »gutartiger« wurden sowohl die Amerikaner als auch die Engländer gesehen. Dafür wurde die »Hilfsbereitschaft« des Deutschen höher bewertet als die des Engländers, aber weit geringer als die des Amerikaners. In das von den Deutschen selbst zur Jahrhundertwende gepflegte Klischee paßte es, daß sie besonders bei den Eigenschaften »tapfer« und »beherrschend« weit vor den Amerikanern und Engländern rangierten. Diese Ergebnisse trafen teilweise noch sehr viel ausgeprägter für die in die Untersuchung einbezogenen asiatischen Länder zu.

Das Bild »des« Deutschen ist also von Land zu Land sehr unterschiedlich. Ebenso differenziert waren auch die Stereotypen für andere erfaßte Nationen[125].

Die Prozentzahlen der Reaktionen auf einzelne Vorgaben fallen von Land zu Land aus verschiedenen Gründen auch dann unterschiedlich aus, wenn die Grundeinstellungen ähnlich sind. Was man in psychologischen Tests einen »response set« nennt[126] – d. h. einen bestimmten Antwortstil unabhängig vom Inhalt der Frage –, findet sich also auch bei der international vergleichenden Umfragefor-

---

125. ebenda

126. Der Begriff »response set« geht auf Lee J. Cronbach (»Essentials of Psychological Testing«. New York, 2. Aufl. 1960) zurück. Siehe auch Erwin K. Scheuch und Helmut Zehnpfennig: »Skalierungsverfahren in der Sozialforschung«. In: René König: »Handbuch der empirischen Sozialforschung«. Band 3a: Grundlegende Methoden und Techniken der empirischen Sozialforschung. Zweiter Teil«. 3. umgearbeitete und erweiterte Auflage. Stuttgart 1974, S. 97–203

Tabelle 9: Eigenschaften des »typischen Deutschen« in Asien[124]

	IN %	PA %	T %	SV %	PH %	ID %	SP %	M %	B %
Ehrlich	22	11	15	3	6	8	8	5	8
Fleißig	54	35	64	27	27	45	48	52	41
Gründlich	13	19	11	8	4	13	17	18	26
Philosophisch	10	13	27	5	10	10	20	7	16
Fanatisch	13	4	4	25	9	16	10	16	11
Großzügig	4	4	5	3	6	9	2	4	5
Tapfer	49	25	70	38	31	46	15	27	55
Gutartig	13	3	3	3	8	19	2	3	6
Gebildet	10	7	4	9	14	9	10	9	6
Selbstsüchtig	2	2	1	4	11	3	3	5	7
Beherrschend	6	10	–	20	27	5	5	9	15
Intellektuell	23	25	34	15	25	22	23	25	39
Praktisch	23	14	32	10	17	12	17	24	30
Hilfsbereit	8	5	2	3	6	5	3	4	3
Unehrlich	1	1	–	2	11	–	1	2	1

(IN = Indien, PA = Pakistan, T = Thailand, SV = Südvietnam, PH = Philippinen, ID = Indonesien, SP = Singapore, M = Malaysia, B = Burma)

schung. In manchen Ländern stimmt man gern jeder Vorgabe zu, während man in anderen eine Tendenz zu größerer Vorsicht bei der Zustimmung beobachtet. Damit werden Schlußfolgerungen auf der Grundlage eines Vergleichs der Prozentreihen prekär. Es ist sicherer, eine Struktur der Antworten zu identifizieren und die Prozentsätze zu Struktureigenschaften umzurechnen. Mit dieser Methode läßt

124. Emnid-Repräsentativbefragung unter der erwachsenen Bevölkerung mit Schulbildung im Jahre 1962 in den Hauptstädten von Indien, Pakistan, Thailand, Südvietnam, Philippinen, Indonesien, Singapore, Malaysia und Burma (befragt wurden jeweils 500 Menschen), zitiert nach K. G. von Stackelberg, a.a.O., S. 51

sich in Asien wie Lateinamerika ein Grundmuster des Stereotyps des Deutschen ermitteln[127]. Wir gruppierten die Antworthäufigkeiten je Land in »höchste Nennung«, »überdurchschnittliche Nennung« und »häufige Nennung«. Ferner eliminierten wir Attribute, die nur in ein oder zwei Ländern besonders auffällig waren[128].

Danach gibt es in Lateinamerika und in Asien in der Reihenfolge folgendes Grundstereotyp des Deutschen:

1.	Lateinamerika:	fleißig
	Asien:	fleißig
2.	Lateinamerika:	–
	Asien:	tapfer
3.	Lateinamerika:	tapfer
	Asien	–
4.	Lateinamerika:	gebildet
	Asien:	intellektuell
5.	Lateinamerika:	gründlich
	Asien:	praktisch
6.	Lateinamerika:	–
	Asien:	–
7.	Lateinamerika:	intellektuell
	Asien:	gründlich

(Übersprungene Zeilen drücken einen großen Abstand in den Werten für diese Eigenschaft aus)

---

127. Als grundlegende Literatur über Stereotypen und Vorurteile siehe insbesondere Walter Lippmann: »Public Opinion«. New York 1949, 12. Aufl. (1. Aufl. 1922, dt. Übersetzung: »Die öffentliche Meinung«. München 1964); Gordon W. Allport: »The Nature of Prejudice«. Cambridge 1954 (dt. Übersetzung: »Die Natur des Vorurteils«. Köln 1971); Peter Heintz: »Soziale Vorurteile. Ein Problem der Persönlichkeit, der Kultur und der Gesellschaft«. Köln 1957

128. Die Zustimmung zur Vorgabe »fanatisch« erreichte zum Beispiel in Südvietnam 25 %, war in allen anderen Ländern jedoch gering. In Lateinamerika hatte diese Vorgabe nur in Chile mit 14 % eine Höhe, die für eine Eingruppierung »häufig« ausgereicht hätte.

Diese Struktur des Stereotyps ist zwischen den Ländern sehr stabil – insbesondere ist die Kombination »fleißig« und »tapfer« als Stereotyp universell. In seinem Charakter entspricht dieses Heterostereotyp dem früher bereits wiedergegebenen Autostereotyp. Für die Deutschen dominiert also das, was von Lafontaine einmal abschätzig als Vorherrschaft von Sekundärtugenden bezeichnet wurde.
Unser Image ist also sehr viel weniger unfreundlich, als wir glauben. Dennoch ist die große Mehrheit der Deutschen davon überzeugt, auf der ganzen Welt nicht sehr beliebt zu sein. Aber diese Form von Paranoia findet sich auch bei anderen Völkern, wie etwa den Amerikanern.
Die Übersicht zeigt, daß die Größe eines Landes hinderlich ist für hohes Vertrauen in anderen Ländern. Dänen, Holländer, Luxemburger und Belgier gelten schon ihrer geringen Größe wegen als vertrauenserweckend. Von den großen Ländern der Gemeinschaft genießen aber die Deutschen inzwischen das höchste Vertrauen.
Ein wichtiger Umstand für dieses hohe Maß an Vertrauen unserer Nachbarn ist das Verblassen der Nazi-Vergangenheit. Eine Erhebung im September/Oktober 1989 in sechs Ländern Europas ergibt, daß für die meisten der dort lebenden Menschen Holocaust und Nazi-Verbrechen allgemein nicht mehr so dominant sind für das Bild der Deutschen.

Tabelle 10: Das Vertrauen in der EG zu den Völkern der Europäischen Gemeinschaft[129]
(Gewogenes Mittel der Werte in den verschiedenen Staaten)

Zu den	Viel Vertrauen %	Einiges Vertrauen %	Wenig Vertrauen %	Gar kein Vertrauen %	Keine Antwort %	Index
Dänen	14	38	10	4	34	.59
Niederländern	15	41	11	4	29	.56
Luxemburger	11	39	10	4	36	.54
Belgiern	10	42	13	5	30	.46
Deutschen	15	40	15	11	19	.32
Iren	9	33	18	9	31	.17
Franzosen	12	37	21	11	19	.15
Briten	11	38	23	11	17	.15
Spaniern	7	38	26	9	20	.08
Griechen	8	31	21	10	30	.06
Portugiesen	8	30	20	11	31	.04
Italienern	8	34	28	10	20	.03

(Die Indexwerte ergeben sich dadurch, daß die Aussagen über Vertrauen und Mißtrauen zueinander in Beziehung gesetzt wurden. Der Index kann schwanken zwischen totalem Vertrauen = 1 und totalem Mißtrauen = 0)

129. Eurobarometer Nr. 25, Juni 1986, Tabelle 13, S. 28

Tabelle 11: Das Bild der Deutschen in Europa[130]

Frage: »Es gibt ganz verschiedene Ansichten dazu, wie stark das Bild von Deutschland noch heute durch die Nazi-Vergangenheit geprägt ist. Die einen sagen: ›Der Holocaust und die Nazi-Vergangenheit prägen auch heute noch mehr als alles andere das Bild der Deutschen.‹ Die anderen sagen: ›Es ist richtig, im Fernsehen sieht man immer wieder Filme, die in der Nazi-Zeit spielen. Aber das Bild von Deutschland wird davon nicht mehr geprägt.‹ Wie denken Sie, wie die ersten oder wie die zweiten?«

	Wie die ersten: (Holocaust prägt das Bild der Deutschen) %	Wie die zweiten: (Bild davon nicht mehr geprägt) %	Unentschieden %
Frankreich	20	68	12*
Großbritannien	35	50	15
Italien	43	41	16
Spanien	24	56	20
Niederlande	35	48	17
Schweden	29	58	13

* Die Addition je Zeile ergibt 100

An der Tabelle ist auffällig, daß lediglich in Italien eine leichte Mehrheit an das Fortwirken von Holocaust und Nazi-Vergangenheit denkt. Wir deuten dies als Ausdruck eigenen Schuldbewußtseins, womit auch einer der Gründe genannt ist, warum die Deutschen selbst ein ungünstigeres Bild von ihrem internationalen Ansehen haben als ihre Nachbarn.

---

130. »Die Mehrheit in Europa ist für ein geeintes Deutschland«. planung und analyse, 17. Jg., April 4/1990, Tabelle 3, S. 150. In Deutschland wurde die Untersuchung vom Institut für Demoskopie in Allensbach im September/Oktober 1989 durchgeführt.

Tabelle 12: Einstellung zu den Deutschen (eigene Einstellung)[131]

Frage: »Einmal ganz allgemein gefragt: Mögen Sie eigentlich die Deutschen, oder mögen Sie sie nicht besonders?«

	Mag sie %	Mag sie nicht besonders %	Unentschieden %	Keine Einstellung %
Frankreich	52	26	15	7*
Großbritannien	39	25	19	17
Italien	34	35	27	4
Spanien	47	20	14	19
Niederlande	56	27	4	12
Schweden	56	24	12	8

* Die Addition je Zeile ergibt 100, in den Niederlanden 99 %

Dieses Bild stimmt nicht mit der veröffentlichten Meinung überein. Es hat eine lange Tradition, daß die kulturelle Führungsschicht in den westlichen Ländern ungünstig über Deutschland berichtet, und zum größeren Teil trifft dies auch auf die politischen Eliten zu. Wir werden noch zeigen, daß dies anläßlich der Ereignisse um die Wiedervereinigung im Winter 1989/90 besonders deutlich wurde. Ein weiteres Indiz hierfür ist das Auseinanderfallen der eigenen Meinung und der Vorstellung, die man von der Meinung anderer hat. Ob es sich nun um die Einschätzung der wirtschaftlichen Lage, um die Vertrauenswürdigkeit der Mitmenschen oder die Wertung der Deutschen handelt: Wann immer Fernbild und eigenes Bild auseinanderfallen, besteht bis zum Nachweis des Gegenteils Grund zu der Vermutung, daß dies auf die Wirkung der Medien zurückzuführen ist.

131. »planung und analyse«, a.a.O., Tabelle 4.1., S. 150

Tabelle 13: Einstellung zu den Deutschen (Einstellung der meisten im Land)[132]

Frage: »Einmal abgesehen von Ihrer Meinung: Glauben Sie, daß die meisten Leute in ... die Deutschen mögen, oder mögen sie sie nicht besonders?«

Die meisten Leute in ...	mögen die Deutschen %	mögen sie nicht besonders %	unentschieden %
Frankreich	38	37	25*
Großbritannien	23	44	33
Italien	26	53	21
Spanien	43	24	33
Niederlande	30	54	16
Schweden	36	44	19

* Die Addition je Zeile ergibt 100, in Schweden 99 %

Nach einer international vergleichenden Befragung im Jahre 1989 sind aus der Sicht der Europäer die Amerikaner das beliebteste Volk – und nicht andere Europäer. Das sind sie übrigens nach einer Umfrage auch in Moskau, und völlig entgegen der veröffentlichten Meinung erreichen sie ausgerechnet in Frankreich mit 64 % einen Spitzenwert an Beliebtheit (im Vergleich zu Deutschland mit nur 47 %)[133]. Verglichen mit dem europäischen Durchschnitt galten aber die Sympathien der Bundesdeutschen ganz besonders ihren Nachbarn – allen voran den Niederlanden und Frankreich. Nur mit den Italienern tun sie sich offenbar schwer, wie auch umgekehrt die Italiener mit den Deutschen Probleme haben.

132. »planung und analyse«, a.a.O., Tabelle 4.2., S. 150
133. Emnid-Informationen 1989, Heft 7 und 8, S. 21

Tabelle 14: Nähe oder Ferne eines Landes zur Bundesrepublik[134]

Länder:	Nähe %	Mittlere Werte %	Ferne %	Keine Meinung %
Frankreich	39	33	18	10*
Großbritannien	26	46	22	7
Italien	15	26	51	8
Spanien	25	32	23	18
Niederlande	44	24	15	8
Schweden	36	42	15	5
USA	22	37	21	18
Japan	18	43	31	8

* Die Addition einer Zeile ergibt ca. 100 %

2.3. Gibt es einen deutschen Nationalcharakter?

Vergleichende Sozialforscher sind sich nicht darüber einig, ob es etwas wie einen Nationalcharakter wirklich gibt. In der unmittelbaren Nachkriegszeit war man sich da unter den psychoanalytisch orientierten Sozialforschern sicherer. Nicht nur in Feuilletons, auch in sozialpsychologischen Lehrbüchern wurde die Ansicht verbreitet, die neuere politische Geschichte Deutschlands und Japans sei durch die jeweiligen Nationalcharaktere bestimmt. Die Begründung folgte einem bestimmten Muster: Da die politische Geschichte beider Länder von der Sozialstruktur her nicht zu erklären war, mußte es wohl eine Häufung nationalspezifischer Persönlichkeitstypen gegeben haben.
Allerdings wurde mit dem Begriff des Nationalcharakters damals auch allgemeiner gearbeitet – etwa bei dem Ver-

134. Allensbacher Berichte Nr. 6/90, Tabelle 6

such, die Eigenart der Indianer auf eine nur bei ihnen anzutreffende Technik der Sozialisation zurückzuführen.

Im autoritativen »Handbook of Social Psychology« wurde 1954 der Nationalcharakter definiert als »die Erforschung der normalsten Persönlichkeit« (modal personality) in einem soziokulturellen System[135]. Angesichts der großen Verschiedenheit der Menschen in modernen Flächenstaaten ist es schon ein verwegenes Unterfangen, sich den »Normal-Engländer«, den »Normal-Japaner« oder »Normal-Amerikaner« jenseits der Stereotype von Witzen vorzustellen. Dennoch gibt es bei internationalen Vergleichen durch Umfragen stabile Unterschiede in der Häufigkeit von Antworten, die man als Indikator für typische Haltungen deuten kann. In diesem Sinn berichtete Alex Inkeles über die in den einzelnen Ländern unterschiedliche Selbsteinstufung der Menschen in »glücklich« bzw. in »zufrieden«.

Offensichtlich sind die Unterschiede nicht mit dem naheliegendsten Bestimmungsgrund, dem Lebensstandard des Landes, zu erklären. In Deutschland, Frankreich und Italien erscheint auch bei anderen Fragestellungen internationaler Vergleiche das zwischenmenschliche Klima nicht so besonders günstig. Diese Unterschiede sind wohl eher als Folge national vorherrschender Erwartungen an das Individuum zu deuten und kaum als Ausdruck verschiedener Persönlichkeitstypen. Die Werte weisen eher auf eine Kontinuität der Kultur hin als auf einen Typus Mensch.

---

135. Alex Inkeles und Daniel J. Levinson: »National Character: The Study of Modal Personality and Sociocultural Systems«. In: Gardner Linzey (Hg.): »The Handbook of Social Psychology«. 1954, S. 977–1020

Tabelle 15: Durchschnittliche Verteilung des hohen und niedrigen Niveaus von Glück und Zufriedenheit in zehn EG-Ländern in der Zeit von 1975 bis 1985[136]

Land	Glück		Zufriedenheit		Rangplatz	
	Sehr glücklich	Nicht sehr glücklich	Sehr zufrieden	Überhaupt nicht zufrieden	Glück	Zufriedenheit
	%	%	%	%		
Niederlande	43	6	42	1	1	2
Dänemark	35	12	55	1	2	1
Irland	32	11	36	4	3	3.5
Belgien	29	11	34	3	4	5
Großbritannien	28	14	31	4	5	6
Luxemburg	24	10	36	2	6	3.5
Frankreich	15	22	12	7	7	8
Deutschland	14	15	19	2	8	7
Griechenland	11	30	8	7	9	10
Italien	8	33	11	10	10	9

Der Mißmut der Deutschen ist allerdings eine Eigenschaft, die erst in der Halbdistanz wirksam wird – also gegenüber Menschen, mit denen man nicht fortwährend den Alltag teilt. Ansonsten sind die Bundesdeutschen im Mikrobereich ihrer Lebenswelt im internationalen Vergleich auffällig zufrieden gewesen und im Verlauf der Weiterentwick-

136. Alex Inkeles: »National Character Revisited«. 28.12. 1988. Veröffentlicht durch WZB (Wissenschaftszentrum Berlin für Sozialforschung), Arbeitsgruppe Sozialberichterstattung, P 89–103, hier: Tabelle 2, S. 33. Die Fragestellungen lauteten: Glück: »Alles zusammengenommen, würden Sie sagen, Sie wären dieser Tage sehr glücklich, ziemlich glücklich oder gar nicht glücklich?«
Zufriedenheit: »Im ganzen, sind Sie sehr zufrieden, ziemlich zufrieden, nicht sehr zufrieden oder überhaupt nicht zufrieden mit Ihrem Leben, das Sie führen?«

lung der Bundesrepublik immer zufriedener geworden. Zugleich wuchs die Zufriedenheit mit der Gesellschaft allgemein – also mit einer Ebene der Existenz, die man nur vom Hörensagen kennt. Innerhalb der EG gibt es heute keine Bevölkerung, die mit dem Zustand ihres politischen Systems so zufrieden ist wie die Deutschen in der bisherigen Bundesrepublik Deutschland[137]. An Persönlichkeitstypen braucht man aber nicht zu denken, wenn solche Besonderheiten international zu registrieren sind.

Jeder Versuch, Unterschiede zwischen heutigen westeuropäischen Staaten auf einen bestimmten Persönlichkeitstyp zurückzuführen oder auch nur auf eine besondere Häufigkeit eines Typus von Persönlichkeiten, geht an der Differenzierung dieser Gesellschaften vorbei. Sie sind offensichtlich für sehr unterschiedliche Arten von Menschen der Rahmen, in dem diese sich in ihrer Lebensweise einrichten. Zugleich werden Eigenschaften von Personen nur auf vielfach vermittelte Weise zu einem Element des Gesamtsystems »Gesellschaft«. Deshalb sollte es – ungeachtet des akademischen Anspruchs der »Völkerpsychologie« – Stammtischen überlassen bleiben, »den« Deutschen, »den« Franzosen oder »den« Italiener zum Gesprächsgegenstand zu machen.

In der sozialwissenschaftlichen Literatur hat es allerdings einen berühmten Fall gegeben, in dem ein politisches System unmittelbar auf die Häufigkeit eines Persönlichkeitstyps zurückgeführt wurde. In ihrer Mischung aus Psychoanalyse und jungem Marx behaupteten die Anhänger der »Frankfurter Schule« in den dreißiger und vierziger

---

137. Eurobarometer Nr. 24, Dezember 1985

Jahren, daß der Nationalsozialismus ohne die Häufigkeit von »autoritären Persönlichkeiten« nicht möglich gewesen wäre und umgekehrt durch die Häufigkeit solcher Persönlichkeiten im Deutschen Reich unvermeidlich gewesen sei. Unter »autoritärer Persönlichkeit« verstand man einen Persönlichkeitstyp mit chaotischem Innenleben, der sich vor allem seiner sexuellen Wünsche wegen selbst haßt, aber diese Wünsche auf andere (speziell in Juden) projiziert. Menschen dieses Typs suchen und finden Autoritätsstrukturen, die sie vor dem eigenen Chaos schützen, ihnen die Bestimmung von Zielen abnehmen und ihnen zugleich Sündenböcke zur Verfügung stellen, um ihre Selbstaggressionen nach außen leiten zu können. Das ist sehr viel Psychoanalyse also, die mit Marx erst verbunden wurde durch die Behauptung, der Spätkapitalismus brauche solche Personen, und das um so mehr, je weniger er die Schlacken der traditionellen Gesellschaften ausgeschieden habe[138].
In der methodischen Kritik wurde schon bald darauf verwiesen, daß sich autoritäre Persönlichkeiten – wenn sie überhaupt existieren – mit jeder Art von autoritärem System vereinen lassen und deshalb nicht zur Erklärung des Nationalsozialismus taugen[139]. Heute darf man diesen früher in den Feuilletons sehr beachteten Versuch der Gleichsetzung eines häufigen Persönlichkeitstyps mit einem politischen System als bloße Ideengeschichte der Sozialwissenschaften betrachten.

---

138. Theodor W. Adorno, F. Frenkel-Brunswik, D. J. Levinson, R. N. Sanford: »The Authoritarian Personality«. New York 1950

139. Herbert H. Hyman und Paul B. Sheatsley: »The Authoritarian Personality – A Methodological Critique«. In: Richard Christie und Maria Jahoda (Hg.): »Studies in the Authoritarian Personality«. Glencoe 1954, S. 50–122

Die Unterschiede in Verhaltensweisen, in den Einstellungen und den Reaktionen auf Ereignisse, wie sie die Umfragen in den Ländern Westeuropas registriert haben, sind angemessener zu deuten als Verschiedenheiten in den Normen und als Nuancierungen in den Werten. Mit dieser Sichtweise verträgt sich gut die Beobachtung, daß Amerikaner am »amerikanischsten« im Ausland sind, wie auch Deutsche außerhalb ihres Landes ihren Stereotypen von sich selbst näher kommen als zu Hause; denn im Ausland ist dem Gast bewußter, welchen Erwartungen er entsprechen soll. Für diese Deutung spricht auch die Erfahrung, daß sich einzelne Auswanderer innerhalb Europas durchweg leicht integrieren, Gruppen jedoch sehr viel weniger. Die Tiefenpsychologie mag bemüht werden, wenn die Unterschiede zwischen den Kulturregionen der Welt zu erklären sind. Innerhalb Westeuropas ist das gegenseitige Durchdringen der Nationalkulturen – soweit es sie außerhalb der Führungsgruppen überhaupt noch gibt – jedenfalls weit fortgeschritten.

2.4. Wie extremistisch sind die Deutschen?

(1) Der Gegenstand wird eingekreist

Extremist, Radikaler, Faschist, Nazi, Kommunist – schon die verschiedenen Bezeichnungen deuten darauf hin, daß der Gegenstand nach Inhalt und Umfang differiert und von der gewählten Blickrichtung abhängt. Eindeutig ist allenfalls eine juristische Abgrenzung: Extremistisch ist jemand, der die vom Grundgesetz gemeinte Ordnung aggressiv ablehnt bzw. sich mit einer Gruppierung identifiziert, die das

tut. Mit einer solchen Abgrenzung wurden beispielsweise die Berufsverbote für Beamte begründet, da diese auf die Einhaltung der Rechtsordnung und der Verfassung ausdrücklich verpflichtet sind.
Allerdings läßt sich mit dem juristischen Kriterium nur eine identifizierbare, systematische Ideologie ausgrenzen, die sich gegen diese Ordnung des Grundgesetzes wendet. Da aber nur ein Teil derjenigen, die das Grundgesetz ablehnen oder aktiv bekämpfen, Mitglieder einer entsprechenden Organisation sind oder ihre Haltung öffentlich empfehlen, muß ein weitergehendes, in die Alltagsbezüge der Menschen umsetzbares Kriterium herangezogen werden.
In der Sozialforschung ist es seit den vierziger Jahren üblich, extremistische Haltungen durch eine Kombination von Einstellungs- und seltener von Verhaltensfragen zu definieren, die nach dem Muster sozialpsychologischer Tests entwickelt wurden. Dabei wird durchweg von dem Vorbild einer pluralistischen Demokratie mit linksliberalen Werten ausgegangen. Als »linksextremistisch« gilt eine Übersteigerung der Werte, als »rechtsextremistisch« ihre weitestgehende Ablehnung sowie als links- wie rechtsextremistisch eine Absage an die pluralistische Demokratie. Dies ist sicherlich keine für alle Zeiten und Umstände geeignete Abgrenzung, und oft drückt sich in solchen Demokratie-Skalen vor allem aus, daß der Konstrukteur der Skalen deutlich Andersdenkende für extreme Menschen hält[140]. Bei allen Bedenken schließen wir uns jedoch

140. Das wird sehr anschaulich in Herbert C. Hyman et. al.: »Application of Methods of Evaluation«. Berkeley Cal. 1962. Appendix A. Die in dem Appendix wiedergegebenen Skalen bzw. Tests sollten den Erfolg von Programmen der staatsbürgerlichen Bildung in Kalifornien messen. Hintereinander gelesen, muten sie jedoch an wie der Katechismus einer säkularen Konfession,

hier dieser Auffassung eines Links-Rechts-Kontinuums dem Grunde nach an, um die vorliegende Forschung einarbeiten zu können. Auch hier werden also im folgenden unter »extremistisch« verstanden: die Endpunkte eines Kontinuums zwischen »rechten« zu »linken« Einstellungen.

Das Bundesministerium des Inneren beauftragt seit Jahrzehnten Wissenschaftler, das Extremismus-Potential und dessen Ausdrucksformen zu untersuchen. Wenn sich aber die Ergebnisse der verschiedenen Analysen nicht einfach zueinanderfügen, so hat dies einen weiteren, in der Sache liegenden Grund. Extremistische Einstellungen werden in erster Linie in Diskussionszirkeln und deren Zeitschriften geäußert, in denen die extremistische Orientierung als Ideologie erkennbar und auch mit den Instrumenten der Ideologiekritik und der Ideengeschichte analysierbar ist. Das gilt jedoch nur noch sehr eingeschränkt, wenn aus den verschiedensten losen Gruppierungen politische Parteien werden. An diesen ist lediglich das Parteiprogramm bzw. entsprechende Festlegungen als Ideensystem zu orten. Bekanntlich sagen aber Programme über die wahre Befindlichkeit einer Partei nur Begrenztes aus. Hinzu kommen muß eine Analyse der Mitglieder und Wähler. Und hier

---

genannt liberal-demokratisch, in der nichts Böses über Politik gedacht wird. Beispielsweise werden gute Demokraten dadurch identifiziert, daß sie die Aussage zurückweisen: »Politik ist ein schmutziges Geschäft«. Was aber, wenn jemand in Boston oder Köln lebt, wo Politik bestimmt kein sauberes Geschäft ist? Und wie steht es um den Aussagewert eines »Ja« zu der Frage: »Den meisten Menschen kann man vertrauen«. Wie Frau Noelle-Neumann im Juni 1990 in der FAZ nachwies, ist das Vertrauen in den Mitmenschen bei Bewohnern der DDR viel geringer als bei denen der Bundesrepublik. Sind mithin die Bewohner der DDR schlechtere Demokraten oder nur Realisten in einem schlechten System?

beginnt die besondere Kompetenz der Sozialwissenschaften.

Wenn es allerdings darum geht, den Extremismus in der Bevölkerung auszumachen, muß sich das Instrumentarium weiter vom juristischen oder ideologiekritischen Ansatz entfernen. Insbesondere für demoskopische Erhebungen, mit deren Hilfe die Größenordnung extremistischer Gruppen geschätzt werden kann, muß nicht nur die Sprache der Bevölkerung getroffen, sondern darüber hinaus auch akzeptiert werden, daß für Gegenstände, die den Menschen nicht zentral sind, die Einstellungen und Verhaltensweisen oft widersprüchlich, instabil, von Situationen und Personen des Augenblicks abhängig sind. Man kann also nicht vorgehen wie bei der Ideologiekritik oder den Maßstab der politischen Philosophie anwenden, wenn man den Gegenstand nicht weitgehend verfehlen will[141].

Gerade bei Menschen und Gruppen mit extrem linken oder extrem rechten Auffassungen findet sich oft eine Mischung der Topoi beider Positionen. Da sie also zugleich linke und rechte extreme Positionen einnehmen, ist ein zweites Abgrenzungskriterium notwendig. Hiernach gilt als extremistisch, wer dem Zusammenleben in einer freiheitlichen Gesellschaft mit einer pluralistischen Demokratie den Kampf angesagt hat.

Eine angemessene Diskussion von Rechts- und Linksextremismus wird durch die Veränderlichkeit der extremistischen Position nach Ausdrucksform und Inhalt beeinträchtigt. Konservatismus in seiner extremen Form war eher

141. Der klassische Aufsatz hierzu ist Philip E. Converse: »The Nature of Belief Systems in Mass Publics«. In: David E. Apter (Hg.): »Ideology and Discontent«. New York 1964

eine zeitgebundene Reaktion der sich industrialisierenden Gesellschaften vor dem Ersten Weltkrieg, Rechtsextremismus dagegen ist eher ein Phänomen des 20. Jahrhunderts, versteht sich als revolutionär und lehnt Teile dessen ab, was für extreme Konservative bewahrenswert war[142].

Die Literatur über Rechtsextremismus verkennt diese Orts- und Zeitbezogenheit, wenn sie in sozialpsychologisierender Sicht das Konstrukt eines »Rechtsextremisten« tradiert und meist per Implikation die politischen Erfolge rechtsextremistischer Gruppen aus der Häufigkeit rechtsextremer Persönlichkeiten erklärt. Beispielsweise wollen Rechtsextreme angeblich Fremdgruppen als Sündenböcke verfolgen[143], sie sollen zu Konspirationstheorien neigen[144], komplexe Großgebilde ablehnen und überschaubare Gemeinschaften bevorzugen; Rechtsextremisten forderten auch eine Militarisierung des Alltags und sprächen beispielsweise bei Ernten von »Erzeugerschlachten«.

Aber solche Eigenschaften findet man auch bei der Linken des politischen Spektrums. Die Vielfalt und die lokale Besonderheit des Rechtsextremismus ist damit also nicht gut zu fassen. Auch kann die Wirkung ideologischer Inhalte nicht auf eine Spiegelung von Persönlichkeitsbedürfnissen reduziert werden. Vor allem ist aber der Erfolg von rechtsextremistischen Bewegungen – gleiches gilt für den Linksextremismus – so nicht zu erklären. Wie sollte sich die

---

142. So Franz Greß, Hans-Gerd Jaschke und Klaus Schönekäs: »Neue Rechte und Rechtsextremismus in Europa. Bundesrepublik, Frankreich, Großbritannien«. Opladen 1990, S. 9
143. L. Berkowitz: »Aggression – A Social Psychological Interpretation«. New York 1962
144. Martin Seymour Lipset in: Daniel Bell (Hg.): »The Radical Right«. New York 1964

Häufigkeit von Persönlichkeitstypen so rasch ändern? Wahrscheinlich gab es im Nazi-Staat nicht mehr als ca. 15 % Nazi-Persönlichkeiten[145]. Die gleichen Menschen können eben in sehr unterschiedlichen Regimen völlig verschieden existieren.

Auf den ersten Blick scheint der Linksextremismus kontinuierlicher. Als Kommunismus ist er in seinen Theorien und Feindbildern sehr konstant geblieben, und das gilt auch für den Ein-Parteien-Sozialismus. Aber seit Trotzki gibt es auch eine neue Linke wechselnder Formen, deren Selbstverständnis revolutionär ist gegenüber der Ein-Parteien-Ordnung nach den Vorstellungen des Marxismus-Leninismus.

Vollends diffus wird der Gegenstand beim Faschismus, beim Peronismus und beim Nationalsozialismus – den drei wichtigsten Erscheinungsformen einer sich revolutionär verstehenden und extremistisch gebärdenden Suche nach einem dritten Weg. Dabei waren insbesondere im Nationalsozialismus die Anleihen an den Stalinismus offenkundig. Dieser Nationalsozialismus gibt oft die Folie ab für Urteile, wo heute in der Bundesrepublik Deutschland sich Rechtsextremismus zeigt. Aber das ist aus zwei Gründen ein Irrweg: Einmal war der Nationalsozialismus in seiner offiziellen Selbstdarstellung eine Mischung aus extrem linkem und rechtem Gedankengut; zum anderen muß man davon ausgehen, daß Faschismus und Nationalsozialismus, ebenso wie die berufsständische Ordnung als ein weiterer »dritter Weg«, bloße Epoche-Phänomene waren.

Heute ist die Gefahr groß, tatsächlich bestehende Extre-

145. US Bombing Survey, US Government Printing Office, Washington 1947

mismen falsch zu beurteilen, weil sie dem historischen Vor- und Schreckbild nicht ähnlich genug erscheinen.
Wir gehen hier also davon aus, daß Extremismus die grundsätzliche Ablehnung der gegenwärtigen Gesellschaftsform bedeutet, daß er ihre politische Organisation als untragbar, ja sogar als böse empfindet unter Verweis auf einen moralischen und effizienten Organisationstyp der Gesellschaft[146]. Kennzeichen für die Unterschiede zwischen den verschiedenen Formen extremistischer Bewegungen sind[147]:

1. Politische Massenbewegungen, die in Zeiten rascher Industrialisierung und Urbanisierung entstehen, sind Reaktionen gegen die Störung von Primärbeziehungen (d. h. Beziehungen in der Familie, dem Freundeskreis und der Nachbarschaft) und ihre Ersetzung durch Sekundärbeziehungen (d. h. Beziehungen zu unpersönlichen Institutionen)[148].
2. Die Anziehungskraft politischer Massenbewegungen besteht zu Beginn in dem Versprechen, eine Situation wiederherzustellen, in der Beziehungen vom Typ der Primärgruppen wieder stärker sind (Genossenschaftlichkeit, Kameradschaft der Frontkämpfer, Betriebsgemeinschaft usw.).
3. Die Anziehungskraft speziell der totalitären und extremistischen Massenbewegungen besteht in ihrem Ver-

146. Die folgende Aufzählung findet sich bereits in dem Aufsatz von Erwin K. Scheuch (unter Mitarbeit von Hans D. Klingemann): »Theorie des Rechtsradikalismus in westlichen Industriegesellschaften«. In: Heinz-Dietrich Ortlieb und Bruno Molitor: »Hamburger Jahrbuch für Wirtschafts- und Gesellschaftspolitik«. 12. Jahr, Tübingen 1967, S. 11–19
147. Walter Simon: »American Politics«, unveröffentlichtes Manuskript 1966
148. C. H. Cooley: »Social Organization«. New York 1929; F. Tönnies: »Gemeinschaft und Gesellschaft«, 3. Aufl., Berlin 1920

sprechen, gleichzeitig die Effizienz des durch Sekundärbeziehungen charakterisierten Gesellschaftstyps (= »moderne« Gesellschaft) zu steigern und die Geborgenheit einer durch Primärbeziehungen bestimmten Gesellschaft (= traditionale Gesellschaft) wiederherzustellen und zu vergrößern.

4. »Links« nennen wir eine extremistische politische Bewegung, wenn sie die gegenwärtige Gesellschaft unter Verweis auf eine zukünftige Idealsituation bekämpft, deren wesentliches Vollzugsorgan die Bewegung Gleichgesinnter bleiben soll, und wenn ein neuartiges Erklärungsschema für die Fehler der gegenwärtigen Zustände angeboten wird (z. B. Ausbeutung durch Besitzer von Produktionsmitteln).
5. »Rechts« sind politische Bewegungen, wenn sie die Gegenwart mit dem Versprechen der (verbesserten) Wiederherstellung vergangener Organisationsformen und Werte bekämpfen und Erklärungsschemata aus der Vergangenheit (z. B. biologistisches Denken) anbieten. Diese Erklärungsschemata und Idealbilder aus der Vergangenheit sind dabei jeweils auf die konkrete Vergangenheit einer bestimmten Gesellschaft bezogen.

Damit haben wir auf drei Arten versucht, den »Extremismus« einzukreisen. Die erste Definition (Endpunkte links/rechts) eignet sich besonders für Analysen in der Bevölkerung allgemein, also für sogenannte »mass publics«.

Die zweite Definition (Kampf gegen Freiheit) ist angemessener zum Verständnis politischer Eliten und von Kleingruppen generell. Die dritte Definition (Links-versus-Rechts-Extremismus) soll insbesondere Grundlage sein zur Erklärung des Inhaltes von Ideologien und dem Verhalten politischer Institutionen.

(2) Wählerverhalten als Indiz

Das scheinbar härteste Indiz für extremistische Einstellung ist die Wahl einer extremistischen Partei – »scheinbar« deshalb, weil Untersuchungen der Wählermotive ergaben, daß selbst bei der Entscheidung für eine extremistische Partei ein erheblicher Teil der Wähler die Inhalte dieser Partei nicht akzeptierte.
Rechtsextreme Parteien, die heute dieses Etikett für sich selbst entschieden zurückweisen, hatten in der Nachkriegszeit dreimal Erfolg – aber nur auf Länderebene. Zunächst war es die Deutsche Reichspartei im Norden der damals noch jungen Republik, in der zweiten Hälfte der sechziger Jahre dann die NPD in der Mitte des Landes sowie im Frühjahr und Sommer 1989 die Republikaner. Als Erfolg gilt hier das Überwinden der Fünf-Prozent-Sperrhürde bei Landtagswahlen. Bei Bundestagswahlen waren diese Gruppierungen immer erfolglos.
Zu diesem Mißerfolg bei Bundestagswahlen tragen zwei Umstände bei: Die Wahlbeteiligung ist auf Bundesebene allgemein beträchtlich höher, weil die großen Parteien ihre Anhänger stärker zur Wahl motivieren können als bei anderen Wahlen; Kommunal- und Landtagswahlen eignen sich eher dafür, durch bewußte Wahlenthaltungen der eigenen Partei einen Denkzettel zu geben. Diese Protestwähler werden aber bei Bundestagswahlen eher bewegt, ihren Unmut gegen die Konsequenzen einer nicht oder falsch abgegebenen Stimme für den Bundestag abzuwägen.
Die nur begrenzte Erfolgsdauer der extremen Rechtsgruppierungen stützt die Deutung, daß ein erheblicher Teil der für sie abgegebenen Stimmen nicht »ernst gemeint« war. Im Fall der NPD konnten wir nachweisen, daß ein erheb-

Tabelle 16: Ergebnisse rechtsextremer Parteien bei den Bundestagswahlen von 1949 bis 1983[149]

	1949 %	1953 %	1957 %	1961 %	1965 %	1969 %	1972 %	1976 %	1980 %	1983 %
DKP/DReP	1,8	–	–	–	–	–	–	–	–	–
DRP	–	1,1	1,0	0,8	–	–	–	–	–	–
NPD	–	–	–	–	2,0	4,3	0,6	0,3	0,2	0,2

DKP/DReP = Deutsche Konservative Partei/Deutsche Rechtspartei
DRP = Deutsche Reichspartei
NPD = Nationaldemokratische Partei Deutschlands

Tabelle 17: Parteiaffinität der NPD-Wähler 1968[151]

Einstufung der Parteien des Bundestages	Einstufung SPD %	CDU %	FDP %
Positiv	57,8	42,5	36,3
Indifferent	8,0	10,6	19,5
Negativ	25,4	39,8	35,4
Keine Angaben	8,8	7,1	8,8

149. Eckhard Jesse: »Links- und Rechtsextremismus in der Bundesrepublik Deutschland«. In: Beiträge zur Konfliktforschung, 4/15. Jg. 1985, S. 51–72, S. 64

151. Erwin K. Scheuch: »Politischer Extremismus in der Bundesrepublik«. In: Richard Löwenthal und Hans-Peter Schwarz: »Die zweite Republik. 25 Jahre Bundesrepublik Deutschland – eine Bilanz«. Stuttgart-Degerloch 1974, S. 433–469, hier S. 445

licher Teil ihrer Wähler früher sozialdemokratisch wählte, und auch ein Teil der früheren CDU-Wähler gab seine Stimme eigentlich nur der vermeintlichen sozialen Protestpartei und nicht irgendwelchen Rechten[150]. Angesichts dieser Zahlen ist es nicht verwunderlich, daß sich die Wähler nach dem Mißerfolg der NPD bei der Bundestagswahl 1969 rasch wieder den gewohnten Parteien zuwandten.
Die Republikaner des früheren SS-Manns Schönhuber erzielten 1989 bei den Landtagswahlen in Berlin, den Kommunalwahlen in Hessen und später in Nordrhein-Westfalen »aus dem Stand« erhebliche Erfolge, auf welche die Medien zunächst mit dem Etikett »Rechtsruck« reagierten. Von allen rechten Parteien, die in der Nachkriegszeit Aufsehen erregten, waren die Republikaner die gedanklich schlichtesten: gegen Asylanten, gegen Ausländer, aber auch gegen Aussiedler. Wären Rassismus oder extremer Nationalismus die Wählermotive gewesen, hätte man notwendig zwischen Aussiedlern und Ausländern unterscheiden müssen, aber die Republikaner waren eine »know nothing«-Partei, die nur an allgemeine Ängste um den persönlichen Lebensstandard appellierte. Nach einer Analyse der Wählermotive waren die Republikaner eine Partei des Protests gegen die jeweils bisher gewählte Partei. Entgegen anderen Mutmaßungen ergab sich auch, daß ein erheblicher Teil der Republikaner vorher SPD wählte[152].

---

150. Erwin K. Scheuch und Hans D. Klingemann: »Materialien zum Phänomen des Rechtsradikalismus in der Bundesrepublik 1966. Beiträge zur Politischen Soziologie« (als Manuskript vervielfältigt). Köln 1967

152. INFAS-Analyse, berichtet von dpa: »Wanderungsbewegung von der Mitte zum Rand«. In: Süddeutsche Zeitung, 31. 1. 1989; Robert Leicht: »Warum der rechte Rand ausfranst«. In: Die Zeit, 17. 3. 1989, S. 1; »Kommunalwahl am 1. Oktober 1989 in Köln«. In: Kölner Statistische Nachrichten, Heft S 11, 1989

Als die beiden wichtigsten extremistischen Parteien der Nachkriegszeit – die Sozialistische Reichspartei (SRP) 1951 und die NPD Mitte der sechziger Jahre – in verschiedenen Landesparlamenten die Zehn-Prozent-Grenze überschritten, wurde im Bundestag ein Verbot wegen Verfassungswidrigkeit erörtert. Tatsächlich verbot man auch die SRP, die NPD hingegen nicht. Vor dieser öffentlichen Verbotsdebatte befragte man die Bundesbürger, ob die betreffende rechtsextreme Partei einen Einfluß im Bundesgebiet auf die Politik haben solle oder nicht.

Tabelle 18: Einstellung zu rechtsradikalen Parteien 1951 und 1965[153]

	Einstellung zur SRP 1951 %	Einstellung zur NPD 1965 %
Für Einfluß der SRP (bzw. NPD)	10	9
Gegen Einfluß der SRP (bzw. NPD)	35	72
Keine Antwort/keine klare Meinung	55	19

Aus diesen Zahlen geht hervor, daß zwar der Anteil der Befürworter rechtsextremer Parteien 1951 und 1965 annähernd gleich war, daß sich aber die entschiedenen Gegner fast verdoppelt hatten.
Vergleicht man die Wahlergebnisse rechter Gruppen in der Bundesrepublik mit entsprechenden Zahlen aus anderen europäischen Ländern, ergibt sich für die Bundesrepublik

153. Erwin K. Scheuch: »Der deutsche Wähler und ein alternierendes Regierungssystem«. In: »Verfassung und Verfassungswirklichkeit«, Bd. 2 (1967) S. 197–221, hier S. 208

ein ganz unauffälliger Befund. Die publizistische Öffentlichkeit reagiert allerdings selbst auf begrenzte Erfolge einer Minderheit von sogenannten »Republikanern« weit empfindlicher als etwa auf die viel größeren und stetigeren Wahlerfolge der faschistischen MSI in Italien.

Auch organisatorisch waren die Erfolge rechtsextremer Gruppen in der Bundesrepublik letztlich sehr gering. Nach Abzug von Mehrfachmitgliedschaften gibt es nach einer Berechnung von Eckhard Jesse für die achtziger Jahre nur um die 20000 in rechtsextremen Gruppierungen organisierte Personen.

Tabelle 19: Organisationen und Mitgliederbestand im Bereich des Rechtsextremismus (Ende 1982 bis Ende 1984)[154]

Organisationen	Ende 1982		Ende 1983		Ende 1984	
	Zahl	Mitglieder	Zahl	Mitglieder	Zahl	Mitglieder
Neonazistische Gruppen	21	1 050	16	1 130	34	1 150
»National-demokratische« Organisationen	7	6 500	8	6 700	7	6 700
»National-freiheitliche« Organisationen	3	10 400	3	11 400	3	12 400
Sonstige Vereinigungen	43	2 800	41	2 600	45	3 200
Summe	74	20 750	68	21 830	89	23 450
Nach Abzug von Mehrfach-mitgliedschaften		19 000		20 300		22 100

154. Jesse, a.a.O.

Den größten Mitgliedererfolg hatte in den sechziger Jahren die NPD, aber bereits Ende der siebziger Jahre hatten sich die meisten dieser Mitglieder wieder verlaufen.
Der Linksextremismus ist mit Wahlstatistiken nicht so direkt einzukreisen. Bei der ersten Bundestagswahl 1949 erreichte die KPD noch 5,7 % der Stimmen, sank aber 1953 schon auf 2,2 %. 1956 wurde sie als eine moskauhörige Partei verboten. Ihre Nachfolgepartei DKP, gegründet im September 1968, erreichte nie auch nur 1 % der Stimmen bei Bundestagswahlen. Daneben gab es als trotzkistische Gruppierungen nach der Studentenrevolte die KPD und den Kommunistischen Bund Westdeutschland (Maoisten), die bei der Bundestagswahl 1976 beide nur 0,1 % erreichten. Zwar nicht linksextrem, aber doch sympathisierend mit vielen linksextremen Auffassungen war die Deutsche Friedensunion. Auch ihre Wahlerfolge hielten sich in Grenzen: 1961 – 1,9 %, 1965 – 1,3 %.
Nach dem Verfassungsschutzbericht von 1984 gehörten den linksextremistischen Parteien wahrscheinlich nur knapp 3 000 Personen an, die DKP ausgenommen.
Die Rechtsparteien waren also deutlich erfolgreicher als die Linksparteien, wenn es um Wahlen auf den verschiedenen Ebenen der Bundesrepublik ging. Als Organisationen hatten aber die Linksextremisten mehr Erfolg. Eckhard Jesse schätzt die Zahl der in den achtziger Jahren Organisierten nach Abzug von Mehrfachmitgliedschaften auf über 60 000 Personen. Für diese größeren Organisationserfolge der extremen Linken war wahrscheinlich ihre räumliche Konzentration in einigen Vierteln größerer Städte mitbestimmend. Vielleicht noch wichtiger aber war, daß die rechten Positionen an Legitimität verloren hatten. Hinzu kam die viel größere Bereitschaft der Linken, sich öffent-

lich zu ihrer Auffassung zu bekennen[155]. Schließlich darf auch die Hilfe der DDR für linke Organisationen nicht unterschätzt werden[156].

(3) Die Verbreitung von extremistischen Einstellungen in der Bevölkerung

Die beiden wichtigsten Ansätze für die Abgrenzung extremer Einstellungen und Handlungsbereitschaften in der Bevölkerung (»mass public«) sind Sammlungen von Aussagen nach dem Vorbild psychologischer Tests und unbenannte Skalen. Letztere dürften heute für die Wissenschaft am bedeutsamsten sein, die Statement-Batterien hingegen für die Politik und die Publizistik.

Tests zur Ermittlung antidemokratischer Einstellungen sind nichts Neues; sie wurden bereits in den fünfziger Jahren in den USA häufig benutzt[157]. Besondere Bedeutung hatte eine Zeitlang die F-Skala von Elisabeth Fraenkel-Brunswick mit dem Anspruch, »faschistoide« Persönlichkeiten identifizieren zu können[158]. Der Social Science Research Council ließ allerdings die Vorgehensweise durch einen Untersuchungsausschuß überprüfen und bewertete die F-Skala als nicht trennscharf. Insbesondere wurde beanstandet, daß sie nur zur Identifikation von Rechtsextremen konstruiert war, obwohl autoritäre Persönlichkeiten

155. Der ansteckenden Wirkung von Entmutigung entspricht das, was Elisabeth Noelle-Neumann die »Schweigespirale« nannte.
156. Jesse, a.a.O.
157. Siehe Herbert C. Hyman, a.a.O.
158. Die F-Skala ist das Kernstück der Untersuchungen, die von Theodor W. Adorno et. al. als »The Authoritarian Personality« publiziert wurde (a.a.O.)

selbstverständlich auch auf der linken Seite des politischen Spektrums vorkommen[159].

Ende der siebziger Jahre wurde in der Bundesrepublik das Thema Rechtsextremismus für die Publizistik und dann auch die Tagespolitik relevant. Da es hierzulande nicht viele »bekennende« Rechtsextreme gab, wurden verschiedene Aussagen-Batterien konstruiert, die auch zur Identifizierung von latent Rechtsextremen geeignet sein sollten. Eine entsprechende Untersuchung von Werner Habermehl, die als kommentierte Zitaten-Sammlung veröffentlicht wurde, hatte keinen besonderen Öffentlichkeitserfolg[160]. Infratest hatte 1979 ein rechtsextremes Protestpotential von 1,7 % ermittelt[161], wobei die gleiche Skala benutzt wurde wie für die Political-Action-Studien[162]. Das linke Protestpotential wurde von Infratest 1975/76 mit 4,4 % ermittelt. Einer verbreiteten Erwartung auf mehr Rechtsextremismus fehlte bis 1979 die Formel, die das bestätigen konnte.

Die ergab sich schließlich mit der Veröffentlichung des SINUS-Instituts: »13 % der deutschen Wähler haben ein rechtsextremes Weltbild[163].« Aus der Kennzeichnung des

---

159. Hierzu Herbert H. Hyman und Paul B. Sheatsley: »The Authoritarian Personality« (a.a.O.)
160. Werner Habermehl: »Sind die Deutschen faschistoid?« Hamburg 1979. Daß Habermehl sich auf eine Zusammenstellung von Zitaten statt auf Auszählungen stützte, war eine begrüßenswerte Zurückhaltung, da sich die Stichprobe für eine quantitative Auswertung nicht geeignet haben würde. Als Zitatensammlung kann das Material als Vorstufe für eine quantitative Hauptuntersuchung dienen.
161. Berichtet in »Die Welt«, 22. Januar 1979
162. Eine Gesamtdarstellung der Untersuchungen bringen Max Kaase und Samuel H. Barnes (Hg.) in: »Political Action«, Beverly Hills 1979
163. SINUS-Institut: »Fünf Millionen Deutsche: Wir sollten wieder einen Führer haben...«. Reinbek bei Hamburg 1981

Untersuchungsgegenstandes als »Weltbild« wurde dann im Geleitwort des Politologen Martin Greiffenhagen: »Die Verfassungsschutzämter wissen jetzt, daß die Gefahr eines rechtsextremistischen Terrorismus und das entsprechende Gewaltsympathie-Potential dem Linksextremen mindestens gleich kommt, wenn nicht überlegen ist[164].« Diese Deutung hatten die Untersuchungsleiter Hans Nowak und Werner Sörgel, früher selbst bei Infratest, in ihrer Auswertung einer Erhebung von Infratest nahegelegt. Danach wurde bei 6 % der Wahlbevölkerung eine Akzeptanz für rechtsextreme Gewalthandlungen ermittelt. Allerdings hieß es im gleichen Zusammenhang auch: »Es muß aber noch einmal nachdrücklich betont werden, daß auch die PPSR (Skala) keine konkrete Gewaltbereitschaft mißt[165].« Wie spätere Untersuchungen dieses Typs dürfte hiermit deutlich geworden sein, daß sie nicht sine ira et studio unternommen und erst recht nicht wie ein Bericht über ein neutrales Thema rezipiert wurde[166].

Nach SINUS ergab sich also aus der Befragung eines repräsentativen Querschnitts, daß 6 % der erwachsenen Bevölkerung »rechtsextremistische Gewalttaten im

---

164. ebenda, S. II
165. ebenda, S. 85
166. Um nicht mit Aussagen zu arbeiten, die sich die Forscher selbst ausdachten, und damit den Vorwurf eines Forschungsartefakts zu provozieren, wurden vom SINUS-Institut in einem ersten Schritt qualitative Interviews mit eindeutigen Rechtsextremisten durchgeführt. Zusätzlich wurde rechtsextremistische Literatur ausgewertet. Daraus wurden Aussagen abgeleitet, die für Rechtsextremisten kennzeichnend waren. Die Verteilung der Zustimmung zu diesen Aussagen bei den bekannten Rechtsextremisten wurde in einer weiteren Vorstudie den Antworten eines Querschnitts der Bevölkerung gegenübergestellt. Die Aussagen, bei denen die Häufigkeiten im Bevölkerungsquerschnitt und unter den Extremisten am stärksten voneinander abwichen, wurden zu einer Testbatterie für Rechtsextremismus zusammengefaßt.

Grunde billigten«[167] und daß 13 % der Bundesbürger ein geschlossenes rechtsextremistisches Weltbild hätten. Dieses Ergebnis wurde von den Medien übernommen – ohne die relativierenden Einschränkungen des SINUS-Instituts, was allerdings nach dem nicht nur reißerischen, sondern sachlich unhaltbaren Titel des Buches auch nicht anders zu erwarten war. Trotz aller methodischen Reflexion ist das Ergebnis der SINUS-Untersuchung mit Sicherheit ein Methoden-Artefakt[168]. Es ist äußerst problematisch, bei allgemeinen Bevölkerungsumfragen die Eigenschaft links/rechts als Endpunkte eines Kontinuums nur auf einer, d. h. auf der rechten Seite abzubilden. Dies sollte seit den methodenkritischen Erörterungen Anfang der fünfziger Jahre über die F-Skala, dem Kernstück des Bandes über die »autoritäre Persönlichkeit«, ausdiskutiert sein.
Für die vom Innenministerium in Auftrag gegebene Studie von Noelle-Neumann und Ring sollte nur das Extremis-

167. ebenda, S. 83
168. Es geht nicht an, die Vorstellungen von Extremisten oder Rechtsradikalen – was wurde zur Eichung benutzt? – als Testfragen für einen Bevölkerungsquerschnitt zu verwenden, weil die Konzeptualisierung bei politischen Ideologen und in der politisch wenig engagierten Bevölkerung nicht etwa dem Grade nach verschieden ist, sondern in der Art. Schon deshalb kann die Bestimmung von »Extremismus« als Endpunkt eines Kontinuums nicht rein induktiv erfolgen – wie hier geschehen (siehe hierzu Philip E. Converse: »Some Mass-Elite Contrasts in the Perception of Political Spaces«. In: Social Sciences Information, Bd. 14 [1975], S. 49–83).
Außerdem ist zu beanstanden, welches Abgrenzungskriterium (cut off point) für diese Items benutzt wurde. »Man kann nicht alles, was von den Ansichten und Einsichten allgemeiner Wahlbevölkerung abweicht, schon deshalb als Hinweis für eine extremistische Einstellung nehmen, weil es von Extremisten geteilt wird« (siehe Elisabeth Noelle-Neumann und Erp Ring: »Das Extremismus-Potential unter jungen Leuten in der Bundesrepublik Deutschland 1984«, S. 14)

mus-Potential bei jungen Menschen ermittelt werden[169]. Den Fehler von SINUS wollte man vermeiden durch die Art der Item-Auslese, um den Unterschied zwischen konservativ bzw. links und extremistisch nicht zu verwischen, denn bei dem SINUS-Verfahren hatte man »Eigenschaften von Extremisten (benutzt), die Demokraten zur Zierde gereichen würden«[170]. Dem Ansatz nach sicher besser als bei SINUS, wurden Items zur Identifizierung von »Extremisten« gewonnen, indem man Unterschiede zwischen demokratischen Linken und demokratischen Konservativen maximierte[171].

Als die Autoren ihre Befunde vorstellten, verwandten sie allerdings Bezeichnungen, die ein Eigenleben jenseits der Operationen gewannen, auf denen sie beruhten. Dies ist das Ergebnis, wie es in den Prozeß der öffentlichen Meinungsbildung eingespeist wurde[172]:

Aktive Rechtsextremisten	3,7 %
Passive Rechtsextremisten	2,5 %
Rechte Demokraten	23,1 %

---

169. Wiederum wurde Extremismus induktiv durch Interviews mit Personen, welche die Interviewer des Instituts für extremistisch ansahen, inhaltlich bestimmt. Bedauerlicherweise wird dies als Kontrastgruppen-Verfahren bezeichnet. Dieser Terminus ist aber längst als deutsche Bezeichnung von »tree analysis« besetzt. Das muß wohl unbekannt sein, obgleich gerade diese statistische Technik zur Bestimmung maximaler Gegensätze für die hier verwandte Argumentationsweise gut gepaßt hätte.

170. ebenda, S. 63

171. Die Entscheidung, daß bei vier Merkmalen (von 20?) die Schnittstelle zwischen Extremisten und Demokraten liegt, ist willkürlich, ebenso wie die Entscheidung, was als »aktiver Extremismus« gelten soll. Es fehlt jeder Test für Dimensionalität – wie übrigens bei SINUS auch –, und die Punkte werden addiert, ohne die Korrelationen zwischen den Items zu prüfen – wie bei SINUS.

172. ebenda, S. 50

Demokratische Mitte	36,4 %
Linke Demokraten	21,9 %
Passive Linksextremisten	3,0 %
Aktive Linksextremisten	9,4 %

Unter den Aktivisten der Linken waren Frauen ungefähr so häufig wie Männer, während der Rechtsextremismus – aktiv und passiv – eher Männersache war. Der wichtigste Faktor demographischer Art war die Schuldbildung. Von Personen mit höherer Schulbildung waren 2,9 % aktive Rechtsextreme, aber 10,4 % aktive Linksextremisten. Der Extremismus reichte mit einer Ausnahme nicht in das Parteiensystem: Von den Wählern der »Grünen« wurden 32,5 % als aktive Linksextremisten eingestuft[173].

173. In seiner auch politisch motivierten Kritik an der Allensbacher Studie wandte Friedhelm Neidhardt ein, daß der dort verwendete Begriff von »Extremismus« viel zu weit gefaßt sei. »Extremismus indiziert Verfassungsfeindlichkeit« (Friedhelm Neidhardt: »Meinungsbefragung und Meinungsmache«. In: Kölner Zeitschrift für Soziologie und Sozialpsychologie, 37. Jg. [1985], S. 770). Diesen Personenkreis zu untersuchen, war aber hier weder Auftrag des Innenministeriums noch Absicht. Es ging vielmehr um die Ermittlung von Potentialen für extremistische Propaganda (Noelle-Neumann und Ring, a.a.O., S. 12). Damit werden die Grenzen sehr fließend, wobei ein induktives Vorgehen nicht ausreicht. Die meisten Kritikpunkte gegen die Allensbach-Studie sind nicht stichhaltig, wenn darüber als Befragungsprobleme gestritten wird. Was Neidhardt an der Umfrage kritisiert, gilt a forteriori für die von ihm nicht kritisierte SINUS-Studie über Rechtsextreme. Die Trennung von Extremisten in passive und aktive, die Neidhardt beanstandet (Neidhardt, a.a.O., S. 772), ist in der von Allensbach vorgenommenen Weise üblich, etwa in der »Political Action«-Serie von international vergleichenden Untersuchungen. Das Hauptproblem mit diesen Untersuchungen ist das fehlende Verständnis bei den Autoren, daß es sich von der Problemstellung her um ein Messen mit Skalen handelt. Mit den ad-hoc-Lösungen, die man als statistische Operationen nicht einmal diskutieren kann, wird das Ausmaß des Zusammenrückens der Bevölkerung um eine mittlere Position erheblich unterschätzt.

(4) Links/Rechts als Mittel der politischen Orientierung

Schon über mehrere Dekaden hinweg wird eine Grundorientierung auf einer Links-Rechts-Skala erfaßt – in der Bundesrepublik wie auch international. Dabei bestätigt sich immer wieder, daß die Bundesrepublik ein Land der politischen Mitte ist mit leichten Schwankungen um einen Mittelwert. 1986 ist der Anteil der Linksorientierten im Vergleich zu 1979 eher etwas gestiegen, und die Messungen ergeben jedenfalls keinen Hinweis darauf, daß die Bundesrepublik ein »rechtes« Land wäre – oder zumindest ein besonders großes Potential rechtsextremistisch Fühlender hätte.

Sicherlich sind die Begriffe »rechts« oder »links« inhaltlich vage, aber ebenso sicher ist es, daß die Selbsteinschätzungen sehr stabil sind. Hierbei wird überwiegend an politische Ideologien und an politische Parteien gedacht, wobei nur in den Rändern die Vorstellungen einen extremen Charakter haben[174].

Eine der verläßlichsten Zeitreihen sind die Allbus-Erhebungen, die im Abstand von zwei Jahren durchgeführt werden[175]. Auch hier wird eine rein bildliche Links-Rechts-Skala mit 10 Unterteilungen verwendet. 1980 erhielt man einen Mittelwert von 5,89 – wobei 5 die Mitte ist. Der Mittelwert lag damit leicht nach rechts verschoben, was sich bis 1986 auf 5,72 verringerte. Wichtiger ist die Veränderung bei den Extremen[176]:

---

174. Siehe hierzu Dieter Fuchs und Hans D. Klingemann: »Function, Structure and Contents of the Left-Right Schema«, (mimeo). Köln/Berlin 1987
175. Allbus arbeitet bisher mit Mitteln der Deutschen Forschungsgemeinschaft in der Verantwortung von ZUMA und dem ZA, Mannheim/Köln
176. Eigene Auswertung

	1980	1982	1986
Links	4.3	2,7	4,8
Rechts	9,3	9,8	8,0

Dabei ist zu bedenken, daß in diesem Fall sehr großzügig definiert wurde, was extrem ist.

Schaubild 1: Ablehnung rassistischer und Befürwortung antirassistischer Bewegungen nach Ländern[177]

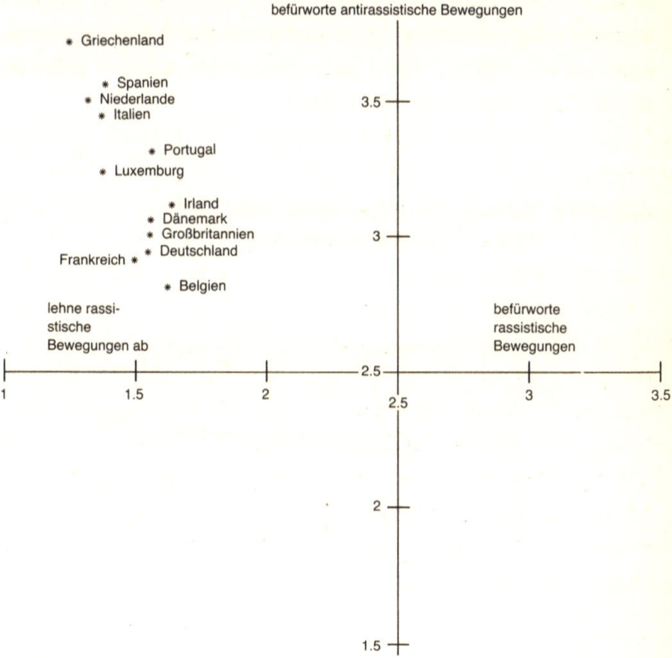

177. Eurobarometer: »Rassismus und Ausländerfeindlichkeit«. November Brüssel 1989 (Sonderausgabe), S. 17

Wie delegitimiert offene rechtsextreme Positionen heute sind, ergibt sich aus den Ergebnissen des Eurobarometers, einer Umfrage, die seit 1973 viermal im Jahr in den Ländern der Europäischen Gemeinschaft durchgeführt wird[178]. Danach werden in allen Ländern rassistische Bewegungen ziemlich einheitlich abgelehnt und – wenn auch weniger einheitlich – antirassistische Bewegungen befürwortet.

Wenn in der Öffentlichkeit ein anderer Eindruck vorherrscht, dann ist dies eine Folge der größeren Aufmerksamkeit, die man den Aktionen von rechts in den Medien widmet. Allgemein engagiert sich zwar die Rechte politisch mehr als die Mitte – die Linke aber noch stärker! Dies ist ein im Zeitablauf stabiler Befund.

Schaubild 2: Politisches Interesse 1980 bis 1986 Links-Rechts-Selbsteinschätzung[179]

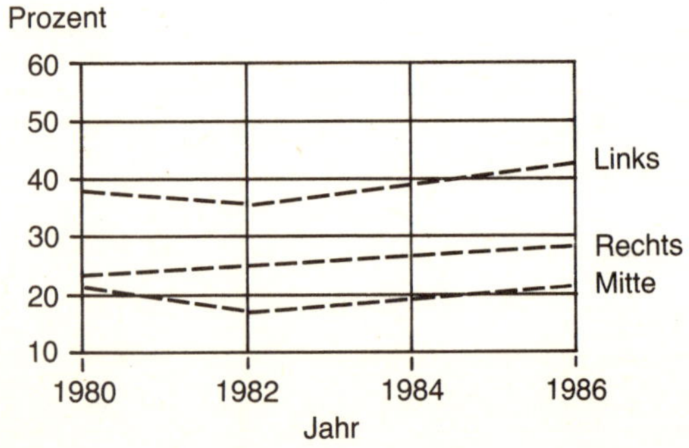

178. Die Eurobarometer. In: ZA Informationen Nr. 26, Köln 1989, S. 8–31
179. Eigene Auswertung des Allbus

In einer vergleichenden Untersuchung in den USA, den Niederlanden und der Bundesrepublik 1974 und 1980 fanden Fuchs und Klingemann, daß etwa 90 % der Befragten mit dem Links-Rechts-Schema verständig umgehen konnten[180] (nur in den Vereinigten Staaten lag der Anteil wesentlich niedriger). In offenen Fragen wurde dann ermit-

Tabelle 20: Die Bedeutung von »links«[181]

	1974 %	1980 %
1. Solidarität	2,6	2,8
Gerechtigkeit	–	1,9
Gleichheit	–	2,6
2. Verstaatlichung	2,1	2,4
Diktatur	–	1,0
3. Progressiv	2,0	2,3
Systemveränderung	–	1,1
4. Kommunismus	19,6	18,7
Sozialismus	6,8	7,5
Realer Sozialismus	1,9	3,3
5. Arbeiter	2,6	3,6
Studenten/Jugend	1,9	1,1
6. SPD	15,0	9,5
Kommunisten	3,4	3,8
Rote	1,2	1,1
7. Radikal	9,7	5,3
Protestierer	1,7	–
Opposition	1,0	–
Terroristen	–	1,5
8. Sitzordnung im Parlament	1,0	1,7
Anteil der inhaltlichen Bezeichnungen	81,8	67,6

180. Fuchs und Klingemann, a.a.O.
181. Fuchs und Klingemann, a.a.O., Tabelle 2.2

telt, welche Inhalte mit den Wortsymbolen »links« und »rechts« verbunden wurden. Im folgenden werden nur die Antworten (auf offene Fragen!) wiedergegeben, die mindestens 1 % der Befragten nannten.

Tabelle 21: Die Bedeutung von »rechts«[182]

	1974 %	1980 %
1. Freiheit	1,0	1,5
2. Demokratie	2,2	1,5
Diktatur	1,6	1,9
3. Konservativ	7,3	9,9
Systemerhaltung	–	1,3
4. Nationalismus	8,7	7,3
Faschismus	4,4	6,8
Christlich	2,9	2,0
Kapitalismus	2,2	1,1
5. Unternehmer	3,6	3,1
Die Reichen	–	1,3
Oberklasse	–	1,0
Mittelklasse	–	1,3
6. CDU	16,2	12,6
NPD	6,4	3,8
FDP	1,5	–
7. Radikal	3,5	4,4
Ordnung	1,8	1,4
Gemäßigt	1,5	–
8. Sitzordnung im Parlament	–	1,3
Strauß	–	1,4
Anteil der inhaltlichen Bezeichnungen	79,4	76,7

182. Fuchs und Klingemann, a.a.O., Tabelle 2.2

Für die Linke ist das Bild etwas präziser als für die Rechte. Die Rechte wird stärker im Sinne von Weltanschauungen verstanden, die Linke eher im Sinne von Gesellschaftsveränderung. Das sind allerdings Unterschiede des Grades. Insgesamt jedenfalls bestätigt sich, daß die Links-Rechts-Skala geeignet ist, die eigene Sicht des Standorts im wichtigsten politischen Gegensatz zu ordnen.

Daß das Links-Rechts-Schema der wichtigste politische Gegensatz ist, wird nun seit 1980 wiederholt durch die Umfrage Allbus ermittelt. Die Bedeutung von »links« oder »rechts« ist offensichtlich nicht symmetrisch. Gerade eine solche Symmetrie hatte aber Luhmann als »Rule of duplication« als grundlegende Eigenschaft aller »binär strukturierten Kommunikationsmedien« postuliert: Wenn sich rechts ein Thema entwickelt, dann wird eine linke Gegenposition angeregt und umgekehrt[183]. Empirisch ergibt sich aufgrund der Analyse von Fuchs und Klingemann, daß es zwar eine Komplementarität der Topoi gibt, aber mit unterschiedlichem Gewicht, so daß die linke und rechte Position nur teilweise als Gegensätze des gleichen inhaltlichen Kontinuums verstanden werden[184].

Als kennzeichnend für ausgesprochen linke und rechte Positionen werden in der international vergleichenden Political-Action-Studie genannt:

---

183. Niklas Luhmann: »Der politische Code ›Konservativ‹ und ›Progressiv‹ in systemtheoretischer Sicht«. In: Ders. (Hg.): »Soziologische Aufklärung«. 3. Aufl., Opladen 1981

184. Fuchs und Klingemann, a.a.O., S. 24

	D		NL		USA	
	links %	rechts %	links %	rechts %	links %	rechts %
Kommunismus–Faschismus	28	11	21	3	9	1
Sozialismus–Kapitalismus	14	3	17	6	8	1
Laizistisch–Christlich	0	5	0	28	0	0
Internationalismus–Nationalismus	0	16	0	1	0	0
Gleichheit–Privilegien	3	1	6	1	1	0
Progressiv–Konservativ	4	17	15	27	10	31

Diese Asymmetrie wurde auch in Erhebungen gefunden, die anders als diese hier mit Vorgaben arbeiteten[185]. Sie darf also als gesichert für die Struktur der öffentlichen Meinung in westlichen Industriegesellschaften gelten. Dabei gilt heute »links« als radikaler, »rechts« eher als moderater. Auffällig sind die Unterschiede zwischen den drei Ländern, wobei für die Bundesrepublik Deutschland »links« gleichbedeutend ist mit Kommunismus, Sozialismus und progressiv, »rechts« hingegen mit konservativ, Nationalismus und Faschismus.

Mit dem Aufkommen einer »grünen« Partei schien sich das diffuse Kontinuum »rechts – links« weiter zu verflüssigen. Die Grünen waren mit ihren Inhalten, Feindschaft gegen technischen Fortschritt sowie Ablehnung von Naturbeherrschung als Ziel und Wirtschaftswachstum, eher extrem

185. Pamela J. Conocer und Stanley Feldman: »The Origins and Meaning of Liberal/Conservative Self-Identification«. In: American Journal of Political Science, Bd. 25 (1981), S. 617–645; dieselben: »How People Organize the Political World«. In: American Journal of Political Science, Bd. 28 (1984), S. 95–126; Fred N. Kerlinder: »Liberalism and Conservativism – The Nature and Structure of Social Attitudes«. Hillsdale 1984

rechts, aber die gleichzeitige Ablehnung eines bürgerlichen Lebensstils und der diese Lebensweise tragenden Gruppen war eher extrem links[186]. Wie bereits bei der sogenannten Studentenrevolte wurde der antibürgerliche Protest vor allem getragen von den Kindern des Bildungsbürgertums, war mithin ein Dialog der Bourgeoisie mit sich selbst. So lange die Sozialdemokratie an den klassischen linken Positionen festhielt, war die Sympathie mit den Grünen eine neue Dimension im ideologischen Raum der politischen Selbstzuordnungen. Das Führungspersonal der Grünen kam zunächst aus den verschiedensten politischen Richtungen: südwestdeutsche Anthroposophen, alte Nazis und neue Linke bis hin zu den Hamburger Trotzkisten[187]. Allen gemeinsam war die grundsätzliche Ablehnung der heutigen Entwicklungsrichtung der Gesellschaft, des politischen Systems und der Wirtschaftsordnung, und bei den »Fundamentalisten« hatte das eine extremistische Ausprägung. Damit ergab sich neben der Links-Rechts-Orientierung der Bevölkerung eine weitere, wenn auch schwächere Dimension bei der politischen Orientierung, die wir hier als »Romantik-Achse« bezeichnen wollen.

186. Zur sozialwissenschaftlichen Charakterisierung der Grünen siehe Wilhelm P. Bürklin: »Grüne Politik«, Opladen 1984

187. Die Bedeutung der Rechtsextremen in der Gründungsphase der Grünen wird unterschätzt. Dabei war die rechtsextreme »Aktionsgemeinschaft unabhängiger Deutscher« von Manfred Haußleitner maßgeblich an der Gründung der Grünen 1979/1980 beteiligt.

Schaubild 3: Der politische Orientierungsraum der Bevölkerung 1989

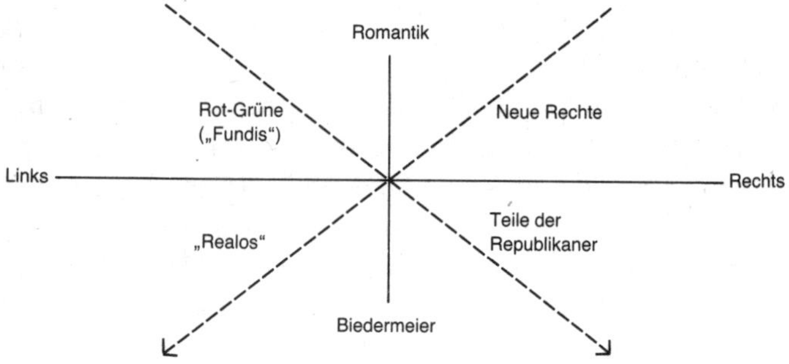

Die Wortwahl »Romantik« mag zunächst befremdlich sein. Es ist damit auch nicht das Alltagsverständnis von Romantik gemeint, sondern die Kultbewegung in der ersten Hälfte des 19. Jahrhunderts mit ihrem Ideal der Selbstverwirklichung, der Rationalitäts- und Kapitalismuskritik eines Adam Müller. Bezeichnenderweise wurde von der Neuen Linken in einem fiktiven Schauspiel Novalis in einer erfundenen Begegnung mit Karl Marx vom Reaktionär, der er war, zum Modern-Roten umgedichtet. Aber noch näher steht den heutigen Rot-Grünen die »Neuromantik« der Jahrhundertwende.

In der politikwissenschaftlichen Literatur wird diese »Romantik-Biedermeier-Achse« auch als »Idealismus-Dimension« oder »Neue Politik« versus »alte Politik« gedeutet[188]. Der »Neuen Politik« entspricht als Werthaltung der Postmaterialismus – und Postmaterialisten sind zugleich im Selbstverständnis »links«.

---

188. Wie etwa bei Ronald Inglehart in: »The Silent Revolution – Changing Values and Political Styles Among Western Publics«. Princeton 1977

Schaubild 4: Links-Rechts-Einordnung nach Werttypus[189]

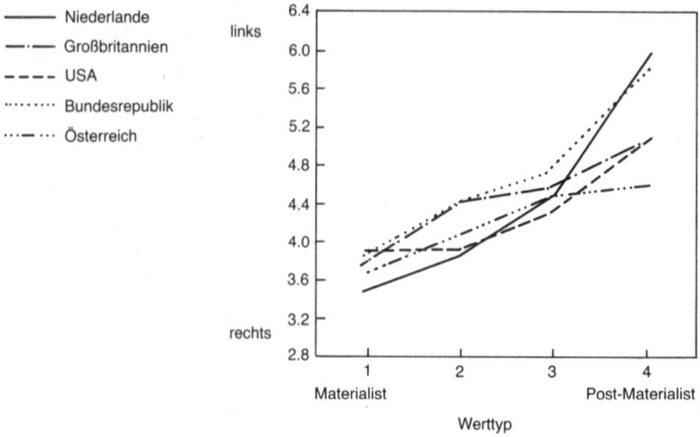

Die Bevorzugung der Bezeichnung »Romantik« hier soll gegenüber den Benutzern anderer Termini verdeutlichen, daß wir die Rot-Grünen nicht als inhaltlich neues Phänomen verstehen, sondern als aktuelle Erscheinungsform eines Protests gegen die Industriegesellschaft, der mit ihrem Entstehen bereits begann und immer wieder neu aufflammt.

»Neue Rechte« und Rot-Grüne waren zunächst nur Zirkel. Mit dem Anwachsen ihrer Mitgliederzahlen, aber vor allem mit ihren Wahlerfolgen kam es zu Flügelkämpfen, wie etwa bei der NSDAP bis 1928[190]. Mit diesen entfernt sich üblicherweise – so auch hier – die erfolgreiche Mehrheit von

189. Barnes und Kaase (Hg.): »Political Action«, a.a.O., S. 350
Auf der Senkrechten sind die Mittelwerte einer Selbsteinstufung auf einer Skala von 10 (ganz links) bis 1 (ganz rechts) abgetragen.

190. Siehe hierzu Eike Hennig und Richard Saage (Hg.): »Konservativismus«. München 1983

den Minderheiten in einer Partei, wodurch diese Minderheiten extremistischer werden. Für die Wähler einer solchen Protestpartei sind die extremistischen Gruppen eine Irritation, die nur bei raschen Erfolgen der neuen Partei ausgeblendet werden kann[191].
Für westliche Industriegesellschaften ist es heute charakteristisch, daß sich ihre politischen Gegenstände in einem zweidimensionalen Raum orten lassen, der durch die Achsen links-rechts und liberal-konservativ gekennzeichnet ist, wobei die Links-Rechts-Achse dominiert[192]. Die neue Achse »Romantik-Biedermeier« ist vorläufig einigermaßen relevant – soweit es die Bevölkerung allgemein betrifft – in den Niederlanden und der Bundesrepublik Deutschland. Es ist aber zu erwarten, daß sich die vertraute Links-Rechts-Dimension doch wieder als weithin allein die Wahrnehmungen bestimmend durchsetzt.
Der politische Diskurs in Deutschland wird also besonders stark durch ideologische Worte und Begriffe bestimmt, mit Schwerpunkt auf den Vokabeln und Konzepten des linken Spektrums. Die Kultur-Linke hat hierzulande mit ihrem Diskurs die öffentliche Auseinandersetzung geprägt, das heißt aber nicht, daß die Bevölkerung der Bundesrepublik links-ideologisch orientiert ist. Sie benutzt lediglich die Begriffe und Worte der Linken, um politische Gegen-

---

191. Das war charakteristisch zunächst für einen Großteil der Wähler der NPD – wie auch später bei den Republikanern. Vgl. Erwin K. Scheuch: »Wahlen in Hessen und Bayern«. In: Süddeutsche Zeitung, 30. 12. 1966

192. Hans D. Klingemann: »Measuring Ideological Conceptualization«. In: Samuel H. Barnes und Max Kaase (Hg.): »Political Action«, a.a.O., S. 221. Niklas Luhmann verwendet die Achse Liberal-Konservativ, aber in langfristiger Betrachtung erweist sich dies doch als zeit- und ortsgebunden. Jedenfalls ist für das deutsche Publikum links-rechts das Gegensatzpaar mit der größeren Relevanz.

Tabelle 22: Ideologische Begriffe zur Kennzeichnung politischer Objekte[193]

Übernahme ideologischer Begriffe von . . .	D %	NL %	GB %	USA %	A %
. . . den Links-extremen	32	7	14	13	13
. . . den Reform-linken	30	36	36	42	36
. . . den moderaten Konservativen	19	44	41	38	24
. . . den Rechts-extremen	7	6	4	5	11
Zahl der ideologischen Konzepte	1 125	799	442	623	503

stände zu orten. Kennzeichnend ist dabei, daß in der Bundesrepublik die Verwendung solcher ideologischen Termini und deren Billigung weit auseinanderfallen.
Intellektuell das relativ größte Gewicht haben rechte Positionen in Großbritannien und Österreich, während sonst für die Länder des Kontinents gilt, daß die Bevölkerung sich vorwiegend mit reformlinken Begriffen identifiziert, auch wenn sie die politischen Objekte wahrnimmt. Wichtiger als diese Beobachtung ist die allgemeinere Feststellung, daß das benutzte Vokabular keinen Rückschluß auf die Verbreitung von Positionen auf dem Links-Rechts-Kontinuum erlaubt[194].

193. ebenda, S. 222
194. ebenda, S. 223

Tabelle 23: Akzeptanz der selbst verwandten ideologischen Konzepte

Typ der Konzepte	D %	NL %	GB %	USA %	A %
... der Links-extremen	5	36	39	14	25
... der Reform-linken	89	94	97	67	95
... der moderaten Konservativen	58	73	83	73	74
... der Rechts-exremen	16	6	44	16	39

In ihren Diagnosen des politischen Geschehens pflegen Angehörige der Kulturberufe die Bedeutung ideologischer Positionen für die Bevölkerung maßlos zu überschätzen. Sicher ist es für das Meinungsklima wichtig, wer mit seinen Begriffen die für legitim erklärten Positionen bestimmt, aber das ist zunächst lediglich eine »façon de parler«. Die große Mehrheit in den Industriegesellschaften identifiziert sich selbst nicht mit ideologischen Positionen.

Tabelle 24: Eigenes ideologisches Denken[195]

	D %	NL %	GB %	USA %	A %
Links-Rechts-Ideologien	8	9	4	7	4
Teils ideologisch	26	27	17	13	15
Unideologisch	66	64	79	80	81

195. ebenda, S. 224

In den Niederlanden und der Bundesrepublik - im politisch-ideologisch-moralischen Klima der Öffentlichkeit einander besonders ähnlich - hat die ideologische Wahrnehmung des öffentlichen Geschehens und dessen Verarbeitung im Sinne einer für sich selbst akzeptierten Ideologie noch eine relativ große Bedeutung. Allerdings sind Ideologien auch hier nicht bestimmend für die Bevölkerung.
In den »Political Action«-Untersuchungen wurden die ideologischen Orientierungen auch anders gemessen und als Unterschiede des Grades statt als Typ der Wahrnehmung politischer Gegenstände ausgedrückt. Diese andere Art des Messens bestätigt die Richtigkeit der erwähnten Diagnose:

Tabelle 25: Grad der ideologischen Orientierung[196]

	D %	NL %	GB %	USA %	A %
Hoch	4	5	1	5	2
Mittel	11	12	6	6	6
Niedrig	25	17	9	14	17
Sehr niedrig	27	25	17	16	22
Überhaupt nicht	33	41	67	59	53

Eine ideologische Sicht der Politik ist selbstverständlich gebunden an sozialstrukturelle Eigenschaften, aber keineswegs durch diese determiniert. Eine Bestimmung der Rangordnungs-Korrelationskoeffizienten Gamma (zwischen 0 und 1) ergibt[197]:

196. Barnes und Kaase, a.a.O., S. 246
197. Barnes und Kaase, a.a.O., S. 257

Tabelle 26: Bedeutung sozialstruktureller Eigenschaften

	D %	NL %	GB %	USA %	A %
Bildung	.33	.55	.48	.60	.48
Berufsprestige des Haushaltsvorstandes	.14	.37	.33	.30	.23
Haushaltseinkommen	.17	.29	.32	.35	.22
Mitgliedschaft in Organisationen	.15	.27	.42	.28	.26
Geschlecht	.21	.36	.30	.17	.36
Alter	.03	.03	.03	.11	.05
Rasse	–	–	–	.34	–
Konfession	.03	.21	.09	.01	.34
Kirchgang	.00	.00	.09	.06	.06

Wieder einmal zeigt sich, daß höhere Bildung der wichtigste Einfluß auf die Bereitschaft und Fähigkeit ist, Politik ideologisch zu sehen. Die früher für die Zuordnung zu einer sozialen Schicht bestimmenden Faktoren Berufsprestige und Haushaltseinkommen – sozialstrukturelle Faktoren im engsten Sinn – sind hier in ihrer Bedeutung zweitrangig. Für die Wahlentscheidung sind sie allerdings weiterhin wichtiger als Bildung – mit Ausnahme der Wähler der Grünen. Da der Anteil der Personen mit höherer Bildung in vielen westlichen Ländern während der letzten 20 Jahre um 7 bis 10 % erhöht wurde, darf daraus ein erhebliches Ansteigen des ideologischen Verständnisses von politischen Gegensätzen erwartet werden.

(5) Der Charakter des Links-Rechts-Schemas

Wie ist das Entstehen der Links-Rechts-Dimension als weithin verständlicher Code zu erklären, wie dessen Konstanz, und welches sind die heutigen Funktionen? Für die letzte Frage zeichnet sich heute ein Konsensus ab: »Das Links-Rechts-Schema ist ein effizienter Mechanismus der Vereinfachung komplexer politischer Sachverhalte durch symbolische Generalisierung[198].« Niklas Luhmann meinte, eine solche Orientierung werde effektiver durch das Kontinuum Liberal-Konservativ organisiert[199]. Übereinstimmend mit der hier vertretenen Auffassung betont er in Anlehnung an Talcott Parsons die Notwendigkeit »generalisierter Austausch- und Kommunikationsmedien«. Eine Sekundäranalyse der Political-Action-Untersuchungen ergibt tatsächlich, daß die westeuropäischen Bevölkerungen vorwiegend ein Links-Rechts-Schema benutzen, während für die Bevölkerung der USA das Schema Liberal/Konservativ bedeutungsvoller ist[200]. In den USA werden die Etikette »links« und »rechts« zur Diskreditierung des politischen Gegners benutzt.

Bisher dominierte in der Wahlforschung ein anderes Verständnis des Rechts-Links-Schemas. Angeregt durch den klassischen Aufsatz von Philip Converse über den Charakter der politischen Wahrnehmung in der allgemeinen Bevölkerung (»mass public«) wurden Links-Rechts-Orientie-

198. Dieter Fuchs und Steffen M. Kühnel: »Die evaluative Bedeutung ideologischer Selbstidentifikation«. Vervielfältigt, Zentralarchiv Köln 1989, S. 1; ähnlich Dieter Fuchs und Hans-Dieter Klingemann: »The Left-Right-Scheme«. In: M. Kent Jennings et. al. (Hg.): »Continuities in Political Action«. Berlin und New York 1990, S. 203
199. Niklas Luhmann, a.a.O.
200. Fuchs und Klingemann, a.a.O., Fußnote 2

rungen als verblaßte Ideologien verstanden. Das sind sie nicht – schon weil das Verständnis in der allgemeinen Öffentlichkeit inhaltlich keine »Verdünnung« systematischer Ideologien darstellt, sondern etwas anderes: Politische Objekte werden durch Verorten auf dem Links-Rechts-Kontinuum in ihrer Bedeutung bestimmt[201]. Knight betont, daß die Objekte zwar unter Verwendung ideologischer Etikette verortet werden, ohne daß daraus allerdings eine ideologische Art der Teilnahme an Politik folge[202].

Nach diesen Beobachtungen kann eine früher verbreitete Deutung des Links-Rechts-Schemas als nur selten zutreffend qualifiziert werden: daß die Selbstzuordnung auf dem Links-Rechts-Schema eine Folge eigener Entscheidungen bei Streitfragen (issues) ist. Das trifft vorwiegend auf Personen zu, die an Politik stark interessiert sind und die in der Literatur zu den politisch-ideologischen Eliten gerechnet werden. Für die Masse der Bevölkerung ist die Selbstzuordnung jedoch die *Ursache* für die Bewertung von Objekten – und nicht umgekehrt.

Für die Etikettierung sind die Stellungnahmen der politischen Prominenz und vor allem die der Parteien wichtig. Angesichts dessen ist unter Sozialwissenschaftlern ein anderes Verständnis von der Entstehung des Links-Rechts-Schemas bei Individuen bzw. Gruppen verbreitet: Danach folgt die Links-Rechts-Orientierung aus der Nähe oder Ferne zu den politischen Parteien und ist eine Art Parteiidentifikation im eindimensionalen Raum. Tatsächlich sind

---

201. Teresa Levitin und Warren E. Miller: »Ideological Interpretations of Presidential Elections«. In: American Political Science Review, Bd. 73 (1979), S. 751–771

202. Kathleen Knight: »Ideology in the 1980 Election«. In: Journal of Politics, Bd. 47 (1985), S. 828–853

die Dinge umgekehrt zu sehen: Parteien werden bewertet aufgrund der *eigenen* Plazierung im Links-Rechts-Kontinuum. Mit dieser Sicht ist vereinbar, daß zwischen Parteienpräferenz und Selbsteinstufung zwar eine starke Beziehung, keinesfalls aber auch nur annähernde Dekkungsgleichheit besteht.

Schaubild 5: Parteipräferenz und Links-Rechts-Kontinuum[203]

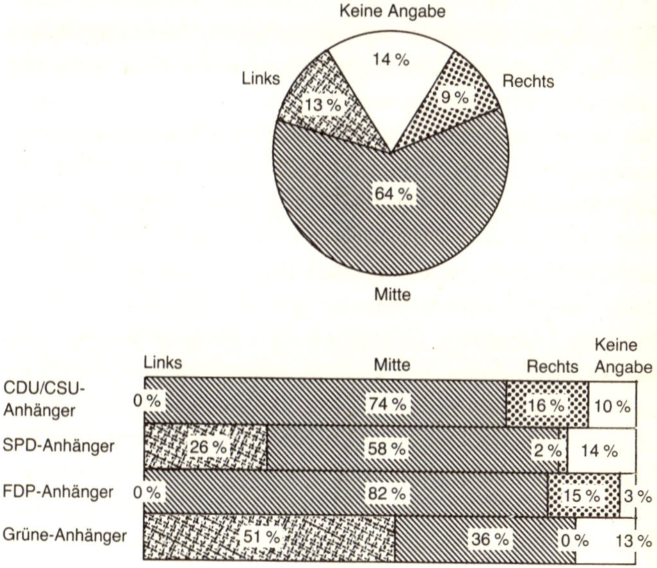

203. Nach INFAS in: »Veränderung des politischen Systems in der Bundesrepublik«

Dennoch ist Parteiidentifikation ziemlich stabil, aus dem gleichen Grunde wie die Selbstzuordnung auf dem Links-Rechts-Schema: Sie entlastet alle, die sich nicht engagiert mit den Streitfragen der Tagespolitik auseinandersetzen. Wer mag sich schon ein eigenes Urteil bilden über neue Zölle, Abgasbestimmungen oder etwa eine Novelle zum Krankenhausfinanzierungsgesetz? Die Stellungnahmen der Parteien nehmen dem mäßig interessierten Bürger diese Lästigkeit ab. So verstanden ist die Parteiorientierung in Entstehung und Festigkeit der Links-Rechts-Selbstzurechnung ähnlich: Sie bildet sich als wichtiger Teil der Sozialisation für öffentliche Angelegenheiten und wird im späteren Leben nur selten korrigiert[204].
Zur Erklärung der Kontinuität eines Ordnungsschemas Links/Rechts bei wechselnden politischen Inhalten wird die von Lipset und Rokkan entwickelte Konzeption der »Cleavage Structure« herangezogen[205]. Hiernach gibt es einen Grundgegensatz seit dem Ende des 18. Jahrhunderts zwischen Kräften der Beharrung und den Befürwortern der Moderne. In dieses Grundschema Links/Rechts fügt sich dann eine Abfolge von Grundkonflikten im 19. Jahrhundert, wie der Konflikt über Legitimitätsprinzip (»Rechts«) vs. Nationalismus (»Links«), über Unterordnung des Wirtschaftens unter Autoritäten (»Rechts«) vs. Wirtschaftsfreiheit (»Links«), über Religion als Ordnungsmacht (»Rechts«) vs. säkularer Gesellschaft (»Links«), zwischen

---

204. Kent M. Jennings und Markus Gregory: »Partisan Orientation over the Long Haul – Results from the Three-Wave Socialization Panel«. In: American Political Science Review. 78. Jg. (1984), S. 1000–1018
205. Die erste systematische Darstellung findet sich in Martin Seymour Lipset und Stein Rokkan: »Party Systems and Voter Alignment«. New York 1967, insbesondere Kapitel 1

Vorherrschaft des Arbeitgebers/Kapitals (»Rechts«) vs. Koalitionsfreiheit und Streikrecht (»Links«). Aus diesen Grundkonflikten entstehen – je nach lokalen Besonderheiten fallen sie unterschiedlich aus – die heutigen Parteiensysteme der westlichen Welt. Sie sind also zu verstehen – wie bereits im 1. Kapitel angesprochen – als gefrorene Konfliktlinien der Vergangenheit. Die Zuordnung zum Links-Rechts-Schema ist dabei der Hintergrund für die sich während der Streitfragen bildenden Koalitionen.

(6) Ein Ende des Links-Rechts-Schemas?

Schon der Nationalsozialismus und der Nationalbolschewismus paßten nicht in dieses Deutungsschema. Es gab zum Beispiel »Linke Leute von rechts« wie Ernst Niekisch, der mit seinen Gesinnungsgenossen von einer Allianz des nationalbewußten Deutschlands und der Sowjetunion träumte[206]. Niekisch sprach »gegen die romanische Anstekkung« und wollte statt dessen einen »germanisch-slawischen Block«. »Romanisch« steht hier für »liberale Gesellschaft« und »westliche Ideen«, die von den Nationalbolschewisten ebenso abgelehnt wurden wie die Marktwirtschaft und die Wettbewerbsdemokratie. Die Nationalsozialisten waren dann ein Extrem in der Verbindung von »rechten« und »linken« Ideen. Links waren die Volksgemeinschaft, die Organisation »Kraft durch Freude«, das Ziel der Vollmotorisierung und die Anrede »Genosse« – rechts waren die »grünen« Ideen der Abkehr von einer »chemisierten Landwirtschaft« (Reichsernährungsminister

206. Otto E. Schüddekopf, a.a.O.

Walter Darré 1933), der Hege statt der Jagd (Jagdgesetz Hermann Görings 1935), der Feindschaft gegen die Städte und der Glorifizierung des »natürlichen« Landlebens[207].
Die APO ließ dieses Ideengemisch der NS-Zeit wieder aufleben[208], und die Grünen sind die Fortsetzung der APO, wobei ihr Linksakzent stärker ist, obgleich ihr Feminismus durchaus rassistische Komponenten hat und die Autarkie-Vorstellung lupenreines NS-Gedankengut ist[209]. Auch die Art des im grünen Milieu gepflegten Antiamerikanismus ist durchaus vergleichbar mit dem Anti-Romanismus der Nationalbolschewisten, und immerhin ist etwa ein Siebtel der vom SINUS-Institut als rechtsextrem eingestuften Personen »grün«[210].
»Links« sind die Grünen, insoweit sie sich als Feinde der bürgerlichen Gesellschaftsordnung bezeichnen. »Rechts« aber sind ihre Vorstellungen von einer lebenswerten Gesellschaft, die das zurückweist, was bisher als »modern« galt[211]. Aber paßt dann das Grundschema Links/Rechts noch, das sich bisher immer durchsetzte, wenn es wieder einmal galt, Überkommenes durch etwas Neues, noch nicht Dagewesenes zu ersetzen? Was ist, wenn der Status quo ersetzt werden soll durch etwas Rückgewendetes? Sicher gibt es eine spezifisch deutsche Form eines Kulturpessimismus mit selektiver Ablehnung von Modernität und allgemeiner Zurückweisung des Rationalismus[212], aber es

---

207. Diese Mischung von Rechts und Links in der NS-Ideologie wird thematisiert in Jeffrey Hart: »Reactionary Modernism«. Cambridge 1984
208. Siehe hierzu Mathias Kepplinger: »Rechte Leute von links«. Olten 1970
209. Rudolf von Hüllen: »Ideologie und Machtkampf bei den Grünen«. Bonn 1990
210. SINUS: »Fünf Millionen Deutsche«, a.a.O.
211. Siehe auch die Ausführungen im Abschnitt »Schwierigkeiten mit der Modernität als Kultur« in diesem Buch
212. Fritz Stern: »The Politics of Culture Dispair«. Berkeley 1961; G. L. Mosse: »The Crisis of German Ideology«. New York 1974

gibt auch den viel weiter verbreiteten Faschismus, den Peronismus, die kommunistischen Monarchien eines Enver Hodscha, Ceaucescu oder Kim Il Sung.

Die Moderne war immer prekär, zog immer Protest auf sich[213]. Faschismus und Peronismus sind zu verstehen als Entwicklungskrisen, die zur teilweisen Rückentwicklung führen können – oder abgeschüttelt werden als instabile Alternativen. Peronismus, Faschismus und Nationalsozialismus setzten sich durch, nicht weil sie Massen zu ihren Ideen konvertierten, sondern aufgrund einer Legitimitätskrise der sich modernisierenden Gesellschaft. Selbst während der Weltwirtschaftskrise ab 1929 konnten Sozialdemokratie und Zentrum im wesentlichen ihre Wähler halten. Insofern konnten die Nationalsozialisten – die übrigens nie 50 % der Wähler gewannen und erst recht nicht die Mehrheit der Bevölkerung – vor allem die Wähler der vielen kleineren Parteien mit schwacher Wählerbindung aufsaugen[214].

Die Ausdehnung des Links-Rechts-Schemas ins Zweidimensionale ist im wesentlichen also nur noch von akademischer Bedeutung, als Teil eines Strukturkonflikts zwischen Kulturintelligenz und technisch-wirtschaftlicher Intelligenz[215]. Inzwischen sind Akademiker mit Kulturberufen bzw. die Arbeitslosen mit einem Studium der Kultur-

---

213. A. J. Mayer: »Dynamics of Counterrevolution in Europe 1870–1956«. New York 1971
214. Jürgen W. Falter: »Wahlen und Wählerverhalten während der Weimarer Republik unter besonderer Berücksichtigung der Phase 1928–1933«. In: Karl Dietrich Bracher et. al. (Hg.): »Die Weimarer Republik«. Bonn 1987; Manfred Küchler: »Die Wahlerfolge der NSDAP bis 1932 im Lichte der modernen Wahlforschung«. Referat auf dem 24. Deutschen Soziologentag Oktober 1988 (vervielfältigt)
215. Erwin K. Scheuch: »Kulturintelligenz als Machtfaktor«. Osnabrück 1974

fächer in die mittleren Ränge der Berufspolitik eingezogen, wo auch die Sympathisanten der »Grünen« zu finden sind. Diese Entwicklung ist besonders dramatisch bei der SPD und mit ein Grund für deren schlechtes Abschneiden bei der Bundestagswahl am 2. Dezember 1990.
Bereits jetzt ist erkennbar, daß sich wieder das Links-Rechts-Schema gegenüber der Romantik-Achse durchsetzt – allerdings nicht bei den jüngeren Berufspolitikern. Inzwischen ist ein erheblicher Unterschied in der politischen Orientierung der Wähler und der Politiker auszumachen: Die Wähler der CDU sind rechter als deren politische Vertreter und die Wähler der SPD ebenfalls. Die neue Partei-Elite der SPD könnte inhaltlich als Ausdruck der gegenwärtigen Wählerpräferenzen bei den Grünen fungieren.

Schaubild 6: Verteilung der politischen Eliten auf der Links-Rechts-Skala[216]

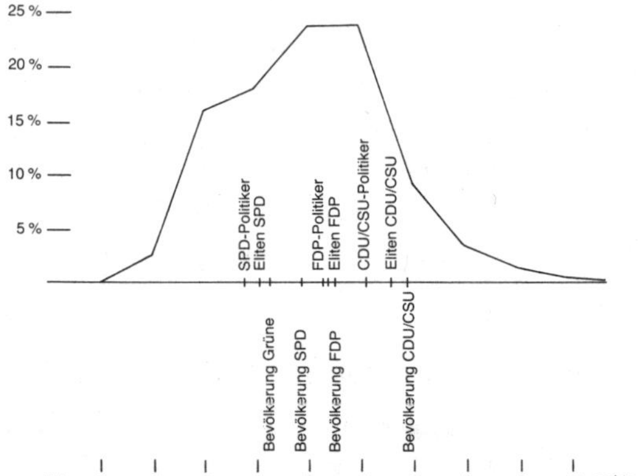

216. Ursula Hoffmann-Lange: »Eliten und Demokratie«, Schaubild 1, S. 327

Tabelle 27: Verteilung der politischen Eliten Links-Rechts-Selbsteinstufungen: Die mittlere Partei-Elite und die Wählerschaft der SPD[217]

	1976 %	1979 %	1986 %
Mittlere Partei-Elite:			
links	15	27	31
linke Mitte	52	60	47
Mitte	28	20	19
Mitte rechts	6	3	2
SPD-Wähler:			
links	7	2	8
linke Mitte	52	34	41
Mitte	33	54	27
Mitte rechts	6	7	20
rechts	2	3	4

Bezeichnenderweise führt dies nicht etwa zur Polarisierung der politischen Eliten durch eine Hinwendung der CDU-Politiker nach rechts. Auch hier gewinnen die Positionen weiter links an Gewicht. Es sind die politischen Eliten, welche die Vorstellungen der »Neuen Politik« mit dem Gegensatz zwischen Grünen und Wohlfahrtsstaat-Romantik übernehmen. Dies bewirkt eine Vergrößerung des Abstandes zwischen Wahlbevölkerung und Berufspolitikern. Von einem Anwachsen des Links- oder Rechts-Extremismus ist mit den Mitteln der quantitativen Sozialforschung gegenwärtig nichts zu erkennen.

217. INFAS 1987

2.5. *Die Deutschen und ihre Ausländer*

(1) Die Bundesrepublik Deutschland als De-facto-Einwanderungsland

Die Bundesrepublik Deutschland wurde nach dem Zweiten Krieg de facto zu einem Einwanderungsland, ohne daß dies im herkömmlichen Sinne überhaupt deutlich geworden wäre: Die Einwanderer wurden als Mit-Deutsche angesehen. Zunächst kamen Millionen aus den ehemaligen Ostgebieten, später dann die Flüchtlinge aus der DDR. Insgesamt hat die Bundesrepublik seit 1945 etwa 14 Millionen Deutsche – Flüchtlinge, Heimatvertriebene und Umsiedler – aufgenommen. Diese Menschen stellen heute 26 % der Bevölkerung in der alten Bundesrepublik[218].

Wanderungsbewegungen wie nach dem Zweiten Weltkrieg waren keine Besonderheit in der deutschen Geschichte. Immer waren die Phasen der Industrialisierung mit massenhafter Einwanderung verbunden, im 19. Jahrhundert insbesondere durch eine Millionen-Wanderung von Polen in westliche Länder. 1905 gaben von den damals 37 Millionen Einwohnern Preußens 4,2 Millionen eine andere Muttersprache als die deutsche an – also wesentlich mehr als heute[219], und in manchen Städten des Ruhrgebiets sprach man ebensoviel polnisch wie deutsch.

Auch in anderen Ländern war die Industrialisierung mit massenhafter Wanderung verbunden. Zu Millionen wan-

---

218. Institut für Demoskopie in Allensbach. »Aussiedler in der Bundesrepublik Deutschland«. Ansichten und Einstellungen der Bundesbürger zu einem aktuellen Thema. November 1988, S. 25

219. Beilage zu »Das Parlament«. 26. 7. 1982, S. 18

derten beispielsweise Deutsche in die USA aus, die in manchen Jahren bis zu einer Million Einwanderer aufnahmen. Bemerkenswerterweise galten die auswandernden Deutschen in den USA als sehr schwierig zu integrieren und als etwas abwegig in ihrer Lebensweise.

Zweimal wurde die Wanderung für die Bundesrepublik Deutschland zum Problem: Mit dem Bau der Mauer im Jahre 1961 wurden die nun ausbleibenden Zuzügler aus der DDR ersetzt durch Gastarbeiter, zunächst aus dem EG-Raum. Bereits Mitte der sechziger Jahre glaubte man in der Öffentlichkeit, ein Ausländerproblem zu haben, genauer: ein Italiener-Problem. Doch das Wirtschaftswachstum ging weiter, und nachdem man die wanderungswilligen Reserven in der EG ausgeschöpft hatte, wurde der Kreis der Länder, aus denen man Gastarbeiter anwarb, auf fremdere Kulturen erweitert. Die Letzten, die in großen Zahlen zu uns kamen, waren die Türken – und darin liegt eines der Probleme gerade dieser Gruppe von Gastarbeitern. Im Jahre 1973 planten Vertreter aus Politik und Wirtschaft, nach den nun nicht mehr ausreichenden Türken die Anwerbung von Nordafrikanern einzuleiten, aber dann kam die Wirtschaftskrise des Winters 1973/74, die einen Anwerbestopp weiterer ausländischer Arbeitnehmer zur Folge hatte. Zugleich wollte man die Rückkehr von Gastarbeitern in ihre Heimatländer fördern, und tatsächlich hat es eine solche Rückwanderung nach 1973 auch gegeben. Insgesamt aber sind in der Bundesrepublik Deutschland bis heute mehr ausländische Zu- als Rückwanderungen zu verzeichnen.

Für den weiteren Anstieg der Ausländerquote trotz des Einwanderungsstopps nach 1973 sind zwei Gründe bestimmend: der Familiennachzug und der Geburtenüberschuß

bei Gastarbeitern, insbesondere den Türken, sowie der wachsende Zustrom Asylsuchender und Wirtschaftsflüchtlinge hauptsächlich aus afrikanischen und asiatischen Ländern. Nach 1973 sind also vor allem Ausländer aus uns eher fremden Kulturen gekommen.
Auch jetzt erlebt die Bundesrepublik Deutschland eine neue Einwanderungswelle: Allein 1989 kamen nach Angaben des Ministeriums für innerdeutsche Beziehungen ca. 700 000 deutsche Aussiedler aus den ost- und südosteuropäischen Staaten sowie Übersiedler und Flüchtlinge aus der DDR. Zudem kamen 120 000 Ausländer, die um Asyl nachsuchten. 1990 waren das mehr als 200 000.
Unzweifelhaft wird die Bundesrepublik Deutschland durch den starken Zustrom dieser Menschen aus anderen politischen, kulturellen oder wirtschaftlichen Systemen beeinflußt. Deshalb ist zu fragen, wie die Bevölkerung auf diese Herausforderungen reagiert; als Kriterium für ein Urteil, wie nationalistisch die Deutschen heute sind.

(2) Ausländer in Deutschland

Ausländer gehören in fast allen europäischen Ländern heute zum normalen Alltag, dennoch kann in keinem Land von einer Überfremdung die Rede sein. Den höchsten Ausländeranteil an der Gesamtbevölkerung hat die Schweiz mit 15,0 %, weitaus niedriger liegt er in den Ländern der Europäischen Gemeinschaft. In der bisherigen Bundesrepublik beispielsweise lag er bei 7,6 % und in der DDR bei 1,6 %; im vereinigten Deutschland beträgt er – durch die geringere Zahl von Ausländern in der DDR – 6,4 %. In Frankreich liegt der Ausländeranteil bei 5,8 %, in Großbritannien bei 3,1 %.

Sehr unterschiedlich ist dabei die ethnische Zusammensetzung. Zuwanderer aus Afrika und Asien bevorzugen Frankreich und England; Südeuropäer wie die Italiener wählen die Schweiz und Belgien; Portugiesen gehen nach Frankreich, und die Bundesrepublik Deutschland wurde zum beliebtesten Einreiseziel der Türken. Ende der achtziger Jahre lebten hier fast zwei Drittel der 2,3 Millionen ausgewanderten Türken, die seit 1971 die größte ethnische Minderheit in Deutschland darstellen.

Tabelle 28: Ausländische Wohnbevölkerung im alten Bundesgebiet nach ausgewählten Staatsangehörigkeiten[220]

	Jahr		
	1974	1981	1988
Türkei	1 027 770	1 546 280	1 481 400
Griechenland	406 394	299 300	280 000
Portugal	121 533	109 417	79 200
Jugoslawien	707 771	637 307	597 600
Italien	629 628	624 503	544 400
Spanien	272 676	176 952	147 100
Andere Länder	961 594	1 235 970	1 500 500
Ausländische Wohnbevölkerung insgesamt	4 127 366	4 629 729	4 630 200
Ausländerquote	6,7%	7,5%	7,6%

220. Statistisches Bundesamt, Ausländer 1981, Fachserie 1, Reihe 14. Wiesbaden 1982, S. 14ff. und Statistisches Bundesamt Januar 1988, veröffentlicht in: iwd, Institut der deutschen Wirtschaft

In der DDR lebten 190000 Ausländer, vor allem aus den sozialistischen Ländern.
Gastarbeiter, die sich – insbesondere nach dem Einwanderungsstopp von 1973 – für ein längeres Bleiben in der Bundesrepublik Deutschland entschlossen hatten, ließen verständlicherweise ihre Familienangehörigen nachkommen. Dieser Prozeß ist bis heute noch nicht abgeschlossen, und die Folge ist eine erheblich gewandelte Situation: 1987 hielten sich rund 60 % aller Ausländer bereits zehn Jahre und länger im Bundesgebiet auf[221]. Die Zahl der ausländischen Männer nahm – ungeachtet des Anstiegs der Gesamtzahl an Ausländern in den letzten acht Jahren um 9 % – um 5 % ab, während die Zahl der ausländischen Frauen sich um 17 % und die der Kinder um 33 % erhöhte[222].
In dieser Statistik wird der andersartige Altersaufbau der

Tabelle 29: Bevölkerung in der bisherigen Bundesrepublik Deutschland nach Alter und Geschlecht[223]

Alter in Jahren	Bevölkerung insgesamt 1000	Bevölkerung insgesamt %	Ausländer insgesamt 1000	Ausländer insgesamt %	Hiervon männlich 1000	Hiervon männlich %	Hiervon weiblich 1000	Hiervon weiblich %
Unter 15	8903	14,6	972	23,5	501	21,9	470	25,4
15–44	23149	37,0	2335	56,3	1268	55,2	1066	57,7
45–64	18677	32,2	746	18,0	480	20,9	266	14,4
65 und	9348	15,3	93	2,2	46	2,0	46	2,5
Insgesamt	61077	100,0	4146	100,0	2297	100,0	1848	100,0

221. Statistisches Bundesamt (Hg.): Datenreport 1989, Bonn 1989, S. 48
222. iwd, 5/89, 2. 2. 1989
223. Ergebnis der Volkszählung vom 25. 5. 1987, veröffentlicht in: Statistisches Bundesamt (Hg.): Datenreport 1989, S. 32 und 47

ausländischen und der einheimischen Bevölkerung deutlich: Nur jeder fünfte Ausländer ist älter als 45 Jahre, unter den Deutschen liegt dieser Satz bei 47,5 %. Der Prozentsatz an Kindern beträgt bei den Ausländern 23,5 %, bei den Deutschen aber nur 14,6 %.
Ungeachtet der Arbeitslosigkeit in der Bundesrepublik gibt es nach wie vor Bereiche der deutschen Wirtschaft, die ohne Gastarbeiter nicht funktionieren könnten. In folgenden Beschäftigungszweigen ist ihr Anteil deutlich höher als ihr Durchschnitt von 7,5 %:

Gießerei	23,8 %
Gaststätten und Beherbergungen	19,9 %
Textilverarbeitung	16,8 %
Kunststoffverarbeitung	15,5 %
Bergbau	14,1 %
Eisen- und Stahlerzeugung	13,0 %.

Durchweg nehmen die Gastarbeiter keinem Deutschen einen Arbeitsplatz weg, sondern erfüllen Aufgaben, für die nicht genug deutsche Bewerber zu finden sind. Werden sie aber von der deutschen Bevölkerung akzeptiert?

(3) Die Einstellung gegenüber Ausländern

Die Bereitschaft der Deutschen, sich gegenüber anderen abzuschotten und nationalistisch auf Fremde zu reagieren, soll an der Reaktion auf Ausländer erkennbar werden. Wiederholt hat die Kommission der Europäischen Gemeinschaft Umfragen in Auftrag gegeben, wobei der vorletzte Bericht aus dem Mai 1989 stammt[224]. Allgemeinstes

224. Eurobarometer: »Rassismus, Ausländerfeindlichkeit und Intoleranz«. November 1989

Ergebnis der Erhebung: Eine allgemeine Ausländerfeindlichkeit gibt es nicht in den Ländern der EG, und die Anwesenheit der Ausländer ist auch nur in den seltensten Fällen ein wichtiges Problem. Ausgerechnet in dem international für seine Toleranz berühmten Dänemark wurde die Ausländerfrage als wichtiges Thema genannt.

Tabelle 30: Das wichtigste Problem in Ihrem Land[225]

	B %	DK %	D %	GR %	E %	F %	IRL %	I %	L %	NL %	P %	UK %
Nachteile des modernen Lebens	15	53	42	28	5	5	13	28	22	24	21	21
Gefühl der Unsicherheit	13	30	10	7	25	9	8	8	4	22	11	15
Arbeitslosigkeit	50	59	30	49	61	72	64	52	39	46	51	40
Disziplinlosigkeit der Jugendlichen	9	23	5	5	4	6	5	5	8	14	7	10
Ausländer	6	23	8	2	1	3	5	1	2	9	1	5
Schwinden der religiösen Werte	5	10	3	8	3	3	9	6	4	10	3	8
keines	3	2	3	2	1	1	–	–	21	1	5	2
keine Angaben	–	–	–	–	1	–	–	–	–	4	–	–

Allgemeine Ausländerfeindlichkeit ist in keinem EG-Land anzutreffen. Wenn Ausländer als Problem empfunden werden, dann nicht als Ausländer allgemein, sondern wegen ihrer stark abweichenden Lebensweise und der nichtchristlichen Religion – was mitunter zusammenfällt. In keinem der Länder kann von einer allgemeinen Xenophobie ge-

225. Eurobarometer, a.a.O.

Schaubild 7: Einstellung zu Ausländern[226]

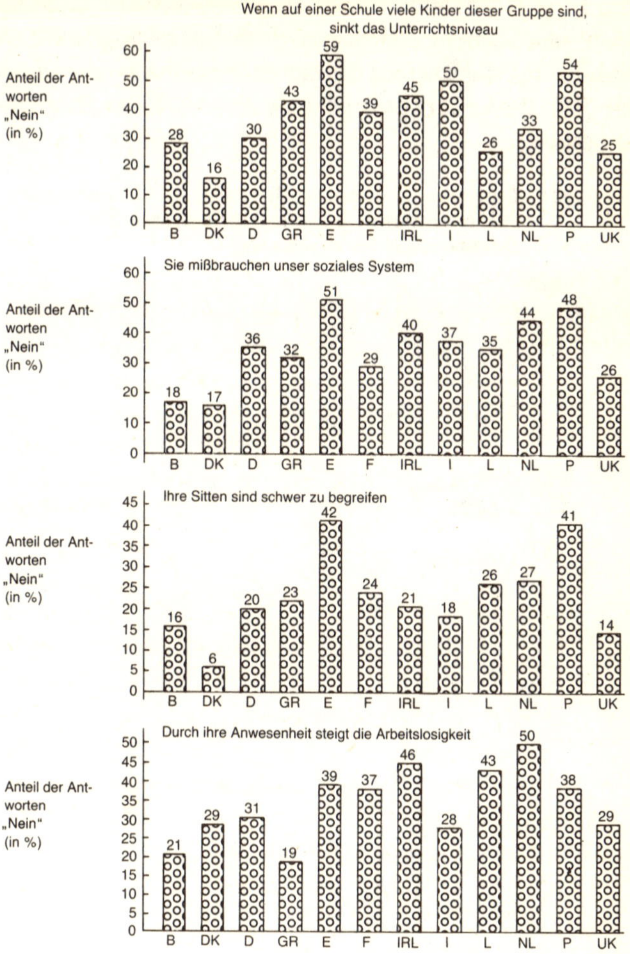

226. Eurobarometer, a.a.O., S. 62

sprochen werden, wohl aber von einem Türken-Problem in der Bundesrepublik, einem Algerier-Problem in Frankreich oder einem Pakistaner-Problem in England. Die Gründe für die Distanz zu diesen fremden Gruppen sind eher handfester Art und nicht als Ausdruck von Rassismus zu deuten.

Schaubild 8: Korrelation zwischen der Bewertung der Ausländer und dem tatsächlichen Anteil an Ausländern aus EG-Drittstaaten an der Bevölkerung[227]

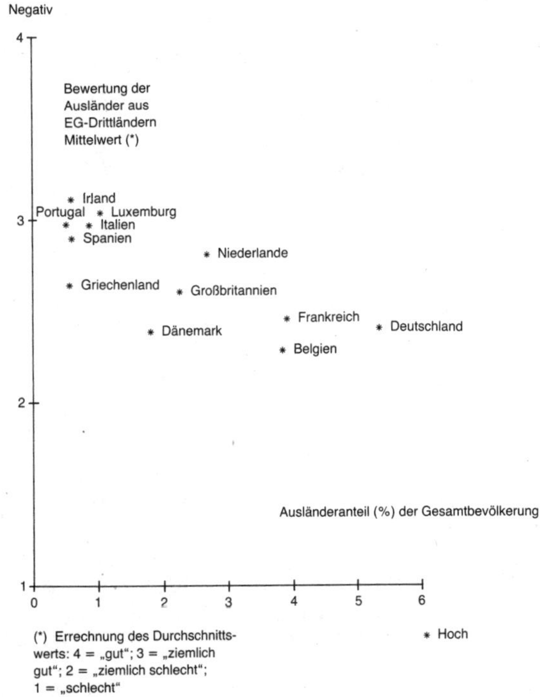

227. Eurobarometer, a.a.O., S. 45

Statt nationaler Traditionen eines besonderen Rassismus gibt es in den verglichenen Ländern vorrangig zwei Faktoren, welche die Stärke der Kritik an Ausländern bestimmen: Wie vertraut ist man mit deren Anwesenheit (besonders wenig in Spanien und Portugal), und wie groß ist ihre Anzahl? Vergleicht man den Ausländeranteil aus Gebieten außerhalb der EG mit der Gesamtbevölkerung eines EG-Landes und setzt die Bewertung der Ausländer dazu in Beziehung, ist das Ergebnis eindeutig: Je mehr Ausländer, um so kritischer die Wertung.

Schaubild 9: Verhältnis zwischen der Vorstellung von der zahlenmäßigen Bedeutung der Ausländer aus EG-Drittstaaten und den tatsächlichen Zahlen[228]

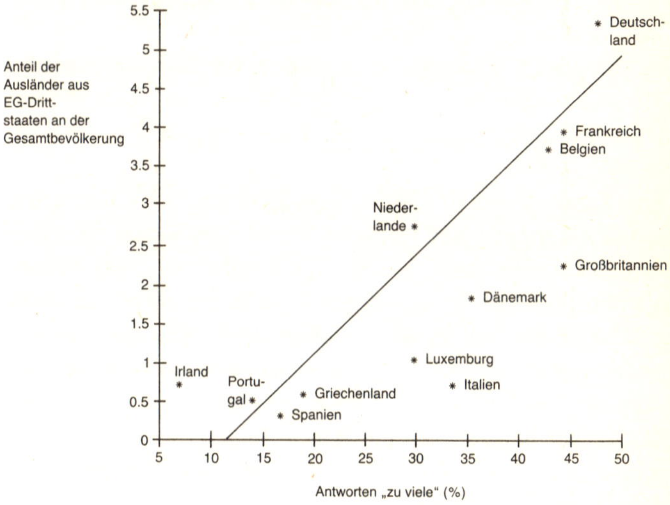

228. Eurobarometer, a.a.O., S. 45

Daß die Durchschnittsmeinung vom Umfang der ausländischen Bevölkerung aus EG-Drittstaaten abhängt, bedeutet nicht so sehr, daß die Ausländerfeindlichkeit proportional zur Zahl der Fremden wächst, sondern daß die Auseinandersetzung mit diesem Thema lebhafter wird, wenn die Ausländer einen wichtigen Platz im sozialen Gefüge einnehmen[229].

Ähnliches gilt für die Aussage, es gebe zu viele Ausländer. Je höher tatsächlich deren Anteil, um so häufiger heißt es: Bei uns gibt es zu viele. Werden die verschiedenen Länder durch eine Regressionsgerade miteinander verbunden, ergeben sich die Werte für die Bundesrepublik vorwiegend aufgrund der Korrelation zwischen diesen beiden Einflußgrößen. Es gibt keine Belege dafür, daß kulturelle deutsche Besonderheiten die Wertung bestimmen.

In keinem der Länder gab es größere Bevölkerungsanteile, die rassistische Bestrebungen befürworteten. Auch im Hinblick auf diese Frage weist die Bundesrepublik einen Mittelwert auf[230].

Die Tendenz der Intellektuellen, Probleme zwischen ethnischen Gruppen oder kritische Wertungen in der Bevölkerung in erster Linie auf Schwachstellen in einer Kultur zurückzuführen, ist aus deren beruflicher Sicht verständlich, aber dennoch in vielen Fällen falsch. Das gilt überwiegend auch hinsichtlich kritischer Stimmen zur Anwesenheit von als besonders fremd empfundenen Ausländern. Die besondere deutsche Kultur hat also nach diesen Befunden damit wenig zu tun, fast alles aber mit der Zahl und Konzentration von Ausländern.

229. Eurobarometer, a.a.O., S. 69

230. Siehe hierzu auch die Ausführungen im Abschnitt: Wie extremistisch sind die Deutschen?

Der »Spiegel« berichtete aus einer Emnid-Umfrage, daß es für 75 % der Bundesbürger heute schon zu viele Ausländer im Lande gebe. Die Grundstimmung »Ausländer raus« präge diese Meinung in den meisten Einzelheiten, und insgesamt würden die Antipathien gegenüber allen Gruppen von Ausländern überwiegen[231].

Besteht tatsächlich Anlaß zu der Sorge, daß die Deutschen in der Mehrheit (wieder einmal) besonders anfällig sind für Fremdenfeindlichkeit und Rassismus? 1989 hat die Kommission der Europäischen Gemeinschaften eine Sonderausgabe zu diesem Thema vorgelegt. Anlaß für die im Dezember 1985 in Auftrag gegebene repräsentative Untersuchung in den zwölf EG-Mitgliedsstaaten war die Sorge um ein »Wiederaufleben des Faschismus und Rassismus in Europa«.

Neben den Zahlen für die Bundesrepublik Deutschland belegt auch der internationale Vergleich: Die Deutschen nehmen keine abgehobene Sonderstellung gegenüber Ausländern ein. Wer wird aber überhaupt als Ausländer als »andersartig« – und nur das wirkt als Auslöser einer etwaigen Ausländerfeindlichkeit – wahrgenommen? Wer ist der »Andere«? Die EG ließ in dieser Untersuchung nach der Wertung von Nationalität, Rasse, Religion, Kultur und sozialer Klasse fragen.

Ein erstes wichtiges, wenn auch naheliegendes Ergebnis war, daß die Einstellung zu Ausländern von ihrem Anteil an der Bevölkerung eines Landes abhängt.

Hier stehen sich zwei Gruppen gegenüber:

– die Länder mit einem deutlich höheren Anteil an Ausländern, wie Belgien, Bundesrepublik Deutschland,

---

231. »Spiegel«, Nr. 16/89, S. 151 ff.

Frankreich, Niederlande, Großbritannien, Luxemburg und

- die Länder mit wenig Ausländern, wie Dänemark, Italien, Griechenland, Spanien, Portugal und Irland.

Der »Ausländer«

»Ausländer« ist für fast zwei Drittel (63 %) unserer Bundesbürger ein Türke (EG-Durchschnitt 18 %). An Nichteuropäer denken auch die Franzosen, Holländer und Briten bei der Frage nach der anderen *Nationalität*. Griechen, Iren, Italiener, Portugiesen und Spanier denken dabei eher an Europäer.
Auf die Frage, an wen man bei Angehörigen einer »anderen *Rasse*« denke, wurden in fast allen Ländern der EG überwiegend die Schwarzen genannt (EG 50 %; Bundesrepublik 63 %). Überdurchschnittlich häufig denken Deutsche auch an »Gelbe« (EG 14 %, Bundesrepublik 25 %), Franzosen vor allem an Araber und Briten an Inder.
Als *Religion* eines »Ausländers« gilt im EG-Durchschnitt mit weitem Abstand der Islam (40 %, vor den Zeugen Jehovas mit 12 % und den Juden mit 10 %). Weit überdurchschnittlich häufig nannten den Islam Deutsche (73 %), Dänen (74 %) und Holländer (71 %). Daß auch eine eigentlich eher ähnliche Religion als »anders« empfunden werden kann, zeigt das Beispiel Irland: Hier ist für mehr als 60 % der Protestant ein »Anderer«.

Auf die Frage nach Angehörigen einer »anderen« *Kultur* wurden im EG-Durchschnitt am häufigsten die Asiaten des Fernen Ostens genannt (19 %), mit weitem Abstand gefolgt von den Türken (7 %). Für Deutsche sind beide Gruppen überdurchschnittlich häufig Angehörige fremder Kulturen: Überproportional häufig wurden Türken genannt (24 %), dicht gefolgt von Asiaten aus dem Fernen Osten (21 %). Daß Türken in der Bundesrepublik Deutschland als eher fremdartig empfunden werden, belegen also auch die Antworten auf die Frage nach der Kultur. Die Frage, an wen man bei Menschen einer anderen Gesellschaftsschicht denkt, hat nicht gegriffen. Hier werden in allen EG-Ländern kaum Ausländer genannt (EG 3 %; Bundesrepublik 6 %)[232]. Die Ausländerfrage ist eine ethnische und keine Klassenfrage.

Die Beurteilung von Ausländern

Bei der Beurteilung von Ausländern macht die Bevölkerung der Bundesrepublik Deutschland je nach Herkunftsland und Kulturbereich große Unterschiede. Es gibt nicht eine Meinung über »die« Ausländer, sondern ein sehr differenziertes Bild[233]:

Kategorie	Völker	Einstellung
1. Edel-Ausländer	Engländer, Franzosen, Amerikaner, Schweden	Positiv
2. Ausländer	Spanier, Jugoslawen, Griechen	Neutral
3. Fremdartige Ausländer	Portugiesen, Italiener, Vietnamesen	Neutral, mit Tendenz zum Negativen
4. Abgelehnte Ausländer	Nordafrikaner, Schwarzafrikaner, Pakistani, Perser, Türken	Erhebliche Teile der Bevölkerung sind ablehnend

232. Ein bemerkenswertes Ergebnis sei hier am Rande erwähnt: Deutsche nannten überdurchschnittlich häufig Arme (EG 10 %, Bundesrepublik Deutschland 18 %), Sozialhilfeempfänger und Arbeitslose (EG 7 %, Bundesrepublik Deutschland 18 %) sowie Randgruppen (EG 4 %, Bundesrepublik Deutschland 14 %) als Angehörige einer »anderen« Gesellschaftsschicht. Sozialneid ist in der Bundesrepublik Deutschland heute weit schwächer ausgeprägt als in allen anderen EG-Ländern mit Ausnahme Luxemburgs. An erster Stelle

Nach der bereits zitierten Emnid-Befragung standen 1989 59 % der Bundesbürger Asylanten aus Afrika negativ gegenüber, 20 % positiv (21 % weder/noch). Asylanten aus Asien sahen 58 % negativ und 18 % positiv (23 % weder/noch) und Asylanten aus Osteuropa 53 % negativ und 21 % positiv (25 % weder/noch). Jeder fünfte Bundesbürger (19 %) gab auf einer Skala von +5 bis −5 den Asylanten mit anderer Hautfarbe sogar den höchsten negativen Wert von −5.

Unter den Gastarbeitern zogen die Türken die stärkste Abneigung auf sich: 42 % der Bundesbürger entschieden sich auf der Sympathie-Skala für negative Werte. Dies war dennoch eine Minderheit, denn ihnen standen 32 % mit einer positiven Einstellung gegenüber, und 25 % entschieden sich für die neutrale Haltung »weder/noch«. Es gibt mithin in der Bundesrepublik Deutschland kein allgemeines Ausländerproblem, sondern ein Problem mit Türken und Asylanten.

Daß die Zahlen dennoch kein Alarmsignal für eine spezifisch deutsche Ausländerfeindlichkeit sind, belegt der Vergleich im Rahmen der EG. Deutlich wird das an der Zusammenfassung verschiedener Variablen, durch die man vier ziemlich einheitliche Gruppen innerhalb der EG differenzierte, die abweichende Meinungen zu Ausländern haben. In drei Gruppen wird übereinstimmend die Meinung vertreten, die Demokratie sei unter allen Umständen

---

(19 %) wurden im EG-Durchschnitt »Reiche« als Angehörige einer anderen Gesellschaftsschicht empfunden; in der Bundesrepublik Deutschland nahmen sie hingegen mit 9 % den fünften Platz ein.

233. Die Einteilung in Kategorien wurde vorgenommen nach Zahlen der INFAS-Untersuchung: »Meinungen und Einstellungen zur Ausländerproblematik«. Tabellenband Februar 1982. Endbericht April 1982

die beste aller Staatsformen, und Ausländer werden nicht als störend empfunden. Meinungsverschiedenheiten gibt es nur über die Rechte der Ausländer:

- Gruppe 1 vertritt die Meinung, ihre Rechte sollten erweitert werden (EG 22 %, Italien 49 %, Spanien 30 %, *Bundesrepublik Deutschland 11 %,* Großbritannien 8 %, Dänemark 6 %).
- Gruppe 2 meint, ihre Rechte sollten unverändert bleiben (EG 28 %, Dänemark 42 %, Niederlande 41 %, Luxemburg 41 %, Großbritannien 38 %, *Bundesrepublik Deutschland 37 %*, Spanien 19 %, Italien 7 %).
- Gruppe 3 ist der Meinung, ihre Rechte sollten beschränkt werden (EG 18 %, Dänemark 31 %, Griechenland 27 %, Portugal 25 %, *Bundesrepublik Deutschland 18 %,* Italien 11 %, Luxemburg 10 %).

Nur eine kleine Minderheit ist in den EG-Ländern als wirklich ablehnend gegenüber Ausländern einzustufen. Sie wurde aufgrund ihrer negativen Einstellung als vierte Gruppe ausgewiesen:

- Gruppe 4 empfindet Menschen anderer Staatsangehörigkeit, Rasse oder Religion als störend und wünscht, daß ihre Rechte eher beschränkt als erweitert werden (EG 14 %, Belgien 23 %, *Bundesrepublik Deutschland 20 %,* Frankreich 17 %, Irland 7 %, Spanien 6 % und Portugal 5 %).

Bei der Einstellung zu Ausländern und ihren Rechten hat die Bundesrepublik unter den vergleichbaren Ländern mit einem ebenfalls hohen Ausländeranteil in keiner Gruppe eine extreme Außenseiterstellung. Die Bundesdeutschen fallen also im europäischen Vergleich weder durch extreme Ausländerfeindlichkeit noch durch besondere Ausländerfreundlichkeit auf.

Zunehmende Ausländerfreundlichkeit im Zeitvergleich?
Seit 1980 wird im Abstand von zwei Jahren die Umfrage Allbus durchgeführt. Der damit mögliche Zeitvergleich belegt, daß von einer wachsenden allgemeinen Ausländerfeindlichkeit keine Rede sein kann. Im Gegenteil: Verglichen mit den Ausgangswerten wurde die Einstellung zu den *Gastarbeitern* fortwährend freundlicher[234]. Weit über zwei Drittel der Bundesdeutschen standen ihnen Ende der achtziger Jahre positiv gegenüber, aber auch 1980 waren es immerhin schon 56 %.
Dies ist eine allgemeine Stimmung und nicht eine Folge von Veränderungen bei einem bestimmten Teil der Bevölkerung. Auf allen Bildungsstufen wurde die Einstellung zu Gastarbeitern freundlicher, und überall nahm der Kontakt mit ihnen zu. Ob am Arbeitsplatz, in der Nachbarschaft, im Freundeskreis oder in der Familie – die negativen Einstellungen nahmen ab.
»Wenn Arbeitsplätze knapp werden, sollte man die Gastarbeiter wieder in ihre Heimat zurückschicken?« – dem stimmten mit unterschiedlicher Intensität 1980 noch 26,4 % der Antwortenden zu, 1988 nur noch 18,5 %. Gegen ein Abschieben waren 1980 nur 33,7 %, 1990 aber 47,0 %.
Ein deutliches Indiz für die Abschließung gegenüber einer Gruppe zeigt sich in der Ablehnung von Heiraten untereinander. Umgekehrt gilt dieses Konnubium auch als deutliches Indiz für gegenseitige Durchdringung. Der entsprechende Testsatz lautete: »Gastarbeiter sollten sich ihre Ehepartner unter ihren eigenen Landsleuten auswählen.«

---

234. Zentralarchiv für Empirische Sozialforschung an der Universität zu Köln und Zentrum für Umfragen, Methoden und Analysen (ZUMA) Mannheim: Allgemeine Bevölkerungsumfrage der Sozialwissenschaften; Allbus 1988, Subset-Codebuch, erstellt zu Testzwecken. Köln/Mannheim 1988

Tabelle 31: Einstellung zu Ehen mit Gastarbeitern

	1980 %	1984 %	1988 %
Für Ehen mit Gastarbeitern	33,7	52,5	52,9
Neutral	14,2	13,4	14,3
Gegen Ehen mit Gastarbeitern	52,2	34,1	32,8

Zwar haben die Begegnungen mit Gastarbeitern im Familienkreis nicht wesentlich zugenommen, die Kontakte in der Nachbarschaft dagegen sehr viel mehr. 1980 hatten 19,7 % der Bundesbürger nachbarschaftliche Beziehungen zu Gastarbeitern, 1988 waren es 27,6 %. Von Beziehungen im eigenen Freundes- oder Bekanntenkreis berichteten 1980 14,7 % und 1988 24,6 %. Nach einer Ipos-Umfrage in der Bundesrepublik und der DDR im Jahre 1990 kamen 62 % der Bundesdeutschen mit Ausländern zusammen, während 38 % keinen Kontakt zu ihnen hatten; in der DDR war dies wegen des geringeren Ausländeranteils umgekehrt. Nur 31 % wohnten oder arbeiteten mit Ausländern, 67 % kamen mit ihnen nicht zusammen[235].

Das Ergebnis für die Bundesrepublik mag alle, die auf eine völlige Integration hoffen, als zu niedrig stören. Angesichts der Wohnverhältnisse und der Unterschiede in der Berufstätigkeit ist es aber inzwischen ein Wert, der zumindest in der alten Bundesrepublik auf weitgehende Problemfreiheit im Umgang zwischen Deutschen und Gastarbeitern schließen läßt.

235. Ipos: »Einstellungen zu aktuellen Fragen der Innenpolitik 1990 in der Bundesrepublik Deutschland und in der DDR«. Ergebnis zweier repräsentativer Umfragen Mai/Juni 1990 im Auftrag des Bundesministers des Innern der Bundesrepublik Deutschland. Mannheim 1990, S. 90

»Es sollten sich die Gastarbeiter in ihrem Lebensstil möglichst an die deutschen Gewohnheiten angleichen«, dafür war 1988 eine Mehrheit von 56 %, 1980 hatten das aber noch 65 % gefordert. Wie immer man diese Zahlen werten will, so sind sie jedenfalls unvereinbar mit der Aussage, es gebe allgemein ein zunehmendes Problem mit Ausländern.
In einer von der Deutschen Forschungsgemeinschaft 1989 vorgestellten Erhebung hatte man in fünf deutschen Großstädten jeweils drei unterschiedlich gemischte Wohngebiete untersucht und dabei die Erfahrung zweier verschiedener Ausländergruppen verglichen, von Jugoslawen und Türken[236]. Es zeigte sich, daß bei beiden Gruppen in der zweiten Generation ein zufriedenstellendes Arrangement des Zusammenlebens erreicht wurde. 72 % der jungen Türken und 85 % der jungen Jugoslawen sprachen gut oder fließend Deutsch – in der Eltern-Generation traf dies nur auf 28 % der Türken und 40 % der Jugoslawen zu. Solange die Sprachbarriere besteht, sind Alltagskontakte offensichtlich schwierig.
Die Integration ließ sich am Freundeskreis ablesen. In der Generation der Eltern hatten nur 30 % der Türken, aber immerhin bereits 59 % der Jugoslawen einen gemischten bis deutschen Freundeskreis. Dagegen waren es bei den jungen Türken schon 57 %, die Deutsche zu ihrem Freundeskreis zählten, und bei den jungen Jugoslawen stieg die Ziffer auf 83 %. Die Integration drückt sich auch in der zunehmenden Lebenszufriedenheit aus, wobei Unterschiede zwischen Türken, die relativ zu anderen Gastarbeitern ja nach wie vor eine Problemgruppe sind, und Jugosla-

---

236. Hartmut Esser: »Kulturelle und ethnische Identität bei Arbeitsmigranten«. Köln 1988

wen bestehen bleiben. 47 % der älteren Türken, aber 51 % ihrer Kinder waren mit ihren Lebensverhältnissen in der Bundesrepublik zufrieden oder sehr zufrieden. Die entsprechenden Zahlen lauteten für die Jugoslawen 72 % bzw. 81 %.

Untersuchungen in anderen Ländern hatten gleiche Sachverhalte wie in der Bundesrepublik ermittelt: Das Zusammenleben mit der einheimischen Bevölkerung war um so ungestörter, je ähnlicher die Lebensweisen waren, je besser die Sprachkenntnisse wurden und je höher der berufliche Erfolg war. Wo Distanz zwischen Deutschen und (Noch-)Nicht-Deutschen beobachtet wurde, war sie wesentlich eine Folge der Unterschiedlichkeit der Lebensweisen und hatte mit Rassismus nichts zu tun. Durchweg hatte die zweite Generation sich Ende der achtziger Jahre weitgehend den Vorstellungen in der neuen Heimat angeglichen; z. B. hatten jüngere Türken ähnliche Vorstellungen wie die Deutschen über das Verhältnis zwischen Männern und Frauen.

Daß sich an der positiven Einstellung gegenüber den Kindern der Gastarbeiter, also den Ausländern der zweiten und dritten Generation, in jüngster Zeit nichts geändert hat, bestätigte die Emnid-Umfrage für den »Spiegel«: Gegen einen Vorrang deutscher Jugendlicher bei der Vergabe von Lehrstellen sprachen sich zwei Drittel (67 %) der Bundesbürger aus. 69 % wollten den in der Bundesrepublik geborenen Ausländern den Rechtsanspruch zuerkennen: »Deutsche, das heißt Bürger der Bundesrepublik, zu werden«.

Anders sieht es nur in der Einstellung gegenüber Asylbewerbern aus. Hier, und nur hier, ist eine wachsende Ablehnung festzustellen. In einer Umfrage vor zwei Jahren

waren drei Viertel der Bundesdeutschen der Ansicht, das Asylrecht werde zu großzügig gehandhabt. Verglichen mit den Werten von 1983 war dies fast eine Verdoppelung der Zahl der Kritiker. Nach der Emnid-Umfrage 1989 gibt es mittlerweile fast keine Sympathie und fast kein Verständnis mehr für die Aufnahme von Armutsflüchtlingen[237]. Daß Ausländer, die in ihrer Heimat politisch verfolgt werden, aber das Recht auf Asyl haben sollen, bejahten Deutsche in West und Ost in gleicher Weise mit 70 %. Unterschiedlich war lediglich die Zahl der Ablehnenden: In der alten Bundesrepublik entschieden sich 30 % gegen die Gewährung von Asyl, in der DDR waren es 17 %. Das Problem von Asylsuchenden hatte sich allerdings zu diesem Zeitpunkt in der DDR noch nicht gestellt; entsprechend hatten sich 13 % der DDR-Bewohner zu dieser Frage noch keine Meinung gebildet[238].
Es ist angesichts der verstärkten Aussiedlung von Deutschen aus Ost- und Südosteuropa in die Bundesrepublik Deutschland eher unwahrscheinlich, daß sich in Zukunft das Klima zugunsten von Asylsuchenden, besonders von Armutsflüchtlingen verbessern wird.

(4) Deutschland – ein multikulturelles Land der Zukunft?

Selbstverständlich ist die Bundesrepublik Deutschland ein weltoffenes Land, das sich auch nicht allgemein abschotten könnte gegen Bürger aus anderen Ländern. Es gilt der Grundsatz der freien Wahl des Arbeits- und Aufenthaltsorts für alle Bürger der Europäischen Gemeinschaft. So-

---

237. »Spiegel«, Nr. 16/89, S. 156
238. Ipos, a.a.O., S. 91

lange sich die Zahl der Zuwanderer aus ähnlichen Kulturen in Grenzen hält, ist das auch kein Problem. Anders sähe es aus, wenn unbegrenzt sogenannte Armutsflüchtlinge aus afrikanischen und asiatischen Ländern in die Bundesrepublik Deutschland strömten.

In der politischen Agitation wird es bereits als »ausländerfeindlich« bezeichnet, daß man Asylbewerbern nur dann ein Aufenthaltsrecht geben will, wenn in der Heimat ihre persönliche Sicherheit bedroht ist. Wenn man die Anerkennungsurteile deutscher Behörden als Maßstab nimmt, dann sind weniger als 10 % der Asylsuchenden tatsächlich politische Flüchtlinge. Es gibt heute kein Land auf der Welt, das für eine beliebige Einwanderung von Ausländern aus anderen Kulturen, die lediglich der besseren Lebensbedingungen wegen kommen, weit offen wäre.

Insbesondere die Bundesrepublik erfüllt nicht die Voraussetzungen eines unbegrenzten Einwanderungslandes, da sie weder über unausgeschöpfte Rohstoffe noch über weiten ungenutzten Raum verfügt. Zudem genügt ein Blick auf die heutige Situation von Vielvölkerstaaten wie der Sowjetunion oder Jugoslawien, um zu wissen, daß ein weiterer Zuzug von Ausländern nur vertretbar wäre, wenn diese zumindest die Absicht haben, sich zu assimilieren oder sogar zu integrieren, wie dies bei den deutschen Aussiedlern aus dem Osten der Fall ist. Ethnische Ghettos sowie kulturelle und religiöse Konfliktlinien entstehen zu lassen, ist unvertretbar. Wer also die Begrenzung einer beliebigen Einwanderung von Armutsflüchtlingen aus fremden Kulturen befürwortet, muß das eigentlich nicht näher begründen, da es auch in allen anderen Industriegesellschaften die Politik ist.

(5) Aussiedler in Deutschland

Der Zustrom von Aussiedlern aus den ost- und südosteuropäischen Ländern ist zwar seit dem Ende des Zweiten Weltkrieges ungebrochen, aber erst in letzter Zeit zu einem die Öffentlichkeit besonders bewegenden Thema geworden[239]. Die steigenden Zweifel gegenüber dieser Personengruppe haben vor allem drei Ursachen:

- Die Zahl der Aussiedler aus dem Osten hat seit 1988 sprunghaft zugenommen. Von 1978 bis 1987 waren insgesamt 314610 Menschen gekommen – also durchschnittlich nur etwa 31500 im Jahr. In den letzten beiden Jahren waren es dagegen über eine halbe Million.
- Nach Schätzungen lebten 1989/90 noch etwa 3,5 Millionen Menschen in Ost- und Südosteuropa, die durch Geburt die deutsche Staatsangehörigkeit erworben hatten oder sich als »deutsche Volkszugehörige« bezeichneten. Nach der Wiedervereinigung Deutschlands bekannten sich weitere 6 Millionen Bürger der Sowjetunion – zusätzlich zu den bisher genannten zwei Millionen – zum Deutschtum[240]. Ob dahinter die verzweifelte Suche nach einem Auswanderungsgrund steckt oder der Umstand, daß es wieder als gesellschaftsfähig gilt, deutscher Abstammung zu sein, ist für das Problem zweitrangig. Jedenfalls schätzte man 1989, daß bis zur Jahrtausendwende noch zwei Millionen Volksdeutsche bzw. deren Angehörige in die Bundesrepublik aussiedeln

239. Allensbach-Umfrage November 1988, a.a.O.
240. Eduard Neumaier: »Deutsche in der Sowjetunion«. Kommentar im Deutschlandfunk, 11. 12. 1990

wollen. Wieweit diese Schätzungen heute noch realistisch sind, ist völlig offen.

- Nur eine Minderheit der jetzigen deutschen Aussiedler verfügt über ausreichende Deutschkenntnisse. Zwei Drittel der Deutschen aus der Sowjetunion und 90 % derjenigen aus Polen mußten 1990 vor ihrer Eingliederung in das Berufsleben Kurse zum Erlernen der deutschen Sprache besuchen[241].

  Der Wirtschaft und dem Handwerk in der alten Bundesrepublik waren diese Deutschen aus dem Osten höchst willkommen. Seit langem klagte man über einen erheblichen Facharbeiter- und Nachwuchsmangel, der die Ausweitung der Kapazitäten hemme. Ende der achtziger Jahre fehlten der deutschen Wirtschaft 1,5 Millionen Arbeitskräfte, im Handwerk blieben allein im Ausbildungsjahr 1989/90 rund 60000 Lehrlingsplätze unbesetzt, und der deutsche Hotel- und Gaststättenverband ging von 80000 offenen Lehrstellen aus[242]. Durch die Integration der Aussiedler erwarteten sie hier schnelle Abhilfe.

Für die Berechtigung dieser Hoffnungen sprechen Alters- und Berufsstruktur der Aussiedler. Der Vergleich von Einheimischen und Aussiedlern belegt den bedeutend jüngeren Altersaufbau der Zuwanderer:

---

241. Institut der deutschen Wirtschaft, iwd: »Die Integration deutscher Aussiedler – Perspektiven für die Bundesrepublik Deutschland. Untersuchung des IW im Auftrag des Bundespresseamtes«. (Zusammengefaßt veröffentlicht in: iwd Nr. 39, 28. 9. 1989 und Nr. 41, 12. 10. 1989)

242. Klaus Leciejewski: »Chancen für die deutsche Wirtschaft. Bedeutung der Aussiedler für uns«. In: Das Parlament, 39. Jg., Nr. 35, 25. 8. 1989

Tabelle 32: Altersstruktur der einheimischen Wohnbevölkerung und der Aussiedler 1987/88[243]

Jahre	Einheimische* in 1 000	Einheimische* in %	Aussiedler** in 1 000	Aussiedler** in %
unter 18	11 316,7	18,5	61,8	32,4
18 bis unter 45	24 504,0	40,1	90,8	47,7
45 bis unter 60	2 592,6	20,6	24,0	12,6
60 bis unter 65	3 321,4	5,4	6,3	3,3
über 65	9 348,1	15,4	7,7	4,0
insgesamt	61 082,8	100,0	190,6	100,0

* Ergebnisse der Volkszählung 1987

** Von den 202 673 im Jahre 1988 zugewanderten Aussiedlern sind 190 582 in der Altersstatistik erfaßt.

Fast jeder erwerbstätige Aussiedler verfügte über einen Berufsabschluß. Jeder zweite Aussiedler kam aus einem der besonders gefragten Industrie- und Handwerksberufe.

Die gewerbliche Wirtschaft berichtete durchweg von guten Erfahrungen mit den Aussiedlern[244]. Sie kamen mit dem Willen, sich hier so schnell wie möglich eine eigene Existenz aufzubauen und eine neue Heimat zu finden[246]. Sie waren entsprechend hoch motiviert, mobil und initiativ. Ein Beleg dafür ist, daß über 50 % der Aussiedler im letz-

243. Stefanie Wahl: »Wer sind die Neuankömmlinge?« In: Das Parlament, 39. Jg., Nr. 35, 25. 8. 1989, Tabelle 2 (Quelle: Statistisches Bundesamt und Bundesausgleichsamt)

244. Leciejewski, a.a.O.; iwd, a.a.O.; Informationen zur politischen Bildung (Hg. Bundeszentrale für politische Bildung): »Aussiedler«, 2. aktualisierte Auflage 1989

245. Siehe hierzu auch: Barbara Dietz/Peter Hilkes: »Deutsche in der Sowjetunion«; Hans-Werner Rautenberg: »Deutsche und Deutschstämmige in Polen – eine nicht anerkannte Volksgruppe«; Annelie Ute Gabanyi: »Die Deutschen in Rumänien«. In: Aus Politik und Zeitgeschichte. Beilage zur Wochenzeitung Das Parlament, B 50/88, 9. 12. 1988

Tabelle 33: Berufsstruktur von Einheimischen und Aussiedlern[246] 1988

Beruf	Einheimische in %		Aussiedler in %	
Land- und forstwirtschaftliche Berufe	1,5		1,7	
Bergbauberufe	0,5		2,3	
Industrie- und Handwerksberufe	36,6		48,7	
Darunter: Schlosser, Mechaniker		8,5		14,0
Elektriker		3,1		3,9
Textil- und Bekleidungsberufe		1,4		2,7
Bauberufe		3,7		4,6
Hilfsarbeiter		0,8		7,1
Technische Berufe	6,9		7,5	
Dienstleistungsberufe	54,2		39,8	
Darunter: Verkehrsberufe		7,1		4,9
Verwaltungsberufe		18,9		10,8
Gesundheitsdienstberufe		5,1		3,6
Pädagogen, Wissenschaftler		3,2		3,8
Hauswirtschaftliche Berufe		0,8		2,1
Reinigungsberufe		3,0		1,8
Übrige	0,3		0,1	
	100,0		100,0	

ten und in diesem Jahr ihren Arbeitsplatz ohne Vermittlung des Arbeitsamtes über eigene Informationsnetze fanden.

In der Regel sind Aussiedler aufgrund ihrer soliden Grundausbildung relativ problemlos in den Arbeitsprozeß einzugliedern. Zwar besteht Nachholbedarf besonders in Bran-

246. Stefanie Wahl, a.a.O., Tabelle 3 (Quelle: Bundesanstalt für Arbeit und Bundesausgleichsamt)

chen mit hohem Elektronikanteil, der allerdings durch die ausgeprägte Weiterbildungsbereitschaft der Aussiedler und die bereitstehenden Weiterbildungsmöglichkeiten meist schnell zu decken ist. Die Sprachschwierigkeiten, vor allem der Aussiedler aus Polen, spielen in den eher praktisch orientierten Berufen nur eine untergeordnete Rolle. Entsprechendes weiß man bereits von den ausländischen Gastarbeitern, wo die Integration in das Berufsleben leichter war als auf privater Ebene.

Das Institut der deutschen Wirtschaft legte 1989 eine Modellrechnung auf der Basis eines weiteren Zustromes von zwei Millionen Deutschen aus Osteuropa vor[247]. Resultat: Aussiedler werden erheblich zur Mehrung von Wohlstand und Wachstum beitragen. Dennoch reagierte die bundesdeutsche Bevölkerung 1988 auf die zu erwartenden kurzfristigen Belastungen mit einer weitgehend ablehnenden bis zurückhaltenden Einstellung, die vor allem auf geringen Kenntnissen über Aussiedler beruhte. Das zeigte sich bereits in einer Umfrage des Instituts für Demoskopie Allensbach im November 1988.

Ähnlich wie die Asylbewerber können auch die Aussiedler bei den Bundesdeutschen nicht mit breiter Zustimmung rechnen. Die Tendenz der Ablehnung ist steigend.

Vorherrschend waren aber nicht die Ablehnung, sondern Zweifel und Unsicherheit. Dem entsprachen auch die Antwortverteilungen auf eine weitere Testfrage: »Haben Sie von den deutschen Aussiedlern, die zu uns in die Bundesrepublik kommen, eine gute Meinung oder keine gute Meinung?« Hier waren 51 % der Befragten meinungslos – ein in der Demoskopie sensationell hoher Anteil!

---

247. iwd, a.a.O.

Tabelle 34: Einstellung zu Aussiedlern

Frage: »In einigen Ostblockländern wie in der Sowjetunion, Rumänien und Polen leben ja noch viele Deutschstämmige, die in die Bundesrepublik übersiedeln möchten. Was meinen Sie: Ist das eine gute Sache, daß in der letzten Zeit viele deutsche Aussiedler in unser Land kommen, oder haben Sie da Zweifel?«[248]

	1988		
	Juni %	Juli/August %	November %
Ist eine gute Sache	29	25	22
Habe da Zweifel	59	59	61
Unentschieden, weiß nicht	12	16	17

Grund dafür war die mangelnde Vertrautheit, denn nur ungefähr jeder vierte Bundesdeutsche hatte Kontakte mit Aussiedlern gehabt. Gab es Kontakt, dann war die gute Meinung hoch. Nur 38 % hielten die persönlich unbekannten Aussiedler wirklich für Deutsche. Fast ebenso viele, nämlich 36 %, sahen in ihnen Ausländer, und ein hoher Anteil von 26 % hatte hierüber keine Meinung. Darin drückt sich nicht eine Verwechslung von Aussiedlern mit Asylanten aus; denn die Befragung zeigte, daß 69 % der Bundesbürger den Unterschied kannten. Dennoch sah man in den Aussiedlern nicht Deutsche, sondern eben andere Ausländer. Wie früher bereits erwähnt, ist ein erheblicher Teil der Aussiedler der deutschen Sprache nur unvollkommen mächtig. Der hohe Anteil derjenigen, die die angebotenen Sprachkurse annahmen, ist dafür ein objektiver Beleg. Demgegenüber sprachen die DDR-Übersiedler

248. Institut für Demoskopie in Allensbach, Umfrage November 1988

selbstverständlich ein einwandfreies Deutsch und stießen 1989 auf ganz überwiegende Zustimmung. Die verbreitete Annahme, Bundesbürger seien mehrheitlich gegen alle von draußen kommenden und sich zunächst als Belastung auswirkenden Zuwanderer, läßt sich also nicht halten. Wenn die Bundesbürger Zuwanderer ablehnen, dann solche, die sie nicht als Landsleute ansehen.

Daß davon auch die Bewertung der Aussiedler sehr stark abhängt, ging aus den Antworten auf zwei Suggestivaussagen hervor:

1. »Wer solange in Ostblockländern gelebt hat, ist kein Deutscher...Deshalb sollte man diese Leute nicht so ohne weiteres bei uns aufnehmen.«
2. »Diese Menschen können nichts dafür, daß sie solange dort leben mußten. Wenn diese Deutschen zu uns kommen wollen, ist es unsere Pflicht, sie aufzunehmen.«

Wenn man diese Aussagen mit der Begründung verknüpfte, daß Aussiedler Menschen sind, die nach dem Grundgesetz die deutsche Staatsangehörigkeit haben, entschied sich eine Mehrheit von 42 % (gegen 37 %) gegen die Aufnahme. Gab es jedoch eine moralische Begründung: »Deutsche ..., die nach dem Krieg und der Vertreibung nicht in unser Land kommen konnten«, war die Mehrheit von 44 % (gegen 35 %) für die Aufnahme dieser Personen. Die Meinung über Aussiedler ist also noch nicht gefestigt und bleibt abhängig von der Definition des Deutschen. Entsprechend sind auch die negativen Meinungen auf eine korrigierbare Vorstellung über die Balance zwischen Nutzen und Belastung zurückzuführen. Nur 42 % stimmten der Aussage zu: »Unter den Aussiedlern gibt es viele Kinder und Jugendliche, dadurch werden später auch die Renten sicherer« – und doch ist diese Aussage zweifelsfrei richtig. Dem Statement: »Aussiedler haben eine gute fachliche Ausbildung« stimmten sogar nur 17 % zu, während 34 % diese richtige Kennzeichnung verneinten.

Deutlich wird die Skepsis der Bundesdeutschen in der hohen Zustimmung für die Argumente gegen diese Zuwanderer. Keinem der von Allensbach formulierten negativen Argumente wurde von einer Mehrheit widersprochen. Hohe Zustimmung fanden statt dessen die Statements über zusätzliche Kosten (75 zu 11 %), die die Aussiedler erst einmal verursachen und uns damit stark belasten, und über die wachsenden Wohnungsprobleme (71 zu 12 %). Die Sorge aber, daß die Aussiedler die Arbeitslosigkeit in der Bundesrepublik verschärfen könnten, hatte nur ein Teil der Bundesdeutschen. Zwar stimmte eine Mehrheit von 43 % dem zu, aber fast ein Drittel (31 %) widersprach.

Wenn die falschen Vorstellungen durch richtige Tatsachen ersetzt werden, wird sich langfristig die Wertung der Aussiedler kaum noch von der unserer Landsleute aus der DDR, die vor der Öffnung der Mauer am 9. 11. 1989 zu uns kamen, unterscheiden. Bisher zeigen allerdings die bundesdeutschen Parteien wenig Neigung, die irrigen Vorstellungen über Aussiedler durch offensives Vertreten der richtigen Tatsachen auszuräumen. Allerdings steht diese Aussage unter dem Vorbehalt, daß sich die Zahl der Aussiedler aus dem Osten nicht dramatisch erhöht. Wenn die acht Millionen Menschen in der Sowjetunion, die sich inzwischen zum Deutschtum bekennen, tatsächlich nach Deutschland auswandern wollten, könnte sich die Einstellung zu den Aussiedlern ins Negative kehren. Ein Indiz für Nationalismus ist das nicht.

3. Kapitel: Deutschsein im geteilten Deutschland

3.1. Vom NS-Staat über die Bundesrepublik zu Deutschland

Nach dem Zusammenbruch des Dritten Reichs war zunächst offen, womit sich die Deutschen in der neugegründeten Bundesrepublik Deutschland identifizieren würden. Die unmittelbare Gegenwart der Nachkriegszeit jedenfalls bot wenig Attraktivität. Als es beispielsweise im Winter 1945/46 und im Frühjahr 1947 zu einer katastrophalen Ernährungssituation kam, gleichzeitig auch die Versorgung mit Kohle oder Fensterglas unzureichend war, meinten viele, unter Hitler sei es »uns besser gegangen«[249]. Die Ideologie und die Repression im NS-Staat wurden demgegenüber nach Möglichkeit ignoriert.

Eine beachtliche Anzahl der befragten Wähler im Jahre 1951 – zu einem Zeitpunkt, zu dem die Bundesrepublik noch defizitär war – verstand den NS-Staat als Wohlfahrts-

249. Peter Hüttenberger: »Deutsche Gesellschaft 1945«. In: Funke et. al.: »Demokratie und Diktatur«, a.a.O., S. 316–330, hier S. 316

Tabelle 35: Einstellung zum Nationalsozialismus[250]

Frage: »Halten Sie den Nationalsozialismus für eine gute Idee, die schlecht ausgeführt wurde?«

	Oktober 1948 %
Ja	57
Nein	28
Unentschieden	15

staat. Dessen wirklich kennzeichnende Eigenschaften, nämlich Rassismus und Terrorherrschaft, lehnten die Wähler der 1952 als rechtsextremistisch verbotenen Sozialistischen Reichspartei sogar doppelt so häufig ab wie der Querschnitt aller Wähler.

Ähnlich verhält es sich mit den Vorstellungen im Jahre 1950 über die Gründe, die maßgeblich für die Machtergreifung der Nationalsozialisten 1933 waren. Mehrheitlich wurde das Versagen der Weimarer Republik bei den wirtschaftlichen und politischen Problemen genannt. Nur etwas mehr als ein Viertel der Befragten führte den Erfolg auf positive Aussagen der Nationalsozialisten selbst zurück[251].

Soweit sich Deutsche jenseits ihrer Bindungen an Beruf, Verwandtschaft und Region mit politischen Gebilden identifizierten, war das auch nach der Gründung der Bundesrepublik Deutschland 1949 noch einer der Staaten unserer Vergangenheit. Erst nach dem Jahre 1953 ver-

250. Elisabeth Noelle und Erich Peter Neumann: »Jahrbuch der öffentlichen Meinung 1947–1955. Allensbach 1956, 2. durchgesehene Auflage, S. 134
251. Erwin K. Scheuch: »Politischer Extremismus in der Bundesrepublik«, a.a.O., hier S. 441

Tabelle 36: Beurteilung des Nationalsozialismus 1951[252]

	Querschnitt aller Wähler %	Anhänger der SRP* %
Gute Seiten des Nationalsozialismus:		
Dem Arbeiter ging es gut; es gab Arbeit für jeden, der wollte; man hatte anständige Lebensbedingungen	41	68
Sie sorgten für den kleinen Mann; soziale Fürsorge und soziale Sicherheit waren gut; jedem wurde geholfen	30	46
Es herrschten Disziplin und Ordnung; wenig Kriminalität und viel Sicherheit	8	7
Schlechte Seiten des Nationalsozialismus:		
Kriegsvorbereitung, Kriegspolitik	28	26
Diktatur; keine Freiheit	20	20
Die Rassenverfolgung; die Morde an den Juden	19	37
Die Konzentrationslager, der Terror	15	22

* SRP = Sozialistische Reichspartei

blaßte die Anziehungskraft des »Dritten Reichs« als Wohlfahrtsstaat. Der Zeitpunkt, zu dem die Bundesdeutschen ihre Lage erstmals als besser im Vergleich zu den Vorkriegsjahren einschätzten, lag um etwa 1958[253]. Etwas vergröbernd kann diagnostiziert werden, daß erst mit dem Mauerbau 1961 durch das SED-Regime in der DDR die

---

252. Elisabeth Noelle und Erich Peter Neumann: »Jahrbuch der öffentlichen Meinung 1947–1955. Allensbach 1956, 2. durchgesehene Aufl., S. 134
253. Gebhard Schweigler: »Nationalbewußtsein in der BRD und der DDR«. Cambridge/Mss. 1973, S. 177

Identifizierung der Deutschen in der Bundesrepublik mit ihrem Staat zur Selbstverständlichkeit wurde. Zugleich konsolidierte sich zunächst die DDR.

Tabelle 37: Vergleich des Lebensstandards[254]

Frage: »Wie ist Ihr Lebensstandard im Vergleich mit den Vorkriegsjahren? Leben Sie und Ihre Familie, nach Ihrer Meinung, heute besser, schlechter oder gleich gut?« (Aus dem Englischen übersetzt)

	besser %	gleich gut %	schlechter %	unentschieden %
1950	7	24	63	6
1952	15	24	53	8
1954	18	29	48	5
1955	23	34	38	5
1957	24	35	30	11
1958	31	33	27	9
1959	40	31	20	9
1961	44	27	15	14
1962	49	22	10	19
1964	56	20	9	15

Je deutlicher sich die wirtschaftliche Situation in der Bundesrepublik verbesserte, um so zufriedener wurden die Deutschen mit ihrem Staat. Noch 1951 hatten 87 % aller Befragten die Zeiten vor dem Ersten bzw. Zweiten Weltkrieg als die besten in diesem Jahrhundert bezeichnet; 1959 hatte sich dieser Anteil fast halbiert auf 46 %.

254. Emnid, Polls, I, 2, S. 30, zitiert nach Schweigler, a.a.O.

Tabelle 38: Deutschlands beste Zeiten in diesem Jahrhundert[255]

Frage: »Wann ist in diesem Jahrhundert für Deutsche die beste Zeit gewesen?

	1951 %	1959 %	1963 %	1970 %	1980 %
Heute	2	42	63	81	80
Zwischen 1933 und 1939 (Drittes Reich vor dem 2. Weltkrieg)	42	18	10	5	3
Zwischen 1920 und 1933 (Weimarer Republik)	7	4	5	2	2
Vor 1914 (Kaiserreich)	45	28	16	5	4
Ich weiß nicht	4	8	6	7	11
	100	100	100	100	100

Erst nachdem die junge Bundesrepublik Deutschland sich auch als Wohlfahrtsstaat dem NS-Regime überlegen zeigte, war die Zeit zwischen 1933 und 1939 kein Bezugsrahmen mehr. Das Kaiserreich blieb dagegen für eine Minderheit noch länger der Maßstab, an dem die Gegenwart gemessen wurde. Noch 1952 galt Bismarck als der Staatsmann, der am meisten für Deutschland geleistet hatte. Von diesem Spitzenplatz wurde er erst zwölf Jahre nach Beendigung des Zweiten Weltkriegs verdrängt. Parallel zur Verbesserung des Lebensstandards in der Bundesrepublik Deutschland war jetzt das Ansehen ihres ersten Kanzlers, Konrad Adenauer, gestiegen – von 28 % im Jahre 1963 auf einen Spitzenwert von 60 % im Jahre 1967.

255. Institut für Demoskopie in Allensbach

Schaubild 10: Die großen Deutschen[256]

Frage: »Welcher große Deutsche hat Ihrer Ansicht nach am meisten für Deutschland geleistet?«

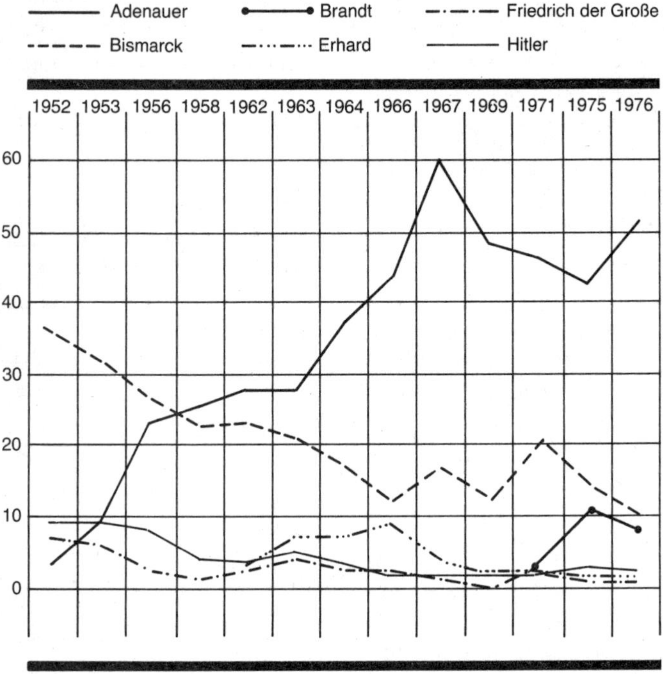

256. Institut für Demoskopie in Allensbach

Die Bundesrepublik hat sich seit Anfang der fünfziger Jahre tiefgreifend gewandelt – für dieses Urteil bedarf es keiner Sozialforschung. Mit ihren Umfragen wird es heute jedoch möglich, die Art der Änderungen zu bestimmen und nicht zuletzt die Unterschiede zwischen den Bevölkerungsgruppen. Dabei zeigt sich: Dieses Land ist zum Teil anders als sein Ruf und auch anders als die Vorstellungen selbst kluger Zeitbeobachter.

Um »Soziale Verflechtungen in der Bundesrepublik« ging es 1953 in einer Repräsentativbefragung von etwa 4000 Personen, die Erich Reigrotzki für das damalige UNESCO-Institut für Sozialforschung in Köln entwickelte und später auch analysierte[257]. Nach 26 Jahren legte das Institut für Demoskopie in Allensbach 2000 Personen viele der damaligen Fragen noch einmal vor[258]. Der Vergleich der Ergebnisse beider Umfragen läßt tiefgreifende Veränderungen erkennen, aber auch viel Konstanz. Die Gesellschaft ist nicht gekennzeichnet durch einen Umbruch oder durch ein Abreißen der Tradition, sondern durch Wandel, der zwar nicht flächendeckend ist, aber sich doch konzentriert auf Gruppen und Lebensbereiche. Er äußert sich vor allem in einer Verwandlung des sozialen Klimas[259].

Das Reich der Nationalsozialisten hatte nicht nur materielle Trümmer hinterlassen, sondern auch menschliche

---

257. Erich Reigrotzki: »Soziale Verflechtungen in der Bundesrepublik. Elemente der sozialen Teilnahme in Kirche, Politik, Organisationen und Freizeit«. Tübingen 1956

258. Elisabeth Noelle-Neumann und Edgar Piel (Hg.): »Eine Generation später. Bundesrepublik Deutschland 1953–1979«. München 1983

259. Erwin K. Scheuch: »Eine andere Republik? Umfrageforscher ermöglichen eine Bilanz nach 26 Jahren«. In: Politik und Kultur. 8. Jg. 1981, Heft 5, S. 3–23. Berlin 1981

und soziale Verwüstungen. Zwar war im Jahr 1953 bereits der Tiefpunkt der Hoffnungslosigkeit durchlebt, und man sprach schon vom Wirtschaftswunder, aber das Mißtrauen gegenüber dem Mitmenschen war noch verbreitet. »Glauben Sie, daß man den meisten Menschen vertrauen kann?« wurde vom Institut für Demoskopie in Allensbach oft gefragt. 1953 hatten nur 13 % mit »Ja« geantwortet, und 83 % meinten, man könne anderen durchweg nicht vertrauen. Vielleicht ebenso bemerkenswert wie dieses Verhältnis von 13:83 war die mit 4 % ganz ungewöhnlich geringe Zahl der Meinungslosen – ein Ausdruck für die Entschiedenheit des allgemeinen Mißtrauens. Erst die sechziger Jahre brachten hier einen Wandel, und 1979 sank der Anteil der von vornherein Mißtrauischen auf 53 %. Das ist für ein westliches Land übrigens immer noch ein hoher Anteil, wenn auch inzwischen die »Vertrauensvollen« von 13 % auf 30 % angestiegen waren[260].

Für die Mehrzahl der Bundesbürger war die Bundesrepublik »ihr« Deutschland. Sie hatten keine Probleme mit dem Nebeneinander der Begriffe »deutsch« und »Bundesrepublik«, wohl aber mit dem Kürzel »BRD«, das nach dem Willen seiner Erfinder die Bundesrepublik auf eine Stufe mit der DDR stellen sollte. In einer Umfrage des Instituts für Demoskopie in Allensbach sprachen sich 1975 nur 9 % der Befragten für dieses Kürzel aus. Die überwiegende Mehrheit bejahte die Bezeichnung »Bundesrepublik Deutschland«, und nur etwa jeder Vierte wünschte sich

---

260. Noelle-Neumann und Piel, a.a.O., Allensbacher Archiv, IfD-Umfragen 225, 1287, Tabelle 17, S. 146. Das Mißtrauen gegenüber dem Mitmenschen war in der DDR ausgeprägter – was angesichts des Mangels und der Bespitzelung zu erwarten war. Hierauf wird später noch detaillierter einzugehen sein.

den Namen »Deutschland«. Als die Vereinigung der Bundesrepublik Deutschland und der DDR gesichert war, kehrte sich das Ergebnis völlig um.

Tabelle 39: Der gewünschte Name für Deutschland

	1974[261]	1990[262] Bevölkerung		
	nur Bundesrepublik	Gesamt	In der Bundesrepublik	In der DDR
	%	%	%	%
Deutschland	22	63	65	54
Bundesrepublik Deutschland	57	19	23	5

Ein ähnliches Ergebnis brachte Anfang Juli 1990 eine Befragung durch die Forschungsgruppe Wahlen. Eine Mehrheit (53 %) der befragten Bundesdeutschen sprach sich für den Namen »Deutschland« aus, und nur ein Drittel wünschte die Beibehaltung der bisherigen Bezeichnung »Bundesrepublik Deutschland«[263].

261. Institut für Demoskopie in Allensbach 1975, Umfrage August 1974. Wegen Mehrfachnennungen ergeben die Additionen zum Teil mehr als 100 %. Die Frage lautete: »Für unser Land hat man ja verschiedene Namen oder Bezeichnungen. Wenn es nach Ihnen ginge – wie sollte man in Zukunft im Radio, im Fernsehen und in den Zeitungen sagen, wenn man von unserem Land spricht?«

262. Repräsentative, gesamtdeutsche Umfrage der Wickert-Institute im Auftrag der Quick. Veröffentlicht in Quick, Heft Nr. 9, 22. 2. 1990: »Welcher Name? Welche Flagge? Welche Hymne?«. Die Fragestellung hier lautete: »Wie soll ein vereintes Deutschland heißen?«

263. FAZ: »Mehrheit der Westdeutschen will ›Deutschland‹ als Staatsnamen«. 20. 7. 1990, S. 4

Die Identifizierung mit der Bundesrepublik zeigte sich auch an der Bejahung ihrer Symbolik. Anders als zur Zeit von Weimar, als die Fahne Schwarz-Rot-Gold sich nicht allgemein gegenüber den Farben des Kaiserreichs Schwarz-Weiß-Rot durchsetzen konnte, wurde sie von den Bürgern der Bundesrepublik seit den sechziger Jahren akzeptiert.

Tabelle 40: Einstellung zur Nationalfahne[264]

Frage: Wenn Sie die Fahne Schwarz-Rot-Gold sehen, freuen Sie sich dann?

	1951 %	1961 %	1977 %	1990 %
Ja	23	46	47	56
Nein*/Stört mich**	33	22	30	3
Ist mir egal	21	21	12	41
Andere oder keine Antwort	23	11	11	–

* Alternative bei den ersten drei Umfragen
** Alternative bei der Umfrage 1990

Spätestens mit dem Bundestagswahlkampf 1976 ist die schwarz-rot-goldene Flagge allgemein akzeptiert, seit SPD und CDU parallel ihre Wahlkampfplakate mit diesem Symbol schmückten. Beim Anschwellen der offenen Demonstrationen in der DDR im Herbst 1989 wurde die schwarz-rot-goldene Fahne als besonderes Signal geschwenkt, galt sie doch seit dem Hambacher Fest von 1832 als Symbol für die deutsche Einheits- und Freiheitsbewegung in Deutschland. Bismarck hatte deshalb von den »Farben des Auf-

264. Umfragen für 1951, 1961 und 1977, Institut für Demoskopie in Allensbach, Umfrage für 1990 Ipos: »Einstellungen zu aktuellen Fragen der Innenpolitik 1990 in der Bundesrepublik Deutschland und in der DDR. Ergebnisse zweier repräsentativer Bevölkerungsumfragen«. Mannheim 1990, S. 74

ruhrs« gesprochen, was sich nun auch in der DDR bewahrheitete.
Mit dem Erfolg des bundesdeutschen Fußballteams bei der Weltmeisterschaft 1990 in Italien war dann auch in der Bundesrepublik Deutschland jede Scheu vor dem euphorischen Zurschaustellen der Nationalfahne gewichen. Die »Kölnische Rundschau« bezeichnete diese neue Begeisterung für Schwarz-Rot-Gold nicht als Ausdruck von Nationalismus, sondern eher als eine »Attitüde«[265]. Die Deutschen sind nun wieder so normal wie ihre Nachbarn auch.
Konstant wurde »Deutsch« in der Bundesrepublik Deutschland als etwas sehr viel Umfassenderes als die Bundesrepublik verstanden, bei gleichzeitig zunehmender Identifikation mit der Bundesrepublik. Allensbach im November 1981 (s. Tabelle 41):
»Deutsch« als Kultur umfaßt mithin einen wesentlich größeren Bereich als die Nation, umschließt auch noch Gebiete mit anderer Staatszugehörigkeit. Wie in der bereits zitierten Schweizer Untersuchung ist Sprache so wichtig wie Staat. Altersunterschiede bei den Befragten waren hierfür unbedeutend.
Das eine Deutschland als kleiner oder großer Nationalstaat schien zu einem vorhersehbaren Zeitpunkt zu einem diskutablen Preis nicht zu haben. Und das Ziel Nationalstaat hätte auch nicht diesen Stellenwert haben müssen, wenn die Grenzen so offen und die Lebenssituation so ähnlich gewesen wären, wie dies für die Bundesrepublik Deutschland mit ihren Nachbarn Schweiz und Österreich zutraf.

---

265. Siehe beispielsweise Bruno Mahlberg: »Ganz unerwartet: Begeisterung für unsere Fahne«. Kölnische Rundschau, Rundschau am Sonntag, Wochenendjournal, 22. 7. 1990

An die Situation, daß »deutsch« sich nicht deckt mit Staatsgrenzen, waren die Deutschen ja gewöhnt.

Tabelle 41: Einstellung zu »Deutsch«

Frage: »Einmal angenommen, im Fernsehen kommt ein Beitrag mit dem Titel ›Die deutsche Nation heute‹. Könnten Sie nach dieser Liste sagen, was ist mit der deutschen Nation in diesem Fall gemeint?«
(Gleichzeitig wurde eine Frage gestellt, in der lediglich der Stimulus »Nation« ersetzt war durch »die deutsche Kultur heute«)

Die Ergebnisse:

	»Nation« %	»Kultur« %
Bundesrepublik	43	20
Bundesrepublik und DDR	32	19
Bundesrepublik, DDR und ehemalige deutsche Ostgebiete	12	20
Alle deutschsprachigen Gebiete	7	29
Sonstiges	6	12

3.2. Wiedervereinigung als Thema in Deutschland

Das Nationalbewußtsein der Deutschen in der Bundesrepublik wurde gewöhnlich als Glaube an die Wiedervereinigung und als Urteil über deren Dringlichkeit gemessen. Wird dieses eher für staatliche Politik relevante Kriterium genommen, dann war die Diagnose unausweichlich: War noch vor der Gründung der Bundesrepublik Deutschland und während der ersten Jahre der Zweistaatlichkeit Deutschlands die Wiedervereinigung häufig ein Thema in

Umfragen, so verschwand es weitgehend mit den sechziger Jahren[266]. Die wenigen Umfragen zeigten zudem, daß der Glaube an die Wiedervereinigung im Laufe der Zeit rapide gesunken war und das Gefühl für deren Dringlichkeit mit einer gewissen zeitlichen Verzögerung ebenfalls.

Wenn die wichtigsten oder vordringlichsten Aufgaben und Ziele mit »offenen Fragen« ermittelt wurden, kam in den siebziger und achtziger Jahren die Wiedervereinigung gewöhnlich nicht mehr vor. Sie war kein Thema in West und Ost, solange die Sowjetunion ihre unfreiwilligen Verbündeten kontrollieren konnte. In der Bundesrepublik war nach Infas die Wiedervereinigung zu Beginn der achtziger Jahre das unwichtigste von insgesamt sechs vom Institut als wichtig definierten Themen.

Tabelle 42: Die wichtigsten Themen im Zeitvergleich[267] (1983)

	1980	1983	Differenz
Internationale Themen:			
Friedenspolitik	33	37	+ 4
Nationale Sicherheit	26	15	− 11
Wiedervereinigung	12	6	− 6
Brot-und-Butter-Themen:			
Arbeitslosigkeit	30	62	+ 32
Staatsverschuldung	33	33	0
Rentenpolitik	39	33	− 6

266. Birgit Szumni, Isabell Lichtleitner und Franz Bauske: »Datenreport: Die Vereinigung der beiden deutschen Staaten«. ZA-Information 26/1990, S. 62–71
267. Infas-Report: »Politogramm Bundestagswahl 1983«. Bonn-Bad Godesberg: INFAS, März 1983, S. 71

Im Auftrag des Bundesministers des Inneren ermittelte Ipos bei Befragungen seit 1984 als wichtigste politische Ziele wirksamen Umweltschutz, zusätzliche Arbeitsplätze, Sicherung der Renten, Kampf gegen das Rauschgift und gegen Verbrechen allgemein. Erst bei der Wiederholungsbefragung im Mai/Juni 1990 fragte Ipos neben der Meinung zur Lage auf dem Wohnungsmarkt sowie zur Schaffung eines geeinten Europas und dann auch zur deutschen Einheit. Vorher war die deutsche Einheit offensichtlich selbst für das Bundesministerium des Inneren kein Thema gewesen, zu dem die Meinung der Bundesbürger interessiert hätte. Aber auch Mitte 1990 wurde die Wiedervereinigung nur von 29 % als »sehr wichtig« eingestuft[268].
Aus solchen Umfragen, aber auch aus der Berichterstattung der öffentlich-rechtlichen Anstalten, hatten insbesondere Intellektuelle inzwischen die Sicherheit gewonnen, daß der Prozeß der Teilung unumkehrbar sei; teilweise wollten sie diese Umkehrung auch gar nicht mehr. Allerdings wurde bei dieser in den achtziger Jahren verbreiteten Deutung von Umfrageergebnissen ein wesentlicher Umstand vergessen: Antworten sind »kontingent«, d. h. relativ zur realen Situation zu deuten. Wenn das Bekämpfen der Inflation Anfang der siebziger Jahre noch einen hohen Stellenwert einnahm, aber Ende der achtziger Jahre kein Thema mehr war, zeigt sich darin kein Wertewandel, wie Inglehart unterstellt[269], sondern nur das reale Verschwinden eines Problems. Sollten wir uns wieder zweistelligen Inflationsraten als Spätfolgen der Wiedervereinigung

268. Ipos 1990, a.a.O., S. 6f.
269. Ronald Inglehart: »Kultureller Umbruch. Wertwandel in der westlichen Welt«. Frankfurt am Main 1989

nähern, darf als gewiß angenommen werden, daß das momentane Nicht-Thema »Inflation« wieder dringlich wird.

Die Abwesenheit des Themas Wiedervereinigung als wichtiges Ziel sagt tatsächlich nichts aus über ein Weiterbestehen der Wünschbarkeit. »In den ersten Jahren nach Kriegsende herrschte in der Bevölkerung überwiegend Gewißheit, daß Deutschland nur vorübergehend in getrennten Zonen verwaltet würde: 1946 sagten 70 % der Befragten, daß die Alliierten kooperieren werden, um ein vereintes Deutschland zu hinterlassen – im Februar 1949 nur noch gut 10 %[270].« Als die Berliner Blockade damit zu Ende ging, daß Stalin vor den Amerikanern zurückwich, glaubten wieder 90 %, daß Deutschland wiedervereinigt würde[271].

Demoskopische Messungen ab 1951 hatten konstant das Resultat, daß die Trennung zwischen Bundesrepublik und DDR auf absehbare Zeit als Faktum hinzunehmen war. 1952 glaubten nach Angaben von Emnid 21 % an die Möglichkeit einer Wiedervereinigung in der näheren Zukunft, 1989 waren es 23 %. Der eigentliche Umschwung in der Erwartung der Wiedervereinigung von Optimismus zu Pessimismus erfolgte zwischen 1954 und Frühjahr 1955[272]. Während dieses Zeitraums sank der Anteil derjenigen, die die Chancen für eine Wiedervereinigung für gut hielten, von 50 auf 27 %. In diese Zeit fiel die Pariser Konferenz, bei der die Chancenlosigkeit einer Wiedervereinigung auf absehbare Zeit offenkundig wurde. Im März 1955 – also zu

270. Szumní et. al., a.a.O., S. 64
271. HICOG-Report, Nr. 17 S, S. 29
272. HICOG-Report Nr. 211, S. 2

einem Zeitpunkt, als nur noch 27 % an die Möglichkeit der Wiedervereinigung glaubten –, fand jedoch DIVO, daß 70,2 % sehr oder sehr stark für eine Wiedervereinigung eintraten. Dagegen waren lediglich 4,1 %.
Auch danach blieb der Anteil derjenigen, die an eine baldige Wiedervereinigung glaubten, in der Größenordnung um 25 %, ohne daß sich damit der Wunsch nach Wiedervereinigung veränderte. Im Gegenteil: Die Übernahme des Präsidentenamtes in der Sowjetunion durch Gorbatschow wurde im Juni 1989 von 40,7 % als Verbesserung der Chancen auf Wiedervereinigung gewertet, und bei der Frage nach der Wünschbarkeit ergab sich wieder der bereits vertraute Wert von 70,6 %[273].
Bemerkenswert ist hier, daß die Zahl derjenigen Befragten, die eine Wiedervereinigung für möglich hielten, seit 1983 von 7 % um mehr als das Dreifache auf 23 % angestiegen war. Vermutlich lag dieser Meinungsumschwung unter den Bundesbürgern an den Reformbewegungen in der UdSSR und in Polen. Für diese Interpretation spricht auch der deutliche Rückgang derjenigen, die nicht an eine Wiedervereinigung glaubten (von 60 % auf ein Drittel) sowie die geringe Zahl der Meinungslosen im Jahre 1989.
Vor dem Besuch des DDR-Staatsratsvorsitzenden Erich Honecker in Bonn im Jahre 1987 hatte Forsa in der Bundesrepublik und – auf nicht erklärte Weise – auch in der DDR eine Umfrage zur Beziehung beider deutscher Staaten durchgeführt. Damals meinten nur 21 % der Befragten aus der DDR und nur 20 % derjenigen aus der Bundesrepublik, die Wiedervereinigung bis zum Jahr 2000 sei

---

273. Forschungsgruppe Wahlen e. V., ZA-Studien Nr. 1764 und 1765
274. Emnid, Informationen Nr. 5/6 1989, S. 13

Tabelle 43: Wiedervereinigung als Möglichkeit im Zeitvergleich 1951–1989[274]

Frage: »Rechnen Sie damit, daß die Trennung zwischen der DDR und der Bundesrepublik in absehbarer Zeit fortfällt und wieder ein gemeinsames Deutschland entsteht?«

	1951 %	1952 %	1953 %	1954 %	1955 %	1956 %	1957 %	1958 %	1959 %	1973 %	1983 %	1989 %
Ja, sicher	10	6	18	13	9	10	10	4	5	2	2	6
Ja, vermutlich	17	15	25	24	18	22	21	14	16	7	5	17
Ungewiß	36	41	36	43	43	43	39	46	51	32	33	44
Nein	28	28	16	16	27	22	27	34	24	53	60	33
Keine Angaben	9	10	5	4	3	3	3	2	4	6	–	1

möglich, erklärten sie aber zugleich für wünschenswert (71 % DDR; 79 % BRD)[275].

Dann kam mit den auf provozierende Weise gefälschten Gemeindewahlen im Frühjahr 1989 Bewegung in die DDR, eine Bewegung, die man international als Entwicklung zur Wiedervereinigung hin verstand, auch wenn das bis zum Herbst 1989 nicht einmal von den offen protestierenden DDR-Bürgern gefordert wurde.

3.3. Wiedervereinigung durch Neutralismus?

Inzwischen hatte sich die Erörterung im kulturellen Establishment der Bundesrepublik völlig gelöst von der hier skizzierten Entwicklung des Meinungsbildes.

Deutschen Nationalismus hielten unsere Nachbarn im 20. Jahrhundert für eine Erscheinung auf der rechten Seite des politischen Spektrums. Um so größer war ihre Überraschung und Verwirrung, als Ende der siebziger Jahre die Diskussion über den deutschen Standort in der Welt wieder aufflammte und sich ausgerechnet das Kulturestablishment und linksintellektuelle Kreise in der Bundesrepublik hier besonders engagierten. Wieder einmal fand auch ein alter Gedanke neuen Anklang: die Vorstellung eines »dritten Weges« zwischen Ost und West[276]. Mit der Emotionalisierung der Friedensdiskussion im Zuge der NATO-Nachrüstung – dem sogenannten Doppelbeschluß – erfaßte die

275. Forsa: »Gesamtdeutsche Meinungen zu Deutschland«. Umfrage 101/1165. 4. 9. 1987 (unveröffentlichtes Manuskript)

276. Helmut L. Müller: »Der ›dritte Weg‹ als deutsche Gesellschaftsidee«. Aus: Beilage zum »Parlament«. Nr. B 27, 7. 7. 1984, S. 27–38

Diskussion auch breitere Kreise. Anläßlich der Kundgebung der »Friedensbewegung« in Bonn Mitte Oktober 1981 hatten sich 250 000 Demonstranten zu einem »Woodstock der Abrüstung« zusammengefunden. Selbst in Lokalzeitungen der Vereinigten Staaten wurde bestürzt hervorgehoben, bei diesem Treffen seien besonders viele Nationalfahnen gezeigt worden. Waren die Deutschen wieder dabei, sich nationalistisch von der westlichen Völkergemeinschaft abzusondern? Ähnlich verwundert reagierten französische Zeitungen. »Le Point« sprach vom »deutschen Taumel«, der um so mehr überrasche, weil die Deutschen als »Amerikaner Europas« gesehen wurden[277].

Das »Woodstock der Abrüstung« mit seinen nationalistischen Akzenten hatte einen Vorläufer. Anfang September 1981 demonstrierten knapp 40 000 Berliner mit dem Transparent »Haig go home« – ausgerechnet in einer Stadt, die 1948 ohne die amerikanische Luftbrücke und ihre »Rosinenbomber« vom sowjetischen Machtbereich geschluckt worden wäre. Nach Angaben der Organisatoren der Demonstration sollte gegen den amerikanischen Außenminister Haig für den Frieden demonstriert werden, aber dann geriet die Flagge der USA in Brand.

Ein deutscher Nationalismus, der den Gegensatz zwischen uns und den westlichen Nachbarn – ganz besonders den USA – betont, hat eine lange Tradition. Seit Ende der siebziger Jahre gab es ihn auch auf der linken Seite[278]. Was

---

277. Siehe hierzu Erwin K. Scheuch: »Nationalismus von links«. FAZ, Nr. 176, 2. 8. 1983, S. 6; ders.: »Souveränität falsch geparkt«. Rheinischer Merkur, Nr. 31, 5. 8. 1983, S. 8

278. Siehe u. a.: »Frieden schaffen mit anderen Waffen. Fünf Vorschläge zu einer alternativen Sicherheitspolitik« (hg. vom Komitee für Grundrechte und Demokratie, Reinbek 1981)

NPD und Grüne zum Vorrang der Wiedervereinigung eines dann neutralistischen Deutschlands vor aller anderen Politik sagten, war gegenseitig austauschbar. Mit einem Unterschied: Die Rechten hatten wenig Anhänger sowie international keine Bundesgenossen und keine Macht, im Gegensatz zum linken Teil des Spektrums.

Diejenigen Linken, die sich als Fortführer der »Studentenrevolte« verstanden, betrachteten die Bundesrepublik als ein von amerikanischen Truppen besetztes Land. So sagte beispielsweise Heinrich Albertz, vordem von den Linken als »Regierender Pfarrer« verspottet und später bei ihnen um Anerkenntnis bemüht: »Wir sind doch ein besetztes Land.« Die polemische Formel der Friedensbewegung vom »beiderseits besetzten Deutschland« ließ dann den Unterschied zwischen der politischen Ordnung der DDR und der Bundesrepublik aus dem Blickfeld verschwinden und beide Systeme als negativ erscheinen, da sie »fremden Einflüssen« ausgesetzt waren[279].

Während des Besuchs des sowjetischen Partei- und Staatschefs Leonid Breschnew in der Bundesrepublik Deutschland 1982 hatte der ostdeutsche »Regimekritiker« Havemann in einem offenen Brief geschrieben: »36 Jahre nach Ende des Krieges ist es jetzt zur dringenden Notwendigkeit geworden, die Friedensverträge zu schließen und alle Besatzungstruppen aus beiden Deutschlands abzuziehen.« Schriftsteller und Intellektuelle um Wolf Biermann, Rolf Hochhuth, Walter Jens, Gerhard Zwerenz forderten ebenfalls in einem offenen Brief an Breschnew zu Anfang der achtziger Jahre die Entmilitarisierung und Neutralisierung

279. Vgl. A. Klönne: »Links wie rechts – auf der Suche nach nationaler Identität?« In: Die Neue Gesellschaft. 8/1982, S. 727–731

Deutschlands. Die deutsche Teilung sei Ursache der »tödlichsten Bedrohung«, die es in Europa jemals gegeben habe. Daher gelte es, »die beiden Teile Deutschlands der Blockkonfrontation zu entziehen«[280].

Die Linke hatte zu diesem Zeitpunkt den souveränen Staat als Ziel und Lösung der »nationalen Frage« (so hieß es wieder) neu entdeckt. Souveränität als höchster Wert war zuvor kennzeichnend für Rechte. Der Redakteur von »Ästhetik und Kommunikation« (Sonderheft Band 9, 1882 – so als Erscheinungsdatum angegeben!), Dieter Hoffmann-Axthelm, bezeichnete die USA und die UdSSR als Anführermächte, die ihre Rudel unter Kontrolle halten. Und Wolfgang Abendroth sah die Bundesrepublik »zum Sklaven der einen Weltmacht im Gladiatorenkampf gegen die andere« absinken.

Ganz im Sinne der Stalinisten argumentierte Peter Brandt: »Wenn der Begriff von ›nationalen Interessen‹ aus sozialistischer Perspektive einen Sinn hat, dann nur den, daß man die besonderen Interessen der deutschen Volksmassen, die sich aus der spezifischen geografischen und historischen Situation Deutschlands herleiten, von den allgemeinen historischen Interessen der internationalen Arbeiterklasse unterscheidet.« Damit wird der Klassencharakter des Nationalbegriffs betont. Gemeinsam mit Herbert Ammon äußerte Brandt die Überzeugung, die deutsche Frage werde zum Friedensinstrument für Europa. Ein Ausscheiden der beiden deutschen Staaten aus den Militärblöcken schaffe eine reale Entspannungszone. Als Etappe auf dem Weg zur nationalen Einheit hielten beide Wortführer des

280. Zitiert nach D. Hoffmann-Axthelm und E. Knödler-Bunte: »Wie souverän ist die Bundesrepublik?« Berlin 1982, S. 121f.

linken Nationalismus eine Konföderation für denkbar. Von dieser erhofften sie sich eine Stärkung der auf demokratische und sozialistische Reformen drängenden Kräfte[281]. Dabei suchten sie auch den Schulterschluß mit den Rechten. Ihr Beitrag erschien in einem Sammelband, herausgegeben von Wolfgang Venohr, in rechten Kreisen gepriesen als einer »der bedeutendsten deutschen Nationalrevolutionäre«[282]. Diese Nationalrevolutionäre traten für ein »unabhängiges, geeintes und sozialistisches Deutschland« ein, das sich einem »radikalen Wandel auf ökologischem Gebiet« und »basisdemokratischen Prinzipien« verpflichtet fühlt[283].

Die inhaltliche Austauschbarkeit rechter und linker Positionen dürfte einigen Linksintellektuellen nicht einmal bewußt sein. Den Bremer Physikprofessor Jens Scheer, KPD-Mitglied in den siebziger Jahren und in Grünen-Kreisen gern gesehener »Experte« für düstere Umweltvoraussagen, als »Rechten« zu bezeichnen, käme einem Grünen nicht in den Sinn. Dennoch: In einem Rückblick auf seine aktiven Zeiten als Atomkraftgegner sagte er:

---

281. Peter Brandt und Herbert Ammon: »Patriotismus von links«. In: W. Venohr (Hg.): »Die deutsche Einheit kommt bestimmt«. Bergisch-Gladbach 1982, S. 159f.

282. Heinz Hachel: »Nationale Identität. ›Vernunftehe‹ zwischen Rechts und Links am Beispiel der Zeitschrift ›wir selbst‹«. In: Niemandsland. Zeitschrift zwischen den Kulturen. Jg. 1, Heft 2/1987, S. 102–114

283. Walter Laqueur: »Was ist los mit den Deutschen?«. London 1985, S. 180ff. In diesem Buch analysiert Laqueur die Mischung zwischen Nationalismus und Sozialismus bei den »linken Leuten von rechts«. Als ein Beispiel führt er Luise Rinser an (ohne sie namentlich zu nennen), die ihre Verachtung für die Regierungen der westlichen Demokratien offen zeige und Nordkorea als leuchtendes Beispiel des Sozialismus, des Humanismus und der Demokratie preise. Erst später fand Laqueur dann Gedichte von Luise Rinser aus der NS-Zeit und meinte mit ironischem Understatement, diese seien nicht vom »gleichen militanten antifaschistischen Geist durchdrungen« gewesen (S. 198)

»Für ein unabhängiges, vereintes und sozialistisches Deutschland! Das war immer unsere Losung. Ich war vierzehn, als die DDR gegründet wurde. Ich war mit Wolf Biermann befreundet, bevor er damals in die DDR ging. Wir empfanden die Gründung der BRD als Abspaltung, die DDR als Voraussetzung für ein ›Deutschland, einig Vaterland‹. Während andere K-Gruppen damals gesagt haben: ›Die DDR, das ist Ausland, das ist für uns wie Portugal.‹«[284] Ähnlich las es sich 1983 bei Stefan Heym auf der anderen Seite der Mauer: »Und in diesem ganzen Wirrwarr, in dem alles in Bewegung ist und nichts bleibt, wie es gestern war, soll just die Zweiteilung Deutschlands mit der zweigeteilten Stadt Berlin auf immer festgeschrieben sein? Welch unmarxistischer Gedanke! Der Schrägstrich durch Deutschland markiert eine offene Wunde ... Die Frage steht im Raum und wird dort stehen, solange zu beiden Seiten der Elbe die gleiche Sprache gesprochen wird ... auf Dauer außer acht lassen können wir sie nicht – oder sie wird uns entrissen werden von Gruppen, mit denen keiner von uns gern zu tun haben wird, und zu einem Zeitpunkt, da wir am wenigsten darauf vorbereitet sind ...«[285]

Der politische Publizist Peter Bender behauptete Anfang der achtziger Jahre, Europa sei nicht mehr ideologisch, sondern nur noch politisch geteilt. Er sah die geistige Entideologisierung im Osten vollzogen; die Staaten des Ostblocks seien zu »normalen« Staaten geworden. Folglich

---

284. Ulrich Stock: »Lieber rot als tot. Vierzehn Portraits – ein politisches Kaleidoskop«. In: Die Zeit, 2. 11. 1990, S. 13ff. (Dossier)
285. »Reden über das eigene Land«. München 1983, S. 27ff. (zitiert nach Peter Longerich: »Was ist des Deutschen Vaterland?«. München 1990, S. 264)

riet er zu einem dritten Weg besonderer Art: Die Europäer in Ost und West sollten sich von den Supermächten »emanzipieren« und sich politisch zwischen Moskau und Washington einrichten[286].
Verbal machte die Linke allerdings oft einen Unterschied zwischen ihrem Nationalismus als Kampf gegen die eigenen Verbündeten und dem überkommenen Nationalismus. Das Schlüssel- und Erkennungswort hieß dann »Patriotismus«. Heinrich Böll, der für alles, was sich als links-moralisierend verstand, zu beobachten war, schloß aus der Tatsache, daß ein Krieg beide deutsche Staaten zum Schlachtfeld machen würde, ein »neuer Patriotismus« sei entstanden, der Linke und Konservative in gleicher Weise ergreifen könne. Solche in der Bundesrepublik erkennbaren »Re-Nationalisierungstendenzen« liefen parallel zu den Beschwörungen eines neuen deutschen »Patriotismus« in der DDR, den dort aber die Partei- und Staatsspitze mit strategischem Kalkül betrieb, da dieser Nationalismus in der Substanz illiberal ist und somit als tödliches Instrument zur Gefährdung der Demokratie genutzt werden kann[287].
So ließ sich zusammenbringen, was als Mischung meist unwahrscheinlich schien: aggressiver Nationalismus, Neutralismus, Sozialismus und Pazifismus. Letzteres verbot sich allerdings für den wirklichen Sozialisten, wenn er selbst an der Macht war, und galt nur als Ausdrucksform

286. Peter Bender: »Das Ende des Ideologischen Zeitalters. Die Europäisierung Europas«. Berlin 1981

287. So die Ausführungen Alexander Schwans zu den Gründen des Untergangs des deutschen Liberalismus im Nationalismus unter Bismarcks Politik in: »Deutscher Liberalismus und nationale Frage im 19. Jahrhundert«. In: Funke et. al. (Hg.): »Demokratie und Diktatur«, a.a.O., S. 46–59, hier: S. 47

des totalen Krieges gegen die bürgerliche Gesellschaft, solange diese noch existierte (Lenin).
Der Versuch, Antiamerikanismus, Nationalismus, Neutralismus und Sozialismus zu vereinen, hatte bis zu Beginn der achtziger Jahre nur Intellektuellenzirkel beschäftigt. Nun sollte das zu einer Massenbewegung ausgeweitet werden, die sich nicht nur pazifistisch, sondern auch antiamerikanisch gab[288]. Dabei wurde eine Verbindung hergestellt zwischen der Bedrohung Deutschlands und der amerikanischen Politik, so daß Politik »im deutschen Interesse« zu antiamerikanischem Pazifismus werden mußte.
Für diesen aggressiven »Patriotismus« war eine Titelgeschichte des »Stern« Anfang der achtziger Jahre mit der schwarz-rot-goldenen Fahne beispielhaft. Hier wurde dafür plädiert, die Entscheidung für das Westbündnis im Jahre 1957 – also vor der vollen Identifikation der Bürger mit der Bundesrepublik – wieder in Frage zu stellen. Die Autoren warben dafür, die Westintegration zugunsten der Wiedervereinigung rückgängig zu machen und im entstehenden Gesamtdeutschland nur eine Art Grenzschutz zu erlauben. Als Denkfabrik der »Friedensbewegung« empfahlen sie das »Sozialistische Büro«, ein lupenrein marxistisches Institut.
Grundtenor dieses Heftes war die Furcht vor den Amerikanern. Heinrich Albertz schrieb, jedermann wisse, »daß

---

288. Zu der Ähnlichkeit zwischen dem »Patriotismus von links« und dem »nationalen Imperativ von rechts« seit Beginn der siebziger Jahre, dem neuen Nationalismus in der Bundesrepublik Deutschland, der sich im Antiamerikanismus Bahn bricht, siehe auch Karl-Rudolf Korte: »Wohin gehören wir?« In: Politik und Kultur 1/1989, [16. Jg.], S. 27–33. Die latent antiwestliche Haltung bündelte sich innerhalb des linken wie des rechten politischen Spektrums in der Frage: »Wie deutsch sind wir Deutschen eigentlich geblieben?«

Deutschland in seinen beiden Teilen der Schießplatz der Supermächte sein wird«. Nach Ansicht der Autoren war der Wille zum Selbstschutz nicht länger von der alten Frage bestimmt: »Was tun, wenn die Russen kommen?«, sondern vielmehr von der Frage: »Was tun, wenn die Amerikaner bleiben?«, und bald tauchten auch die ersten Autoaufkleber auf, die die Werbung »Go west« durch den Spruch »Ami go west« ersetzten.

Wenn es nach dem Willen der Vordenker des aggressiven deutschen Patriotismus gegangen wäre, wäre die Kritik an der amerikanischen Politik eskaliert zum Widerstand gegen die Besatzungsmacht USA. Der »Stern« hatte auch hier Lebenshilfe anzubieten, indem er Karten mit den Standorten von Verteidigungseinrichtungen veröffentlichte und den heißgemachten »Friedensfreunden« das beglückende Gefühl gab, es den Nordvietnamesen oder den salvadorianischen Widerstandskämpfern gleich zu tun – allerdings unter dem Schutz der Rechtsordnung des Grundgesetzes und in Reichweite eines jederzeit anlaufbaren Hotels. Dieser billige Widerstand, der wirkliche Widerständler beleidigen muß, galt aber nicht nur der tatenhungrigen Psyche des Pseudowiderständlers. Der Sinn war ein anderer: Die Amerikaner sollten durch »Vorfälle« so verärgert werden, daß sie sich schrittweise aus der Bundesrepublik zurückzögen.

Teil dieser Politik waren Falschmeldungen, die den amerikanischen Aggressionswillen bezeugen sollten. Am 18. Oktober 1982 wurde in der »Tagesschau« der ARD gemeldet, Präsident Reagan habe die Begrenzung eines Krieges mit Atomwaffen auf Europa für möglich erklärt: »Ein eventueller Krieg zwischen den USA und der Sowjetunion ließe sich nach Ansicht von Präsident Reagan auf

Europa begrenzen.« Tatsächlich hatte der Präsident aber gesagt: »Ich weiß es ehrlich gesagt nicht, ob eine Eskalation im Atomkrieg vermieden werden kann (»I honestly don't know ...«) ... Ich könnte mir vorstellen, daß es zu einem gegenseitigen Beschuß mit taktischen Waffen gegen Truppen auf dem Gefechtsfeld kommt ...«

ZDF-Moderator Hans-Werner Schwarze manipulierte ebenfalls. Am 25. Juni 1981 behauptete er, zwei Drittel aller Bundesbürger seien gegen den Nato-Doppelbeschluß, obwohl das ZDF in der von ihm zitierten Umfrage danach gar nicht fragen ließ und sowieso nur 9 % zum damaligen Zeitpunkt den Inhalt dieses Beschlusses kannten. Nach Infas waren nur 13 % tatsächlich für eine Lockerung des Bündnisses mit dem Westen – bei Bürgern mit höherem Bildungsabschluß allerdings bezeichnenderweise 23 %. Zwei Drittel aller Bundesbürger hatten sich schon über Dekaden hinweg für eine Zugehörigkeit der Bundesrepublik zur NATO ausgesprochen.

Die Falschmeldungen sollten Stimmung machen, und der Mißbrauch der Demoskopie sollte einen Zustand weismachen, den es nicht gab. Nationalismus mit aggressiver Spitze gegen den Westen wurde die zentrale Thematik der Linken.

Bei den Grünen kam zu den Forderungen nach Neutralität, Blockunabhängigkeit und militärischer Abrüstung als weiteres Element ein konsequenter »Antifaschismus« hinzu. Dieser Begriff wurde ohne Skrupel aus dem kommunistischen Sprachgebrauch übernommen, ohne zu bedenken, daß für Kommunisten die Alternative zum Faschismus nicht eine demokratische Gesellschaftsordnung ist, sondern die Herrschaft einer kommunistischen Partei. Frau Vollmer von den Grünen verstieg sich zu der Behauptung,

Tabelle 44: Zusammenarbeit mit Amerika oder Rußland[289]

Frage: »Eine ganz allgemeine Frage zur deutschen Außenpolitik: Sollten wir für die Zukunft mit Amerika und Rußland gleich eng zusammenarbeiten oder lieber enger mit Rußland oder enger mit Amerika – was meinen Sie?«

	Mai 1973 %	Oktober 1977 %	September 1978 %	Januar 1980 %	Mai 1981 %
Mit Amerika	36	49	51	49	56
Mit Rußland	3	2	1	2	1
Gleich eng	54	38	36	41	32
Unentschieden	7	11	12	8	11

es sei Abschied zu nehmen von »faschistischen Allmachtsphantasien der Weltherrschaft der germanischen Herrenrasse ...« und von »der national-sozialistischen Variante des preußischen Bismarckreiches«[290]. In einem im Oktober 1981 in Offenbach auf einem Bundesparteitag verabschiedeten »Friedensmanifest« hieß es: »Ein Angebot der Paktfreiheit durch die Bundesrepublik oder die DDR kann der jeweils andere deutsche Staat nicht ignorieren[291].« Im Bundesprogramm von 1980 hatte es noch konkreter gelautet, mit der Auflösung der Militärblöcke werde die »Grundlage geschaffen, um die Teilung Europas und damit auch die deutsche Spaltung zu überwinden«[292].

Alle diese damaligen Denkfiguren gingen davon aus, daß die DDR ihre eigene Identität mit in ein vereinigtes

289. Infas-Umfragen 1973, 1977, 1978, 1980 und 1981
290. Antje Vollmer: »Für uns ist militärische Stärke kein Weg mehr«. Rede in der Bundestagsdebatte am 27. 2. 1985
291. Gerd Langguth: »Der grüne Faktor«. 2. Aufl. Zürich 1984, S. 109f.
292. Giselher Schmidt: »Die Grünen«. Krefeld 1986, S. 121

Deutschland einbringen und daß dieses sicherlich nicht eine bloße Ausdehnung des Gesellschaftssystems Bundesrepublik auf die DDR sein würde. Daß die spätere Wiedervereinigung aber genau dies sein könnte, das erklärt die noch zu berichtende Sonderreaktion des kulturellen Establishments auf die dann schließlich möglich werdende Wiedervereinigung. Sie war mindestens so extrem kritisch wie die Meinung des kulturellen Establishments in anderen Ländern des Westens – ganz im Gegensatz auch dort zu den Bevölkerungen.

3.4. Wiedervereinigung als internationales Thema

Tabelle 45: Glaube an die Wiedervereinigung[293] (Herbst 1989)

Frage: »Glauben Sie, daß es zu einer deutschen Wiedervereinigung kommen wird, egal wie lange es dauert?«

	Glaube ich %	Glaube ich nicht %	Unentschieden %
Frankreich	60	18	22*
Großbritannien	59	25	16
Italien	58	19	23
Spanien	50	20	29
Niederlande	52	31	17
Schweden	54	30	16

* Die Addition je Zeile ergibt 100, in Spanien 99 %

293. »planung und analyse«, 1990, a.a.O., Tabelle 2, S. 150

Die Wiedervereinigung hat die Bevölkerung im freien Teil Europas viel weniger überrascht als die politischen Führungsgruppen. Die Deutschen waren mit ihrem Wunsch nach Wiedervereinigung demnach nicht im Widerspruch zu den Völkern in Westeuropa, sondern in Übereinstimmung. Aber nicht nur die Wahrscheinlichkeit der Wiedervereinigung wurde von Bürgern unserer westlichen Nachbarn positiv beurteilt, sondern auch deren Wünschbarkeit.

Tatsächlich war es nichts Einmaliges, daß eine staatliche Teilung wieder rückgängig gemacht wurde. Die Polen hatten sich über Hunderte von Jahren mit der Aufteilung ihres Landes auf verschiedene Staaten nicht abgefunden und waren ungeachtet der Versuche, sie kulturell auszulöschen, immer Polen geblieben. Ähnliches gilt für Griechenland, Serbien, Kroatien oder Finnland. Auch die Norweger waren von einem dänischen Establishment behindert worden, eine eigene Führungsschicht auszubilden, aber sie blieben Norweger und erreichten wieder ihren eigenen Staat, so wie sie sich vorher trotz der Oberherrschaft der Schweden ihre Identität bewahrten. Daß also die Deutschen weiterhin die Wiedervereinigung wünschten, war vom Ausland her gesehen weniger ein Problem als für Teile der bundesdeutschen Öffentlichkeit (s. Tabelle 46):

Bemerkenswert an dieser Umfrage zu einem Zeitpunkt, als das Thema bei uns weitgehend tot war, ist der hohe Anteil an Meinungslosen in Frankreich und Großbritannien. Der höchste Prozentsatz an Befürwortern einer Wiedervereinigung Deutschlands fand sich zudem nicht in den beiden europäischen Ländern, sondern in den USA.

Im November 1989, als die deutsche Frage durch die Flüchtlingsströme aus der DDR und dem sich abzeichnenden Zusammenbruch des DDR-Regimes in den Mittel-

Tabelle 46: Deutschland: besser geteilt oder wiedervereinigt? Befragung in drei Ländern (März 1984)[294]

Frage: »Deutschland ist ja geteilt in die Bundesrepublik und die DDR. Darüber, ob es für den Frieden in der Welt besser ist, wenn Deutschland geteilt bleibt oder wiedervereinigt wird, gibt es verschiedene Meinungen. Welcher dieser beiden Meinungen würden Sie eher zustimmen?« (Vorlage einer Liste)

	Frankreich %	Großbritannien %	USA %
»Wenn ein Land gegen seinen Willen geteilt ist, entstehen dort besonders leicht Spannungen. Deshalb wäre für den Frieden in der Welt ein wiedervereinigtes Deutschland besser«	43	51	54
»Ein wiedervereinigtes Deutschland wäre zu stark und könnte das internationale Kräftegleichgewicht stören. Für den Frieden in der Welt ist daher ein geteiltes Deutschland besser«	25	26	31
Unentschieden	32	23	15

punkt des weltweiten Interesses gerückt war, befürwortete innerhalb der Europäischen Gemeinschaft eine deutliche Mehrheit von 78 % die Vereinigung der beiden deutschen Staaten. Die Bundesdeutschen entsprachen nur dem euro-

294. Institut für Demoskopie Allensbach: »Das Ansehen der Deutschen. Eine Repräsentativbefragung in den Vereinigten Staaten, in Großbritannien und Frankreich im Auftrag der Redaktion des ›Stern‹«. Allensbach, März 1984, IfD-Bericht 2970/I, Tabelle 7, S. 14

päischen Durchschnitt, überdurchschnittlich häufig begrüßten alle Südeuropäer (Griechen, Spanier, Portugiesen, Italiener) sowie die Franzosen und Iren die Wiedervereinigung. Unterhalb des europäischen Durchschnitts lagen die West- und Nordeuropäer (Belgier, Niederländer, Luxemburger, Dänen und Briten)[295].
Besonders bemerkenswert an dieser Befragung ist aber die abweichende Haltung weiter Teile der »classe politique«. Daß Politiker, Schriftsteller und Publizisten die deutsche Gefahr heraufbeschwören, ist freilich nicht neu[296]. Immer wieder transportiert die Publizistik das Bild vom »häßlichen Deutschen«. Die »Süddeutsche Zeitung« hatte sogar ausdrücklich das Jahr 1977 zum »Jahr des häßlichen Deutschen« erklärt. Auslöser für diese Kritik, die sich vom ausländischen Establishment auf linke Kreise in der Bundesrepublik übertragen hatte, waren der Extremistenbeschluß, die Reaktion auf die terroristischen Gewalttaten um die Baader-Meinhof-Bande und die Sympathiekampagnen aus dem bürgerlichen Lager für diese Gewaltszene[297].

---

295. Eurobarometer, November 1989 (Repräsentativbefragung von 12600 EG-Bewohnern)

296. Siehe zu den Deutschlandbildern und der Deutschfeindlichkeit: G. V. Graf Zedtwitz-Arnim: »... Ein Ruf wie Donnerhall. Deutschenspiegel«. Düsseldorf-Wien 1977; Hans-Helmuth Knütter: »Deutschfeindlichkeit gestern und heute«. In: MUT-Nr. 278, Oktober 1990, S. 45–52; Karl-Rudolf Korte: »Deutschlandbilder – Akzentverlagerungen der deutschen Frage seit den siebziger Jahren«. Aus: Politik und Zeitgeschichte. B 3/88, S. 45–53; Rolf Hoffmann: »Mit anderen Augen. Die Deutschen von außen betrachtet«. In: Die politische Meinung, 34. Jg., Nov./Dezember 1989, S. 35–40

297. Karl-Heinz Bohrer: »Die Macht des Bildes. Zur Soziologie des häßlichen Deutschen«. In: Merkur (1977), 12, S. 1228–1230; Eugen Kogon: »Der häßliche Deutsche«. In: Frankfurter Hefte. 31 (1976), 11, S. 11–14; Emanuelle Gazzo: »Das gestörte Bild der Deutschen. Zur aktuellen Kritik der Bundesrepublik in Europa«. In: Europa-Archiv, 32. Jg., 1977, S. 823–831; Theo Sommer: »Die Deutschen im Zerrspiegel. Radikalenerlaß als Stein des Anstoßes.«

Im Prozeß der Vereinigung beider deutscher Staaten griffen namhafte Publizisten auf diese alten Feindbilder zurück. Aber auch Politiker verhielten sich anders, als es die Mehrheit ihrer Bevölkerung wünschte. In Frankreich wurde diese Differenz personifiziert durch Staatspräsident Mitterrand, der sich noch im Herbst 1989 explizit für eine Stabilisierung der DDR einsetzte[298]. Unterstützt wurde er dabei von Presseorganen wie dem »Nouvel Observateur«, der am 2.11. 1989 von der Gefahr einer »germanisch-sowjetischen Gemeinschaftsherrschaft (condominium) über Mitteleuropa« sprach und von einer Arbeitsteilung, bei der Russen das Militär und die Deutschen die Wirtschaft dominieren würden[299].

Nach seinem offensiven Zehn-Punkte-Plan zur Wiedervereinigung Deutschlands setzte man Bundeskanzler Kohl in Frankreich mit dem häßlichen Deutschen überhaupt gleich, mit dem »boche«, dessen Karriere bald beendet sein werde. Man erwartete, daß sich die Wähler in der DDR am 18. März 1990 für die SPD entscheiden und Kohls Träume vom Kanzler der Einheit zunichte machen würden[300]. Dem

---

In: Die Zeit, 4.6. 1976; Günther Gillessen: »Die unheimlichen Deutschen. Mißverständnisse von draußen werden mit Übertreibungen von drinnen genährt«. In: FAZ, 25.2. 1978; Erwin K. Scheuch: »Volksfront von außen. Ein unnötiges Problem mobilisiert die Deutschfeindlichkeit«. In: Deutsche Zeitung, Nr. 23, 4.6. 1976, S. 2; ders.: »Gibt es Feindschaft gegen Deutsche? Eine gespielte Empörung«. In: Rheinischer Merkur, 9.7. 1976, S. 3

298. Zu den Auswirkungen der deutschen Wiedervereinigung auf die deutsch-französischen Beziehungen allgemein siehe: Wolf Lepenies: »Frankreich und die ›incertitudes allemandes‹«. In: Alexander-von-Humboldt-Stiftung: »AvH-Magazin« Nr. 55, August 1990, S. 55–62

299. Zitiert in: Karl Jetter: »Die Furcht vor dem ›Vierten Reich‹«. In: FAZ 13.12. 1989, S. 16

300. Hanspeter Oschwald: »Nach dem 18. März bricht in Frankreich Selbstkritik aus«. In: Die Welt, 26.3. 1990, S. 2

Franzosen Bernard Pivot, dem »Star der audiovisuellen Arena« (FAZ), fiel bei der Fußballweltmeisterschaft 1990 in Italien anläßlich der Kommentierung des Spiels Deutschland: Jugoslawien für das RTL-Hörfunkprogramm der denkwürdige Vergleich ein, die Deutschen hätten sich durch die jugoslawischen Farben, die sonst von französischen Fußballspielern getragen wurden, motiviert gefühlt und hätten die jugoslawische Abwehr einfach überrannt wie 50 Jahre zuvor deutsche Truppen die französischen[301]. Auch englische Kommentatoren veranlaßte das erfolgreiche Abschneiden der deutschen Mannschaft zu einem Rückgriff auf das Vokabular während der Berichterstattung in den beiden Weltkriegen. So wären »Löwen im weißen Trikot« von »Krauts« überrannt worden, würden aber wie vor 50 Jahren aus Dünkirchen »erhobenen Hauptes als Supermänner« heimkehren[302]. In der englischen Boulevard-Zeitung »Sun« wurden die Deutschen wieder zu den »Huns« – zu Hunnen[303]. Der »Daily Mail« schrieb, Kohl sei ein Elefant im Porzellanladen und habe die Befürchtungen wiederaufleben lassen, daß Deutschland im Herzen eine arrogante und expansionistische Nation geblieben sei, der man einfach nicht trauen könne[304]. Die Wochenzeitung »The Spectator« brachte am 12. 7. 1990 ein Titelbild von Kohl, in das der Karikaturist eine für Hitler

301. Jürg Altwegg: »Für einen kulturellen Havel-Plan. Blick in französische Zeitschriften: Eitelkeiten in der postkommunistischen Ära, neue Flaggschiffe und Bernard Pivots Bilanz«. In: FAZ, 16. 6. 1990, S. 29
302. »Welle antideutscher Gewalt in England nach der WM-Niederlage«. Die Welt, 6. 6. 1990, S. 1
303. Siegfried Helm: »Angst vor Krauts, Hunnen und der Mark«. In: Die Welt, 2. 10. 1990, S. 11
304. »Kritische Worte für Kohl nach dem Bonner Kompromiß«. DPA-ALL, 7. 3. 1990, Meldung 294

typische Haar- und Barttracht eingemalt hatte. Im Innern des Blattes war ein Interview mit dem damaligen britischen Handels- und Industrieminister Nicholas Ridley wiedergegeben, das in England für beachtlichen Wirbel sorgte und schließlich den Rücktritt des Ministers bewirkte. Ridley hatte gemeint, die Welt warnen zu müssen, daß es sogar zu einer »blutigen Revolution« kommen könnte, wenn die britische Wirtschaft unter den Einfluß von Leuten wie dem deutschen Bundesbankpräsidenten Pöhl geriete[305].

Eine extrem antideutsche Stimmung hatte es während des Ersten Weltkriegs in der Bevölkerung der USA gegeben. Die Gründe lagen in der Verletzung der Neutralität Belgiens und den angeblichen Greueltaten deutscher Truppen gegen wehrlose Frauen und Kinder (abgeschnittene Hände). Das führte so weit, daß man selbst den »Hamburger« in »Salisbury steak« und das Sauerkraut in »liberty cabbage« umtaufte[306]. Als Beweis für die Unmenschlichkeit der deutschen Kriegsführung diente vor allem der Unterseeboot-Krieg. Die Abneigung steigerte sich zur Hysterie, als am 7. Mai 1915 das britische Schiff »Lusitania« von einem – wahrscheinlich – deutschen U-Boot versenkt wurde und 139 Amerikaner ertranken. Die Propaganda der Alliierten, daß es in diesem Krieg um die Unterwerfung des »Hunnen« gehe, setzte sich in der Folge fest[307]. Die Erkenntnis, wie sehr übertrieben diese Bilder

---

305. »Undiplomatische Verbalattacke eines britischen Ministers gegen Deutschland. Warnungen vor deutscher Dominanz in der EG«. NZZ, Nr. 160, 14. 7. 1990, S. 1

306. Siehe hierzu Jörg von Uthmann: »Die stillen Amerikaner aus Deutschland«. In: FAZ, 2. 5. 1990

307. Siehe zum Mythos der amerikanischen Geschichte Erwin K. und Ute Scheuch: »Amerikas viele Gesichter« (a.a.O.)

Deutschlands waren, sollte dazu führen, daß während des Zweiten Weltkriegs – im Jahre 1942 – 74 % der Amerikaner die deutsche Regierung und nicht das deutsche Volk für den Hauptfeind hielten. Und 1953 bezeichneten sich – mittlerweile in Kenntnis des Holocaust – 76 % der Amerikaner als »freundlich gegenüber dem deutschen Volk«. Serien im US-Fernsehen wie »Hogan's Heroes« und »Rat Patrol«, in denen die Deutschen stereotyp die Bösewichte abgaben, änderten nichts an dieser überwiegend positiven Einstellung der Amerikaner den Deutschen gegenüber[308]. Anders das intellektuelle Establishment.

Im April 1990 verstieg sich der frühere Berater von Präsident Kennedy, der Harvard-Historiker Schlesinger, in einer öffentlichen Veranstaltung der Denver University zu der Warnung, der Kalte Krieg sei nicht beendet – das sei er nur zwischen den USA und der Sowjetunion. Nun gelte es, sich für den Kalten Krieg gegen die expansionistischen Deutschen und Japaner zu rüsten. Dieser Vorstellung entspricht auch eine Karikatur aus dem »International Herald Tribune«, die einen bulligen Japaner und einen Pickelhauben-Deutschen darstellt, zwischen denen ein Amerikaner an ausgestreckten Armen verhungert.

In gemäßigterem Ton, aber doch eindringlich warnte der Publizist C. Gordon Tether Amerika, nach der Wiederver-

308. Wolfgang Gast: »Das Bild der Deutschen im amerikanischen Fernsehen. Ein Bericht über Ziele und Methoden einer inhaltsanalytischen Studie«. In: Dieter Schmidt-Sinns: »Völker und Nationen im Spiegel der Medien«. Schriftenreihe der Bundeszentrale für politische Bildung, Bd. 269, Bonn 1989, S. 43–53; Gerd Lotze: »Deutsche und Amerikaner in der gegenseitigen Wahrnehmung«, ebenda, S. 109–115; Roswitha Loibl: »Frontstaat und Kampffeld. Das Deutschlandbild im US-Fernsehen ist immer noch stark von der Nazi-Zeit geprägt«. In: Süddeutsche Zeitung, Nr. 164, 19. 7. 1990, S. 38

Schaubild 11: Karikatur[309]

einigung Deutschlands vorsichtiger an der »europäischen Einigungsfront« zu sein. Die Sorgen darüber, daß Deutschland zu seinen alten militärischen Gewohnheiten zurückkehren könne, seien zwar nicht berechtigt; denn das erlaube die veränderte weltpolitische Situation nicht. Dafür sei es aber wahrscheinlicher, daß Deutschland die Vorherrschaft auf wirtschaftlichem und politischem Gebiet suchen werde. Damit könne »ein größeres und zielbewußteres Deutschland« einen europäischen Superstaat beherrschen und »in Weltwirtschafts-Angelegenheiten die Schaffung einer ebenso furchtbaren neuen mächtigen Kraft wie Japan bedeuten«[310].

309. Nachgedruckt in: Rheinischer Merkur/Christ und Welt Nr. 24, 15. 6. 1990
310. C. Gordon Tether: »Bonn: Vorsicht heißt die Parole«. In: Code. Exklusives aus Politik und Wirtschaft, Nr. 7, Juli 1990, S. 6f.

Die positive Einstellung der Bevölkerung in diesen drei exemplarisch ausgewählten Ländern der Wiedervereinigung Deutschlands gegenüber blieb jedoch von solchen Zerrbildern und Warnungen weitgehend unbeeinflußt. Die Hälfte der Befragten in Großbritannien und Frankreich teilte aber die Sorgen vor einer möglichen wirtschaftlichen Dominanz Deutschlands in Europa, was wiederum nur ein knappes Drittel der Amerikaner berührte – möglicherweise wegen der (scheinbaren) Ferne zu Deutschland und der tatsächlich viel größeren eigenen Volkswirtschaft:

Tabelle 47: Einstellung zur deutschen Wiedervereinigung Befragung in drei Ländern (Februar 1990)[311]

»Sind Sie für oder gegen die Wiedervereinigung Deutschlands?«

	Frankreich %	Großbritannien %	USA %
Dafür	45	61	61
Dagegen	30	15	13
Weder/noch	19	19	9
Weiß nicht	6	5	17

»Sind Sie besorgt, daß ein vereinigtes Deutschland die dominierende Macht in Europa werden könnte?«

	Frankreich %	Großbritannien %	USA %
Ja, besorgt	50	50	29
Nein, nicht besorgt	37	43	62
Das wird nicht geschehen	10	4	1
Weiß nicht	3	3	8

311. Umfrage durch »The Economist« im Februar 1990 (veröffentlicht in der März-Ausgabe)

3.5. Die Westintegration der Bundesbürger

Der Prozeß der Wiedervereinigung ereignete sich zu einem Zeitpunkt, als aus dem westeuropäischen Gemeinsamen Markt eine Europäische Gemeinschaft werden sollte, die schließlich einmal zu den Vereinigten Staaten von Europa werden könnte[312]. Bedeutet nun die Wiedervereinigung, daß sich die Deutschen von Europa abwenden und mehr um ihren größeren Nationalstaat kümmern? Für die internationale Reaktion auf den Prozeß der Wiedervereinigung ist das die zentrale Frage. Wachsen die beiden Teile Deutschlands zusammen, wird aus 61 Millionen Bundesdeutschen und 16,8 Millionen Bewohnern der DDR ein mit fast 80 Millionen Einwohnern für die Nachbarn tatsächlich sehr großer Nationalstaat. Allerdings wird insgesamt die Europäische Gemeinschaft von bisher 320 Millionen nur um knapp 17 Millionen vergrößert, und von einem westeuropäischen Standpunkt aus gewertet wächst die DDR nicht nur in die Bundesrepublik, sondern auch in den westlichen Teil Europas hinein.

Die Zustimmung zur Europäischen Gemeinschaft ist in den Ländern der EG – mit Ausnahme von England und Dänemark – überwältigend groß. Generell ist die Begeisterung für die Vereinigten Staaten von Europa aber etwas zurückgegangen, besonders stark in der Bundesrepublik. Hier sank der Anteil der Befürworter von 96 % im Jahre 1970

---

312. Zur Bedeutung der nationalen Komponente für den EG-Integrationsprozeß siehe Rudolf Hrbek: »Nationalstaat und Europäische Integration«. In: Peter Haungs (Hg.): »Europäisierung Europas?«. Veröffentlichungen der Deutschen Gesellschaft für Politikwissenschaft (DGfP), Bd. 6, Baden-Baden 1989, S. 81–108

auf 86 % im Jahre 1987 und liegt damit etwas unter dem europäischen Durchschnitt. 1970 waren die Deutschen mit Luxemburg und Italien noch die Spitzenreiter bei der Zustimmung für die Vereinigten Staaten von Europa gewesen[313].

Der Rückgang in der Europabegeisterung könnte sich in zweifacher Weise deuten lassen: Einmal läßt sich darin ein Wiedererstarken der Liebe zum eigenen Nationalstaat sehen. Das würde aber den bisher angeführten Befragungsergebnissen ziemlich widersprechen. Die zweite Deutung verträgt sich besser mit diesen Werten: In der Nachkriegszeit war der Internationalismus ein Korrektiv für die Isolation, in die Deutschland durch die NS-Verbrechen geraten war. Als Westeuropäer und nicht nur als Deutsche waren sie wieder Teil der internationalen Gemeinschaft zivilisierter Völker geworden. In dem Maße, wie die Isolation schwand, ist der Wunsch, innerhalb Europas als Volk unsichtbar zu werden, nicht mehr gerechtfertigt. Wir sind heute mit »normalen« Motiven in durchschnittlichem Maße europäisch gesinnt.

An der grundsätzlichen Zustimmung zur Gemeinschaft westeuropäischer Staaten kann kein Zweifel bestehen. »Vor 30 Jahren, 1957, wurde der Gemeinsame Markt eingerichtet. Er wurde dann zur Europäischen Gemeinschaft. Wie wichtig ist für Sie die Entwicklung?« wurde anläßlich des 30. Jahrestages der Gründung des Gemeinsamen Marktes gefragt. Dies waren die Antworten der Bundesdeutschen:

---

313. Eurobarometer 2000, Sonderausgabe 30. Jahrestag, März 1987, Schaubild 8, S. 27

Tabelle 48: Die Wichtigkeit der Europäischen Gemeinschaft[314]

	Bundesrepublik %		Durchschnitt der 12 EG-Länder %	
Sehr wichtig	24	>75	29	>74
Wichtig	51		45	
Wenig wichtig	14		12	
Völlig unwichtig	4		6	
Meinungslos	7		8	

Für das Jahr 2000 erwarten und bejahen die Deutschen:

- eine gemeinsame Währung in Westeuropa – 53 %;
- europäisches Fernsehen – 83 %;
- eine weitere Fremdsprache zur Muttersprache – 66 %;
- Katastrophenhilfe als Gemeinschaftsaufgabe – 72 %;
- europaweite Strafverfolgung – 67 %;
- Lernen und Arbeiten in Europa nach Belieben – 67 %;
- gemeinschaftliche Verteidigung gegen Bedrohungen von außen – 48 %;
- Direktwahl der politischen Führung in Europa – 44 %.

Europa wurde von den meisten Europäern nicht als Alternative zum Nationalstaat, sondern als übergreifende Identität gesehen. Das ergibt sich aus folgender Tabelle:

314. Eurobarometer 2000, a.a.O., S. A 4

Tabelle 49: Einstellung zu Europa[315]

A) Wenn eines Tages die Länder Europas wirklich vereinigt sind, dann wird das das Ende unserer nationalen Identität, Geschichte und Kultur sein und ein Ende eigener wirtschaftlicher Interessen.

B) Die einzige Möglichkeit, unsere nationale, historische und kulturelle Identität sowie unsere wirtschaftlichen Interessen zu verteidigen im Angesicht der Großmächte der Welt, ist eine wirkliche Vereinigung Europas.

Stärke der Zustimmung zu A oder B	Deutschland %	Durchschnitt der 12 EG-Länder %
A 1	4	7
2	9	7
3	12	7
4	22	15
5	22	15
6	16	19
B 7	15	21
Keine Meinung	0	9

In Deutschland sind die Mittelpositionen zwischen beiden Extremen am stärksten besetzt. Faßt man die Positionen 3 bis 5 zusammen, ergibt sich eine Mehrheit von 56 %, die im Prozeß der europäischen Vereinigung sowohl eine Notwendigkeit als auch die Möglichkeit sieht, die eigene Identität in einer Gemeinschaft zu bewahren.

Eine andere Fragestellung zu einem anderen Zeitpunkt ergibt das gleiche Bild: Die Grundeinstellung, die Bejahung Europas neben der eigenen Nationalität, ist ein stabiler Wert.

315. Eurobarometer 2000, a.a.O., Tabelle 23, S. A 10

Tabelle 50: Mehrfachidentitäten der Deutschen[316]

Frage: »Denken Sie manchmal von sich nicht nur als Deutscher (bzw. jeweilige Nationalität), sondern auch als Europäer? Wie häufig kommt es vor...?« (1989)

Selbstverständnis als Europäer	Bundesrepublik %	Durchschnitt der 12 EG-Staaten %
Oft	12	14
Manchmal	37	34
Nie	44	48
Keine Meinung	7	4

Europa ist also für viele Bundesdeutschen mehr als eine Wirtschaftsgemeinschaft, es ist vor allem eine Art Friedensordnung. Was bedeutet es, sich als Europäer zu fühlen, wurde im gleichen Jahr gefragt – und das waren die Ergebnisse (siehe Tabelle 51):

Es wird deutlich, daß die Bundesdeutschen eine mittlere Position bei der Zustimmung für Europa haben. Bereits gegen Ende der achtziger Jahre fühlten sie sich sowohl als Europäer wie – erinnert sei an das Fortbestehen des Glaubens an die Identität Deutschlands – als Deutsche diesseits und jenseits der Grenze.
Dieses Zusammenwachsen Europas hat inzwischen auch eine gute sachliche Begründung. Der Handel untereinander beträgt ein Vielfaches der Exporte in Länder außerhalb der Gemeinschaft. Die besten Kunden der Bundesrepublik waren die unmittelbaren Nachbarn wie Niederlande und

316. Eurobarometer Nr. 31, Juni 1989, S. 3

Frankreich, und von 1986 bis 1988 konzentrierten sich die deutschen Investitionen immer stärker auf die Länder der Europäischen Gemeinschaft[318].

Tabelle 51: Warum das Gefühl, ein Europäer zu sein[317]

	Deutschland %	Durchschnitt der 12 EG-Länder %
Vergangene Rivalitäten überwunden zu haben und in Frieden zu leben	55	41
Ähnlichkeit der Mentalität	14	16
Freizügigkeit	18	17
Abenteuer: Bildung der Vereinigten Staaten Europas	6	15
Nur ein geographischer Begriff	4	5
Sonstiges	1	2
Keine Angaben	4	5

317. Eurobarometer Nr. 27, Juni 1987
318. iwd, Informationsdienst des Instituts der Deutschen Wirtschaft, Tabelle 3. 6., 14. Juni 1990

4. Kapitel: Die Familienähnlichkeit in Europa

In der Darstellung der Politik der europäischen Einigung als Handlungen der Berufspolitiker hakelt es in diesem Prozeß fortwährend. Auch bei den Konferenzen der Hohen Kommission zur Weiterentwicklung der Einheit stehen in der Berichterstattung die Krisen des Verhandlungsverlaufs im Vordergrund. Im Alltag dagegen verschmelzen bereits die Volkswirtschaften miteinander und sind heute schon in ihrem Wohlergehen eine Interessengemeinschaft. Im hier untersuchten Zusammenhang ist es wichtig zu prüfen, inwieweit sich auch die Menschen in ihren Verhaltensweisen und Mentalitäten einander angeglichen haben.

Wir haben eine ganze Reihe von Fragen daraufhin geprüft, ob sich mit ihnen eine besondere Stellung der Deutschen unter ihren Nachbarn belegen ließe. Ergebnis: Die Deutschen sind Teil des westeuropäischen Verbandes, in dem die Bevölkerungen untereinander eine starke Familienähnlichkeit aufweisen. Alle sind etwas voneinander verschieden und doch heute erkennbar Teil des gleichen Grundtyps.

»Wie deutsch sind die Deutschen?« Diese Eigenschaft läßt

sich nicht durch einzelne Fragen direkt erfassen, sondern nur durch viele Fragen einkreisen. Für eine Prüfung mit vielen sogenannten Indikatoren – und das auch noch im internationalen Vergleich – reichen die meisten Techniken sozialwissenschaftlicher Analyse nicht aus. Das gilt besonders für alle mit Tabellen vorgehenden Auswertungen.

Da es sich um eine latente Eigenschaft handelt, über die hier befunden werden soll, bieten sich Verfahren an, die aus einer Vielzahl von Einzelwerten latente Strukturen identifizieren. Zu dieser Klasse von Verfahren, von denen die Faktorenanalyse das bekannteste ist, gehört die Korrespondenzanalyse. Mit ihr kann man gleichzeitig die Nähe und Ferne der Länder zueinander durch die Nähe oder Ferne der Reaktionen auf verschiedene Fragen bzw. durch die Werte vieler Indikatoren abbilden. Die Ähnlichkeit oder die Nähe der Länder wird also bestimmt als Folge des Profils der Reaktionen auf eine große Zahl von Kriterien[319].

Für diese Art von Anlayse liegt inzwischen einmaliges Material vor: die Eurobarometer. Seit 1973 werden sie von der Kommission der Europäischen Gemeinschaften zweimal im Jahr in allen Ländern der EG in Auftrag gegeben; inzwischen erfassen diese Umfragen jeweils etwa 12000 Personen. Das ergibt einschließlich des letzten für diese neue Auswertung verfügbaren Eurobarometers aus dem Herbst 1987 (Eurobarometer 28) insgesamt ein Material von 30 international vergleichenden Umfragen über einen

---

319. Jörg Blasius: »Korrespondenzanalyse – ein multivariates Verfahren zur Analyse qualitativer Daten«. In: Historische Sozialforschung. Quantum Information. Nr. 42/43. April/Juli 1987, S. 172–189. Grundlegend hierzu M. J. Greenacre: »Practical Correspondence Analysis«. In: V. Barnett (Hg.): »Interpreting Multivariate Data«. Chichester 1981. S. 119–146

Zeitraum von 15 Jahren, also weit mehr, als für unseren Zweck benötigt wird, so daß wir auswählen konnten.

Wir haben zunächst die Reaktionen der Deutschen im internationalen Vergleich für vier über eine Dekade gestreute Jahre ausgewertet, um die Stabilität oder den Wandel der Lage der Eigenschaften der bundesdeutschen Bevölkerung im Vergleich zu anderen Ländern zu bestimmen.

Wir wählten die Jahre 1977 (vor der letzten Wirtschaftskrise als Basisjahr), 1980 (ein Jahr mit europaweit gedrückter Stimmung), 1984 (ein Jahr mit sehr unterschiedlicher Wirtschaftssituation in den Ländern der EG) und 1987 (die Wirtschaftssituation war in den meisten Ländern der EG ähnlich günstig geworden).

Allgemein ermittelten wir vier Faktoren bzw. Dimensionen, die den größten Teil der beobachteten Variationen in den Kriterien »erklären«. Diese Faktoren sind

Faktor 1 = Achse der Gesellschaftszufriedenheit
Faktor 2 = Achse der politischen Anteilnahme
Faktor 3 = Achse der Apathie oder des Protests (»exit and voice« im Sinne von Hirschmann)
Faktor 4 = Achse des Links-Rechts-Kontinuums

Die Deutung der Faktoren 1 und 4 ist durch die Indikatoren ziemlich gesichert. Bei Faktor 2 und vor allem 3 sind die Interpretationsspielräume größer.

Es erklären von der Gesamtvariation:

	1977 %	1980 %	1984 %	1987 %
Faktor 1:	38,0	38,9	39,0	34,0
Faktor 2:	25,1	19,0	22,7	18,6
Faktor 3:	14,7	14,8	15,1	15,7
Faktor 4:	8,0	12,0	9,7	10,0

Eine mehr als zweidimensionale Darstellung ist nicht mehr verständlich. Gewöhnlich beschränken sich faktorenanalytische Darstellungen deshalb auf die beiden stärksten Faktoren. Weil jedoch das Ignorieren der Faktoren 3 und 4 (in abnehmender Stärke) bei einer Beschränkung auf die beiden stärksten Faktoren unter ungünstigen Umständen zu Irrtümern führen könnte, wurden für die neueste Umfrage 1987 noch zusätzlich alle vier Faktoren paarweise miteinander permutiert. So liegen also für das Jahr 1987 vier weitere Korrespondenzanalysen vor, mit denen sich beurteilen läßt, ob die Analyse mit den beiden ersten Faktoren schon eine verläßliche Grundlage war.

Damit wurden zwei Gruppen von Korrespondenzanalysen mit den vier erwähnten Eurobarometern durchgeführt:

a) Es sollte ein Zeitraum von zehn Jahren daraufhin betrachtet werden, wie stabil die Lage der Länder zueinander ist, insbesondere die Lage der Bundesrepublik. Diese Analyse beschränkt sich auf die beiden Hauptfaktoren.
b) Für die neueste Umfrage, die für die Analyse verfügbar war (1987), wurde die Zahl der Faktoren um zwei erweitert: Faktor 3 und Faktor 4.

Im Verlauf dieser zehn Jahre bleibt die Bundesrepublik in der Nachbarschaft der Niederlande, Luxemburgs und Dänemarks, beginnt aber 1977 mit einer relativen Außenseiterlage auf der Achse der politischen Anteilnahme (hoch). Dies hat sich 1980 ins Gegenteil verkehrt, und zugleich rücken die Bevölkerungen mehrerer Länder enger zusammen. Wieder ist die Nähe zu Dänemark, Luxemburg und den Niederlanden besonders groß, aber vorübergehend findet sich hier auch Großbritannien. Der ganze Raum, in dem die Bevölkerung der Bundesrepublik lokali-

Schaubild 12: Positionierung der Bundesrepublik innerhalb der EG 1977

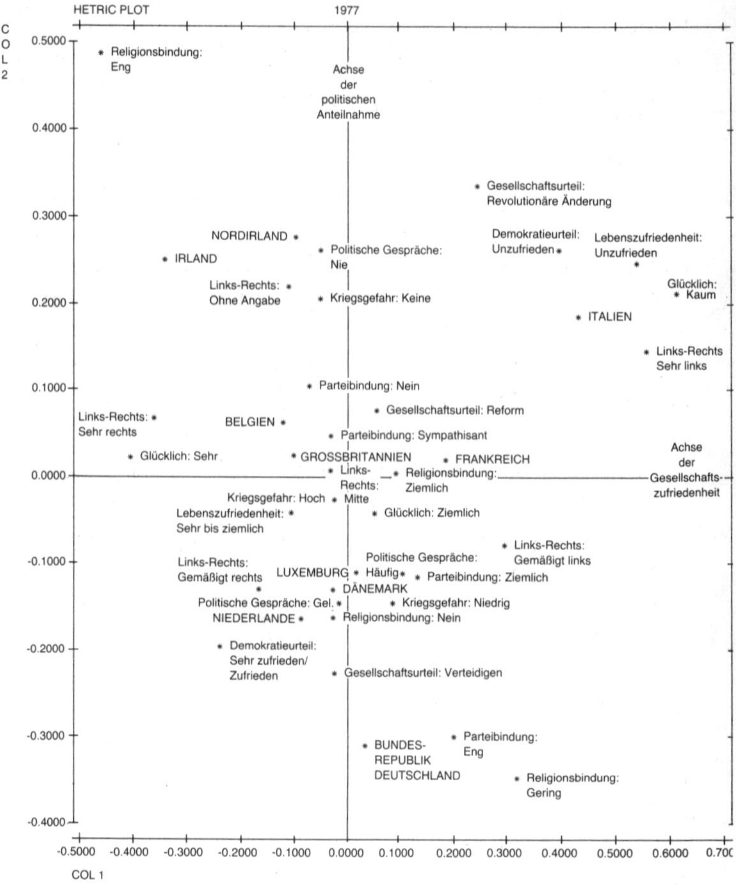

Schaubild 13: Positionierung der Bundesrepublik innerhalb der EG 1980

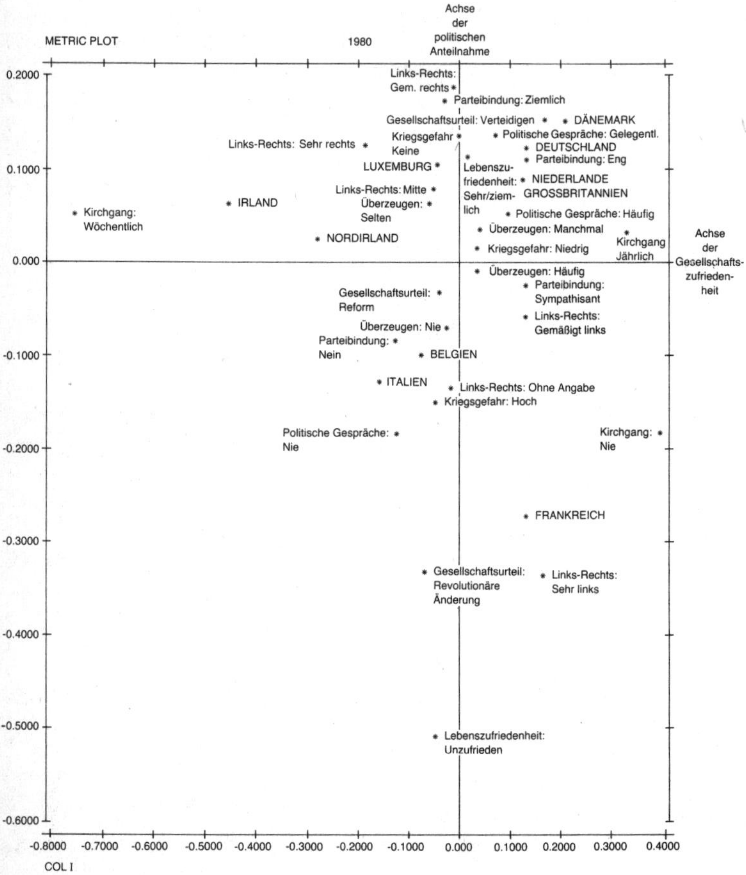

Schaubild 14: Positionierung der Bundesrepublik innerhalb der EG 1984

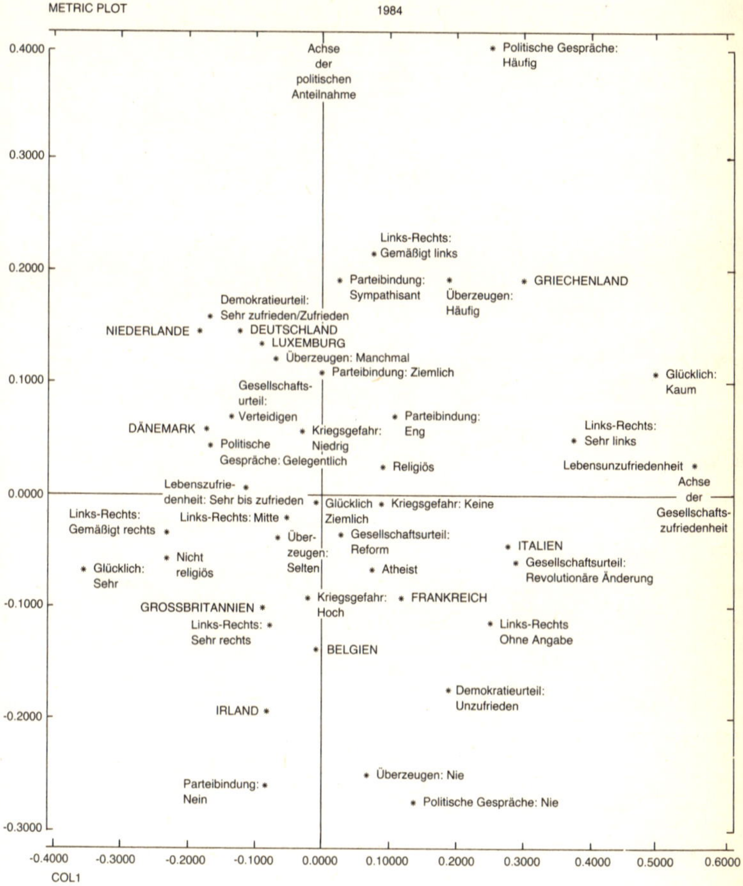

Schaubild 15: Positionierung der Bundesrepublik innerhalb der EG 1987

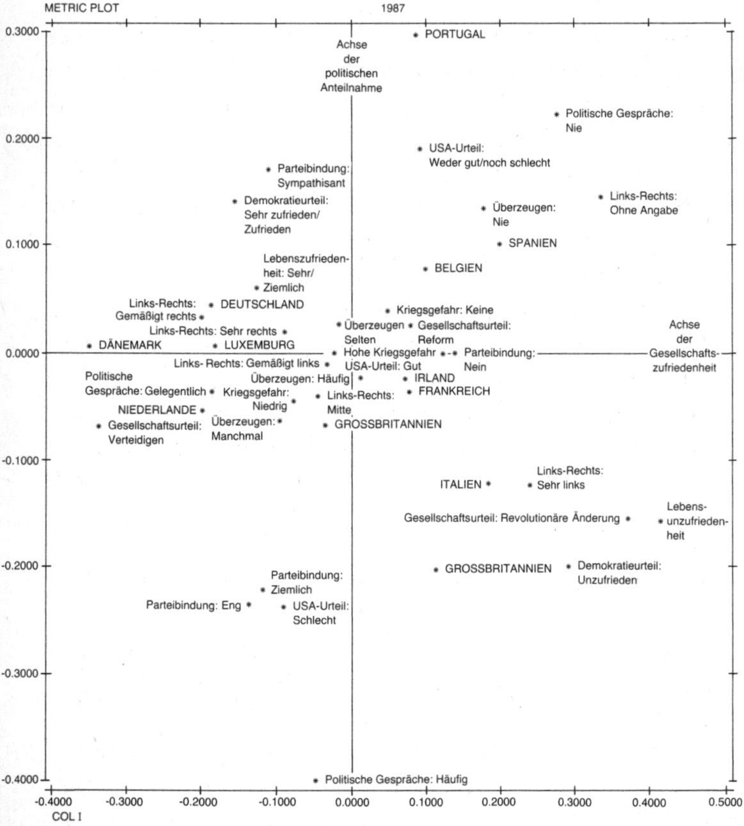

siert ist, kann gedeutet werden als mäßige Unzufriedenheit mit der Gesellschaft und allgemein abgesunkene politische Anteilnahme.
1984 bleibt es bei der Nähe zu Luxemburg, Dänemark und den Niederlanden sowie einer geringeren politischen Anteilnahme, aber die Gesellschaftszufriedenheit ist deutlich ins Positive verschoben. An dieser Situation ändert sich dann 1987 nichts mehr.
Ab 1980 bewegt sich die Bevölkerung der Bundesrepublik gemeinsam mit der in den drei erwähnten Ländern um das Zentrum der Achsenkreuze, hat also eine relative Mittellage, nachdem die ungewöhnliche politische Anteilnahme Mitte der siebziger Jahre auf einen europäischen Normaldurchschnitt zurückgegangen ist.
Auffällig ist die Randlage der später in die EG eingetretenen Länder und das besonders starke Schwanken der Lage von Großbritannien. Allgemein fällt für Italien die hohe Protestbereitschaft und die geringe Übereinstimmung mit den Verhältnissen auf, wobei sich diese Unzufriedenheit aber nicht in die politischen Institutionen hinein zu verlängern scheint.
Fazit: Die Bevölkerung der Bundesrepublik hat in Europa eine mittlere, heute mehr ins Positive verschobene Lage zu gesellschaftlichen und politischen Institutionen.
Auch wenn weitere Faktoren berücksichtigt werden, ändert sich doch nichts an der allgemeinen Lage der Bevölkerung der Bundesrepublik nahe dem Achsenkreuz der zweidimensionalen Darstellung. Bei einer Analyse der Faktoren 2 und 3 findet sich die Bundesrepublik im Schaubild 16 in einem Quadranten der Apathie gegenüber Zuständen und der geringen politischen Anteilnahme. Dies ist allerdings nicht sehr ausgeprägt – deutlich weniger als für

Schaubild 16: Positionierung der Bundesrepublik innerhalb der EG 1987–1

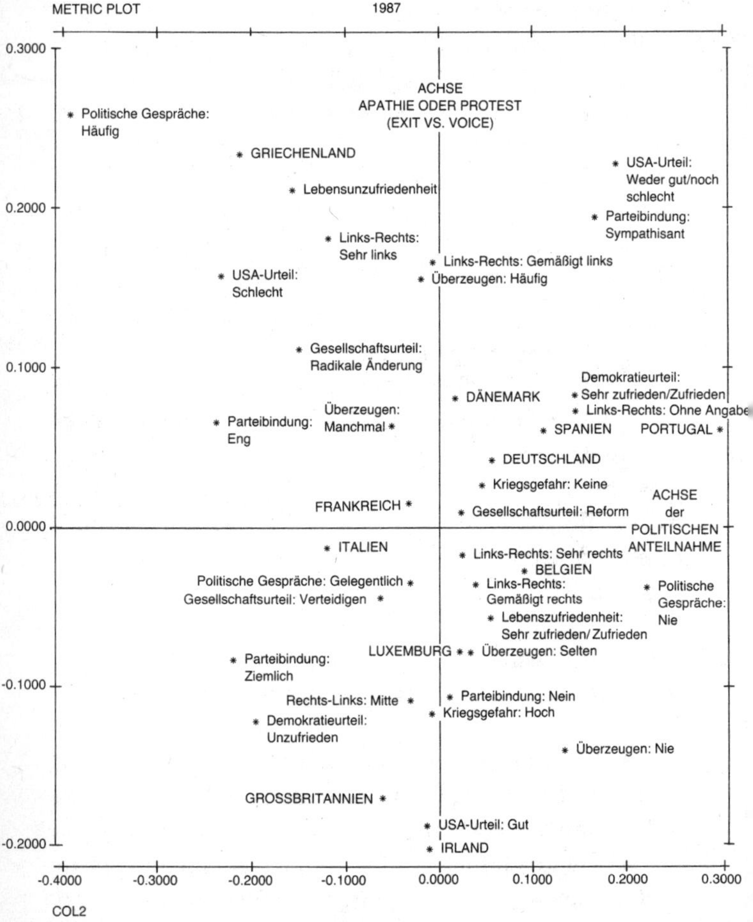

Schaubild 17: Positionierung der Bundesrepublik innerhalb der EG 1987–2

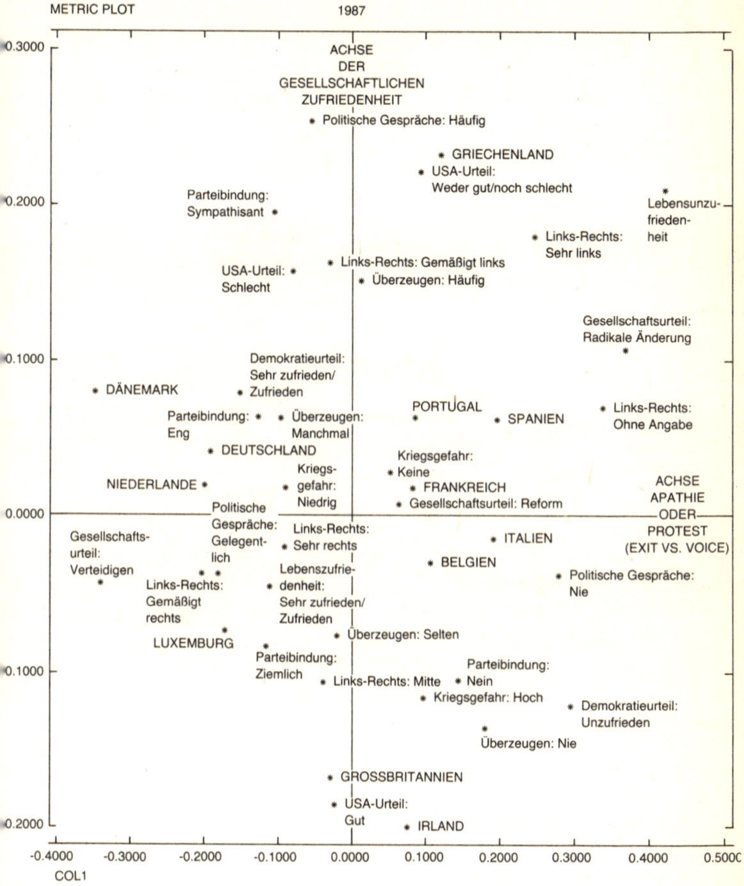

Schaubild 18: Positionierung der Bundesrepublik innerhalb der EG 1987–3

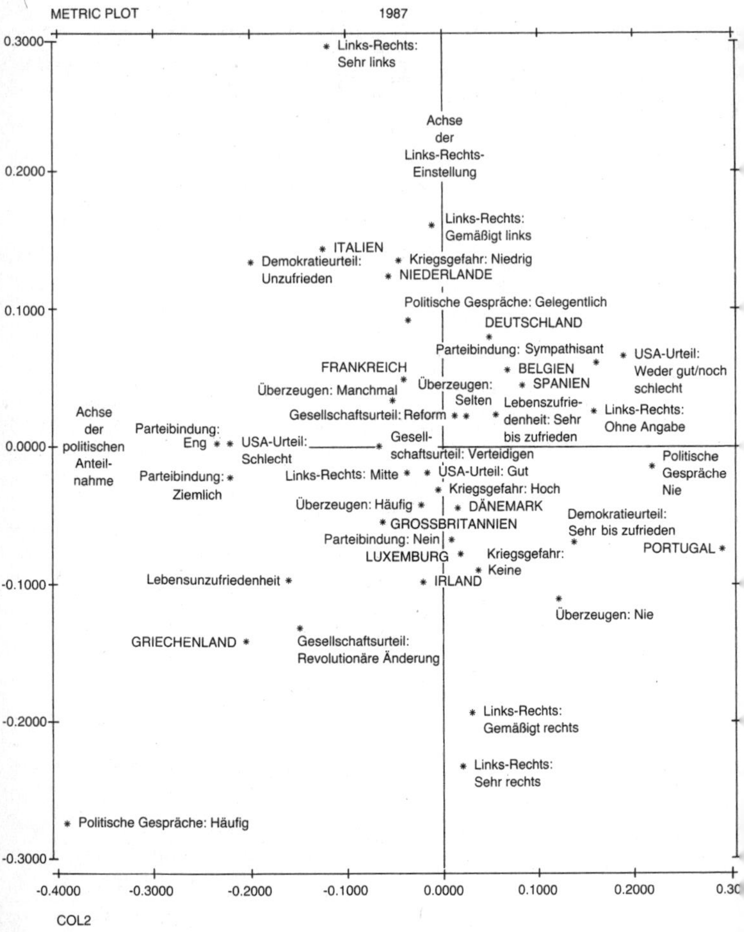

Schaubild 19: Positionierung der Bundesrepublik innerhalb der EG 1987–4

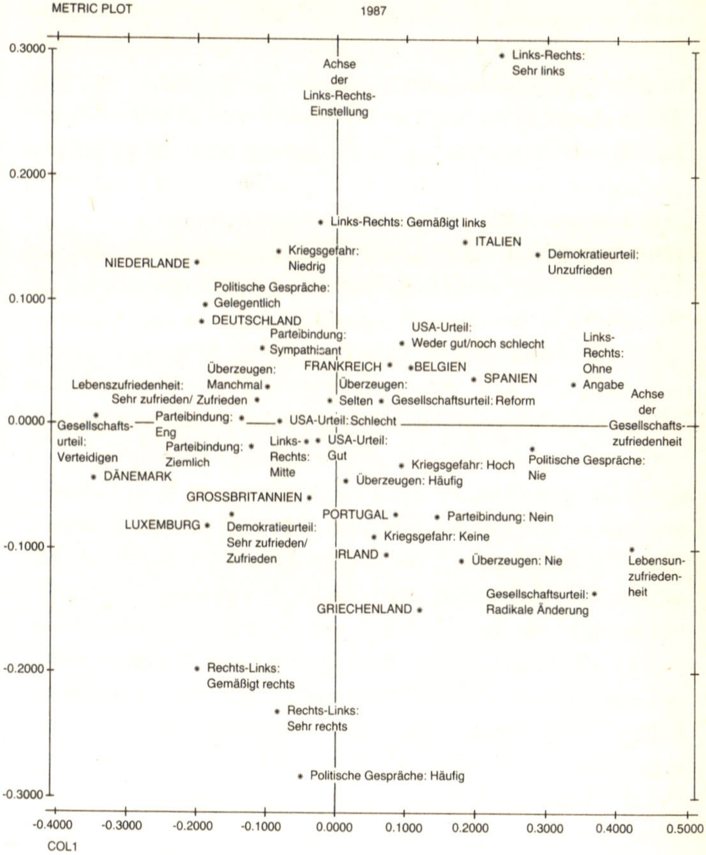

Spanien und Portugal, eher vergleichbar mit Dänemark. Auch die Distanz zu Belgien und Frankreich ist noch relativ gering. Die Stimmung wird gekennzeichnet durch geringe Kriegsfurcht, mäßiges Interesse an Gesellschaftsreformen, Abwesenheit ausgeprägter Links-Rechts-Präferenzen und Zufriedenheit mit der Demokratie. Im Vergleich zu der Kreuzung der Faktoren 1 und 2 (Schaubild 15) ist 1987 der Eindruck einer sehr kühlen Stimmung viel ausgeprägter. Aber auch hier ist die Nähe zu einer zentralen Position das vorherrschende Charakteristikum.

Die Kreuzung der Links-Rechts-Dimension mit der Dimension der gesellschaftlichen Zufriedenheit zeigt die Bevölkerung der Bundesrepublik wieder in der Nachbarschaft der Niederlande. Eine freundliche Hinwendung zum politischen System, gepaart mit einer hohen Zufriedenheit mit der Gesellschaft und einer moderat linken Orientierung umschreibt die jetzt vorherrschende Stimmung.

Wird die gesellschaftliche Zufriedenheit mit dem Faktor 3 (= Achse der Apathie oder des Protests) gekreuzt (Schaubild 17), bestätigt sich der zuletzt berichtete Eindruck aufgrund der Kreuzung ganz anderer Faktoren (1 und 4; Schaubild 19): In der Nähe der Niederlande und Dänemarks lokalisiert, ist die Bevölkerung der Bundesrepublik gekennzeichnet durch Zufriedenheit mit den gesellschaftlichen Bedingungen bei gleichzeitiger milder Apathie gegenüber öffentlichen Angelegenheiten.

Wird Faktor 2 (= politische Anteilnahme) gekreuzt mit dem Faktor 4 (= Links-Rechts-Orientierung; Schaubild 18), so bestätigt sich wieder einmal die zum damaligen Zeitpunkt (1987) milde Teilnahmslosigkeit bei mäßig linker Orientierung der Bundesdeutschen. Ausgesprochen linker sind jetzt die Niederlande und Italien, und noch etwas weniger links als die Bundesrepublik sind Frankreich, Belgien und Spanien.

Als einzelnes Merkmal ist noch interessant, wie sich die Lage der Bundesrepublik zur Kritik bzw. Zustimmung gegenüber den USA darstellt. Hier nimmt die Bevölkerung der Bundesrepublik eine Mittelstellung ein mit einer insgesamt mild positiven Hinwendung. Seit 1977 ist allgemein das Urteil über die USA in den Bevölkerungen der EG ungünstiger geworden. Innerhalb dieses allgemeinen Klimas gehört dann die Bevölkerung der Bundesrepublik zu den Ländern, die ein relativ freundliches Bild der USA haben. Freundlicher ist es nur bei den Bevölkerungen von Belgien, Spanien und je nach der Art der kombinierten Faktoren von Dänemark. Jedenfalls ändert sich nichts an der relativ positiven Einstellung zu den USA, gleichgültig welche Faktorenkombination untersucht wird. Dies ist also gegenüber Variationen in den gestellten Fragen eine sehr feste Eigenschaft.

Bereits vor 24 Jahren versuchten wir, die Nähe oder Ferne der Bevölkerung verschiedener Länder empirisch zu bestimmen. Damals waren in zehn Ländern sogenannte »Zeitbudgets« erhoben worden (Aufzeichnungen des Tagesablaufs im Abstand von fünf Minuten). Dies waren die Länder und Städte:

USA	Große Städte
	Jackson (Mississippi)
Bundesrepublik	Repräsentativ
	Osnabrück als »mittelste Stadt«
Belgien	
Frankreich	

Jugoslawien	Maribor
	Kragujevac
ČSSR	Olmütz
Polen	Thorn
Ungarn	Györ
Bulgarien	Kazanlik
UdSSR	Pleskau/Pskov

Es war die erste international vergleichende Sozialforschung, in der Daten aus den Ländern des Ostblocks für westliche Forschung verfügbar wurden, und es waren überhaupt die ersten größeren Erhebungen nach westlichen Standards in Bulgarien und der Sowjetunion[320].
Orientiert an einer Form der Faktorenanalyse (»smallest space analysis« in Anlehnung an Guttman und Lingoes) wurde ein Ähnlichkeitsmaß D berechnet[321]. Eine Faktorenanalyse auf der Grundlage einer Matrix aller ausgewiesenen Differenzen zwischen den Werten für ein Merkmal X bei den Ländern A und B ergab einen dominanten Faktor, der als Faktor 1 .78 der Varianz »erklärt« (bei einer Obergrenze von 1.00). Ein Faktor 2 erhöht den Anteil der »Erklärung« um weitere .11, ein dritter Faktor noch einmal um .08. Dies ist eine ungewöhnlich komplette »Erklä-

320. Dies ist eine der bedeutendsten international vergleichenden Untersuchungen überhaupt gewesen, die dargestellt ist in Alexander Szalai (Hg.): »The Use of Time«, Den Haag 1972

321. Im Prinzip handelt es sich um die allgemeine Differenz D der euklidschen Geometrie: Zunächst werden Differenzen von Paarvergleichen ermittelt, diese Differenzen quadriert und daraus die Summe der Quadratwurzeln gezogen. Hierzu Erwin K. Scheuch: »Die Verwendung von Zeit in West- und Osteuropa«. GFM-Mitteilungen zur Markt- und Absatzforschung. Jg. 13 (1967), S. 97

Schaubild 20: Nationale Unterschiede in der Struktur der Zeitbudgets

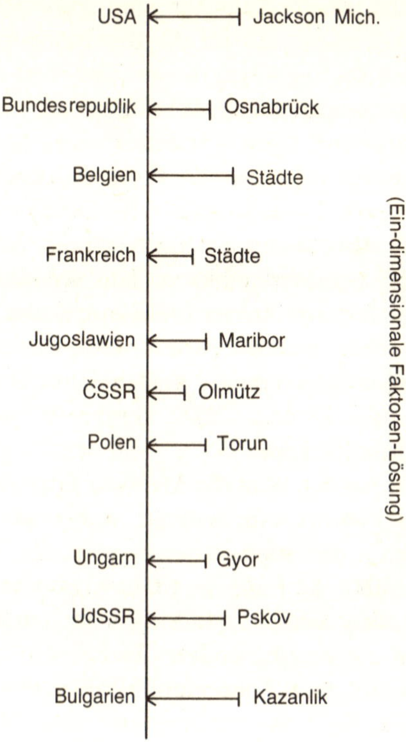

rung«, denn nur ein Rest von 3 % der Unterschiede im Datenmaterial bleibt ohne eine solche Erklärung. Den Faktor 1 deuten wir als »Ost-West-Differenz« – ein Kontinuum der Unterschiede des Lebensstils im Alltag.

Hiernach erwies sich die Bundesrepublik bereits damals als ein Land, dessen Alltag sogar noch »westlicher« als der Frankreichs ist, eine östliche Variante eines »atlantischen« Alltags. Dabei zeigte sich für die Bundesrepublik wie für die USA, daß die Lage auf diesem Ost-West-Kontinuum ziemlich unbeeinflußt vom Erhebungsort ist.
Bei der Extraktion eines zweiten Faktors (der, wie erwähnt, wesentlich schwächer die Positionen der Länder zueinander beeinflußt) wird eine differenziertere Aussage möglich. Die Ähnlichkeit des Tagesverlaufs zwischen den USA und der Bundesrepublik ist hier geringer; dagegen zeigt sich im unteren linken Quadranten eine westeuropäische »Familienähnlichkeit« des Alltags. Innerhalb des östlichen Teils Europas unterscheiden sich jetzt eine relativ westliche Gruppe (Polen, ČSSR, Slowenien) und eine eindeutiger östliche Gruppe.
Unter den Forschern ging die Meinung über die Deutung des zweiten Faktors auseinander, wobei wir selbst die Deutung »Alter der Sozialstruktur« vorzogen. Dazu fühlten wir uns durch die Lage der Stadt Kragujevac bestärkt, weil sie von allen untersuchten Städten die jüngste ist: eine Siedlung um ein neugegründetes Fiatwerk in Südserbien mit einer heterogenen Zuwandererbevölkerung.
Die Ähnlichkeiten, die wir jetzt mit dem Material des Eurobarometers errechnen konnten, wurden also bereits vor 24 Jahren identifiziert. Die am Vorabend der Wiedervereinigung festgestellte Charakterisierung der Bundesrepublik als westeuropäisches Land ist eine stabile Eigenschaft.
Die verschiedenen Arten von Faktoren-Analysen über einen Zeitraum von 25 Jahren und unter Verwendung unterschiedlicher Kombinationen von vier Faktoren er-

geben ein konsistentes Bild: eine in ihren Grundeinstellungen und -orientierungen sehr stabile und im europäischen Kontext »mittlere« Bevölkerung. Mit der Ausnahme 1977 ist die Bundesrepublik in all diesen Analysen ein eher unauffälliges Objekt, bei dem 1987 in einem Zustand leicht apathischer und milder Mißvergnügtheit dennoch die Grundprinzipien seines politischen Systems und der Gesellschaft eindeutig akzeptiert werden. Was hier an Unterschieden gegenüber den benachbarten Ländern beobachtet werden kann, ist über die verschiedenen Analysen hinweg relativ gleichförmig. So gibt es also tatsächlich deutsche Deutsche – aber nur als Variante eines für Europa mittleren Typus.

5. Kapitel: Der Prozeß der Wiedervereinigung als ungeplantes Experiment – Teil I

Deutschland sollte nach dem Willen der SED-Führung geteilt sein, und die im Laufe der Zeit mindestens schweigende Zustimmung der »classe politique« in Europa verlieh diesem Ziel öffentliche Legitimität. Dabei sollten nach den Absichten des DDR-Regimes nicht nur die Staatswesen, sondern auch die Privatwelten auseinandergerissen werden. Die DDR-Führung hoffte, daß schließlich ein sozialistischer Patriotismus für den »ersten Arbeiter- und Bauernstaat auf deutschem Boden« entwickelt werden könnte. Daß die Menschen in der ausgesperrten Bundesrepublik auch Deutsche wie in der DDR waren – eine solche Sicht galt als kleinbürgerlicher Nationalismus. Die »allseitig entwickelte sozialistische Persönlichkeit« hatte im Westdeutschen den Klassenfeind zu sehen. Auch Wissenschaftler, die sich freundlich mit einem Kollegen aus der Bundesrepublik unterhalten hatten, mußten sich die Frage gefallen lassen, ob sie nicht über den Gemeinsamkeiten des Fachs vergäßen, daß sie mit dem Klassenfeind sprachen. Gewiß konnte das Regime eine »Grenzbefestigung zum Schutze der Staatsgrenze der DDR« ziehen und Hunderte erschießen lassen, die ihr zu nahe kamen – aber konnte das Regime die Deutschen spalten?

Die Konstruktion eines Staates wie der Deutschen Demokratischen Republik war in mehrerer Hinsicht ein soziales Experiment. Nicht zuletzt gibt eine Bestandsaufnahme des Verhaltens der Deutschen in der DDR Auskunft darüber, wie tief ein zentraler Machtapparat den Alltag der Menschen und schließlich diese selbst verändern kann. Auch in der Bundesrepublik gab es hierfür eine Diskussion zu Anfang der siebziger Jahre. Damals hatte der Zweifel Konjunktur, die Bundesrepublik könnte unregierbar werden[322]. »Unregierbar« war sie nach Meinung derjenigen, die eine neue Gesellschaft schaffen wollten, die nach den Worten Wehners ein »sozialistisches Tiefenpflügen« versuchen und nicht nur anständig die Staatsgeschäfte abwickeln wollten.

Instrumente des »Tiefenpflügens« sollten im Bildungswesen die Gesamtschulen als Ganztags-Mittelpunktschulen sein, auch die vorschulische Erziehung und die Abschaffung eines Bildungskanons. Verdichtetes Wohnen in großen Wohnmaschinen, gebaut in Satellitenstädten vom Typ Perlach (München), Chorweiler (Köln) oder Neue Vahr (Bremen), sollte Kollektivbewußtsein anstelle von Individualisierung gedeihen lassen, und alle Institutionen sollten mit Räteelementen durchsetzt werden. Wie bekannt, bewirkten diese Dinge in einigen Lebensbereichen ziemliche Konfusion und in vielen Reibungsverluste, aber sonst keinen entscheidenden Schritt auf dem Weg in die erträumte »andere Republik«. Lag es vielleicht nur an der mangelnden Machtfülle? mögen sich Umbauer wie Ehmke oder von

322. Vgl. Erwin K. Scheuch: »Wird die Bundesrepublik unregierbar?«. Köln 1976

Oertzen gefragt haben. Wenn das Scheitern der »neuen Gesellschaft« mit dem »neuen Menschen« als deren Kernstück auch in der DDR mißlang, dann ist dies ein Lehrstück über die heutigen Grenzen der Gestaltbarkeit durch Macht.

5.1. Der Zusammenhang riß nie ab

Ein wichtiges Indiz für den Zusammenhalt einer Gesellschaft und eines Staates ist nach Karl W. Deutsch die Intensität der Kommunikation[323]. Das gilt ganz besonders für persönliche Kontakte durch Besuche, Telefonate, Briefe und Pakete. An der Veränderung der Kommunikation, insbesondere des Briefverkehrs, konnte Deutsch in einer Frühwarnung aufzeigen, daß sich das französisch sprechende Quebec von Kanada zu lösen begann[324]. Mit diesem Ansatz soll hier überprüft werden, ob sich tatsächlich die beiden Teile Deutschlands allmählich auseinanderlebten, wie von einem Teil des Führungspersonals in Politik und Kommunikation behauptet wurde.

In der Zeit der deutschen Teilung waren die informellen Bindungen zwischen den Deutschen in der DDR und denen in der Bundesrepublik ungebrochen geblieben. Der Post- und Telefonverkehr von der Bundesrepublik in die DDR nahm von 1950 auf 1966 fortwährend zu, in umgekehrter Richtung nahm er bis 1965 nur mäßig ab. Der

---

323. Vgl. Karl W. Deutsch: »Nationalism and Social Communication«. Cambridge (Mass.) 1953; ders.: »The Nerves of Government«. Glencoe (Ill) 1963; ders.: »Nationenbildung – Nationalstaat – Integration«. Düsseldorf 1972
324. Karl W. Deutsch: »Tides among Nations«. New York 1979

Zusammenhalt zeigte sich insbesondere daran, daß die direkten Kontakte nicht schwächer wurden. Etwa ein Drittel der Deutschen in der Bundesrepublik und in der DDR berichteten über Freunde, überwiegend aber über Verwandte im jeweils anderen Teil Deutschlands[325].

Schaubild 21: Postverkehr zwischen der Bundesrepublik Deutschland und der DDR 1950–1985[326]

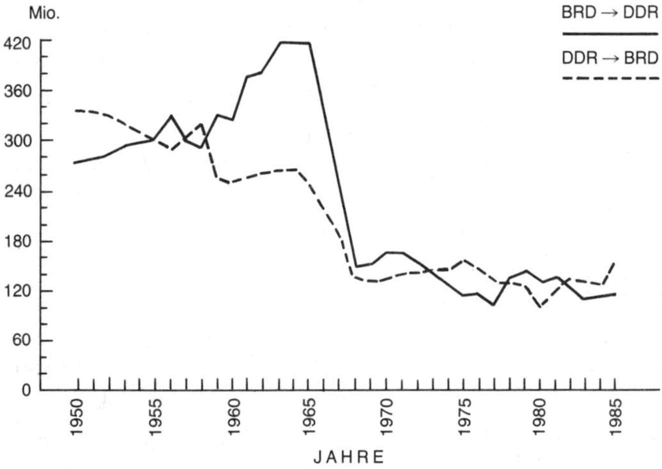

325. Anne Köhler: »Wiedervereinigung – Wunsch und Wirklichkeit. Empirische Beiträge zur Frage der nationalen Orientierung unter innerdeutschen Aspekten«. In: Werner Weidenfeld (Hg.): »Nachdenken über Deutschland«. Köln 1985, S. 147–163

326. Heinrich Best: »Nationale Verbundenheit und Entfremdung im zweistaatlichen Deutschland«. In: Kölner Zeitschrift für Soziologie und Sozialpsychologie, Heft 1, 42. Jg., 1990, Tabelle 1, S. 6

Der Bau der Mauer 1961 verhinderte zwar schlagartig die Abwanderung, beeinflußte aber die Kommunikation kaum. Ab 1958 war es zu einem erheblichen Anstieg des Postverkehrs aus der Bundesrepublik in die DDR gekommen, während umgekehrt allerdings die Post aus der DDR in die Bundesrepublik – aus politischen Gründen – rapide abnahm. Erst 1965/66 sackte der Postverkehr aus der Bundesrepublik in die DDR plötzlich von etwa 420 auf 150 Millionen Einheiten und sank damit auf das Niveau des DDR-Post-Verkehrs in die Bundesrepublik. Von diesem Zeitpunkt an stabilisierte sich die gegenseitige Kommunikation. Seither tauschten Bundes- und DDR-Bürger in etwa gleicher Zahl Briefe, Päckchen, Pakete und Telefonanrufe aus – bei wechselnder Dominanz mal des einen, mal des anderen Teils Deutschlands.
Der Abschluß des Grundlagenvertrages zwischen beiden deutschen Staaten beeinflußte den Postverkehr nicht, hingegen den Besucherverkehr und die Telefonate erheblich. Durch die vereinbarte Liberalisierung des Reiseverkehrs in die DDR stieg die Zahl der Besuche aus dem Westen von 1969 bis 1974 auf mehr als das Doppelte; die Zahl der Anrufe in die DDR nahm von etwa einer halben Million im Jahre 1969 auf über 17 Millionen im Jahre 1978 zu[327], und seit 1986 war dann ein weiterer Anstieg der Kommunikationsdichte zwischen beiden deutschen Staaten zu verzeichnen.
Best ging der Frage nach, ob es einen Zusammenhang zwischen Veränderungen der Interaktionsdichte und dem Wandel der Einstellungen zur Wiedervereinigung gibt. Er

---

327. Turner, a.a.O., S. 190

griff hier aus Mangel an anderen Daten auf veröffentlichte Umfragen über die Einstellung der Bundesdeutschen zur Wiedervereinigung zurück. Aus diesen demoskopischen Zeitreihen und den Ergebnissen amtlicher Zählungen innerdeutscher Kommunikation bildete er Synopsen, die zwar auf einen Zusammenhang zwischen »Kommunikationsnation« und »Bewußtseinsnation« schließen lassen, aber eine deterministische Deutung nicht erlauben. So weist Best darauf hin, daß der Wunsch nach Wiedervereinigung Mitte der achtziger Jahre eher häufiger, aber seine Aktualität als politische Forderung eher geringer war, als es der Entwicklung der »Transaktionsaktivitäten« entsprach[328].

Berücksichtigt wurde in der Synopse der jeweilige Anteil derer, die die Wiedervereinigung »sehr« wünschten. Das Zustimmungsniveau hatte in den fünfziger Jahren bei 80 % gelegen und war in den siebziger und achtziger Jahren auf 60 bis 66 % zurückgegangen. Die nachstehende Grafik zeigt, daß in den fünfziger Jahren ein bis zwei Fünftel der Befragten definitiv die Möglichkeit einer Wiedervereinigung ausgeschlossen hatten – Anfang der siebziger Jahre waren es etwa zwei Drittel.

Allgemein sind die Bundesbürger an den Menschen »des anderen Deutschland« immer interessiert geblieben. In welcher Weise, wird aus folgenden Antworten deutlich, die eine für Umfragedaten ungewöhnliche Konstanz im Zeitablauf aufweisen (siehe Tabelle 52):

---

328. Best, a.a.O., S. 13

Schaubild 22: Transaktionsaktivitäten und Wiedervereinigungserwartung 1950–1985[329]

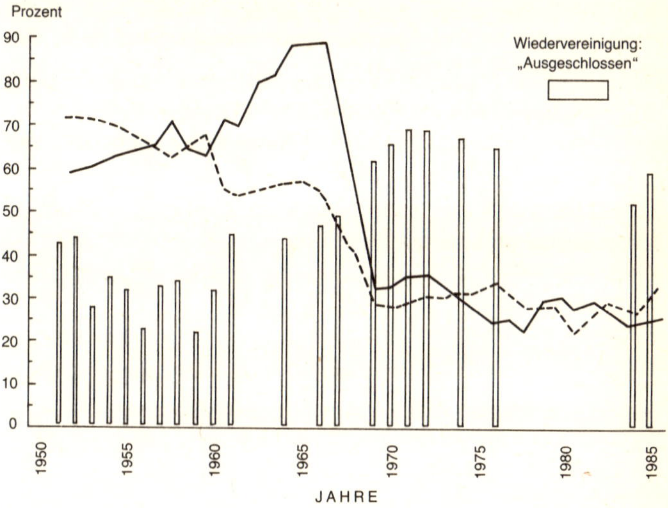

329. Best, a.a.O., Tabelle 4, S. 13

Tabelle 52: Einstellung zu DDR-Bürgern im Zeitvergleich 1970–1981[330]

Frage: »Stellen Sie sich bitte einmal vor, Sie machen Ferien irgendwo am Schwarzen Meer. Eines Tages lernen Sie dort einen anderen Deutschen kennen. Im Gespräch erfahren Sie, daß er aus der DDR kommt, in der DDR wohnt. Was denken Sie da wohl im ersten Moment, wenn Sie das erfahren? Sehen Sie doch bitte diese Karten einmal an: Was davon träfe zu?« (Vorlage eines Kartenspiels)

Bundesrepublik mit West-Berlin/Bevölkerung ab 16 Jahre	Juli 1970 %	November 1975 %	August 1979 %	November 1981 %
Ich wäre neugierig, mich mit ihm zu unterhalten	71	71	71	72
Ich würde mich freuen	61	57	48	54
Ich glaube, wir würden uns als Deutsche im Ausland gut verstehen	59	54	50	51
Ich würde vorschlagen, daß wir zusammen etwas trinken	45	47	40	47
Seine wahre Meinung würde ich nicht erfahren, weil er sich nicht traut, sie zu sagen	40	47	44	45
Ich glaube, der würde mich als Westdeutsche(n) gar nicht so gern an seinem Tisch haben, weil er bestimmt ganz anders denkt wie wir	13	18	15	17
Ich glaube, wir hätten uns wenig zu sagen	12	16	14	16
Ich glaube, das wäre ein Spitzel	6	6	6	6
Ich hätte Lust, mich von ihm zurückzuziehen	3	4	4	5
Ich wäre enttäuscht	2	3	3	3
Andere oder keine Angaben	3	3	1	3
	315	326	295	319

330. Allensbacher Archiv, IfD-Umfragen Nr. 2064, 3021, 3072, 4002

Eine Aufgliederung nach dem Alter der Befragten ergab erstaunlich geringe Unterschiede für einen Lebensbereich, in dem sonst Alter eine entscheidende Variable ist. Nach Zeitablauf und Altersgliederung zu urteilen, gab es eine stabile Einstellung zu den Bürgern der DDR.
Das soll nach den Angaben des Instituts für Demoskopie in Allensbach allerdings bei einer anderen Frage seit den siebziger Jahren nicht mehr der Fall gewesen sein. Das Institut fragte zu einer hypothetischen Begegnung am Schwarzen Meer:

Tabelle 53: Einschätzung eines DDR-Bürgers im Zeitvergleich 1970–1981[331]

Frage: »Und hätten Sie das Gefühl, daß es ein Landsmann ist, oder würde Sie mit ihm nicht mehr verbinden als mit einem . . ., der die gleiche Sprache spricht?«

	1970 %	1981 %
»mit einem DDR-Bürger nicht mehr als mit einem Österreicher . . .«	20	30
»mit einem DDR-Bürger nicht mehr als mit einem Schweizer . . .«	18	26

Das Ergebnis muß jedoch nicht als Indiz für Entfremdung gelesen werden. Die positive Einstellung ihren Nachbarn Schweiz und Österreich gegenüber drückt aus, daß Bundesdeutsche kosmopolitischer und westlicher wurden.
Die Frage nach »sympathischen« Ländern und Leuten verdeutlichte: Nicht die Menschen der DDR, sondern die

331. Allensbacher Berichte Nr. 13/1982

DDR als Staat stieß bei fast jedem zweiten Bundesdeutschen auf Ablehnung. Am unsympathischsten waren den Westdeutschen neben der DDR zwei weitere kommunistische Staaten: die Tschechoslowakei und die Sowjetunion.

Tabelle 54: Länder und Leute[332] (1982)

Frage: »Welche von diesen Leuten (Parallelumfrage: Ländern) hier sind Ihnen besonders sympathisch?«
»Und welche von diesen Leuten (Parallelumfrage: Ländern) sind Ihnen besonders unsympathisch? Wenn Sie es mir wieder nach dieser Liste sagen.« (L.; nur drei Angaben)

	Länder Dezember 1982			Leute Dezember 1982	
	Sympathisch %	Unsympathisch %		Sympathisch %	Unsympathisch %
Österreich	63	4	Österreicher	52	6
Schweiz	63	4	Schweizer	47	5
Frankreich	43	5	Franzosen	31	7
Niederlande	31	10	Holländer	27	26
Italien	26	18	Menschen in der DDR	26	6
Griechenland	23	5	Italiener	15	23
Großbritannien	14	17	Briten	14	19
DDR	4	46	Griechen	13	7
Tschechoslowakei	3	32	Tschechen	4	18
Sowjetunion	3	57	Russen	4	37
Keins davon	5	21	Keine davon	11	34

332. Elisabeth Noelle-Neumann und Edgar Piel: »Allensbacher Jahrbuch der Demoskopie 1978–1983«, Bd. VIII, München 1983, S. 582

Die Tabelle, besonders die linken Spalten, belegt wieder einmal, wie westeuropäisch die Bürger der Bundesrepublik geworden sind. Die Ergebnisse decken sich mit den früher angeführten Korrespondenzanalysen. Wenn mit sehr verschiedenen Verfahren das gleiche Resultat ermittelt wird, wenn also der Befund weitgehend unabhängig von der Untersuchungstechnik wird, darf er als gesichert gelten.
Bei einer anderen Fragestellung zeigte sich, daß die Bundesdeutschen immer noch die stärkere »Seelenverwandtschaft« zu Deutschen in der DDR fühlten:

Tabelle 55: Seelenverwandtschaften[333] (1989)

Frage: »Mit welchem Nachbarland hat die BRD die größte innere Verwandtschaft?«

	%
DDR	39
Österreich	31
Schweiz	8
Frankreich	8
Niederlande	5
Dänemark	2

Tendenziell waren allerdings die DDR-Bürger in der Tat dabei, die Nähe oder Ferne von Österreichern zu erhalten, jedoch – sehr fern sind die Österreicher uns auch nicht. Österreich gilt auch im eigenen Selbstverständnis als Teil der deutschen Kulturnation, ohne daß dort heute allerdings

333. Journal für Sozialforschung: »Zur (bundes)deutschen Seele – Nachbarschaftsgefühle österreichisch gespiegelt«. 30. Jg. (1990), Heft 1, S. 134 (Quelle: GFK; 1989, n = 1000)

der Wunsch nach staatlicher Einheit mit der Bundesrepublik Deutschland vorherrschte.
Wer in den Ipos-Umfragen von 1989 und 1990 einen Beleg dafür sah, daß in der Bundesrepublik Deutschland die Wiedervereinigung als Ziel verschwunden war und sich die Zweistaatlichkeit Deutschlands durchgesetzt hatte, hätte durch andere Umfrage-Ergebnisse diese Vorstellung korrigieren müssen: Die deutsche Frage war zwar noch im Januar 1989 nicht aktuell, aber nach wie vor offen nach Meinung der Bevölkerung – und damit konnte sie über Nacht wieder zum Thema werden, wenn denn die Umstände danach waren.

Tabelle 56: Die deutsche Frage[334] (Januar 1989)

Frage: »Wie ist Ihre Meinung: Ist die deutsche Frage noch offen, oder ist sie nicht mehr offen?«

	%
Noch offen	51
Nicht mehr offen	24
Unmöglich zu sagen	25

Im Jahre 1989 stieg sprunghaft die Zuwanderung von Deutschen aus Polen und der Sowjetunion (»Aussiedler«) sowie aus der DDR (»Übersiedler«). Eine neue Protestpartei, die Republikaner, appellierte an den Unmut, der sich aus

334. Elisabeth Noelle-Neumann: »Das Zusammengehörigkeitsgefühl ist stark geblieben. Auch die junge Generation hält an der einen deutschen Nation fest« (Umfrage des Instituts für Demoskopie in Allensbach). In: FAZ, 23. 10. 1989, S. 13

Engpässen im Wohnungswesen und den Sorgen um die Bezahlbarkeit von Sozialleistungen nährte. Aus diesem Anlaß wurde gefragt, wie man Bürger der DDR sehe: in erster Linie als Deutsche wie man selbst oder als Bürger eines eigenen Staates, der DDR. Für die Mehrzahl der Bundesbürger war ein Bewohner der DDR nach wie vor ein Deutscher und weniger ein DDR-Bürger. Die sich beschleunigende Entwicklung bis Mitte des Jahres 1990 mit der Wanderung von ca. einer Million DDR-Bewohnern hat an dieser Einschätzung wenig geändert. Die folgenden Zahlen sind fast identisch mit den Ergebnissen im Jahre 1989:

Tabelle 57: Einstellung zu DDR-Bürgern[335] (Mai/Juni 1990)

	Alle %	CDU %	SPD %	FDP %	Grüne %	Rep. %
Ein Bewohner der DDR ist für die Befragten						
in erster Linie ein Deutscher	62	70	60	64	50	42
in erster Linie ein Bürger der DDR	37	30	39	36	49	58

335. Ipos-Bericht 1990, S. 77

5.2. »Mit den Füßen« Geschichte machen

Umfragen mit einiger Verläßlichkeit als Belege stehen uns für die Bevölkerung der DDR erst ab Ende Februar 1990 zur Verfügung. Bis zu diesem Zeitpunkt waren Befragungen in der DDR allgemein verboten und wurden – falls keine Ausnahmegenehmigung vorlag – als eine Form der Spionage gewertet. Erst ein Gesetz des »Runden Tisches« machte es möglich, verläßliche Interviewer-Netze und diskutable Stichproben aufzubauen.

Der allgemein erkennbare Prozeß der Destabilisierung des Regimes begann aber mindestens ein Jahr früher, also bevor uns verläßliche Umfragen zur Verfügung standen; deshalb kann er bis heute nur in Umrissen charakterisiert werden. Die Sozialwissenschaftler in der DDR meinen, daß die grobe Fälschung und die krassen Manipulationen der Kommunalwahl am 7. Mai 1989 – die Egon Krenz noch ein »klares Votum des Volkes für starken Sozialismus« genannt hatte – von der Bevölkerung als provokant empfunden wurden[336]. Das mag sein, wirft dann aber die Frage auf, warum im Mai 1989 etwas empörte, was seit Jahren stehende Praxis des Regimes war. Die wahrscheinliche Antwort ist: Durch die offenbaren Veränderungen im »Ostblock« seit Gorbatschows Wahl zum Generalsekretär der KPdSU am 11. März 1985 war die Unzufriedenheit mit dem Ausbleiben ähnlicher Veränderungen in der DDR immer stärker angestiegen. Bereits 1987 hatte die evangelische Kirche in der DDR Dissidenten die Möglichkeit gegeben, in Kirchenzeitungen zu veröffentlichen. In Polen

---

336. Mündliche Mitteilung während zweier Besuche zu sozialwissenschaftlichen Konferenzen in der DDR im April und Anfang Oktober 1989

hatte 1988 die Kommunistische Partei ihr Machtmonopol aufgeben müssen. Die Regierung Honecker fühlte sich darauf folgend gezwungen, Publikationen aus der UdSSR zu zensieren oder gar zu verbieten, und geriet damit unter den nominell Verbündeten in eine Randlage.

Jedenfalls wuchs nach den Kommunalwahlen die Opposition in der DDR, ungeachtet der Warnungen der SED-Führung vor Gewaltanwendung. Die Bereitschaft der SED-Führung zum Kampf mit der Waffe gegen Kritiker verdeutlichte ein Artikel im »Neuen Deutschland« vom 5. Juni 1989, in dem die blutige Niederschlagung der Demonstration auf dem Platz des Himmlischen Friedens in Peking als Antwort »auf den konterrevolutionären Aufstand einer extremistischen Minderheit« gerechtfertigt wurde. Egon Krenz überbrachte in diesem Sinne der chinesischen KP-Führung zu ihrem 40. Jahrestag die Glückwünsche der SED – als Warnung für die eigene Bevölkerung.

Die auch von der DDR unterschriebene KSZE-Konvention gab von da ab den Bürgern der DDR die rechtliche Möglichkeit, Ausreise-Anträge zu stellen. Obgleich die Behörden darauf mit Schikanen und Verzögerungen antworteten, schwoll im Juli/August 1989 das Volumen der Anträge auf Hunderttausende an. Die Drohungen mit der Ausreise bewirkten, daß das Regime auch international in Schwierigkeiten geriet. In den Wochen vor den Feierlichkeiten zum 40. Geburtstag der DDR eskalierte die Situation weiter durch eine beginnende Fluchtwelle besonders von jungen DDR-Bewohnern.

Am 19. August 1989 gelang es etwa 600 Urlaubern, während des Festes der »Paneuropa-Union« bei Sopron aus Ungarn nach Österreich zu flüchten. Tausenden glückte die Flucht über die grüne Grenze nach Österreich, und

immer mehr Bürger der DDR drangen im August 1989 in die Botschaften bzw. Ländervertretungen der Bundesrepublik, insbesondere in Ost-Berlin, Budapest und Prag, ein, um ihren Anträgen auf Übersiedlung in den anderen Teil Deutschlands Nachdruck zu verleihen. Die Repräsentanten der Bundesrepublik konnten diese Menschen nur deshalb nicht abweisen, weil die Regierung Kohl/Genscher allen Anfeindungen zum Trotz daran festgehalten hatte, daß auch die Bewohner der DDR die deutsche Staatsangehörigkeit behielten. Und Deutschen mußte ohne Wenn und Aber Schutz gewährt werden.
Tausende drängten sich in den zu Fluchtburgen umfunktionierten Botschaften in Warschau, Prag oder Budapest unter unhaltbaren Zuständen zusammen. Suggestive Fernsehbilder gingen um die Welt und dokumentierten, welche Entbehrungen die Botschaftsflüchtlinge auf sich nahmen, um in Freiheit leben zu können. Besonders dramatisch wirkten die Bilder, als Menschen innerhalb der Botschaftsgrenzen mit letzter Kraft weitere Flüchtlinge den Händen derer entrissen, die die Botschaften vor Freiheitsuchenden abschirmen sollten.
Eine Schlüsselrolle für die weitere Eigendynamik des Abstimmens »mit den Füßen« hatte die ungarische Regierung. Ihr Entschluß, die gesundheitsgefährdenden Zustände im Gelände um die deutsche Botschaft zu beenden, indem sie am 11. September 1989 die Grenze nach Österreich für alle DDR-Bewohner öffnete – die erste Öffnung eines Eisernen Vorhangs überhaupt – hatte eine Sogwirkung zur Folge. Am ersten Tag flohen 6000 Deutsche aus der DDR über Österreich in die Bundesrepublik, bis zum Ende des Monats folgten weitere 27000 Flüchtlinge. In nur sechs Wochen hatten dann 50000 DDR-Bürger die Aus-

reisemöglichkeit von Ungarn über Österreich in die Bundesrepublik genutzt. Vor der staunenden Weltöffentlichkeit verkürzten jubelnde sympathische junge Frauen und Männer symbolisch das »DDR«-Zeichen auf ihren Autos zu einem einfachen »D« – Vorläufer der späteren Rufe »Wir sind ein Volk« –, und die Welt zeigte sich ergriffen von diesen Bildern, auf denen Jugendliche und junge Familien mit Kleinkindern in ihren klapprigen Trabis ihre neugewonnene Freiheit bejubelten.

Dem Beispiel Ungarns folgte die kommunistische Führung der Tschechoslowakei – in Abstimmung mit dem Regime der DDR, das die Ausreise letzten Endes gestatten mußte. Was sonst sollte es angesichts der ost-westlichen Entspannung im Rahmen der Konferenz für Sicherheit und Zusammenarbeit in Europa (KSZE) tun?

Bis Mitte August 1989 hatte der freie Teil Deutschlands am Geschehen keinen Anteil und war nur Zuschauer bei Ereignissen, die andere schufen. Erst mit den Botschaftsbesetzungen wirkten die Berichte des West-Fernsehens als eine aktive Reaktion aus der Bundesrepublik in die DDR hinein. Zwei Botschaften waren dabei wichtig: 1. Wer energisch genug ist, kann seine Übersiedlung erzwingen. 2. Er wird im Westen als Deutscher hilfreich und gern aufgenommen.

Bestimmend für die freundliche Begrüßung der Übersiedler in der Bundesrepublik war die Vorstellung, es handele sich hier um Menschen, die endlich einmal in Freiheit leben wollten. Deutschtum als Jubelgrund, das von Lafontaine als wichtiges Motiv vermutet und dabei heftig kritisiert wurde, erwies sich bei sieben Antwortvorgaben als das am wenigsten wichtige.

Tabelle 58: Ursachen für das Übersiedeln aus der DDR[337] (August/September 1989)

Frage: »Was meinen Sie, was sind die eigentlichen Ursachen, weshalb soviel Leute aus der DDR in die Bundesrepublik kommen wollen? Hier auf diesen Karten ist einmal Verschiedenes aufgeschrieben. Legen Sie bitte einmal alles heraus, bei dem Sie sagen würden: deshalb wollen soviel kommen, das sind die Ursachen dafür.« (Vorlage eines Kartenspiels)

	Bevölkerung insgesamt	Altersgruppen 16–29 Jahre	30–44 Jahre	45–59 Jahre	ab 60 Jahre
	%	%	%	%	%
Weil sie in Freiheit leben wollen	85	86	86	86	83
Weil es ihnen wirtschaftlich nicht so gut geht	78	79	80	77	76
Weil sie nicht frei reisen dürfen	75	76	75	74	73
Weil sie unterdrückt werden	73	74	72	75	69
Weil sie in der Bundesrepublik ein schöneres Leben haben	60	57	59	61	63
Weil sie hier finanzielle Unterstützung bekommen	49	47	45	49	54
Weil sie sich als Deutsche fühlen	35	31	31	34	43
Keine Angabe	3	2	2	2	4

337. Allensbacher Archiv, IfD-Umfrage 5024, August/September 1989

Daß nicht das Deutschtum im Vordergrund stand, sondern eher das Überwechseln in eine andere Lebensform, ergibt sich auch aus der Einschätzung der Bundesbürger, daß das Einleben der DDR-Flüchtlinge schwierig sein würde. Wenn es eine Verbrüderung im nationalen Rausch gegeben hätte, wären solche Vermutungen nicht wahrscheinlich gewesen.

Tabelle 59: Einleben – schwierig?[338]
(September/Oktober 1989)

Frage: »Rechnen Sie damit, daß die Deutschen aus der DDR, die jetzt zu uns kommen, sich leicht bei uns einleben werden oder schwer?«

	%
Leben sich leicht ein	34
Schwer	45
Unentschieden	21

Die Massenmedien hatten in dem Instrumentarium, mit dem die SED-Führung eine neue sozialistische Gesellschaft und den »neuen Menschen« entwickeln wollte, eine zentrale Bedeutung. Druckerzeugnisse, die nicht den Wünschen des Regimes entsprachen, konnten weitgehend aus der DDR ausgesperrt werden. Selbst in Forschungsinstituten waren wissenschaftliche Zeitschriften in »Giftschränken« verschlossen. Gegen die elektronischen Medien konnte man sich allerdings technisch nicht so gut abschotten, und im Laufe der Jahre gab das Regime seine schika-

338. Allensbacher Archiv, Umfrage September/Oktober 1989, zitiert in FAZ, 23.10.1989

nösen Versuche stillschweigend auf, über die Antennenanlagen das Westfernsehen aussperren zu wollen. Das hatte zur Folge, daß in der zweiten Hälfte der achtziger Jahre überall in der DDR, wo es technisch möglich war, das Fernsehen der DDR-Bewohner praktisch das Westfernsehen war.

Tabelle 60: Hohe Akzeptanz für West-TV[339]
– Nutzungsfrequenz des West- und Ostfernsehens in der DDR –

Auf die Frage »Wie häufig haben Sie in der DDR Sendungen des Westfernsehens/des DDR-Fernsehens gesehen? Würden Sie sagen: fast jeden Tag, häufig, manchmal, sehr selten, nie?« gab es folgende Antworten:

	Empfang des Westfernsehens möglich (n = 162)		nicht möglich (n = 43)	
	West-TV %	Ost-TV %	West-TV %	Ost-TV %
»fast jeden Tag«/»häufig«	94	10	–	49
»manchmal«	5	18	5	28
»sehr selten«/»nie«	1	72	95	23

n = 205 DDR-Zuwanderer

Diese Lücke im versuchten Informationsmonopol war ein wichtiges Element im Prozeß der Destabilisierung des SED-Regimes. Während der Massenflucht aus der DDR, die von den DDR-Medien totgeschwiegen wurde, informierte das Westfernsehen über diese Ereignisse. So wirkte

339. »Hohe Akzeptanz für West-TV«. Medienspiegel des Instituts der deutschen Wirtschaft, Jg. 13, Nr. 41, 9. 10. 1989. Zur Empfangbarkeit von Fernsehsendern nach »Ländern« siehe: »Privat-TV im Abseits«. Medienspiegel 20. 8. 1990

auch dieser Versuch des Regimes, die eigene Bevölkerung irrezuführen, nur als Stimulus für weitere Demonstrationen.

Das Fernsehen der Bundesrepublik setzte ins Bild, mit welchem Jubel die über Ungarn und Österreich in die Bundesrepublik reisenden ehemaligen Bewohner der DDR die Grenze nach Deutschland überschritten, wie freudig man sie begrüßte und wie eifrig Vorsorge getroffen wurde, damit sich Zehntausende von Übersiedlern pro Tag wohl fühlen konnten. »Willkommen aus Deutschland in Deutschland«, hieß die Botschaft dieser Bilder.

Und je stärker der Strom der Übersiedler anschwoll, um so aufnahmebereiter wurden die Bundesdeutschen:

Tabelle 61: Verhalten gegenüber den Übersiedlern aus der DDR[340] (März bis Oktober 1989)

	Jeder sollte aufgenommen werden %	Ihre Zahl sollte etwas gesenkt werden %	Ihre Zahl sollte stark gesenkt werden %
März 1989	29	45	26
Mai 1989	37	38	25
August 1989	48	34	18
September 1989	65	26	9
Oktober 1989	64	25	11

340. Befragungen durch Emnid in den betreffenden Monaten. Ein Teil der Ergebnisse wurde veröffentlicht im »Spiegel«, Nr. 44/1989

Dazu dürfte die Erwartung beigetragen haben, daß sich die Hunderttausende rasch in die Westgesellschaft integrieren würden – ebenso wie die große Mehrheit der deutschen Aussiedler aus Polen und der UdSSR. Nach der Emnid-Umfrage im Oktober 1989 gaben nur 11 % eine negative Einstellung zu den Übersiedlern an. Die Bundesrepublik war de facto zu einem Einwanderungsland für Deutsche geworden.
Oskar Lafontaine als Sprecher eines Teiles der SPD mochte dem widersprechen und dafür die Bundesrepublik als Einwanderungsland für Nichtdeutsche empfehlen, und Heiner Geißler mochte ihn in dieser Vorliebe für eine möglichst multikulturelle Gesellschaft auch für einen Teil der CDU bestärken, aber das war veröffentlichte Meinung und nicht die Meinung in der Bevölkerung – wie für die Bewohner der DDR an den Fernsehbildern der herzlichen Begrüßung von Übersiedlern augenfällig geworden war.
In ihrem Land verbliebene DDR-Bewohner waren ebenso durch die Berichterstattung der westlichen Medien aufgewühlt. Eine Kettenreaktion begann in der zweiten Hälfte des September. Wie in Massenhysterie flüchteten Zehntausende, teilweise spontan vom Essenstisch. Die Flucht als Übersiedlung von Deutschland nach Deutschland heizte den Exodus an, und die Berichterstattung ließ bei den Zuschauern in der DDR die Zweifel wachsen, ob die Flucht noch lange möglich sein werde.
Hunderttausende sahen sich nicht zuletzt durch die Kameras der Weltpresse, die auf die Ereignisse in der DDR gerichtet waren, ermutigt, nun auch öffentlich gegen die SED-Führung zu demonstrieren, die mit den Auswirkungen ihrer Mißwirtschaft und ihrem Unterdrückungsapparat Anlaß für den Massenexodus war.

Am 4. September 1989 kam es zur ersten größeren Demonstration vor der Kreuzkirche in Dresden. Von da an wurden die öffentlichen Proteste immer häufiger und nahmen im Frühherbst – vor allem in Leipzig – den Charakter einer Herausforderung des Regimes an. Die Verbindung dieser Proteste mit einigen evangelischen Kirchen machte es zweifellos für das Regime schwieriger, die ehedem exemplarisch gegen Einzelpersonen gerichteten Zwangsmittel nun flächendeckend einzusetzen. Immerhin wurden die neugegründeten Gruppen wie Demokratischer Aufbruch und Neues Forum – ideologisch als links/grün einzuordnen – am 29. September 1989 von Sicherheitsminister Mielke als »Staatsfeinde« bedroht, und am 1. Oktober 1989 lobte Egon Krenz öffentlich die Regierung der VR China – eine weitere Drohung.
»Wir sind das Volk«, hieß es immer öfter bei den sich häufenden Demonstrationen in Anlehnung an den Aufruf von Thomas Münzer, der – eine Ironie der Geschichte – gerade in diesen Monaten in Ost-Berlin zu seinem Andenken plakatiert wurde. Dieser Ruf schlug die SED mit ihren eigenen propagandistischen Waffen, denn sie hatte ja sich selbst – ähnlich wie die NSdAP mit ihrer Beschwörung der Volksgemeinschaft – stets auf das Volk berufen, mit der »Volksdemokratie«, der »Volkssolidarität«, dem »Volksrichter«, der »Volkspolizei« oder der »Volksarmee«.
Beides – Massenflucht und Massendemonstrationen – waren aber Ereignisse, auf die das Regime, wollte es denn als Polizeistaat weiterbestehen, mit eben jener flächendeckenden Repression hätte reagieren müssen, die dann unterblieb. Für kurze Zeit versuchte das Regime, sich wie im Jahre 1961 vor einem Ausbluten zu schützen. Anfang Oktober 1989 wurden die Grenzen zu den »sozialistischen

Bruderländern« geschlossen, was aber aus technischen Gründen unwirksam blieb und aus politischen Gründen schon gar nicht auf Dauer durchhaltbar war.
Noch setzte die SED-Führung auf das, was in der Führungsschicht der DDR die »Chinesische Lösung« hieß, aber sie wagte schon nicht, am 7. Oktober 1989 – geplant als Jubelfeier zum 40jährigen Bestehen der DDR – durch lange öffentliche Militärparaden ihre Macht zu demonstrieren. Aber auch das »abgemagerte« Programm des Gedenktages wirkte auf den protestbereiten Teil der Bevölkerung noch aufreizend genug. Die Demonstrationen wurden immer größer, auch wenn das Regime es verstand, sie in den Medien, die es kontrollierte, totzuschweigen.
Am 8. und 9. Oktober 1989 versuchte die SED-Führung ihre Macht zurückzugewinnen. Unterstützt wurde sie dabei von Regime-genehmen Künstlern und Schriftstellern, die in einem Aufruf »Für unser Land« vor dem »Ausverkauf der DDR« warnten[341]. Darauf sollte als Höhepunkt der Einsatz von Gewalt gegen das eigene Volk folgen – die »Chinesische Lösung«. Geplant war am 9. Oktober 1989, die Demonstranten in Leipzig niederzuschießen. Die Leichensäcke lagen schon bereit, und mit deutscher Gründlichkeit hatte man bereits die Versorgung der erwarteten Schwerverletzten vorbereitet. Als die 70000 Demonstranten in einem Schweigemarsch mit Kerzen durch Leipzig und Dresden zogen, hatte Honecker den Schießbefehl er-

341. Offener Brief in der »Jungen Welt« am 9. 10. 1989. Siehe auch Hermann Kant: »Das haben wir einfach nicht verdient«. In: Rheinischer Merkur/Christ und Welt, 19. 10. 1990, S. 21

teilt – aber er wurde nicht ausgeführt[342]. Warum – dies ist eines der beiden Rätsel im Prozeß des Zerbröselns der Macht in der DDR; denn eine Machtprobe war im Verlauf des Prozesses verschiedentlich möglich gewesen und unterblieb doch. Schritt um Schritt wich das Regime zurück, unter letztlich ungeklärten Umständen. Eine Revolution in der üblichen Bedeutung des Wortes war dies nicht – auch keine friedliche.

---

342. Werner Kalinka und Thomas Krafczyk: »Der Rückzugsbefehl kam in letzter Minute. Schaltete Honecker selbst um auf Dialog? Erinnerungen an den 9. Oktober 1989 / Ein Jahr nach der Revolution in Leipzig. Es gibt immer noch ›geheime Stasi-Nester‹«. Die Welt, Nr. 235, 8. 10. 1990, S. 5

6. Kapitel: Am Vorabend einer »Chinesischen Lösung«[343] Anfang Oktober in der DDR

(Ute Scheuch)

Sonntag, 1. Oktober 1989:

20.15 h: Die ARD hat das Programm geändert. In der Sondersendung »Der Zug in die Freiheit« wird über das Eintreffen der DDR-Flüchtlinge aus der deutschen Botschaft in Prag berichtet, die nach der offiziellen Sprachregelung der SED »ausgewiesen« wurden. Die Freudenszenen, die Rufe »Freiheit«, »Freiheit«, die Euphorie – es geht mir durch Mark und Bein. Die Tränen dieser jungen, sympathischen Deutschen aus der DDR stecken an. Wie schon beim Eintreffen der ersten Flüchtlinge aus Ungarn über Österreich stehe ich vor dem Fernseher und weine einfach mit. Mir fällt es leicht, mich in die Lage dieser Menschen hineinzuversetzen, die »aus diesem korrupten und perversen Staat« (Originalzitat eines jungen Mannes) hinausflüchten, weil sie keine Perspektive mehr in ihrer sozialistischen Heimat sehen.

343. »Chinesische Lösung« – DDR-Bezeichnung für das massenhafte Zusammenschießen einer Demonstration wie im Juni 1989 auf dem Tienanmen-Platz in Beijing

Es ist eine denkwürdige Einstimmung in unsere Reise in die DDR. Letztlich war diese Ausreisewelle aus der DDR der konkrete Anlaß, die seit Wochen vorliegende Einladung der Akademie der Wissenschaften in der DDR doch noch anzunehmen, ungeachtet der vielen Arbeit, die hier dringend getan werden müßte. Unser Gastgeber Johannes Gladitz hatte traurig auf unsere erste Absage reagiert: »Die Kollegen aus dem Westen lassen uns im Stich. Mit uns will man wohl nichts mehr zu tun haben. Das kann kein Zufall sein: Erst haben die Teilnehmer aus den USA abgesagt, jetzt Sie!« Unsere Versicherung, mit dem durch die Flüchtlingswelle offenbar gewordenen Desaster der DDR habe unsere Absage nichts zu tun, kam uns dann selbst etwas dürftig vor. Vielleicht würden wir uns ein Leben lang ärgern, würden wir diese Möglichkeit verstreichen lassen, uns über das Denken der in der DDR »Zurückgebliebenen« aus erster Hand zu informieren.
Auf dem Kölner Bahnhof staunen wir: Erwartet hatten wir, in einen leeren Zug einzusteigen. Erwin hatte Gladitz gegenüber schon am Telefon gespottet: »Ihre Grenzpolizei soll doch froh sein, daß überhaupt noch jemand in die DDR kommen will« (Gladitz fand das gar nicht witzig). Und nun steigen wir in einen Liegewagen der »Deutschen Reichsbahn« der DDR, voll besetzt mit jungen DDR-Bürgern. Ihre Stimmung ist ausgelassen, die Wein-, Bier- und Schnapsflaschen kreisen, und es wird eine laute Nacht. In Duisburg steigen unsere beiden »Bettgenossen« zu. Unser Hunger ist dank der mitgebrachten Brote gestillt – einen Speisewagen hat der Zug nicht, wohl zur Einstimmung in DDR-Verhältnisse – und der ebenfalls mitgeführte Wein ist getrunken. Die nötige Bettschwere ist also vorhanden. Um 23 h sinken wir in Tiefschlaf, nachdem wir zur

Begrüßung noch ein Glas Sekt mit unseren Mitreisenden geleert haben.

Montag, 2. Oktober 1989:

3.30 h: Paß und Zollkontrolle in Oebisfelde. Zwei müde DDR-Zöllner fertigen die Reisenden routiniert ab. Man legt die vorbereiteten Anträge auf Erteilung eines Visums und die Zollerklärungen vor. Unpersönlich und unfreundlich stempeln die Zöllner das Visum in den Paß, kleben eine Gebührenmarke über 15 DM dazu und bestätigen die Zollerklärung. Wir verweisen auf die Schnellvisa, die für uns an der Grenze bereit liegen sollen. Die beiden Autoritäten reagieren leicht ungläubig. Der jüngere eilt mit unseren Pässen und dem Einladungsschreiben der Akademie davon. Zehn Minuten später kontrolliert ein junger NVA-Offizier – offensichtlich der Vorgesetzte – die Pässe. Wenigstens er lächelt jovial und berichtigt spöttisch meine Bemerkung, unsere Pässe seien bereits »einkassiert«: »Hier wird nichts einkassiert.« Kurze Zeit später ist er mit unseren Pässen zurück. Erstaunt sehen wir, daß wir in diesem klassenlosen Staat einen privilegierten Status genießen: Unsere Visa sind kostenlos erteilt worden, und eine Zollerklärung oder irgendwelche weiteren Auskünfte brauchen wir nicht zu geben. Nur nach unserem Reiseziel fragt uns der junge NVA-Offizier freundlich. Holzhau. Er kennt diesen Ort so wenig wie wir.
Verglichen mit unserer ersten Einreise in die DDR ein halbes Jahr zuvor sind wir heute fast wie an einem beliebigen anderen Grenzübergang in der Welt (vielleicht mit Ausnahme Indiens) behandelt worden. Im Frühjahr hatten wir noch erfahren müssen, daß zumindest in diesem Teil

Deutschlands noch der miese kleine Funktionär mit seinem berüchtigt autoritären Charakter real existiert. Am Grenzübergang Friedrichstraße waren seinerzeit aufgrund der Einladung der Akademie der Wissenschaften die Visa hinterlegt worden. Unfreundlich hatte uns ein käsiger junger Soldat angewiesen, auf einer Bank Platz zu nehmen, bis wir aufgerufen würden. Statt, wie befohlen, sitzen zu bleiben, inspizierte Erwin den großen Grenzraum mit den vielen Hinweisschildern, wie sich »Ausländer« in der DDR zu benehmen haben. Ein mittelalter Grenzer schnauzte ihn an: »Sie haben kein Recht, hier herumzulaufen! Ihnen war befohlen worden zu sitzen. Also, setzen Sie sich gefälligst!« Ähnlich abschreckend waren wir bei einer bloßen Transitreise nach Moskau über den Ostberliner Flughafen Schönefeld empfangen worden. Sowohl beim Abflug als auch bei der Wiedereinreise in die DDR befahlen uns NVA-Soldaten herrisch, was wir zu tun oder zu lassen hatten. Allerdings gab es auch Ausnahmen. Beispielsweise hatten wir bei unserer Rückkehr aus Moskau um ein Einreisevisum in die DDR gebeten, um in Ostberlin ein paar Stunden mit Artur und Uta Meier verbringen zu können. Das wurde uns strikt verwehrt. Der diensthabende NVA-Offizier befahl uns, unverzüglich, ohne jeden Aufenthalt, aus der DDR auszureisen. Beim Verlassen des Kontrollraumes witzelte ein anderer Offizier: »Na, hatte der wieder schlechte Laune? Übrigens wird Sie niemand an der Friedrichstraße fragen, wann Sie eigentlich gelandet sind ...« Recht hatte er. Problemlos passierten wir sieben Stunden später die Grenzkontrollen. Dennoch, als Gesamteindruck war uns haften geblieben, daß hier mißmutige Soldaten in der Tradition des deutschen Polizeistaats ihren Frust am offensichtlich westlich-verwöhnten Menschen abreagieren.

Der Neid – eine angeblich ausgeprägt deutsche Eigenschaft – tobt sich hier ungeniert aus.
Ähnliches hatte uns Artur Meier berichtet, immerhin DDR-Bewohner. Als er auf dem Flughafen Schönefeld auf seine Frau Uta wartete, die von einer Westreise zurückkam, nützten ihm alle seine Privilegien als SED-Funktionär nichts: Kaum hatte er seinen Kopf über die Sperre zum Einreiseraum gesteckt, um die Ankommenden besser sehen zu können, schrie ihn ein NVA-Offizier an: »Sie verletzen den exterritorialen Luftraum der DDR!« Anschließend mußte er sich einem penetranten Verhör unterziehen – die Herrschsucht des Kleinen Mannes läßt sich auf billige Weise befriedigen.
Im Zug wird es früh wieder munter. Ich döse in meiner »Hängematte« und lausche den Gesprächen im Nachbarabteil. Zwei junge Frauen sprechen über die Flüchtlingswelle aus Ungarn und Prag. Sie hatten im ZDF die Abendsendung »Heute« gesehen und zeigen sich empört: »Was diese Leute vor den Kameras sagen, das ist unanständig – unanständig!« Offensichtlich sind es Privilegierte aus der Funktionärsschicht, die sogenannten »Jubeljugendlichen«, die rechtzeitig vor dem 40. Jahrestag in die Heimat zurückkehren. Eine der jungen Frauen erzählt spöttisch, sie sei immer wieder gefragt worden, ob sie nun über Ungarn oder Prag ausgereist sei und daß ihre Gesprächspartner ungläubig reagiert hätten, als sie erklärte, auf einer Besuchsreise in der Bundesrepublik zu sein und auch wieder in die DDR zurückkehren zu wollen. »Was denken die eigentlich?« fragt sie. Alle lachen mit und lassen mit keinem Wort erkennen, daß sie vielleicht doch Zweifel an der Situation in ihrer Heimat und an diesem Rückkehrwunsch haben.

Die Themen wechseln zu normalen Gesprächen über: Die Schwierigkeiten alleinerziehender Mütter, die lieber allein bleiben, als den falschen Mann zu heiraten. Zumindest diese Probleme verbinden Frauen in West und Ost.
Es wird hell. Es fieselt, und die grauen ungepflegten Häuser wirken durch die Zugfenster so schmutzig, wie sie beim Davorstehen auch sind. Nichts kann diese Häßlichkeit übertünchen. Die DDR präsentiert sich an diesem trüben Montagmorgen grau in grau. Die kleinen »Trabis« – uns als die komischen kleinen Wagen, als das »Fluchtauto« des Jahres plötzlich so vertraut – verstärken das triste Bild. Ein paar Lichtblicke sind die liebevoll hergerichteten Schrebergärten voller Blumen und Gemüse – auch dies eine deutsch-deutsche Gemeinsamkeit. Menschen sind in diesen frühen Morgenstunden kaum zu sehen. Nur hier und da eilt jemand grau in grau lustlos durch die Straßen. Ein Gesamteindruck von Hoffnungslosigkeit und Armut. Unsere Mitreisenden geraten dennoch ins Schwärmen. Das ist ihre alte Heimat, und wenn sich die politischen Verhältnisse einmal ändern sollten, würden sie als erste nach Dresden zurückkehren. Wenn . . .
Es wird 9 h. Bei der Einfahrt nach Dresden, das eingebettet in einer reizvollen Hügellandschaft liegt, verstehen wir die beiden besser. Noch ist zu erkennen, wie prachtvoll das barocke Dresden vor dem Bombenangriff von 1945 gewesen sein muß. In den Vororten blieb die alte Bausubstanz verschont – und es blieb den Kommunisten überlassen, daß diese eleganten Bauten nur schwerlich noch zu restaurieren sein dürften. Aber bei der Sozialistenlogik mit vorgeschriebenen Mieten von ca. 25 Mark kann natürlich auch niemand Geld in eine notwendige Restaurierung investieren, und so ist der Zerfall der Bausubstanz vorprogrammiert:

»Ruinen schaffen ohne Waffen« – der neue Leitspruch des Sozialismus.
Unser Gastgeber beim Seminar in Binz ein halbes Jahr zuvor, Günter Kapelle, wartet auf dem Bahnsteig. Wir freuen uns über seine Bereitschaft, uns nach Holzhau zu begleiten und auch wieder nach Dresden zurückzubringen. So können wir darauf verzichten, einen Leihwagen im Hotel Bellevue zu mieten und es uns ersparen, selbst über die berüchtigt schlechten DDR-Straßen fahren zu müssen. Wir nehmen das Angebot um so lieber an, als wir auf diese Weise mit ihm allein sein würden, ohne Zeugen, die ein offenes Gespräch möglicherweise erschweren würden.
Wir staunen über die Ähnlichkeit der DDR mit China im Organisatorischen. Auch hier können wir unsere Rückreise erst nach der Ankunft am Zielort buchen, und ohne Reservierung würden wir nicht zurück können. Um das Ganze zusätzlich zu erschweren, müssen wir vom Bahnhof Dresden-Neustadt hinüber zum Hauptbahnhof. Liegewagenbuchungen werden nur dort vorgenommen. Das Zeitalter computergestützter Dezentralisierung ist hier noch nicht angebrochen. Angeblich sind die Züge nach Frankfurt schon ausgebucht, doch nach Köln sind für den nächsten Abend Plätze im Liegewagen zu haben – und zwar für 62 Deutsche Mark und nicht etwa für die Landeswährung Mark – soweit reicht die sonst reklamierte DDR-Souveränität dann doch nicht!
Hinter uns warten zwei kreidebleiche junge Männer und ein Mädchen. Sie bitten um Platzkarten nach Bulgarien und verplappern sich – ungestraft –, als die Verkäuferin nur Reservierungen bis Budapest anbieten kann – »Das reicht!« Mit den Karten in der Hand hüpfen die drei später freudig auf dem Bahnhof herum. Hoffentlich wird ihnen

die Ausreise über Budapest in den Westen auch glücken. (Neuer DDR-Witz, den uns Günter Kapelle gleich erzählt: Es ist ein neuer Impfstoff eingeführt worden – gegen die Buda-Pest).
Wir lassen Kapelles roten VW-Golf am Bahnhof stehen. Der schöne Golf ist ein Geschenk des im Westen lebenden Onkels an Kapelle, dem mit der Überweisung von West-Mark die sonst übliche jahrelange Wartezeit auf einen Trabant erspart blieb. Für West-Mark sind West-Autos auch in der DDR sofort lieferbar. Die Schikanen setzen nach Kapelles Erfahrung erst später ein, wenn Reparaturen fällig werden. Eine einzige VW-Werkstätte ist in Berlin-Ost zugelassen, und diese hat entsprechend lange Wartezeiten. Kapelles Auto braucht beispielsweise dringend neue Bremsen. Die Ersatzteile hat er sich aus der Bundesrepublik mitgebracht, doch eingebaut werden können sie erst in sechs Wochen (unterwegs wäre es uns in einigen Kurven lieber gewesen, nicht die abgeschleiften Bremsen hören zu müssen). Der VW ist übrigens ein beredtes Zeugnis für den berüchtigten deutschen Neid. Wütende Nachbarn haben seinen Lack verkratzt, und unterwegs im Erzgebirge zeigt uns ein etwa zehnjähriger Knabe den Hitler-Gruß: Der Volkswagen gilt hier noch als Symbol für den deutschen »Faschismus«, so Kapelles Erklärung.
Offiziell beginnt die Konferenz über Statistik in Holzhau erst gegen 19 h. Das läßt uns einige Stunden unerwartete Freizeit. Dankbar akzeptieren wir Kapelles Vorschlag, einen Spaziergang durch Dresdens Stadtkern zu unternehmen. Es ist zwar ungemütlich kalt, und der Himmel ist nach wie vor verhangen, dennoch wird der Bummel zu einem Erlebnis. Einer der ersten bleibenden Eindrücke

sind die vielen polnischen Schwarzhändler, die sich in den Ecken der sehr belebten Fußgängerzone am Bahnhof aufgestellt haben. Sie sind dicht umlagert. Ihr Angebot: Polohemden und Jeanskleidung. Eine schicke Jeans-Jacke, die herabgesetzt in Berlin-West vielleicht zu 50 DM zu haben ist, bietet ein etwa 40jähriger Pole für 500 DDR-Mark (!) an. Ich erkläre ihn für verrückt, aber Kapelle erzählt, wie sehr die Jugendlichen hier ihr Geld für den Erwerb einer Jeansbekleidung sparen, und dies war uns ja auch beim Anblick der jungen Flüchtlinge aus der DDR aufgefallen: Ihre Einheitskleidung sind Jeanshose und -jacke – quasi als Erkennungszeichen dafür, daß es sich hier um typische moderne Deutsche handelt, die auch äußerlich sichtbar westlichen Einflüssen gegenüber aufgeschlossen sind.
Kapelle erläutert uns den Kreislauf des durch Polen angekurbelten Warenaustauschs zwischen Ost und West. Polen, die ungehindert die Grenzen zwischen West- und Ostberlin passieren dürfen, erwerben in Westberlin die im Osten begehrte Jeanskleidung, verkaufen sie zum zehnfachen Preis in Ostberlin für Mark, erwerben die in der DDR spottbillige, weil hoch subventionierte Kinderkleidung, die sie dann in Westberlin überteuert, für Deutsche Mark natürlich, weiterverkaufen. Diese DM tauschen sie dann zum Kurs von 1 DM : 7,50 Mark in Ostwährung usw. usw. Die Verdienste sind also horrend. Fotografieren lassen sich diese Ausbeuter der Fehler des »real existierenden« Sozialismus der DDR übrigens freiwillig nicht.
Die Innenstadt Dresdens ist ein einziges Spiegelbild des Dilemmas der DDR. Selbst hier im Kern stehen noch 45 Jahre nach dem Bombenangriff Ruinen, zum Beispiel das als Ruine selbst in diesem Zustand noch prächtige Schloß. Fast symptomatisch für die Aufbruchstimmung

junger DDR-Bewohner mit ihrer Flucht in den Westen erscheinen uns hier unfreiwillig komische Motive: Durch die zerbombten Fenster einer stehengebliebenen Fassade des Schlosses sind helle Wolken zu sehen, die vor dem düsteren Hintergrund schwarzer Regenwolken wie winzige Lichtblicke aufblitzen. Anderes läßt auf bessere Zeiten in der DDR hoffen: So werden einige Teile des Schlosses jetzt restauriert. Über den Dächern sind bereits die fertigen Kamine zu sehen – sie sind aber, wie vieles andere hier ja auch, Attrappen, Potemkinsche Dörfer; der eigentlich dazu gehörende Schacht wird eingespart. Gepflegt ist sinnigerweise die Ruine Frauenkirche, die als Mahnmal an die verheerenden Folgen des »Faschismus« die Verwüstungen des Sozialismus vergessen lassen soll.
Der winzige Lichtblick ist gleich wieder zerstört durch den Augenschein, wie die vor etwa zehn Jahren restaurierte katholische Hofkirche schon wieder im Äußeren Zerfallserscheinungen zeigt. Ihre Fassade ist so schmutzigschwarz wie vor der Restaurierung. Aber wenigstens das Innere ist herausgeputzt. Wunderschön ist die Kanzel mit den vergoldeten Barock-Statuen. Gelungen ist auch die Einbindung einer modernen Seitenkapelle: Ein nur rauh gehauenes marmornes Kreuz vor einem schmucklosen marmornen Altar versinnbildlicht die Not der Menschen während und nach dem Krieg. Hinweisschilder mahnen an den Beginn der Katastrophe – 30. 1. 1933 – und an die Katastrophe im Februar 1945. Propaganda für aktuelle politische Ziele der Kommunisten fehlt hier, im Gegensatz zu einer Kirche in Stralsund, die wir im März gesehen hatten, in der gegen das Apartheid-Regime in Südafrika protestiert wurde – als würde es in der DDR politische Unterdrückung nicht geben (übrigens zuckten bei meiner

Kritik in Stralsund unsere Begleiter Kapelle und Schwarz zusammen, obwohl weit und breit niemand außer uns in der Kirche zu sehen war).
Die Semper-Oper steht da in neuem Glanz. Sie ist wahrhaft prächtig wieder aufgebaut – den Bezug zur real existierenden DDR sichere ich, indem ich als Vordergrund für mein Paradefoto halb verrostete Trabis wähle.
Höhepunkt unseres Spaziergangs durch Dresden ist der Besuch im Zwinger mit seinem prächtigen Innenhof, umgeben von schmucken barocken Schlössern und Schlößchen. In der Eingangshalle staune ich erst einmal über die Unverfrorenheit, mit der auf einer bronzenen Gedenktafel behauptet wird: Die Sowjetarmee hat Dresden im Mai 1945 von den Faschisten »befreit«; zerstört wurde Dresden durch einen anglo-amerikanischen Fliegerangriff im Februar 1945. Kein Wort über die Forderung Stalins nach Unterstützung durch Luftangriffe, kein Wort über das Zusammenspiel der vier Mächte!
Lange spazieren wir um den Zwinger herum (die Innenräume sind nicht zu besichtigen), inmitten anderer Besucher aus dem Westen. Kapelle witzelt: »Ich bin schließlich der letzte aus dem Osten, der noch hier ist« (neuer DDR-Witz: 1992 schaffen wir die Personalausweise ab – dann kennt hier jeder jeden).
Auf dem Weg zurück zum Bahnhof entlang der Elbe sehen wir ein weiteres Mal, wie prächtig die Landschaft um Dresden mit den gegenüberliegenden Weiten ist. Eine Fahrt mit dem passenderweise »Friedrich Engels« genannten Schiff, das gerade mit reichlich Proviant beladen wird, dürfte empfehlenswert sein, aber uns fehlt die Zeit.
Vor der evangelischen Kreuzkirche auf dem Altmarkt ist der Dresdner Herbstmarkt aufgebaut mit kleinen Buden

voller verspielter Dekorationen. Wären nicht die überall vorhandenen Aufschriften »40 Jahre DDR«, könnte man hier fast vergessen, in einem sozialistischen Land zu sein: Nur vor wenigen Verkaufsständen haben sich lange Schlangen gebildet. Zu Buden mit teuren Waren wie etwa Wein ist der Zugang ungehindert. Übrigens sind selbst Weine aus der DDR zu haben, was der Verkäufer erst merkt, als ihn Erwin darauf aufmerksam macht!
Von heiterer Stimmung, wie etwa auf einem Herbstmarkt in der Bundesrepublik, ist hier nichts zu spüren. Die vielen Biertrinker an den Ständen schauen uns eher unfreundlich an. Es ist ein denkwürdiger Kontrast zwischen den lustig und phantasievoll aufgemachten Buden und den mürrischen Gesichtern der Menschen, die ihre Zeit vertrödeln.
Kapelle führt uns zum Abschluß in die berühmte Kreuzkirche, bekannt in letzter Zeit vor allem durch die Protestler, die hier Schutz finden. Die Kirche gefällt uns wegen ihres ungewöhnlichen Baustils: ein unvollendeter Barockbau, der dieser Unvollkommenheit seinen besonderen Reiz verdankt. Auffallend sind die gewaltigen geschwungenen Pfeiler und Balkone. Die glatt polierten Pfeiler stehen frei im mächtigen Kirchenschiff und beeindrucken durch ihre scheinbare Schlichtheit. Voller Stolz verweisen die Gemeindemitglieder in kleinen, auf einem bescheidenen Tisch ausgelegten Handzetteln auf ihre Eigenleistung beim Wiederaufbau der Kirche. Ohne jede fremde Hilfe ist ihnen diese Arbeit, allen staatlichen Widerständen zum Trotz, geglückt. Zu dieser Mittagszeit ist die Kreuzkirche menschenleer – ungeachtet des belebten Marktes vor ihren Toren. Erst zu Hause werden wir von den Großdemonstrationen erfahren, die zur gleichen Zeit vor der Nikolaikirche in Leipzig stattfinden.

Es ist zwei Uhr; ich schlage die Einkehr in ein gemütliches Restaurant vor, das typisch für Dresden ist. Kapelle: Gemütliche Restaurants gibt es hier nicht. Alle Gaststätten sind, wenn man uns überhaupt bedient, nicht empfehlenswert. Also fahren wir zum Hotel Bellevue auf dem gegenüberliegenden Ufer der Elbe, dem angeblich schönsten Hotel zwischen Ostberlin und dem Ural. Im Westen würde dieses hochmoderne Gebäude nicht sonderlich auffallen, in der DDR aber hebt es sich wohltuend von den schmutziggrauen Fassaden jenseits der Elbe ab.
Beim Betreten des Restaurants werden wir von einem jungen eleganten Kellner energisch gestoppt: »Sind Sie Hotelgäste?« Statt des verdutzten Kapelle antworte ich lächelnd: »Nein, aber wir haben Geld.« Meine Antwort genügt. Freundlich, geradezu vergnügt bietet uns der Chefkellner einen Tisch mit Elbblick an. Dann bin sogar ich überrascht, daß der prüfende Blick des Kellners mich so eindeutig als »Westlerin« hat erkennen lassen müssen; denn auch in diesem Hotel gilt die Einschränkung der Souveränität der DDR: Wir müssen in DM und nicht in Ostmark zahlen. Teuer ist es nicht: Das Essen für vier Personen kostet 117 DM. Dafür bekomme beispielsweise ich ein vorzügliches Lausitzer Kaninchen in Pfeffersoße (auf meinen Wunsch ohne Rosinen), eine Kraftbrühe und ein Glas Müller-Thurgau aus DDR-Anbau. Die anderen essen nicht weniger gut.
Wir verlassen nach 15 Uhr Dresden über die holprige Transitautobahn in Richtung Karl-Marx-Stadt. Sehenswerteste Stadt der Dresdner Umgebung soll nach dem neuen Baedeker »DDR« Freiberg sein. Auf meinen Wunsch fährt Kapelle den Umweg. Freiberg als vielgerühmte älteste Bergbaustadt am Fuße des Erzgebirges sei mit Goslar ver-

gleichbar, meint Kapelle. Das kann er nur meinen, weil er Goslar nicht kennt. Bei weitem ist Freiberg nicht vergleichbar mit dieser adretten Stadt im Harz. An einigen Ecken ist die alte Schönheit der Stadt zwar neu erstanden; in einer kleinen Fußgängerzone gibt es einige gut restaurierte Häuser, und sehenswert ist auch der Obermarkt mit einem künstlerisch geschickt gestalteten Brunnen voller zierlicher bronzener Figuren, die die verschiedenen Gestalten aus dem Bergarbeiterleben vorstellen.

Ebenso deutlich wie die Inseln der Schönheit ist allerdings das, was der Baedeker verschweigt. Der ist, wie Kapelle kritisiert, ohnehin aus offiziöser DDR-Sicht geschrieben und nicht empfehlenswert; auch andere DDR-Bürger seien verblüfft ob der geschilderten Schönheit ihrer Städte; der im Baedeker beschriebene »Reichtum« sei ihnen bislang nicht aufgefallen. Wir erschrecken über viele halb oder fast gänzlich verfallene, ehemals stattliche Häuser, an denen seit Jahrzehnten nichts mehr repariert wurde und die wahrscheinlich nicht mehr zu retten sind. Ganze Straßenzüge scheinen aufgegeben worden zu sein. Studenten hatten gegen die Instandsetzung dieser Häuser dort wohnen wollen. Man hat es ihnen verwehrt. Resignierend Kapelle: »Bevor ich Sie kennenlernte, kannte ich es nicht anders. Seit wir aber gemeinsam in Binz und vor allem in Greifswald waren und Sie so entsetzt waren über das hoffnungslos Verfallende, sehe ich plötzlich die DDR mit Ihren Augen, und alles sieht anders als zuvor aus.«

Sehenswert ist der Untere Marktplatz. Hier stehen etliche, immer noch reizvolle Häuser, mit Giebeldächern und ungewöhnlichen Dauben, die wie wachsame Augen auf den Platz hinunterblicken. Besichtigen können wir die im Baedeker gerühmten Bauten nicht. Sowohl die Petrikirche in der Nähe des Obermarktes als auch der Dom im unteren Teil sind geschlossen. Die Silbermann-Orgel und die goldene Pforte bleiben uns somit verborgen. Offen ist dagegen am äußeren Zustand des Doms exemplarisch das Dilemma des Bauens in der DDR zu sehen: Der kleinere Teil des Doms ist restauriert und strahlend weiß. Einen anderen Teil hat man zwar vor kurzem bearbeitet; er zeigt aber bereits wieder Verfallserscheinungen. Der größte Teil jedoch müßte dringend restauriert werden, sonst ist auch er endgültig aufzugeben. Was geht schneller in der DDR, der Neubau, die Reparatur oder der Verfall?

Wie schon im April in Binz und in Greifswald wird uns jetzt auch in Freiberg bewußt, wie trostlos das Leben in der DDR für die Bewohner sein muß, wenn selbst in berühmten Orten die Mißstände so himmelschreiend sind. Da hilft auch ein Delikatessenladen nicht, der reichlich leckere Süßigkeiten und Alkohol anbietet, die Flasche guten Weines für 25 Mark. Wer hier bei einem Durchschnittseinkommen von 800 Mark jeden Abend leicht gedämpft durch Alkohol sein will, der muß wohl auf Schnaps umsteigen – und solche Leute gibt es in der DDR reichlich. Die Alkoholiker bleiben hier, die kriegt Ihr nicht, witzelt Kapelle. Was wegläuft, ist der gesunde Teil der Jugend, und das ist zumindest in diesen Kleinstädten schon heute deutlich zu spüren, beklagt er. Auch hierzu gibt es einen passenden Witz: »DDR = Der Dumme Rest«.

Wir kurven durch Freiberg und suchen vergeblich nach der Ausfahrt in Richtung Zinnwald. Ein etwa 50jähriger Erzgebirgler mit sympathisch-rauhem Dialekt ist für DDR-Verhältnisse ungewöhnlich hilfsbereit: »Ich werde Sie mit meinem Wagen hinauslotsen. Fahren Sie viermal rechts, und dann warten Sie auf mich mit meinem gelben Trabi.«

Das »viermal rechts« ist viermal links – die Abneigung gegen »links« geht offenbar bis ins Unbewußte. Eine Wegbeschreibung hätte uns – wie wir bald merken – wenig genützt, so kompliziert ist das Straßensystem. Nirgends findet sich ein Hinweisschild. Die Straße, die wir nur geradeaus zu fahren haben bis Zinnwald, erweist sich als Sackgasse, und noch einmal fährt unser netter »Wegweiser« uns voraus, bis wir uns nicht mehr verfahren können. Wir glauben ihm, daß man zwar nach Freiberg hinein-, aber nicht hinausfindet. Unsere Empfehlung, sich bei Honecker als Ratgeber für die DDR zu bewerben, quittiert er lächelnd und ohne Kommentar ...

Es wird früh dunkel, und bald wissen wir die präzise Wegbeschreibung unseres Helfers zu schätzen. Die Wegweiser sind winzig klein und kaum zu lesen. Ist das Zufall hier im Grenzgebiet zur ČSSR? Mehrmals halten wir an Gabelungen und sind gezwungen, uns mehr auf unser Gefühl als auf eindeutige Hinweise zu verlassen. Unvermittelt sind wir dann irgendwann in Holzhau. Wir staunen, uns kein einziges Mal verfahren zu haben.

Pünktlich zum Abendessen erreichen wir die »Heimstätte«. Sie entspricht normalen westlichen Ansprüchen, aber für die DDR ist sie ein Aushängeschild. Gladitz hat uns hier nur durch einen glücklichen Zufall unterbringen können, weil eine andere Tagung ausgefallen war. Normalerweise sind junge Soziologen in der DDR nicht hoch genug angesiedelt, um ein so feudales Heim als Tagungsstätte zu bekommen. Wir sind dankbar, daß uns ein nettes Zimmer zugewiesen ist mit gemütlicher Sitzecke und eigener Dusche. Das Schlangestehen vor der Gemeinschaftsdusche wie im reizlosen Gästehaus der Akademie der Wissenschaften in Binz bleibt uns diesmal erspart.

Das Abendessen ist akademieübliche Kost: Brot, fettreiche Wurst, Käse ohne Geschmack. Das gegen Minipreise erhältliche Bier macht es erträglich. Wir sitzen zusammen mit Kollegen aus dem Westen und aus Berlin (Ost). Gegenseitig erzählen wir uns, was wir in der Schule im Geschichtsunterricht nicht gelernt haben. Die DDR-Wissenschaftler klagen über große Lücken. Zum Beispiel hatte man das Jahr 1939 ganz ausgeblendet, ebenso die unmittelbare Nachkriegszeit. Auch wie die SED tatsächlich an die Macht gekommen war, hatten die neuen Machthaber wohlweislich im Schulunterricht nicht vermitteln lassen.
Beim späteren gemütlichen Zusammensein bei Sekt, Wein und Bier nach der kurzen Eröffnung der Tagung sitze ich mit einer jungen Wissenschaftlerin zusammen, die sich als gläubige DDR-Bürgerin gibt und behauptet, daß die Sowjetunion selbstverständlich ernsthaft abrüste, daß anderslautende Berichte der Amerikaner über eine enorme weitere Aufrüstung im Offensivbereich reine Propagandalügen seien. Auch die 30 Millionen Chinesen, die durch Maos Befehl, die Landwirtschaft auf Industrieproduktion umzustellen, verhungern mußten, seien keineswegs »politische« Tote, verschuldet durch den Kommunismus. Zu meiner Behauptung (nach Wickert), daß diesen 30 Millionen Hungertoten noch weitere 20 Millionen Chinesen zuzurechnen seien, die wegen ihrer politischen Gesinnung auf Maos Befehl umgebracht wurden, schweigt sie lieber.
Wir wechseln das Thema. Die junge Frau erzählt von einem Studienaufenthalt in Polen, von den haßerfüllten antisowjetischen Kundgebungen gegen den Hitler-Stalin-Pakt, die sie von der aus Sicherheitsgründen vorübergehend verschlossenen Universität Krakau aus hatte beobachten können. (Mein Angebot, ihm die Honecker-Lob-

preisung dieses Paktes aus dem Jahre 1939 zuzusenden, weist Kapelle übrigens erschreckt zurück: Um Himmels willen!). Die geheimen Zusatzabkommen zum Pakt sind bis heute in der DDR nicht bekannt. Als eher lustige Episode berichtet die junge Frau von ihrem Polen-Aufenthalt, daß man jeden Morgen die Mauer um das sowjetische Generalkonsulat frisch gestrichen habe, um die jeweils neuen antisowjetischen Parolen zu übertünchen.

Dienstag, 3. Oktober 1989:

Beim Frühstück aktualisiert Erwin sein Wissen, und pünktlich um 8 Uhr hält er in englischer Sprache seinen Einführungsvortrag über methodologische Grundsatzfragen. Wenige Grafiken runden den theoretischen Teil ab. Es ist ihm anzumerken, wie gern er hier spricht. Aufmerksam hören ihm die ca. 50 jungen Wissenschaftler zu. Die meisten sind aus der DDR, ein paar wenige aus der Bundesrepublik, ein Tscheche, ein Russe, wenige Ungarn. Danach schwärmt Gladitz von »seiner« Bayesschen Statistik, als sei ihm damit der Durchbruch in der Statistik überhaupt gelungen. Erwin rückt – in deutscher Sprache, was von den DDR-Wissenschaftlern dankbar zur Kenntnis genommen wird; schließlich haben sie ja Russisch als Pflichtsprache lernen müssen – einige Gesichtspunkte in ein differenzierteres Licht und findet mit seinen Einwänden begeisterten Zuspruch bei Gladitz' Kollegen.
Umgekehrt ergeht es dann »unserem« Jörg Blasius mit seiner – weniger euphorisch vorgetragenen – Methodik der Korrespondenzanalyse. Er muß sich seinerseits von DDR-Kollegen die Beschränktheit des Ansatzes vorwerfen lassen. Geschickt flüchtet Blasius in die Grundsatzaussage, es

handele sich nur um eine Exploration zur Erkennung vorhandener latenter Strukturen. Jedenfalls: Es gibt kaum einen Unterschied zwischen den jungen Soziologen West und Ost – abgesehen davon, daß letztere abends beim Bier anders reden als tagsüber in Gegenwart ihrer Genossen. Sympathisch ist das nicht.
Kaffeepause ist um 10 Uhr. Die Gespräche am Rande erweisen sich, wie so oft, als wichtig, um die Atmosphäre zu erschnuppern. Daß ich die »Zurückgebliebenen« ausfragen möchte, wird natürlich sofort durchschaut und als verständlich bezeichnet. Ein in Binz angeregt geführtes Streitgespräch über Umweltfragen mit einem grün angehauchten und dennoch sympathischen Soziologen aus Berlin (Ost) jetzt fortzuführen wäre verschwendete Zeit; dies findet auch mein Gesprächspartner aus Binz.
Wir sprechen über das Thema, das uns alle bewegt: die Flüchtlingsbewegung und das Los der Menschen in der DDR. Niemand nimmt ein Blatt vor den Mund. Noch mehr als wir sind unsere DDR-Freunde verblüfft, wie sich die Situation innerhalb so kurzer Zeit, seit wir uns in Binz begegnet waren, dramatisch verändert hat. »Niemand von uns hätte das gedacht!« Wir auch nicht.
Tränen der Wut stehen in den Augen eines jungen Soziologen, als er die Gefühle beschreibt, mit denen er die Sondersendungen des Westfernsehens sieht. Nach kurzer Zeit müsse er immer abschalten. Erstens wäre es erschreckend zu hören, mit wie wenig Worten der Zustand des Staates zutreffend beschrieben würde – korrupt, menschenverachtend, pervers –, und zweitens werde er das Gefühl nicht los, eine wichtige Chance in seinem Leben zu verpassen.
Auch Kapelle spricht von Gefühlen: Als er in seinem Wagen, begleitet von seiner Freundin und seinem kleinen

Sohn, an der ungarischen Grenze stand, hätte er nur Gas zu geben brauchen – aber was wäre dann mit den Verwandten in der DDR geschehen? Deren Karriere wäre mit Sicherheit beendet gewesen, von der menschlichen Enttäuschung zu schweigen.

Wie es hier in der DDR weitergehen wird – niemand weiß es, aber alle haben Angst vor einem »China« in der DDR. Ein älterer Kollege meint, er könne sich nicht vorstellen, mit nur zwei Taschen ein neues Leben zu beginnen, so wie es die jungen Flüchtlinge getan haben. Verblüfft reagieren meine Gesprächspartner, als ich von Gesprächen unter unseren Freunden berichte, bei einem Abzug der amerikanischen Truppen, wenn es sein muß, mit relativ wenig Gepäck nach Amerika zu gehen, bevor wir ein ähnliches Schicksal wie die Südvietnamesen erleiden (Erwin spottet später, der Inhalt unserer Taschen wäre hoffentlich anders bestückt als der Inhalt der Koffer der DDR-Flüchtlinge). Die wohl eher ironische Antwort unserer neuen Freunde aus der DDR: »Und wir dachten immer, Sie hätten im Westen eigentlich gar keine Gesprächsthemen. Sie würden einfach so in den Tag hineinleben!«

Unser Binzer Freund, der im Frühjahr in Gesellschaftsfragen so zurückhaltend war, ist wütend: »40 Jahre hat die Welt keine Notiz von der DDR genommen, und nun stehen wir im Rampenlicht der Weltöffentlichkeit, nur weil uns die Jugend wegläuft.« Ja, bestätige ich aus unseren Erfahrungen während unserer Amerika-Reise vor einer Woche. Alle unsere Gesprächspartner dort hatten sich fasziniert gezeigt von den Fernsehbildern mit sympathischen jungen Leuten aus der DDR, von diesen euphorisch gestimmten Menschen, die Freiheit wollten und nicht Gängelung.

Joachim Rudolph, Mitarbeiter von Artur Meier, ist erst spät fähig und gewillt, wieder in das Leben zu tauchen. Am Abend zuvor hatte er lange bei Wein, Bier und Sekt gesessen – alles durcheinander, und entsprechend durcheinander sieht es heute früh in seinem Kopf aus (aber ist die DDR anders als im »Suff« zu ertragen?). Er ist deprimiert wie im Jahr zuvor in Moskau, als wir uns ebenfalls während einer internationalen Konferenz kennenlernten. Damals war er uns sympathisch aufgefallen durch seine Offenheit: Nicht die geringste Scheu hatte er, über die frustrierenden Verhältnisse in der DDR zu klagen. Er würde in der DDR wohl nie so wissenschaftlich arbeiten können, wie er es sich wünschte; denn gefragt sei die Sprache der SED-Funktionäre, und die würde er nie lernen. Kapelle hatte ihm beigepflichtet: »Wie auch immer wir etwas formulieren, den Funktionären paßt es nicht.« Und in Moskau war Rudolph zusätzlich geschockt über das Elend in der Sowjetunion, in die er zum erstenmal hatte reisen dürfen (lediglich in ein einziges brüderliches Land – in die ČSSR – hatte er zuvor als Nicht-Reisekader gedurft!). »Das soll das Vorbild für die DDR sein?« Jetzt, ein Jahr später, gehört er immer noch nicht zu der Klasse Mensch, die zum Reisekader zählt. Eine Einladung an ihn durch das Zentralarchiv in Köln könnte ernsthaft noch nicht besprochen werden, würde aber möglicherweise die Genehmigung, grundsätzlich reisen zu dürfen, beschleunigen helfen, hofft Rudolph. »Wenn wir doch reisen könnten, wohin wir wollten – wir würden ja auch zurückkehren!« – eine auch von Kapelle bekräftigte Aussage.
Gladitz hat es zwischenzeitlich geschafft, in den Reisekader aufzusteigen. Nach unserem Kennenlernen in Moskau – damals war er wie Professor Berger ein so getreuer

Kommunist, daß wir bei ihrem Hinzukommen zu unseren Gesprächen mit Kapelle und Rudolph schnell zu einem unverbindlichen Thema wechselten – hatte er zum erstenmal die Bundesrepublik besuchen dürfen. Er war nach dem Grenzübergang aus der DDR vor lauter Aufregung und Erschöpfung ob seiner ersten Westreise eingeschlafen, nachdem die ihm angekündigten Aushorcher des Westens nicht gekommen waren. Beim Erwachen glaubte er zu träumen: Meine Güte, soll dieses schöne, aufgeräumte Land wirklich die Bundesrepublik sein? Umsonst hatte er dann in Städten und Dörfern die Armuts- und Elendsviertel mit den Massenarbeitslosen gesucht und statt dessen überall bis in die letzten Winkel gepflegte Häuser gefunden mit freundlichen Menschen, wie er sie in der DDR nur selten antrifft. Das Gefühl zu träumen habe ihn nicht verlassen. Nach seiner Rückkehr in die DDR habe er eine »ideologische Krise« durchlebt, berichtet Gladitz freimütig – er ist nicht mehr der, den wir zuvor in Moskau als freundlichen, aber verschlossenen Menschen kennengelernt hatten.

Die Vorträge im 15- bis 20-Minuten-Takt ohne vertiefende Diskussionen reißen uns nicht vom Stuhl. Das Programm ist weit überbesetzt, aber das hier ist eine der wenigen Gelegenheiten für Nachwuchskräfte in der DDR, sich zu profilieren. In der Gewißheit, nichts zu versäumen, ziehen wir eine Wanderung durch Holzhau vor. Der Dorfkern ist winzig. Nicht einmal eine Kirche gibt es, und der kleine Bahnhof wird nur wenige Male am Tage angefahren. Hier endet heute die Bahnstrecke, früher ging die Trasse weiter ins Egerland, das heute zur ČSSR gehört.

Die Auswahl im »Supermarkt« des Dorfes erinnert mich an meine früheste Kindheit. Das Angebot reicht für Grundbedürfnisse wie Sicherheitskerzen, Nähutensilien, Schreibwaren, billig verpackte Lebensmittel, Obst, Wein, Wasser, Bier. Alles weist mehr oder weniger den Standard auf, den wir in den frühen fünfziger Jahren in der Bundesrepublik hatten – immerhin, in Warschau hatte uns das dürftige Warenangebot an 1947/1948 erinnert!

Edelerzeugnisse sind in einem separaten Schrank aufgestellt: Ein halbes Pfund Mokka kostet 25 Mark, Wein ist schon für 8,50 bis 18 Mark zu haben. Ein Ehepaar erzählt uns, so grau in grau sei das Warenangebot immer, Abwechslung gebe es nicht, und ändern werde sich an dieser Situation auch nichts. Mißmutig weist mich eine Verkäuferin an, einen Einkaufskorb zu benutzen und nicht einfach so mit meiner Flasche Wasser und der Flasche Wein in der Hand herumzustehen. Genauso mißmutig folge ich der Anweisung.

Auf unserem Spaziergang in die Höhen über Holzhau treffen wir zwei DDR-Wissenschaftler älteren Jahrgangs, die sich uns offensichtlich begeistert anschließen und mit uns über politische Zustände in Ost und West sprechen. Die Urteile fallen ähnlich aus. Politiker – so der ältere der beiden – seien allerdings im Westen bedeutend weniger verlogen als in der DDR (Nur Blüm muß namentlich herhalten. Sein Auftreten mit Walesa in Polen sei peinlich und heuchlerisch gewesen, und besonders abstoßend sein Ruf: »Marx ist tot, Jesus lebt«).

Ein freimütiger Gedankenaustausch läßt vollends erkennen, wie ähnlich katastrophal wir die Situation im Ostblock einschätzen. In Rumänien seien selbst die Kühe bis auf die Knochen abgemagert und am Rande des Verhungerns, wird uns berichtet. Hoffnung? Bei den Betonköpfen in der DDR? Wenigstens habe er – so der ältere – erreicht, daß sich höchste Funktionäre im Politbüro für seine auf eigene Faust durchgeführten Untersuchungen im Bereich der Massenkommunikation interessierten (Inhaltsanalysen der DDR-Medien seien übrigens nicht erforderlich – den Inhalt kenne man!).

Gegessen wird in zwei Schüben bei zwei Alternativen. Vom Hühnerfrikassee wird mir dringend abgeraten. Erwin bestellt es dennoch und bestätigt, wie richtig der Rat war. Ich esse ein schmackhaftes Goulasch mit Rotkraut. Für nur 81 Pfennig trinken wir dazu ein Bier und ein Wasser. Hätten wir die Ostmark schwarz getauscht, wäre das Leben hier fast geschenkt, aber irgendwie finden wir es gerechter, unsere gute DM 1 : 1 gegen Ostmark bei Freunden zu tauschen. Die DDR-Münzen sind übrigens schon fühlbar nichts wert, aber – wie Gladitz witzelt – durch die billigen Münzen läßt sich das Portemonnaie leichter in der Hosentasche verstauen.

Erwin fachsimpelt nach dem Mittagessen. Ich ziehe einen Spaziergang an die nahegelegene Grenze zur ČSSR vor. An einem Waldstück kehre ich um; es ist mir zu einsam. Zurück im Hotel lese ich die Bestimmungen für den Zugang zur ČSSR-Grenze und bin im nachhinein froh, sie nicht erreicht zu haben. Ein Aushang in der Heimstätte belehrt mich darüber, daß es sich bei der ČSSR zwar um einen befreundeten sozialistischen Bruderstaat handelt, aber das Fotografieren der Grenze verboten ist. Auch dürfen keine Gegenstände über die Grenze gereicht werden, mit Menschen jenseits der Grenze darf man nicht sprechen. Personal- und Urlaubsausweis müssen mitgeführt werden usw. Wer einen Verstoß gegen diese Regelungen beobachtet, hat unverzüglich die nächste Polizeistelle zu benachrichtigen. Geforderte Denunziation für ein

so harmloses Verhalten wie beispielsweise das Fotografieren der Grenze! (Erst am Abend erfahren wir, daß um 15 h die Grenze zur ČSSR geschlossen worden ist).
Mein Spaziergang führt an einzelnen Häusern und Höfen vorbei, die gepflegt wirken. Überhaupt bietet sich hier ein Bild ähnlich wie in den Voralpen – nichts ist zu spüren vom tristen Einheitssozialismus. Wieder erweist sich die Richtigkeit der Binsenweisheit: Sind Menschen verantwortlich für ihr eigenes Haus und nicht für das »Haus aller«, ist dieses schmuck und ansehnlich. So hatten wir das auch schon auf Rügen und in den Vororten von Greifswald bestätigt gesehen.
Weniger schmuck ist dagegen das Ferienheim des FDGB hier in Holzhau, das aus den fünfziger Jahren stammen dürfte und entsprechend abweisend aussieht. Wie um diesen schlechten Eindruck zu bestätigen, mustert mich mißtrauisch eine junge, abgehärmte Frau, bevor sie in dem Heim verschwindet.
Für 15 Uhr haben wir den Aufbruch nach Dresden geplant. Unsere offizielle Verabschiedung von den Tagungsteilnehmern ist so herzlich, als wären wir wirklich Brüder und Schwestern. 40 Jahre Aufwachsen und Leben in völlig getrennten, anders strukturierten Welten – und wir sprechen nach wie vor auch inhaltlich dieselbe Sprache, lediglich vorausgesetzt, wir sind keine Funktionäre. Aber selbst von ihnen hatten sich einige in privaten Gesprächen als »normale«, wenn auch frustrierte Menschen entpuppt – Meier war ja nie müde geworden, über seine verbohrten Genossen zu schimpfen. Und in Moskau war mir schon zwei Jahre zuvor aufgefallen, daß selbst der höchstrangigste DDR-Funktionär bei dem dortigen Seminar nachts um zwölf an der Bar seinen Weg hinauf in die kommunistische

Hierarchie fast verteidigend schilderte – als Begründung mußte sein Vater herhalten, ein »Nazi-Schwein«. Kommunismus – offensichtlich nur denkbar als Gegenpol zum anderen totalitären System, dem Nationalsozialismus bzw. Faschismus, wie er ja hier fälschlich genannt wird.
Und noch verblüffter war ich vor einem halben Jahr in Binz über eine Offenbarung durch einen jungen Vorgesetzten Kapelles, den dieser als ehrgeizigen Machtmenschen beschrieben hatte. Mir gegenüber klagte dieser verbittert seine Enttäuschung darüber, daß er an Sozialismus und Sowjetunion geglaubt habe. Zwölf Jahre habe er in Moskau studiert und spreche exzellent Russisch – »und was kann ich jetzt damit anfangen? Niemand will das doch hier hören!«
Noch müssen wir auf unsere Pässe warten. Die Sekretärin der Akademie hat die Tagungsteilnehmer in der Kreisstadt polizeilich ordnungsgemäß zu melden. Uns hat sie dabei gleich wieder abgemeldet und die Ausreisevisa besorgt. Ohne diese polizeiliche Bestätigung unserer »braven Führung« in der DDR droht uns möglicherweise das gleiche Schicksal wie in Berlin nach unserem Aufenthalt in Binz. Wir hatten 30 Minuten warten müssen, bis man uns korrektes Verhalten in der DDR bestätigte, und hatten dabei einige Ängste durchlebt (ich zumindest), denn die letzte Nacht hatten wir unerlaubterweise in der Zweitwohnung eines befreundeten Paares übernachtet. Daß das ein Vergehen gegen DDR-Gesetze war, hatten uns unsere Gastgeber erst kurz vor der Ausreise nebenbei mitgeteilt. Zum Glück wurden wir nach einer halben Stunde dann von einem überaus freundlichen Offizier an den langen Schlangen wartender Ausreisender vorbei zum Diplomatenausgang begleitet. Wie problemlos manche Menschen die

DDR verlassen konnten – mit einem einfachen Vorzeigen eines besonderen Ausweises – das war schon sehenswert! Frühestens um 16 h kann die Sekretärin diese Formalität erledigt haben – die Behörden haben zuviel zu tun in dieser hektischen Zeit der Massenflucht: Beschlagnahme von Hab und Gut der Flüchtenden zum Beispiel oder Aufforderung an einen eventuell verbleibenden Ehepartner, die Hälfte des gemeinsamen Vermögens an den Staat abzuführen, der sich als »Erbe« des Flüchtenden versteht, usw., usw. Man erzählt uns von bösen Mißverständnissen: Ein im Westen verunglückter DDR-Bürger fand bei seiner verspäteten Rückkehr in die DDR seine Habe nicht mehr vor; seine liebe Verwandtschaft und die Nachbarn hatten bereits alles verscherbelt, bevor die Stasis kamen. Nur mühsam konnte der Arme sein Eigentum wieder einsammeln. Ein anderer hatte aus Ungarn nach Hause geschrieben: »Ich wähle das bessere Deutschland.« Bei seinem Eintreffen in seiner Heimat war sein Hab und Gut von der Stasi bereits beschlagnahmt; auch die Stasi war also der Meinung, das bessere Deutschland liege im Westen.
Wir entdecken während der Wartezeit auf unsere Papiere gemeinsam mit unseren jungen DDR-Freunden, daß diese Tagungsstätte der Spitzenklasse auch über ein Hallenbad verfügt. So verkürzen wir uns die Zeit mit einer Besichtigung des schon luxuriösen Bades. Erwin übernimmt sachkundig die Führung, Häder, Kapelle, Schwarz und ich folgen. Unsere Freunde sind begeistert von der Aussicht, in den nächsten Tagen hier – wenn auch nur für knappe Stunden Öffnungszeiten – schwimmen zu dürfen. Auch einmal zu den Privilegierten zu gehören, verachtet schließlich kaum einer gern.
In der Halle der Heimstätte liegen DDR-Zeitungen herum,

»Neues Deutschland« und »Die junge Welt«. Schon am Morgen hatte ich mich geärgert, als ich im Radio die Nachrichten der »Stimme der DDR« hörte. Hauptthemen waren die Vorbereitungen der Feiern für den 40. Jahrestag der Staatsgründung am 7. Oktober und – nein, nicht die Fluchtbewegung aus dem Osten; diese wurde mit keinem Wort erwähnt – die »erschreckenden Wahlerfolge der Faschisten« in der Bundesrepublik. Wenigstens das nach den Nachrichten ausgestrahlte Lied war – gewollt oder ungewollt – passend: »Ich liebe die Freiheit«. Gemeint war zwar die Freiheit einer emanzipierten Frau von ihrem Mann, doch die Gedanken dürften wohl auch bei DDR-Bürgern unvermeidlich in eine andere Richtung schweifen. Als wir jetzt die DDR-Zeitungen lesen, ärgern wir uns noch mehr. Unfaßbar, mit welcher Kaltschnäuzigkeit Verantwortliche in der DDR meinen, mit ihren Bürgern umgehen zu können. In der »Jungen Welt« werden Jugendliche beispielsweise aufgefordert, 100 000 Tonnen Schrott anläßlich des 40. Jahrestages zu sammeln. Kapelle erzählt lachend, daß man auch in seinem Institut schon von zusätzlichen Samstagsdiensten spricht, denn: »Die DDR muß aufgeräumt sein für die Übergabe!«
Zweite Meldung in der »Junge Welt« ist eine Solidaritätsbewegung für eine junge Südkoreanerin, die man in Seoul verhaftet hat wegen ihrer Teilnahme an den Weltjugendspielen in Nordkorea. Gleich daneben ist die Solidaritätsadresse mit China abgedruckt, mit einem Regime also, das seine Bürger erschießen läßt.
Das »Neue Deutschland« gibt die Tischreden während eines Empfangs anläßlich des 40. Jahrestages der Volksrepublik China wieder. Eher nichtssagend die Rede des Botschafters von China, um so deutlicher dann die Ausfüh-

rungen des Politbüromitglieds Kleiber. Töne aus den schlimmsten Zeiten des Kalten Kriegs werden hier angeschlagen. Grundtendenz: Die Entspannung ist reversibel. Mielke, der Chef des Staatsicherheitsdienstes, und Margot Honecker werden zitiert: »Wir werden nicht davor zurückschrecken, auch Waffen einzusetzen.«

Die unverhohlenen Drohungen verfehlen nicht ihre Wirkung auf unsere DDR-Freunde. Noch einmal bekennen sie ihre Angst, China könne sich in der DDR wiederholen. Die Stasi reagiert nervös. Kapelle erzählt als Beispiel von seiner Rückkehr aus Ungarn vor wenigen Wochen. Damit sei er übrigens »Träger der goldenen Meise«, weil er einmal aus dem Westen und zweimal aus Ungarn zurückkam. Dabei hatten ihm die Ungarn zuletzt noch lässig »Fluchthilfe« leisten wollen, indem ihn die Grenzer gleich bei seiner Ankunft auf die wartende Lufthansa-Maschine nach Frankfurt verwiesen! Bei seiner Rückkehr aus Ungarn hatten 15 Stasis die Straße zu seiner Wohnung blockiert, weil Flugblätter gegen die schlimmen Verhältnisse in der DDR hier verteilt worden waren. Und tatsächlich liegt Kapelles Wohnung in einer heruntergekommenen Gegend Berlins in einem lausigen Hinterhof (die Wohnung selbst ist geschmackvoll und gemütlich eingerichtet – auch das ist also bei Privatinitiative in der DDR möglich, selbst wenn alle möglichen Ersatzteile zum Beispiel für das Bad nicht zu besorgen sind).

Kapelle hatte seinen Mut zusammengenommen und erklärt, er könne diese Zettel zwar nicht verteilt haben, da er im Ausland war, aber: Wie sähe beispielsweise diese Gegend hier aus? Könne da nicht der Zorn wirklich hochkommen? ... Die Stasi hat ihn unbehelligt in seine Wohnung gelassen.

Zurück an die Grenzgegend zur ČSSR. Um 16.30 Uhr kehrt die robuste Sekretärin der Akademie in die Heimstätte zurück. Unsere Pässe sind korrekt mit dem »Ausreisevisum« versehen – der erste Staat, in den wir eingereist sind, der uns nur mit einem Ausreisevisum wieder herausläßt, eine anschauliche Illustration der überspannten Staatlichkeit. Schwarz begleitet uns nach Dresden. Wir wählen die kürzeste Strecke durch wald- und wiesenreiche Landschaften. Auf engen Straßen kommen wir durch reizvolle Städtchen am Fuß des Erzgebirges. Ein besonders prunkvoller Riesenkomplex läßt mich lästern: Hier bauen Funktionäre für sich im passenden Stil. Und tatsächlich handelt es sich um eine neue FDGB-Ferienstätte, offenbar mit modernem Luxus.
Die Transitstrecke 171 unterscheidet sich kaum von den Landstraßen, die wir zuvor befahren hatten. Der schlechte Straßenzustand und der dichte Verkehr erlauben nur ein Tempo von ca. 40 bis 50 Kilometern in der Stunde. Unterwegs weisen uns drei Arbeiter einer schmutzigen Zementfabrik in die entgegengesetzte Richtung, in die ČSSR. Sie finden das offenbar besonders witzig.
Zwei Stunden brauchen wir so für die nur etwa 100 Kilometer von Holzhau nach Dresden. In Dresden nutzen wir die verbleibende Zeit, kurz am Hotel Bellevue auszusteigen und das Panorama zu bestaunen: die hell beleuchteten barocken Schmuckbauten Zwinger und Hofkirche am anderen Elbe-Ufer. In Dunkelheit, die Sehenswürdigkeiten angestrahlt, wirkt Dresden wie eine ganz normale attraktive Großstadt von Welt.
Kapelle lotst uns noch in die Bahnhofsgaststätte. Offensichtlich will er uns den Kontrast zwischen der Realität einer Gaststätte und der Scheinwelt des Bellevue vorfüh-

ren. Erwin steuert einen leeren Tisch an und wird von einem etwa 45jährigen dicklichen Kellner barsch angeschnauzt: »Gehen Sie sofort an das Ende der Schlange zurück!« Erst jetzt sehen wir, daß abseits im Raum drei verschüchterte, ärmlich aussehende Menschen warten. Das ist wohl die »Schlange«. Erwin: »Hier sind doch Tische frei. Wir nehmen den hier.« Kellner: »Sie gehen zurück, bis Sie an der Reihe sind.« Kapelle: »So, selbst wenn man uns jetzt noch hineinläßt – bedienen wird man uns nicht mehr!« Wir gehen, Erwin wüst schimpfend. Auf meine laute Feststellung: »DDR zum Abgewöhnen« blicken mich, wie mir scheint, traurige Augen mehr resigniert als erstaunt an.

Unser Zug steht bereits auf dem Gleis. Der fröhlich aussehende junge Schaffner begrüßt uns »zur einzigen Möglichkeit auszureisen – die Grenzen zur Tschechoslowakei sind seit heute mittag 15 Uhr geschlossen«. Kapelle kann seine Betroffenheit nicht verstecken. Bei der Umarmung zum Abschied weint er – fast – unhörbar: »Jetzt werden sie auch noch auf uns schießen.« Dann eilen Schwarz und er davon – in der vagen Hoffnung, uns doch im Frühjahr im Zentralarchiv in Köln gesund wiederzusehen.

Die Rückreise ist bequem. Für 50 DM sorgen wir dafür, daß der Schlafwagenschaffner uns keine weiteren Gäste ins Abteil bringt. So können wir es uns wie in einem Hotelzimmer gemütlich machen. Im Abteil nebenan sind alle sechs Betten belegt.

Mittwoch, 4. Oktober 1989:

Nachts gegen 2 Uhr erreichen wir wieder Oebisfelde. Unsere Papiere sind diesmal in Ordnung. Ohne jede Frage und auch ohne ein nettes Wort verläßt uns der mürrische DDR-Offizielle. Erwin wird kaum wach. Auf das Kommando zweier junger, energischer Frauen in der blauen Uniform des Zolls, die auch in Hitler-Deutschland Karriere gemacht hätten, muß er jedoch aufstehen. Ohne daß sie auch nur gegrüßt hätten, prüfen sie gewissenhaft, ob im Bettkasten ein Flüchtling versteckt liegt. Zwei Männer im blauen Overall untersuchen derweil andere mögliche Verstecke. Draußen eilen Soldaten mit Hunden um den Zug.
Kurz vor der Abfahrt werden noch weitere Passagiere auf den Bahnhof gelassen. Traurig tritt als letztes die typisch deutsche Familie des Jahres 1989 aus dem Bahnhofsgebäude: ein junges Paar in Jeans, er das Kleinkind an der Hand, sie den Säugling im Kinderwagen schiebend, dazu wenig Gepäck – das vom Fernsehen vertraute Bild einer Flüchtlingsfamilie in Deutschland. Sie schauen nicht hoch zu den anderen Passagieren im Zug.
Ich bleibe wach, als der Zug in langen Minuten die technisch perfekten Grenzanlagen mit den riesigen Scheinwerfern passiert, die – vor dem Hintergrund der stockdunklen Nacht – gespenstisch grell die Gegend ausleuchten. Hier kommt keiner gefahrlos heraus, und daß jemand überhaupt den Mut – oder besser den Todesmut – aufbringt, diese Grenze illegal zu überqueren, erscheint unglaublich.
Der Grenzbeamte in Wolfsburg wundert sich über unser gebührenfreies Visum. Eine offizielle Einladung, die ein kostenloses Einreisen ermöglicht, ist offenbar selten.
Bei unserer Ankunft in Köln um 7 h können wir kaum glau-

ben, was die »Welt« schreibt: In der Prager Botschaft drängen sich schon wieder mehrere tausend Menschen zusammen. Und in der Leipziger Innenstadt hat es am Montagnachmittag (als wir uns in Dresden aufhielten) Massendemonstrationen gegeben. In der DDR haben wir davon nichts gelesen, nichts im Radio gehört oder im Fernsehen gesehen – hatten nichts mitbekommen von den Vorgängen in den Nachbarstädten.

7. Kapitel: Der Prozeß der Wiedervereinigung als ungeplantes Experiment – Teil II

7.1. Die Entwicklung einer »Rumänischen Lösung«

Das Aussetzen der »Chinesischen Lösung« wirkte ermutigend, und die Demonstrationen wurden riesig. Am 16. Oktober 1989 gingen in Leipzig 120 000 Menschen auf die Straße. Da entschloß sich das SED-Establishment zu einem halbherzigen Versuch mit dem, was von heute aus »Rumänische Lösung« genannt werden kann – zum Auswechseln verhaßter Spitzenfunktionäre; allerdings vorerst nur dieses[344]. Am 18. Oktober wurde Erich Honecker zurückgetreten, mit ihm Wirtschaftsminister Mittag und Propaganda-Minister Herrmann. An deren Stelle trat der weniger bekannte Egon Krenz, von vielen Politikern der Bundesrepublik freundlich begrüßt. Insbesondere der FDP-Fraktionsvorsitzende im Bundestag, Mischnick, tat sich mit der positiven Einschätzung hervor, Krenz sei kein Mann

344. In Rumänien verfuhr später das Stasi-Äquivalent Securitate nach dem Leitsatz: Wenn ein Umbruch/eine Revolution unvermeidbar wird, inszenieren wir das selbst als Scheinvorstellung.

des Übergangs. Zugleich wurde aber in Ostberlin auch erwogen, parallel zu diesem Figuren-Auswechseln den Repressionsapparat zu nutzen, um die weitergehenden Proteste zu stoppen. Am 31. Oktober wurden Anordnungen beschlossen, nach denen Hunderte von Regime-Gegnern in einer Massenaktion zu verhaften waren[345]. Wieder unterblieb die Ausführung des Beschlusses.

Das Abstimmen mit den Füßen ging weiter und wurde noch massenhafter – sowohl die Flucht in den Westen wie die Demonstrationen. Diese griffen jetzt auch auf Ostberlin über, wo doch die Privilegierten des SED-Staates konzentriert wohnten (und wohnen). Am 5. November zählte man in Ostberlin eine Million Demonstranten.

Bisher dem DDR-Zwangsregime dienende Schriftsteller wie insbesondere Christa Wolf und Heiner Müller versuchten im letzten Moment, sich an die Spitze der Massenbewegung zu setzen und ihre Utopie von einer besseren Gesellschaft zu retten. In einem Rückblick auf diesen Herbst glaubte die Schriftstellerin Helga Königsdorf bezeichnenderweise, es habe einen »Moment der Schönheit« gegeben, »in dem die Utopie zum Greifen nahe schien«[346].

Die Bevölkerung wollte es anders. Versprechungen auf eine bessere Zukunft in unbekannter Ferne wurden nicht mehr akzeptiert. Es gab Kritik, daß man von Linksintellek-

---

345. Thomas Krafczyk: »Sachsen will gegen Stasi-Mittelbau vorgehen. Bürgerkomitee in Leipzig lehnt Überstellung der Akten nach Berlin ab. Schwarze Listen noch Ende Oktober angelegt«. In: Die Welt, Nr. 198, 25. 8. 1990

346. Helga Königsdorf: »Der Schmerz über das eigene Versagen«. In: Die Zeit vom 1. 6. 1990. Zum Versagen der arrivierten DDR-»SchriftstellerInnen« siehe Antonia Grunenberg: »Das Ende der Macht ist der Anfang der Literatur. Zum Streit um die SchriftstellerInnen in der DDR«. Aus Politik und Zeitgeschichte, B 44/90, 26. 10. 1990, S. 17–26

tuellen als »Experimentiermasse« behandelt werde, während es diesen selbst immer besser gegangen war als dem »kleinen Mann«, den sie zu schützen vorgaben und in Wirklichkeit nur bevormunden wollten[347]. Die Schriftstellerin Helga Schubert fing diese Stimmung ein: »Ich möchte nicht den nächsten Sozialismus-Testlauf in diesem wirtschaftlich ruinierten Land absolvieren, während einige gebildete westeuropäische Zuschauer in Norditalien unter einer Pinie lagern, ihren Grappa trinken, mir Ratschläge geben und mich bedauern, daß ich es in ihren Augen wieder nicht richtig angestellt habe, ihre Utopie zu verwirklichen.«[348]

Auf Spruchbändern forderten Demonstranten in Wortspielen und unter Verballhornung der jahrzehntelangen Spruchbänder-Demagogie der SED den schnellen Wechsel in der DDR-Führung: »Pässe für alle – Laufpaß für die SED«; »Reformen – aber unbekrenzt«; »Kein Artenschutz für Wendehälse«; »Für die beiderseitige Bemalung der Mauer«; »Sägt die Bonzen ab, schützt die Bäume«; »Stalin entsorgen«; »Rücktritt ist Fortschritt«. Stefan Heym klagte: »Das Volk redet eine normale, verärgerte Spra-

---

347. Helga Königsdorf, langjähriges Mitglied der SED, schreibt später – immer noch im Stil der Kaderpartei –, die Revolution habe eine Vision gebraucht. Für »all unsere schönen Entwürfe« sei es zu spät gewesen, weil sich das Volk die seinen auf der Straße geschaffen habe. Die Menschheit sei um eine Hoffnung ärmer. »Aber das ist nicht die Schuld des Volkes. Es leidet und braucht unsere Liebe. Wir dürfen es nicht verachten. Wir sind ein Teil des Volkes und zugleich sein Anwalt.« (Helga Königsdorf: »Das Spektakel ist zu Ende. Und die Künstler werden wieder gebraucht«. FAZ, Nr. 48, 26. 2. 1990, S. 33)

348. Helga Schubert: »Wo soll man anfangen? Die stille Liebe zur Heimat DDR«. FAZ, Nr. 30, 24. 1. 1990, S. 29; siehe auch: »Autorin aus der DDR mit politischen Aufgaben. Begegnung mit Helga Schubert in Zürich«. NZZ, 31. 1. 1990, Nr. 24, S. 37

che.«[349] Berliner Mutterwitz hatte optisch dem Ernst der Massendemonstrationen etwas von der Schärfe genommen.

Es war eindeutig geworden: Ohne eine drastische Änderung würde das Land ausbluten und in Anarchie versinken. Am 7. November trat der Ministerrat zurück – auch die zweite Mannschaft der SED sah sich gescheitert: Ratlosigkeit. Dann geschah Geheimnisvolles, was in der Folge zum offenen Zusammenbruch des Regimes führen sollte: Am 9. November 1989 verkündete Schabowski, der Informationssekretär des ZK der SED, vor laufenden Kameras, daß alle DDR-Bewohner künftig frei ein- und ausreisen könnten. Ein Übersiedeln sollte damit überflüssig werden, da die Grenzen der DDR nun geöffnet würden. Daß dies auch die Grenze zur Bundesrepublik betraf, blieb im Text zunächst unscharf, wurde aber auf Fragen mündlich bestätigt. Aber was immer zunächst gemeint war: Wie auf Kommando setzten sich gleichzeitig Zehntausende von Menschen in Bewegung (»Nichts wie rüber«)[350]. Möglicherweise ohne Befehl entschlossen sich NVA-Offiziere an der

---

349. Wolf Oschlies: »›Vierzig zu Null im Klassenkampf?‹. Sprachliche Bilanz von vier Jahrzehnten DDR«. Deutschland-Report 9, herausgegeben im Auftrag der Konrad-Adenauer-Stiftung. Melle 1990, S. 8. In seinem 1988 in der DDR erschienenen Buch »Der Erste« schildert Landolf Scherzer die »alltägliche Verzweiflung, den Frust im Umgang mit einem System, wo alles zentral geplant wird und fast nichts nach Plan verläuft«. Dies finde seinen Niederschlag auch in der Sprachregelung: Vor der kommunistischen Machtübernahme hätten die Arbeiter der Dermbacher Glashütte liebevoll von »unserer Hütte« gesprochen. Heute sei es ihre Hütte, aber keiner nenne sie mehr so (zitiert nach Monika Zimmermann: »Wir sind selbst schuld. Aus dem Innenleben der SED. Eine Enthüllungsreportage«. In: FAZ, 21. 9. 1989, Nr. 219, S. 33)

350. Eine eindrucksvolle Dokumentation legte der »Spiegel« vor. Spiegel Spezial: »162 Tage deutsche Geschichte. Das halbe Jahr der gewaltlosen Revolution«. Nr. 2/1990

Mauer zu West-Berlin, den andrängenden Menschenmassen in der Nacht die Grenze zu öffnen[351]. Die Hintergründe dieser Maueröffnung bleiben das zweite Geheimnis – nach dem Aussetzen des Schießbefehls in Leipzig – im Prozeß der Auflösung der DDR.

Ein neuer Abschnitt in der Geschichte Deutschlands mußte mit diesem Moment beginnen, zu dem viele DDR-Bürger die von der offiziellen Lesart so verschiedene Wirklichkeit der Bundesrepublik Deutschland zum erstenmal anschauen konnten. Die Mauer ging auf – und damit ging die DDR unter. Über Nacht verloren Begriffe, die man in dieser eingemauerten Republik erfunden hatte, ihre sonderliche Bedeutung: »antifaschistischer Schutzwall«, »Reisekader«, »Republikflucht«[352].

Nach den Freudentaumeln in Berlin, denen wiederum die ganze Welt über das Fernsehen mit Faszination zuschaute, war auch tatsächlich ein Problem für das Überleben des

---

351. An dieser Stelle sei an das Schicksal der Kölner Stadtmauer erinnert. Die im Mittelalter errichtete wuchtige Stadtbefestigung war in der zweiten Hälfte des 19. Jahrhunderts bei Kölner Bürgern immer mehr zu einem Fremdkörper geworden. Ihre Vorstellungen bei der preußischen Regierung in Berlin, die Mauer abreißen zu dürfen, stießen zuerst auf wenig Gegenliebe, da die Regierung es vorgezogen hätte, die Festung um Köln sogar noch auszudehnen. Darauf forcierten die preußenfeindlichen Kölner im Krieg 1870/71 das Gerücht, die Preußen hätten ihre Geschütze auf den Türmen und Toren schußbereit auf die Bevölkerung gerichtet, aus Angst vor einer »Fraternisierung« der Kölner mit den Franzosen. In einem Reichsgesetz wurde dann am 30.5. 1873 festgelegt, daß eine Verlängerung der auf den engen Stadtkern beschränkten Mauer um sämtliche Vorstädte von militärischer Seite her nicht mehr unbedingt erforderlich sei. Es zeichnete sich ab, daß eine preußische Regierung schon damals auf Drängen der »Untertanen« den Abriß einer Mauer freigeben mußte (vgl. Hiltrud Kier: »Die Kölner Neustadt«, Düsseldorf 1978, S. 20f.; Engelbert Greis: »Die Mauer von Cöln. Historie und Histörchen rund um die mittelalterliche Stadtbefestigung«. Köln 1989, S. 11)

352. Oschlies, a.a.O., S. 10

DDR-Regimes leicht gemildert: das Weglaufen der eigenen Bevölkerung. Dafür hatte man jetzt andere Probleme durch den Verlust der Möglichkeit, mit flächendeckenden Repressionen Gehorsam zu erzwingen – und das angesichts eines für die Machthaber beängstigend großen Bevölkerungsteils, der sich nicht mehr ducken wollte. Wie groß dieser Teil war, wußte das Regime aufgrund der schlechten Umfragen selbst nicht ausreichend genau, aber sicher waren es zu viele, um weitermachen zu können wie bisher.
Das Experiment mit Egon Krenz ließ sich nicht lange halten. Im Land setzte sich als Stimmung durch, nun könne man sich endlich frei benehmen. Der rege Besucherverkehr mit dem Westen bewirkte ein Übriges; denn nun war den Bürgern der DDR durch eigene Anschauung deutlich geworden, wie sehr das Regime sie ausgeplündert und über die Verhältnisse im westlichen Teil Deutschlands belogen hatte.
Zum Ausbau der begonnenen »Rumänischen Lösung« bei noch intaktem, aber verdecktem Repressionsapparat wechselte die SED zunächst am 18. November Willy Stoph, der seit seinem Rücktritt als Ministerpräsident am 7. November kommissarisch den Ministerrat geleitet hatte, und Parteichef Egon Krenz gegen Hans Modrow als Ministerpräsidenten bzw. Gregor Gysi als Parteichef aus. Gysi galt als Anwalt, der Personen aus der Führungsschicht des SED-Staates verteidigte, die Probleme mit der Regierung bekommen hatten. Bis dahin war Gysi Vorsitzender der Anwaltskammer der DDR, sein Vertreter war Lothar de Maizière. Modrow, Gysi und später auch de Maizière traten als Kritiker stalinistischer Tendenzen auf, ohne deshalb Gegner eines sozialistischen Systems zu sein.
Für die neuen Machthaber tat sich inzwischen ein weiteres

Problem auf: Spätestens seit den Demonstrationen vom 13. November 1989 war aus »Wir sind das Volk« – der listig-ironischen Übernahme des Mottos der Schau über Thomas Münzer, die das Regime ja soeben propagierte – der Ruf »Wir sind *ein* Volk« geworden, und in lauten Sprechchören forderten nun Demonstranten »Deutschland einig Vaterland« – ein Zitat aus der ersten DDR-Nationalhymne von Johannes R. Becher, die nicht mehr gesungen werden durfte.

Ein lehrbuchhaftes Stück von Eigendynamik fand einen vorläufigen Höhepunkt: Die Menschen bestimmten durch Weglaufen oder Protest das Tempo der Politik, Politikern blieb nur ein nachträgliches Reagieren. »Uns veraltet das Wort im Munde« – diese Abwandlung des berühmten Zitats von Hugo von Hoffmannsthal: »Das Wort vermodert mir im Munde« – wurde in beiden deutschen Staaten alltägliche Erfahrung für Politiker und Publizisten.

Noch ein Jahr vor der Wiedervereinigung am 3. Oktober 1990 hatte die deutsche Frage nicht auf der Tagesordnung gestanden – weder für die Bundesbürger noch für die Menschen in der DDR. Das Sample-Institut ermittelte Anfang Oktober 1989, 66 % der Bundesbürger seien der Meinung, in diesem Jahrhundert komme es nicht mehr zu einer Wiedervereinigung[353] – und das zur Zeit der ersten »Montagsdemonstrationen« in Leipzig.

Nach dem Zerbröseln der Mauer ab dem 9. November

353. Sample Institut, Pressemitteilung o. D. Telefonische Repräsentativbefragung von 1000 Personen ab 14 Jahren in der Bundesrepublik und Westberlin am 3. und 4. 10. 1989. Frage: »Glauben Sie, daß es in den nächsten 10 Jahren zu einer Wiedervereinigung Deutschlands kommen wird?«

1989 war dann aber die ganz große Mehrheit der Deutschen für die Wiedervereinigung. Umstritten war dies nur bei einem Teil des politischen und intellektuellen Establishments. In der Bundesrepublik gab es nur bei den Wählern der Grünen und bei jungen Menschen – was zum Teil zusammenfällt – sowie bei den Wählern der als sehr rechts geltenden Republikaner eine nennenswerte Minderheit von Vereinigungsgegnern. Im Gegensatz zur weitverbreiteten Meinung allerdings waren die Anhänger der Republikaner weniger nationalistisch eingestellt; ihnen ging es in erster Linie um die Abwehr all dessen, was den eigenen Status quo belästigen konnte. Jedoch waren es in allen Gruppen immer nur Minderheiten, welche die Vereinigung ablehnten.

Die politische Führungsschicht der Bundesrepublik, aber auch der westlichen Verbündeten, hatte diese Entwicklung mit äußerster Irritation verfolgt. Das ist insofern verständlich, als die Ereignisse sich immer wieder den Versuchen entzogen, sie in die Kontrolle der Berufspolitiker zurückzuholen. Die im großen und ganzen stabil und kalkulierbar gewordene politische Ordnung in Europa schien der »classe politique« durch die Verflüssigung der Macht in der DDR unkalkulierbar zu werden; und daß die Bevölkerung selbst die Entwicklung bestimmte, mußte die »classe politique« beleidigen.

Für die Bundesrepublik kam verschärfend hinzu, daß die sich abzeichnende neue Wirklichkeit einem Szenario widersprach, das von ganz links bis hin zu den CDU-Politikern Heiner Geißler, der die Wiedervereinigungsklausel aus dem Parteiprogramm gestrichen sehen wollte, Lothar Späth und Eberhard Diepgen konsensfähig war: Die DDR sollte zu einem geachteten zweiten deutschen

Staat mit eigener Staatsbürgerschaft werden[354]. Richard von Weizsäcker meinte noch im Dezember 1989, die Lebensfähigkeit der DDR müsse voll erhalten bleiben[355]. Vielleicht hatte dies im Sommer 1989 schon eine Mehrheit in der CDU und FDP. In der SPD war diese Einstellung bereits offizielle Parteilinie. Willy Brandt: »Ich muß bekennen, daß ich aufgehört habe, über die Wiedervereinigung nachzudenken. Sie ist die spezifische Lebenslüge der zweiten deutschen Republik«[356]; Egon Bahr: »In der Teilung gibt es deutsche Chancen. Es gibt keine Chance, die beiden deutschen Staaten zusammenzuführen«; Momper: »Ich bin jemand, der immer gegen das Wiedervereinigungsgequatsche gewesen ist[357].«

Die Leitmedien für die Kulturintelligenz verstanden inzwischen die DDR als förderungswürdigen Versuch einer Gesellschaft mit menschlicher Wärme und Solidarität im Gegensatz zu der eigenen Ellenbogengesellschaft[358]. Und

---

354. Zu der auch in der bürgerlichen Mitte vor dem Fall der Mauer gewachsenen Bereitschaft, sich mit dem Bestehenden einzurichten, siehe Wolfgang Schuller: »Alle Deutschen stehen vor einem Neuanfang«, a.a.O.

355. Gunter Hofmann: »Predigen in einer leeren Kirche. Rollenprobleme für das Staatsoberhaupt: Richard von Weizsäcker zeigt Unsicherheit, während der Kanzler die Stunde nutzt«. Die Zeit, 27. 7. 1990, S. 5

356. Willy Brandt besteht seit Dezember 1990 darauf, er sei mißverstanden worden. Es habe ja auch keine Wiedervereinigung in den Grenzen von 1939, sondern eine Vereinigung zweier deutscher Staaten gegeben. In der Tat war Willy Brandt in seiner Partei nach der Öffnung der Mauer ein Förderer des Einigungsprozesses.

357. Zusammengestellt von Holger Lösch: »Trendwende«. Report. München, 20. 2. 1990

358. Das scheint die Variation einer Agitationsformel der Labour Party zu sein, der »two thirds society of Margaret Thatcher«. Auch die direkte Übersetzung »Zwei-Drittel-Gesellschaft« wird hierzulande benutzt. Analog dazu die Verwendung des Bildes »Birne« für Kohl; ideologisch-geschichtlich bewanderte Linksintellektuelle konnten sich anregen lassen durch den Spitznamen »Poire Philippe« für den »Bürgerkönig« Louis Philippe der Zwischenzeit von 1830–1848 in Frankreich.

da machten die Menschen der DDR diese Pläne für ihren Staat zur Makulatur! Verständlich, daß im kulturellen und weithin auch im politischen Establishment darauf mit Ärger, sogar mit Zorn reagiert wurde – jedenfalls ohne Sympathie und Verständnis.

Bis zum 18. November 1989 mußte der Bevölkerung der DDR die Haltung der Menschen und der Regierung in der Bundesrepublik als Vexierbild erscheinen. An diesem Tag präsentierte völlig überraschend Bundeskanzler Kohl sein Zehn-Punkte-Programm zur Deutschlandpolitik im Bundestag. Es gab einen Aufschrei der Entrüstung in weiten Teilen der »classe politique« wegen des handstreichartig wirkenden Charakters, mit dem Kohl dieses Programm vorlegte. Im Rückblick wird aber eindeutiger, als es offensichtlich damals war, daß ein so klares Wiedervereinigungsprogramm in den üblichen Beratungsabfolgen nur denaturiert worden wäre – zumal diejenigen, die an der Form Anstoß nahmen, in Wirklichkeit den Inhalt der Botschaft, nämlich die Wiedervereinigung, treffen wollten. Letztlich kam aber erst durch diesen Handstreich des Kanzlers die Wiedervereinigung international auf die Tagesordnung.

7.2. Der Widerstand des intellektuellen Establishments gegen die Wiedervereinigung

Die deutsche Einigung galt in weiten Kreisen der Linksintellektuellen und bei einem Teil der »classe politique« in der Bundesrepublik inzwischen und wegen des Zusammenbruchs des SED-Regimes bis zum März 1990 als Unwert[359]. Die Änderung der politischen Ordnung im »anderen Deutschland« wurde zwar verständnisvoll kommentiert, aber eine Vereinigung der beiden deutschen Staaten galt es abzulehnen. Eine Solidaritätsadresse westdeutscher Schriftsteller wie Günter Grass und Günter Wallraff sowie des Schweizers Max Frisch unterstützte das Anliegen von Künstlern und Schriftstellern der DDR, die in dem Aufruf »Für unser Land« die DDR als »sozialistische Alternative« erhalten wollten. In die »Euphorie des Westens« mische sich die »Geste der Erpessung, mit der die gerade jetzt aufblühende demokratische Entwicklung in der DDR gehemmt, schließlich erstickt werden könnte«[360], so die Schreckensvision. Tatsächlich ging es den damals maß-

---

359. Siehe hierzu auch Fichter, a.a.O. Theo Sommer hatte anläßlich des Honecker-Besuches in der Bundesrepublik am 4.9. 1987 behauptet: »Die deutsche Frage ist heute eine Frage an die Geschichte, nicht an die operative Politik.« (Theo Sommer: »Deutschland: gedoppelt, nicht getrennt? – Honeckers Besuch in Bonn: worum es geht«, Die Zeit, 4.9. 1987). Selbst die einsetzende Flüchtlingswelle aus der DDR bewirkte bei Sommer noch kein Umdenken. »Der Flüchtlingstreck aus der DDR bewegt die Nation. Eine ›operative Wiedervereinigungspolitik‹ wird gefordert. Aber es hilft alles nichts: Die deutsche Frage ist nicht aktuell« (Theo Sommer: »Kleine Schritte oder große Luftsprünge? Deutschlandpolitik zwischen Torschlußpanik und Anschlußeuphorie – Das Ziel muß bleiben: Wandel ohne Explosion«. Die Zeit, 22.9. 1989, S. 3)
360. Frank Schirrmacher: »Glaubenskrieg. West-östliche Eintracht unter Intellektuellen«. In FAZ, Nr. 280, 2.12. 1989, S. 27

gebenden Politikern in der DDR um Weiterführung des Sozialismus im neuen Gewande.

An dieser Solidaritätsadresse wurde jedoch deutlich, daß es mit der DDR-Identität nicht so weit her sein konnte; denn zumindest unter den Ideologen fand sich eine deutsch-deutsche Identität. Frank Schirrmacher charakterisierte diese deutschen Schriftsteller als »Mischung aus Selbstlosigkeit und folgenloser Selbstbezichtigung, die noch im Schuldbekenntnis die Märtyrerhaltung sucht und mit der die gleiche Generation auch in der Bundesrepublik vierzig Jahre lang den Widerstand gegen Hitler nachholte. Die Attraktion, die Christa Wolf im Westen besaß, hatte ohne Zweifel mit dieser gesamtdeutschen Rhetorik zu tun, die noch den Besetzern eines Feldwegs die Aura des Widerstandskämpfers verlieh[361].«

Am 10. November 1989 war im »Deutschen Allgemeinen Sonntagsblatt« die Hoffnung zu lesen, der »nationalstaatliche Ansatz, der viele Deutsche und Ausländer in Ost und West mit Sorge erfüllt«, könne »vorerst amputiert« werden. Der Chronist zeigte sich erleichtert, bei den großen Demonstrationen während der Herbst-Revolution habe »kein Transparent, kein Sprechchor, kein Redner die Aufhebung der Zwei-Staatlichkeit verlangt«. Die Wiedervereinigung als politischer Akt sei wohl die unwahrscheinlich-

361. Frank Schirrmacher: »›Dem Druck des härteren, strengeren Lebens standhalten‹. Auch eine Studie über den autoritären Charakter: Christa Wolfs Aufsätze, Reden und ihre jüngste Erzählung ›Was bleibt‹«. FAZ, Nr. 127, 2. 6. 1990. Ähnlich äußerte sich der Schriftsteller Günter Kunert zur »gesamtdeutschen Familie« der Intellektuellen, die »sehr deutsch, was soviel heißt wie: wirklichkeitsfremd, emotionalisiert, blind für die eigene Position wie für die konträre« sei (Günter Kunert: »Weltfremd und blind. Zum Streit um die Literatur der DDR«. FAZ, Nr. 149, 30. 6. 1990, S. 27)

ste Variante in dem Spektrum möglicher Lösungen für die deutsche Frage[362].

Gegen ein Aufgehen der DDR in die Bundesrepublik gab es einen verbreiteten Widerstand – ein Widerstand, der sich angesichts der Meinung der überwältigenden Mehrheit in der Bevölkerung tarnte. Hinter dieser Ablehnung steckte zum einen das Erschrecken, diese ungeliebte Bundesrepublik werde nun noch gewichtiger. Günter Grass verstieg sich bei seiner Ablehnung der Vereinigung zu der Behauptung: »Wer gegenwärtig über Deutschland nachdenkt und Antworten auf die deutsche Frage sucht, muß Auschwitz mitdenken. Der Ort des Schreckens, als Beispiel für das bleibende Trauma genannt, schließt einen zukünftigen Einheitsstaat aus. Sollte er, was zu befürchten bleibt, dennoch ertrotzt werden, wird ihm das Scheitern vorgeschrieben sein[363].« Da wird aus der Teilung Deutschlands, die aus Großmachtinteressen 1947/1948 erfolgte, die also weder sachlich noch zeitlich mit Auschwitz zu tun hat, erst mit ziemlichem zeitlichem Abstand zu 1945 eine moralische Veranstaltung, eine Strafe für deutsche Schuld und somit ein Kreuz, das willig getragen die Schuld mindert.

Rudolf Augstein zeigte sich verwundert über diese Beschwörung von Auschwitz als Hinderungsgrund für ein zukünftiges Leben in einem gemeinsamen politischen Rahmen und meinte, Günter Grass habe lange Zeit kein Wort über Auschwitz verloren. Auch habe Grass bislang einen

---

362. Rudolf Großkopff: »Freiheit, die sie meinen«. Deutsches Allgemeines Sonntagsblatt, 10. 11. 1989, S. 1

363. Zitiert bei Matthias Rüb: »Furcht, Hoffnung und der Einheitsstaat«. FAZ, 6. 2. 1990, S. 29

Einheitsstaat nicht befürchtet, sondern im Gegenteil als SPD-Anhänger für das Grundgesetz, also auch für das in seiner Präambel enthaltene Wiedervereinigungsgebot, »getrommelt«[364]. Die fehlende Logik des Argumentierens bei Grass darf als Indiz für die Erregung verstanden werden, die ein Aufgehen der DDR in die Bundesrepublik bei Intellektuellen des linken Randes auslöste.

Andrzej Szczypiorski weist kühl darauf hin, ein »immerwährendes Schuldbekenntnis« verliere seine Überzeugungskraft: »Zu Worte meldet sich hier wieder deutsche Einmaligkeit, Genauigkeit und – was sich nicht verschweigen läßt – Übertreibung.« Für ihn stelle sich die Frage, ob es nicht ein deutscher Nationalismus »à rebours« sei, wenn Deutsche behaupteten, ein mächtiges Deutschland würde nicht gut für die Welt sein[365].

Als sich dann die Wahrscheinlichkeit einer schnellen Vereinigung abzeichnete, nannte Grass den Beitritt nach Artikel 23 GG, wie ihn die Bundesregierung anstrebte, ein »Ermächtigungsgesetz«. Die bloße Nutzung dieses Artikels 23, um möglichst schnell zum »Anschluß« zu kommen, sei verfassungswidrig[366]. Für den DDR-Dramatiker Heiner Müller war der Wunsch der DDR-Bürger nach einer schnellen Vereinigung mit der Bundesrepublik lediglich eine »ökonomische Unterwerfung«. Er behauptet, scheinbar selbstkritisch, natürlich habe es in der DDR keine Unschuldigen gegeben. Er kannte demnach nur Täter. »Bei euch gibt's

---

364. Rudolf Augstein: »Zu groß, zu tüchtig, zu mächtig«. Der Spiegel 27/90, 2. 7. 1990

365. Andrzej Szczypiorski, a.a.O.

366. »Nötige Kritik oder Hinrichtung?« Spiegel-Gespräch mit Günter Grass über die Debatte um Christa Wolf und die DDR-Literatur. Der Spiegel 29/1990, 16. 7. 1990, S. 143

auch keine Unschuldigen. Was mich aufregt, ist diese Unschuldspose gegen die Schuldigen hier«, heißt es weiter bei ihm – so als wären die beiden Gesellschaftssysteme in Ost und West moralisch gleichwertig gewesen[367]. Diesen Vergleich bekräftigt er, indem er beide deutschen Staaten als eine Art von Kolonien ihrer jeweiligen Siegermacht einstuft: Der Sozialismus in der DDR in seiner stalinistischen Ausprägung habe nichts als die Kolonialisierung der eigenen Bevölkerung bedeutet. »Der DDR-Bürger hat einen verdeckten Blick . . . Auch schon die Kinder. Das ist der Blick der Kolonisierten[368].« Im November 1989 hatte Müller begründet, die DDR müsse es als »basisdemokratische Alternative zu der von der Deutschen Bank unterhaltenen Demokratie der BRD« geben; ohne diese Alternative werde Europa eine Filiale der USA[369].

Dem Mitbegründer des Neuen Forums, Jens Reich, fiel als Bild ein, ein wiedervereinigtes Deutschland sei einem »Zweikomponentengift gleichzusetzen, dessen beide Teile jeder für sich harmlos seien, zusammengefügt indes tödlich wirken würden«. Die »Neue Zürcher Zeitung« nannte diesen Vergleich eine »diabolische Parabel«, die Deutschland quasi als »binären Chemiekampfstoff« diffamiere[370].

Mindestens so bemerkenswert ist aber an diesem Vergleich aus der Führung des eher grün-protestantischen Neuen Forums, daß hier auch in der DDR die Menschen mit eigenen Ansprüchen nicht vorkommen.

---

367. »Jetzt ist da eine Einheitssoße«. Der Dramatiker Heiner Müller über die Intellektuellen und den Untergang der DDR. Der Spiegel 31/1990, 30. 7. 1990, S. 136
368. ebenda, S. 138
369. Frank Schirrmacher: »Jeder ist mit seiner Wahrheit allein«. FAZ, 10. 4. 1990
370. »Deutschlands neue Metamorphose«. NZZ, 6./7. Mai 1990, S. 6 (Ch. M.)

Dominanter als das Erschrecken über das Ende der Teilung Deutschlands, die aus Moralgründen hinzunehmen sei, war der Wunsch, ein »anderes Deutschland« möge bestehen bleiben. »Wandel durch Annäherung« war einmal die Parole der Sozialisten, die sich von einem engen Kontakt der SPD mit der SED eine Stärkung des sozialistischen Elements in der Sozialdemokratie versprachen und für die SED eine Hilfe für einen Reformkommunismus auf dem Weg zu einem »Sozialismus mit menschlichem Antlitz«. Hier sei dahingestellt, ob es so etwas geben kann; festgehalten sei nur, daß bisher niemand dargelegt hat, wie das funktionieren soll.

Der Publizist Günter Gaus beklagte – ähnlich wie die Politikwissenschaftler aus der DDR-Forschung –, selten sei es »der DDR in westdeutschen Gesprächen vergönnt gewesen, an ihren eigenen Existenzbedingungen« gemessen zu werden. Voller Unverständnis war er für bundesdeutsche Besucher, die die DDR so sahen, wie sie war: armselig, mit bröckelnden Fassaden, ruinierter Umwelt, umgeben von Stacheldraht und Wachtürmen. Die Bundesdeutschen hätten die Maßstäbe ihres eigenen Lebensstandards angelegt, meinte Gaus und wünschte sich einen behutsamen »Umgang mit der komplizierten Nischengesellschaft der DDR« und die »Hingabe eines vorsichtig urteilenden Forschers an den Gegenstand seiner Wißbegier« – die Menschen in der DDR also als Objekte des Forscherdranges und nicht als Menschen mit eigenen Wünschen, zu denen verständlicherweise eben nicht das Wohnen hinter »bröckelnden Häuserfassaden« gehört. Gaus beklagte, daß es nicht zu schrittweisen Liberalisierungen innerhalb der DDR gekommen sei. Nun müsse es nach dem Fall der Grenzsperren durch den einsetzenden Pluralismus zu »Wärmeeinbußen in vertrauten Zirkeln« kommen. Anstatt an die Erneuerung der eigenen Gesellschaft zu denken, sei zudem »der alte Adam, die alte Eva nach dem Fall der Mauer ins Bilka-Kaufhaus« geeilt! Hochmütig urteilte der doppelt privilegierte Gaus (nicht nur der einfachen DDR-Bevölkerung gegenüber, sondern durch seinen Diplomatenpaß als Ständiger Vertreter der Bundesrepublik auch im Vergleich zu bundesdeutschen Besuchern der DDR): »Soweit die noch nicht verfaßte Mehrheit sich artikuliert, verlangt sie im ersten Ansturm nach einfachen Lösungen. Die einfachste ist der Anschluß ans bundesrepublikanische Altreich[371].«

Jürgen Habermas erkannte in dem Wunsch der Mehrheit in der DDR einen »DM-Nationalismus«[372]. Er behauptete, sich um die Identität der Deutschen zu sorgen, und fragte: »Wird die D-Mark libidinös besetzt und in der Weise emotional aufgewertet, daß eine Art wirtschaftsnationale Gesinnung das republikanische Bewußtsein überwältigt?« Es ist wahr: Um diese Worte für einen solchen Gedankensalat zu finden, bedarf es einer emanzipatorischen Bildung! Auch für Habermas war also der freie Entschluß der DDR-Bürger mit ihrem Wahlentscheid zugunsten einer schnellen Vereinigung nichts anderes als ein »Anschluß« – wohl wissend, damit eine Parallele zum Anschluß Österreichs an Hitler-Deutschland 1938/39 herzustellen und damit die Bundesrepublik als »Nachfolgerin« des NS-Staates zu diffamieren.

---

371. Günter Gaus: »Nachruf – oder kein Ausflugslokal im Finowtal«. Merkur »DDR Extra«. Hamburg 1990, S. 95–98

372. Jürgen Habermas: »Der DM-Nationalismus. Weshalb es richtig ist, die deutsche Einheit nach Artikel 146 zu vollziehen, also einen Volksentscheid über eine neue Verfassung anzustreben«. Die Zeit, Nr. 14. 30. März 1990

Die dramatische Absetzbewegung vor allem junger Menschen aus der DDR und die Massenproteste der Zurückbleibenden (»Wir bleiben hier«) nahm Habermas nicht zur Kenntnis. Physische Zufälligkeiten und Verfälschungen des politischen Geschehens in Deutschland dienten ihm für Montagen folgender Qualität: Der »auftrumpfende Kanzler ließ den schmächtigen Ministerpräsidenten die Bedingungen wissen, unter denen er die DDR ankaufen wird«. Wie wäre es umgekehrt mit: Der unverständlich nuschelnde Habermas stellt Kommunikation als Zentrum des Seins vor?
Eine weitere Kostprobe: »Die Schamlosigkeit seines von den Börsenkursen gestützten Nationalismus rechnete ungerührt gegeneinander auf: die historisch begründeten moralischen Ansprüche der polnischen Zwangsarbeiter auf Entschädigung und die der Nachbarstaaten auf die Garantie bestehender Grenzen gegen den finanzpolitischen Handlungsspielraum und die Liquidität der dritten Industriemacht, die sich gerade die führende Industriemacht des RGW einverleiben und sich für diese Transaktion fit halten möchte . . . Deutsche Interessen werden in Deutscher Mark gewogen und durchgesetzt. Gewiß, schlimmer als dieser Code war die Sprache der Stukas.«
Habermas zeigte sich auch empört über die – sich später als richtig erweisende – Beobachtung des Kanzlerberaters Teltschik, der zu Beginn des Jahres 1990 auf die maroden wirtschaftlichen Verhältnisse verwiesen und gesagt hatte, die DDR stehe kurz vor dem Zusammenbruch. Dies sei eine »makabre Züge annehmende Destabilisierung«, meinte Habermas, die sich vor allem gegen die Opposition richte, die das Regime gestürzt habe und jetzt an einer Veränderung der Strukturen von innen heraus, an Selbst-

stabilisierung und Selbstbestimmung interessiert sei. Habermas bedauerte die »Brüskierung der Regierung Modrow, die ja, wie zwei Bundesverfassungsrichter feststellten, auch nach unseren Maßstäben insoweit Legitimität gewonnen hat, als sie vom Runden Tisch und den in der Regierung vertretenen Oppositionsgruppen mitgetragen wird«.

Für die Tatsache, daß die DDR-Bevölkerung diesen Oppositionsgruppen bei der Volkskammerwahl am 18. März 1990 eben keine Legitimität verliehen hatte, fand er die schlichte Begründung: »Kohl hat der Bevölkerung der DDR klargemacht, daß es besser ist, auch diesmal für die machthabende Regierung zu stimmen«, und nun sei zu befürchten, daß sich alle Deutschen mit der »Potenz eines erweiterten Imperiums der D-Mark identifizieren«. Zu Recht wies Habermas allerdings auch darauf hin, daß die Bürger der Bundesrepublik ein nichtnationalistisches Selbstverständnis entwickelt hatten »und einen nüchternen Blick für das, was für jeden einzelnen an Cash, an Gebrauchswerten, aus dem politischen Prozeß herausspringt«. Warum sollte sich das ändern, wenn zu den 61 Millionen Bundesbürgern nun eine Minderheit von 16 Millionen DDR-Menschen hinzustieß? Aber Habermas sah bereits eine dramatische Änderung der deutschen Identität voraus: Die von Kohl »erpreßte« Allianz für Deutschland könne das »brachliegende Gefühlsgelände, wo aus der Arroganz einer wirtschaftlichen Vormachtstellung nationalistische Blüten sprießen, schon erschlossen« haben. Die »Ästhetik des Staates« werde keinen Aufschwung nehmen durch die Aussicht, daß demnächst »Thüringen und Sachsen auf den Ruinen des Reichstags die Flagge eines neuen Wirtschaftsnationalismus hissen werden«.

Grass, Gaus, Habermas: Harakiri der Lob- und Zitaten-Gemeinschaft auf Gegenseitigkeit. Auch das ein Gewinn aus der Vereinigung.

7.3. Die Inszenierung des Runden Tisches

Für den Versuch der SED, ihre »Rumänische Lösung« in der bisher erfolgreichen Form fortzusetzen, war Kohls Zehn-Punkte-Plan destabilisierend. Von jetzt ab ging es um die Vereinigung, und damit wurde die Weiterexistenz einer DDR problematisch. Anfang Dezember setzte sich bei den SED-Bezirkssekretären, die zugleich Chefs der örtlichen Staatssicherheit waren, die Einsicht durch, daß die DDR nicht wie bisher geführt werden konnte, wenn die Partei politisch (und militärisch) überleben wollte. Ein Fortbestehen der DDR möglichst als eigener Staat, mindestens aber als Gebiet, dessen Eigenart zu erhalten war, sollte durch zwei Tricks ermöglicht werden:
Trick Nummer 2: Die SED benannte sich Mitte Dezember um in PDS. Dies war nur ein neues Etikett für die alte SED, was sich schon darin zeigte, daß zu den etwa 350000 offiziell verbliebenen Mitgliedern im nächsten halben Jahr nur 2000 neue hinzugewonnen werden konnten. Die PDS wurde so konstruiert, daß sie die Rechtsnachfolge der SED antreten konnte, damit sie auch legal Zugriff auf deren gewaltiges Vermögen hatte. Vier Milliarden »guter« DM Parteivermögen gelten als vertretbare Schätzung.
Bereits am 7. Dezember wurde Trick Nummer 1 realisiert: der »Runde Tisch«, zu dem man den Bund der evangelischen Kirchen einladen ließ. Nach dem Beispiel der älteren »Runden Tische« in Polen und Ungarn saßen jetzt in der

DDR neben den Volksfront-Parteien auch die Oppositionsgruppen, soweit sie sich an die evangelische Kirche anlehnten[373]. Die Funktion des Runden Tisches war offiziell die eines Beratergremiums für die Regierung Modrow. Tatsächlich sollte er aber zunächst einmal die verschiedenen Formen der Aufsässigkeit abfangen und die Bevölkerung der DDR ruhigstellen. Sodann sollte die Runde Reformen vorschlagen, mit denen die Weiterexistenz der DDR gesichert würde, wobei es Anleihen an die Ideen der 68er Bewegung der Neuen Linken gab. Schließlich diente der Runde Tisch der Verhinderung der deutschen Einheit. Weil aber dieser Wunsch nach Einheit in der Bevölkerung übermächtig wurde, mußte der Runde Tisch scheitern und löste sich am 12. März 1990 selbst auf.
Bis dahin hatte er bewirkt, daß die schon bankrotte Regierung Modrow noch einige Monate überleben konnte. Für ein Beratergremium, das der Runde Tisch ja offiziell war, wäre es sonst merkwürdig gewesen, daß so viele seiner Spitzenleute Staatssekretäre und Minister bei Modrow wurden. Diese Lebensverlängerung war eine letzte wirkliche Chance, die DDR zu konservieren und die Vereinigung zu verhindern; spätere Bemühungen dieser Art bei de Maizière als Regierungschef waren eher Hinhaltetaktik und wirkten als Spielen auf Zeitgewinn.
Das war nicht die Absicht des Runden Tischs.
Das Establishment der evangelischen Kirche war längst

---

373. Zum Runden Tisch gibt es inzwischen bereits Literatur: Karl Wilhelm Fricke, Hans Lechner und Uwe Thaysen: »Errungenschaften und Legenden. Runder Tisch, Willkürherrschaft und Kommandowirtschaft im DDR-Sozialismus«. Deutschland-Report Nr. 11. Adenauer-Stiftung, Melle 1990; Uwe Thaysen: »Der Runde Tisch. Oder: Wo blieb das Volk?« Opladen 1990

eine Koalition mit dem SED-Regime eingegangen (Leitsatz »Kirche im Sozialismus«) und fühlte sich nun nach dem Ansehensverlust des SED-Regimes in die Pflicht genommen, offiziell einen Teil der Macht zu übernehmen. So leiteten gleich drei Repräsentanten der evangelischen Kirche die Sitzungen. Sie und weitere Vertreter der erwähnten Oppositionsbewegungen glaubten mit ihrem Anspruch auf Autorität noch unverbraucht zu sein. Das Volk sollte durch vollständige Übertragung der Sitzungen in Rundfunk und Fernsehen gewonnen werden. Offensiv vertrat man einen anderen Sozialismus als den des Regimes, einen »angegrünten«, basisdemokratischen, emanzipatorischen und frommen Sozialismus in der Tradition des von Marx kritisierten »utopischen Sozialismus«. Hierfür benötigte man ein Weiterbestehen der DDR.

Die DDR existiert inzwischen nicht mehr, aber der Geist des Runden Tisches lebt weiter. Einige Repräsentanten des damaligen Protests sind als Stasi-Mitarbeiter enttarnt, wie Wolfgang Schnur und Ibrahim Böhme, aber eine Reihe anderer sind demgegenüber als Überzeugungstäter zu qualifizieren. Als Bündnis 90 wollen diese durch die mit dem Einigungsvertrag gegebene Möglichkeit einer Verfassungsdiskussion erreichen, daß wir eine plebiszitäre Demokratie bekommen mit Volksentscheid und Volksbegehren sowie den Grundrechten sozialer Art wie auf Wohnen, Arbeit und eine gesunde Umwelt. Dem kulturellen Establishment gefällt das sehr, und das sichert Medien-Resonanz.

So wirkt dann der Runde Tisch weiter, jetzt mit anderen Funktionen. Er ist damit ein Musterbeispiel für die Erfahrung der Sozialwissenschaftler, daß einmal entstandene Organisationen und Cliquen ihre Weiterexistenz durch Zielverschiebung suchen.

Ein wichtiges Entlastungselement beim Kampf der PDS und der bundesdeutschen Linken um die Eigenstaatlichkeit der DDR sollten Umfrageergebnisse sein, die erstmals in der DDR veröffentlicht wurden. Als nach dem 9. November 1989 die Wiedervereinigung zu einer Möglichkeit wurde, häuften sich Presseberichte mit Umfrageergebnissen, nach denen eine Mehrheit in der DDR die Wiedervereinigung gar nicht wolle. Beispielsweise berief sich das »Neue Deutschland« Anfang Dezember 1989 auf eine Umfrage des Leipziger Zentralinstituts für Jugendforschung, geleitet von Professor Friedrich. Friedrich war lange Zeit der einzige Meinungsforscher der DDR mit dem Recht zum Publizieren. Eine »Vereinigung von DDR und BRD« lehnten nach einer Umfrage im Zeitraum 20. bis 27. 11. 1989 52 % der Wahlberechtigten in der DDR ab[374], berichtete Friedrich. Die Aussage gründete sich nach einem Bericht der »Süddeutschen Zeitung« auf eine repräsentative Meinungsumfrage von zwei ostdeutschen Instituten[375]. Die gleichen 52 % berichtete Infas auf der Grundlage von Befragungen im November 1989, wobei das westdeutsche Institut sich auf die Ergebnisse des vom Staatssicherheitsdienst genehmigten Umfrage-Instituts des DDR-Rundfunks stützte. Im Januar/Februar 1990 gab Infas dann einen völligen Stimmungsumbruch bekannt – nun besser vertraut mit den Partnern im Osten. Zum damaligen Zeitpunkt fand man nur noch 21 % der DDR-Bevölkerung als

374. Kölner Stadt-Anzeiger: »DDR-Umfrage: SED bekäme bei Wahl 31 Prozent«. 8. 12. 1989, S. 6
375. Süddeutsche Zeitung: »Hälfte der DDR-Bürger gegen Wiedervereinigung«. 9./10. 12. 1989, S. 6

Gegner der Wiedervereinigung. Im Februar/März 1990 war die Zahl auf 16 % gesunken[376].

Bei allen diesen Umfragen ist allerdings zu unterstellen, daß es bis Anfang März 1990 überhaupt noch keine Ermittlungen von verläßlicher Repräsentativität in der DDR geben konnte[377]. Das Infas-Institut benutzte zunächst das Interviewernetz des DDR-Hörfunks und mußte erfahren, daß dies höchst unzuverlässige Ergebnisse brachte. Das lag nicht zuletzt daran, daß die Interviewerstäbe weitgehend aus Angehörigen der politisch verläßlichen Großorganisationen wie FDJ und SED bestanden, die zur Erleichterung ihrer Arbeit meist Gesinnungsgleiche befragten, Wiederholungsbesuche unterließen oder gleich bündelweise Fragebögen bei einer der gesellschaftlichen Organisationen zum dortigen Ausfüllen abgaben. Warum sollte auch das Interviewen sorgfältiger abgelaufen sein als andere Dienstleistungen im SED-Staat? Nur besonders autorisierte Personen hatten bis zum März 1990 das Recht, Befragungen vorzunehmen, und auch für die aus dem Institut von Professor Friedrich berichteten Erhebungen wurde ein problematisches Interviewernetz verwandt, das z. B. nach dem von Wilhelm Vershoven (Gesellschaft für Konsumforschung in Nürnberg) in den dreißiger Jahren entwickelten

---

376. Spiegel: »Fremde Zähler. Wann und von wem erfahren die DDR-Wähler nächsten Sonntag, wie sie gewählt haben?«. Spiegel 11/1990, 12. 3. 1990, S. 40ff.

377. »Glaubwürdigkeit kann die Umfrageforschung in der DDR solange nicht gewinnen, wie sie sich dieser Institutionen der alten (SED) bedient.« So der Ostberliner Soziologe Winfried Raetz: »Unabhängige Sozial-, Meinungs- und Marktforschung in der DDR«. Context, Nr. 02/90, S. 1. Das von ihm geleitete neugegründete GESA-Institut ist Partner des westdeutschen Forsa-Instituts

»Korrespondentensystem« arbeitete[378]. Und bei alledem kam sicher auch noch der Wunsch als Leitlinie bei der Interpretation von Befunden hinzu[379].

Viele dubiose Befragungen wurden auch in der Bundesrepublik als Propaganda benutzt. »Uneins über deutsche Einheit«, lautete ein Bericht in der »Frankfurter Rundschau« über eine Umfrage Mitte November/Anfang Dezember 1989 im Bundesgebiet. Psydata hatte im Auftrag des Magazins der hessischen Grünen bei einer Umfrage ermittelt, daß nur 37,6 % der befragten Bundesdeutschen entschiedene Befürworter der Wiedervereinigung waren[380]. Im Januar berichtete das Magazin »Tempo«, daß sich bei einer Umfrage – wiederum von Psydata – 65 % der Bundesdeutschen für die Weiterexistenz einer eigenen DDR ausgesprochen hatten[381]. Auch hier waren die Grünen Auftraggeber der Untersuchung.

Die Stellungnahme zur Wiedervereinigung und zu deren Tempo war auch in der Bundesrepublik stark abhängig von parteipolitischen Sympathien. Anfang 1990 berichtete Hans-Joachim Veen, daß mehr als die Hälfte der Anhänger

---

378. Das sollte wie eine Stichprobe wirken – deren Prinzipien waren nicht bekannt –, indem die »Korrespondenten« in ihren sozialen Merkmalen wie die Bevölkerung insgesamt zusammengesetzt wurden. Sie waren dann zur regelmäßigen Berichterstattung angehalten. Zur Arbeitsweise des Instituts allgemein siehe Georg Wittek: »Marktforschung in der DDR«. Context, Folge 01/90, S. 1–4

379. Elisabeth Noelle-Neumann: »Demoskopie und Propaganda. Erfahrungen mit Umfragen in der DDR«. Die politische Meinung. 35. Jg., Mai/Juni 1990, S. 6–13

380. Inge Günther: »Uneins über deutsche Einheit. Mehrheit findet Umweltschutz wichtiger als Wiedervereinigung«. Frankfurter Rundschau, 12. 12. 1989, S. 1

381. Für die Seriosität dieser Berichte spricht diese Schlagzeile: »Oskar Lafontaine ist der personifizierte Kulturmix. Er kommt aus einer Arbeiterfamilie, versteht etwas von trockenen Weinen und vögelte mit Bettina Wegner« (»Oh, Oskar«. Tempo Nr. 2/90, Februar 1990, S. 38)

der Grünen für ein Weiterbestehen der DDR seien, etwa die Hälfte der Republikaner und 40 % der Anhänger der SPD[382]. Kontrovers war damals wie die meiste Zeit des Jahres 1990 das Verschwinden der DDR – die Vereinigung Deutschlands dagegen viel weniger. Das bestätigte eine Umfrage des Instituts für Demoskopie in Allensbach Anfang 1990:

Tabelle 62: Einstellung zur Wiedervereinigung[383] (Februar 1990)

Frage: »Mal ganz allgemein gefragt: Sind Sie für oder gegen eine deutsche Wiedervereinigung?«

	Bin dafür %	Bin dagegen %	Unentschieden %
Bevölkerung allgemein	69	11	20
Altersgruppen:			
16–29 Jahre	57	17	26
30–44 Jahre	64	16	20
45–59 Jahre	76	7	17
ab 60 Jahre	80	5	15
Anhänger der			
CDU/CSU	79	6	15
FDP	69	8	23
SPD	63	15	22
Grüne	48	21	31
Republikaner	66	20	14

382. Hans-Joachim Veen: »Die schwankenden Westdeutschen«. Die politische Meinung. Mai/Juni 1990, Heft 250, S. 15–22
383. Institut für Demoskopie in Allensbach, 14. bis 19. Februar 1990 (repräsentative Befragung von 1 109 Bürgern der Bundesrepublik über 16 Jahre); siehe auch Robert Leicht: »Der Preis der Einheit«. Die Zeit, März 1990

Allerdings wurde noch unmittelbar vor der entscheidenden ersten freien Volkskammerwahl in der DDR am 18. März 1990 unter »besonders dringliche Aufgaben der Regierung in Bonn« die Wiedervereinigung mit 23 % erst an fünfter Stelle genannt.
Das alles sind hoch bedeutsame Befunde, da in den Medien Ende des Jahres 1989 und Anfang 1990 immer wieder die Befürchtung verbreitet wurde, daß die Wiedervereinigung einen Taumel von Nationalismus bedeute. Dazu der der SPD nahestehende Parlamentarisch-Politische Pressedienst (PPP) am 30. 1. 1990: »Kohl ... liegt noch immer im nationalen Rausch und vergißt, daß die angestrebte Einheit nicht durch Phrasen, sondern durch konkrete Schritte hergestellt werden muß ... Der Kanzler ... verhält sich selbstherrlich wie ehemals die alte Riege der DDR. Kohl hat den Wandel im Osten nicht verstanden. Er wollte sich zum Heros Gesamtdeutschlands machen. Bisher aber bietet er das Bild eines überforderten Möchte-gern-Helden[384].« Mit dem Nationalismus kann es aber so weit her nicht gewesen sein, wenn Parteisympathie die Einstellung zur Wiedervereinigung als politisches Ziel so stark überlagert.
Tatsächlich hatte die SED mit dem Runden Tisch ihre Herrschaft zunächst verdeckt konsolidieren können. Diesen Eindruck gewann allerdings auch die Bevölkerung, die vor allem über ein Wiederauftauchen der Stasi klagte. Provokant wirkte auch der Beschluß des »Runden Tisches«, Stasi-Akten zu vernichten. Die Folge waren eine neue Welle von Übersiedlern in die Bundesrepublik und weitere, größere Demonstrationen in der DDR, die am

384. »Sozialdemokratische Deutschlandaussagen«. Parlamentarisch-Politischer Pressedienst (PPP). MedienKritik Nr. 7/12. 2. 1990, S. 7

15. Januar 1990 mit dem Sturm auf das Stasi-Hauptquartier in Ost-Berlin einen Höhepunkt erreichten. Bis heute wird allerdings in nicht-linken Führungskreisen der DDR gemutmaßt, dieser Sturm sei Teil eines Drehbuchs der »Rumänischen Lösung« gewesen; denn hier wie vordem dort habe die Geheimpolizei selbst zur Revolte angeregt und deren Ziel bestimmt, damit sich die aufrührerisch Gestimmten an ungefährlichen Orten – wie einem von wichtigen Dokumenten gesäuberten Stasi-Hauptquartier – austoben können.

Es wurde aber nichts mit »Austoben«. Mit zunehmender Kenntnis der Privilegien der Führungsschicht in der DDR wuchs in der Bevölkerung die Wut, obwohl einem Westler diese Privilegien nicht gerade gewaltig vorkamen: Edelessen, gute Armaturen in Kader-Badezimmern, gepflegte Spirituosen – na und? Aber in den Demonstrationen gegen das Regime und den Runden Tisch wurde jetzt der Ruf »Deutschland einig Vaterland« allgemein.

So intakt die Führungsebene der SED und ihres Stasi-Apparats damals noch war, so ungeniert dieser Stasi weiter bespitzelte – in Ost und auch West –, so sehr zerbröselte gleichzeitig die Partei. Von ursprünglich 2,3 Millionen Mitgliedern (bei nur 17 Millionen Einwohnern) war die Zahl unter eine Million gesunken, mit rasch weiter fallender Tendenz. Modrow versuchte weitere Gruppen in den Runden Tisch einzugliedern, erkannte aber, daß nur noch eine entschiedene Tat helfen konnte. Am 28. Januar verkündete er, daß die für den 6. Mai angesetzten Wahlen auf den 18. März vorgezogen werden sollten – gegen den Protest der neugegründeten Oppositionsgruppen. Es bleibe keine Zeit mehr, erklärte Modrow einen Tag später, die DDR stehe vor dem Zusammenbruch mit wilden Streiks, verheerender Arbeitsmoral, Feindseligkeiten gegen Partei und Staat. Wiederum war den Politikern die Kontrolle über die Entwicklung entglitten.

7.4. Der 18. März – ein Wahlwunder?

Das Entgegenkommen der PDS war allerdings nicht so groß, wie es damals den Anschein hatte. Ein Vorziehen der Wahl sollte den neuen politischen Gruppierungen keine Zeit lassen, eine flächendeckende Organisation aufzubauen. Nach den damals Modrow und Gysi zugänglichen Umfragezahlen war es sicher, daß eine vorgezogene Wahl noch am ehesten zu einer »linken« Mehrheit von PDS und Blockparteien führen, den Runden Tisch legitimieren und das Fortentwickeln einer neuen, eigenen DDR-Identität ermöglichen konnte. Die tatsächlich unter den Wählern vorherrschende Stimmung war allerdings Konfusion, eine allgemeine Unsicherheit, die auch von den politischen Beobachtern aus dem Westen entweder nicht gesehen oder in den Konsequenzen falsch eingeschätzt wurde.
Der Gegensatz zwischen dem Bild der DDR in den als intellektuell und politisch respektabel geltenden Medien des Westens und den tatsächlichen Verhältnissen in der DDR erreichte seinen Höhepunkt in den zwölf Wochen vor der Wahl am 18. März 1990. Leitmotiv der Berichte und Kommentare in ARD, »Zeit« und »Stern« war die Propaganda für eine »Eigenstaatlichkeit« der DDR. Nach schweren redaktionsinternen Auseinandersetzungen nahm allerdings der »Spiegel« eine gegenteilige Position ein. Für ihre Berichterstattung über die DDR zogen ARD-Korrespondenten vorwiegend nur besorgte und zögernde Bürger

des verschwindenden ostdeutschen Staates heran. »Die Ostberliner ARD-Korrespondenten Hano und Richter sammelten haufenweise die schlechte Stimmung, die sie vermutlich selbst umtrieb[385].« Fritz Pleitgen schilderte die Stimmung in Ostberlin als Furcht vor einer Kapitulation. Nach der ARD fühlten sich die gewaltlosen Revolutionäre um ihr Ziel betrogen. Die rasche Vereinigung wurde diffamiert mit dem Begriff »Anschluß«, welcher die »notwendige Trauerarbeit« – was immer das sein sollte – der DDR-Bürger verhindere.

In der DDR sollte eine eigene Gesellschaft entstanden sein, die ihre bewahrenswerten Besonderheiten habe, zum Beispiel mehr Solidarität zwischen den Menschen. Mit der drohenden Auflösung der DDR schien etwas zu verschwinden, was die dortige Gesellschaft vor der unsrigen auszeichne: Innerlichkeit und Wärme. Auch Frau Süssmuth sprach sich gegenüber der »Wirtschaftswoche« für die Konservierung schätzenswerter Eigenschaften wie die größere menschliche Wärme aus, die sie unter den Bürgern der DDR im Vergleich zur Bundesrepublik vermutete[386]. Das Institut für Demoskopie in Allensbach überprüfte diese beim Zusammenbruch der DDR noch weitverbreitete

---

385. Mathias Schreiber: »Die Angst, das Fernsehen, die kleinmütigen Deutschen. Wie man mit Stimmungsberichten vor der DDR-Wahl Politik macht«. FAZ, 15. 3. 1990, Nr. 63, S. 35

386. Jens Reich, einer der Gründer des Neuen Forums in der DDR, beschrieb die Stimmung in der DDR: »Wir haben uns das ganze Leben gerieben an der DDR, sie entsetzlich gefunden, haben diesen Käfig, diese Wärteratmosphäre gehaßt. Da habe ich nichts Heimatliches verloren. Aber wenn eine neue Lebensepoche beginnt, neigt man zur sentimentalen Rückschau. Da beginnt sich etwas zu verklären in der Erinnerung. Wir haben diesen Stall verloren, die miefige Wärme, die da drinnen geherrscht hat« (»›Die Krake müssen wir sezieren‹. Der Bürgerrechtler Jens Reich über das Ende der DDR«. Spiegel 37/1990, 10. 9. 1990, S. 54)

These von der größeren menschlichen Wärme in der DDR – und konnte sie in ihren Umfragen nicht finden. Das Klima in einer Gesellschaft wird seit den vierziger Jahren in den USA und seit Anfang der fünfziger Jahre in der Bundesrepublik mit folgender Frage geprüft: »Glauben Sie, daß man den meisten Menschen vertrauen kann?« In den USA der vierziger Jahre bejahten diese Frage etwa zwei Drittel, in der Bundesrepublik Deutschland Anfang der fünfziger Jahre 13 %. Noelle-Neumann interpretierte diesen Befund als Nachwirkung der Hitler-Diktatur »ganz im Sinne von Aristoteles, der geschrieben hatte, die Tyrannen herrschten, indem sie Mißtrauen unter den Bürgern säten«[387]. Im März 1990 konnte das Institut für Demoskopie die Frage erstmals DDR-Bürgern vorlegen. Nur eine Minderheit von 28 % bejahte sie – deutlich weniger als in der Bundesrepublik, der Schweiz oder den USA.

Tabelle 63: Vertrauen in Mitmenschen[388]

Frage: »Glauben Sie, daß man den meisten Menschen vertrauen kann?«

	Bundesrepublik Sept./Okt. 1989 %	DDR März 1990 %
Kann vertrauen	38	28
Kann nicht vertrauen	41	57
Weiß nicht	21	15

387. Elisabeth Noelle-Neumann: »Demoskopie und Propaganda. Erfahrungen mit Umfragen in der DDR«. Die politische Meinung, Nr. 250, 35. Jg., Mai/Juni 1990, S. 6–13 (a.a.O.), hier S. 9

388. Allensbacher Archiv, IfD-Umfragen 5025, 4194/4195 (Zahl der Befragten in der Bundesrepublik = 2 135, in der DDR = 2 492)

Ähnlich unbestimmt wie Frau Süssmuth erfühlte auch Bundespräsident von Weizsäcker, daß es eine eigene DDR-Gesellschaft gebe, deren Eigenheit im Prozeß der Wiedervereinigung möglichst wenig zu beschädigen sei[389]. Meinungsunterschiede gab es in Teilen der westdeutschen Publizistik nur darüber, ob die DDR als ein von stalinistischer Diktatur bereinigter eigener Staat weiterbestehen sollte oder als eine eigene politische Einheit, konföderiert mit der Bundesrepublik. Die Politik der Regierung Kohl wurde als Anschlag auf die Identität der DDR angegriffen, während der Runde Tisch als Vertreter ihrer »wahren« Interessen galt.

Der öffentlichen Meinung in der Bevölkerung der Bundesrepublik entsprach diese »Rettet-die-DDR-Kampagne« nicht. Nach Umfragen sprachen sich Ende 1989 nur 21 % der Bundesbürger für zwei deutsche Staaten aus; eine klare Mehrheit wollte einen einheitlichen deutschen Staat. Wieder einmal klafften in der Frage der Wiedervereinigung Positionen in den Führungsgruppen und Bevölkerungsmeinung auseinander[390].

Exemplarisch für diese Kampagne zugunsten eines Konservierens der DDR ist die Parteinahme des Politikwissenschaftlers Gert-Joachim Glaeßner in der Beilage zur offiziellen Wochenzeitung der Bundeszentrale für politische Bildung. Der Runde-Tisch-Ministerpräsident Modrow hatte im Dezember 1989 eine Konföderation zwischen zwei

---

389. Gunter Hofmann: »Predigen in einer leeren Kirche. Rollenprobleme für das Staatsoberhaupt: Richard von Weizsäcker zeigt Unsicherheit, während der Kanzler die Stunde nutzt«. Die Zeit, Nr. 31, 27. 7. 1990, S. 5 (a.a.O.)

390. Nach »Politbarometer« des ZDF am 18. 12. 1989. Grundlage sind Umfragen der Forschungsgruppe Wahlen in Mannheim

gleichberechtigten deutschen Staaten vorgeschlagen, und Glaeßner meinte, dem Modrow-Vorschlag zustimmend, ein Begriff wie »Konföderation« oder auch »konföderative Strukturen« gewinne an Faszination, da er allen Beteiligten die Chance biete, der Forderung nach sofortiger Wiedervereinigung entgegenzutreten[391]. Glaeßner schloß mit der bemerkenswerten Hoffnung: »Die gegenwärtige Krise der DDR muß nicht deren Ende bedeuten ... Und sie bedeutet die Chance für einen demokratischen Neubeginn.« Für Glaeßner – stellvertretend für eine Spezialität in der Bundesrepublik genannt DDR-Forschung[392] – war eine demokratische Entwicklung für die DDR-Bewohner bei einer Eingliederung in die Bundesrepublik Deutschland nicht so erfolgversprechend wie bei einer Bewahrung der DDR, weil die Bundesrepublik selbst als Fehlentwicklung anzusehen war.

Ähnlich feierte der DDR-Gesellschaftswissenschaftler Jürgen Kuczynski im Herbst 1989 die »konservative Revolution«, die nun in der DDR im Gange sei und in der der Runde Tisch die Erneuerung des Sozialismus bringen werde. Diesen neuen Anlauf gelte es durch eine eigenständige DDR zu bewahren. Der reale Sozialismus in der DDR habe allerdings, »sagen wir es ganz brutal, (zur) Entmündigung der herrschenden Klasse, ja des ganzen Volkes« geführt[393].

391. Gert-Joachim Glaeßner: »Vom ›realen Sozialismus‹ zur Selbstbestimmung. Ursachen und Konsequenzen der Systemkrise in der DDR«. Aus Politik und Zeitgeschichte. Beilage zur Wochenzeitung »Das Parlament«. B 1–2/1990, 5. 1. 90, S. 20

392. Hartmut Jäckel: »Unser schiefes DDR-Bild«. In: Deutschland Archiv. Oktober 1990, S. 2300–2312

393. Jürgen Kuczynski: »Konservative Revolutionen«. Neues Deutschland vom 8. 11. 1989, S. 4. 18 Jahre früher hatte Kuczynski die Mauer gepriesen: »Ja, wir

Den führenden Köpfen dieser West-Ost-Allianz zur Pflege eines vom Stalinismus gereinigten Sozialismus vorerst in der DDR muß konzediert werden, daß sie ein irriges Bild von den Menschen in der DDR hatten, in Fortführung der Selbsttäuschung der SED-Führung. Ex post in Kenntnis realistischer Zahlen mutet die damalige Kampagne für eine eigenständige DDR wie eine Bevormundung der dortigen Bevölkerung an. Zum Teil war sie aber wohl eine Folge der eigenen Mißinformation, gestützt durch schlechte und politisch voreingenommene Umfrageforschung.

Am 5.3. 1990 veröffentlichte der »Stern« Umfrageergebnisse der neugegründeten Ostberliner »Gesellschaft für Sozialforschung und statistische Analysen« (GESA)[394], wonach der beliebteste Politiker in der DDR PDS-Mini-

---

in unserer Deutschen Demokratischen Republik wollen uns abgrenzen ... Abgrenzen ... im Subjektiven, in unserem Verstehen dessen, was bei uns und was in der BRD vorgeht, im Erkennen des Großen und Schönen bei uns, im Begreifen all des Schlimmen, was heute in der BRD vor sich geht, und des Schlimmeren, was sich dort vorbereitet, und auch im Durchschauen aller Gaunertricks des Feindes. Ja, wir ziehen bewußt eine Grenze zwischen uns und dem Abgrund, zwischen uns und der Pest, zwischen Leben und Tod! Abgrenzen – wie sie das Wort hassen, unsere Feinde, genau wie die ›Mauer‹, die wir vor zehn Jahren gegen ihre Angriffe in einer Nacht gebaut haben!« (Jürgen Kuczynski: »Abgrenzung«. Neues Deutschland vom 10.2. 1971).

Nach dem Zusammenbruch des DDR-Regimes durfte sich Kuczynski am 25.9. 1990 als Gast des ASG-Bildungsforums in Düsseldorf darauf freuen, daß der Sozialismus irgendwann wieder einen großen Auftritt erleben werde (Stephan Speicher: »Auf jedes Zick folgt irgendwann ein Zack«. FAZ, 8.10. 1990, S. 35)

394. Leitender Mitarbeiter des GESA-Instituts, Partner des westdeutschen Instituts Forsa, wurde Anfang 1990 Winfried Raetz, Mitarbeiter bei der Akademie für Gesellschaftswissenschaften, Ost-Berlin, geboren in der UdSSR und politisch immer verläßlich im Sinne der SED. Raetz verweigerte nach einem branchen-internen Marktforschungsdienst vom 29. 1. 1990 Sozialforschern aus dem Westen die Möglichkeit, selbst in der DDR zu forschen. Begründung: Die vergangenen 40 SED-Jahre hätten die Bevölkerung so nachhaltig verändert, daß nur SED-geprägte Sozialforscher ein Verständnis der SED-Menschen haben könnten.

sterpräsident Modrow sein sollte (60 %), gefolgt von dem Dresdner Oberbürgermeister Berghofer und dem SPD-Vorsitzenden Ibrahim Böhme. Ein Weiterbestehen der eigenständigen DDR wünschten sich 39 %, und eine Währungsunion befürworteten 57 % erst nach einer stufenweisen Veränderung der DDR-Wirtschaft. Entsprechende Ergebnisse wurden auch vom Leipziger Institut des Professors Friedrich mitgeteilt und publizistisch herausgestellt.
Der Propaganda für den Fortbestand der DDR in beiden Teilen Deutschlands entsprachen Störversuche in der Politik. Wichtigstes Instrument war damals der Versuch der Wiedervereinigungsgegner, möglichst viele Staaten an der Mitsprache über den deutschen Einigungsprozeß zu beteiligen. Dies darf als Ausdruck der Hoffnung gewertet werden, daß bei möglichst diffusen Diskussionen unter Einbeziehung möglichst auch wenig verantwortlicher Staaten – vielleicht sogar der ganzen KSZE-Staatengemeinschaft inklusive Malta – der Wunsch zur Einigung bei den DDR-Bürgern vielleicht doch noch zerredet werden könnte.
Das Institut des Leipziger Professors Friedrich hatte noch im November 1989 der PDS 31 % der Stimmen bei der ersten freien Wahl vorausgesagt. Auch in der bundesdeutschen Presse wurde allgemein ein Wahlsieg der linken Parteien prognostiziert. Das GESA-Institut (Ostberlin) berichtete aufgrund einer Umfrage vom 16. bis 19. Februar 1990 als Bild der Erwartungen[395]:

SPD erhält die absolute Mehrheit	43 %
SPD wird stärkste Partei	28 % = 71 %

Nach Infas (Bad Godesberg) erwarteten Anfang März 1990

395. »DDR-Wahlen – Modrow und SPD vorn«. Stern, Heft 10, 1. März 1990, S. 277

zwei Drittel der ostdeutschen Wähler, daß die SPD die stärkste Partei würde[396]. Weithin geglaubt wurden Umfrage-Ergebnisse wie das des Forsa/GESA-Instituts aufgrund einer Befragung vier Wochen vor der Wahl[397]:

PDS	11 %
Sozialdemokraten	53 %
Allianz (CDU/DSU/Demokratischer Aufbruch)	24 %
Bund Freier Demokraten (LDP/FDP/ Deutsches Forum)	3 %
DBD (Demokratische Bauernpartei)	3 %
Grüne	3 %
Sonstige	3 %

Allerdings wurde in den Medien auch darauf verwiesen, daß der Anteil der Unentschiedenen noch sehr hoch sei. Das konnte angesichts des damals ziemlich konfusen Parteienspektrums aus alten Blockparteien und organisatorisch schwachen Neugründungen, diese wieder unterscheidbar als Träger der Demonstrationen und weiteren Gründungen, nicht verwundern.

In der politischen Öffentlichkeit wurde das jedoch nicht ausreichend beachtet, obgleich Umfrageergebnisse wie die Zeitreihe von Infas hätten warnen müssen[398]:

396. Damals wurden diese Daten vom Infas-Partner Umfrageabteilung des Hörfunks der DDR gesammelt. Siehe auch: »Wahlausgang in der DDR ist völlig offen. Meinungsforscher: Große Unsicherheit wegen fehlender Daten – Hohe Wahlbeteiligung erwartet«. Könische Rundschau, 13. 3. 1990

397. Stern, ebenda

398. DDR-Parteien, iwd (Institut der Deutschen Wirtschaft), 15. März 1990. Quelle für die Zahlen sind Infas, die ARD und »Bericht aus Bonn«

Sonntagsfrage (... was wollen Sie am 18. März wählen?)

	16. 2. 90 %	23. 2. 90 %	2. 3. 90 %
Unschlüssig	45	43	52
SPD	36	36	24
Allianz (CDU)	7	7	12
PDS	5	6	5
Liberale	2	2	2
Linke u. a.	3	5	5

Zur allgemeinen Überraschung kam es am 18. März 1990 mit 48 % zu einer klaren Mehrheit für die Allianz christlich-demokratischer Parteien. Dieser Umbruch war nach einer Untersuchung von Allensbach wesentlich bedingt durch den Glauben, die CDU strebe mit größerer Entschiedenheit als die SPD eine Wiedervereinigung an[399]. Die Forschungsgruppe Wahlen kommentierte das Wahlergebnis als »ein Votum für die Einheit«[400]. Treffend meinte Stefan Heym, der stets an die Möglichkeit einer Wiedervereinigung geglaubt hatte, wenn auch unter anderen Vorzeichen: »Es wird keine DDR mehr geben. Sie wird nichts sein als eine Fußnote in der Weltgeschichte[401].«

399. Allensbacher Berichte: »Die ersten freien Wahlen in der DDR. Ein klares Ergebnis für Wiedervereinigung und soziale Marktwirtschaft«. 1990/Nr. 8

400. Manfred Berger, Wolfgang G. Gibowski und Dieter Roth: »Ein Votum für die Einheit. Die Arbeiterschaft entschied sich für die Allianz«. In: Die Zeit, Nr. 13, 23. 3. 1990, S. 5

401. »Sensationeller Sieg von CDU und DSU. Schnelle Schritte zur Einheit erwartet. Überraschend schwere Niederlage für die SPD/PDS deutlich über 10 Prozent/Heym: ›Die DDR wird nur eine Fußnote der Geschichte bleiben‹«. Die Welt, 19. 3. 1990, S. 1

Tabelle 64: Ergebnis der Wahlen zur Volkskammer am 18.3.1990 in der DDR[402]

	%		Sitze	
Christlich Demokratische Union – CDU –/DA	41,4	› 48,1	167	› 192
Deutsche Soziale Union – DSU	6,7		25	
Sozialdemokratische Partei Deutschlands – SPD	21,9		88	
Partei des Demokratischen Sozialismus – PDS	16,4		66	
Bund freier Demokraten	5,3		21	
Bündnis 90	2,9		12	
Bauernpartei	2,2		9	
Grüne und Unabhängiger Frauenverband	2,0		8	
Sonstige	1,8		4	

Weithin hatte man erwartet, daß die Bezüge zwischen der Stärke der Parteien, den sozialen Merkmalen und den regionalen Schwerpunkten im großen und ganzen denen gegen Ende der Weimarer Republik entsprechen würden. Eine ähnliche Kontinuität hatte es ja auch 1949 bei den ersten Wahlen zum Bundestag in den Westzonen gegeben, und in der Bundesrepublik sind diese Beziehungen bis heute nicht verschwunden. Insofern sind neben dem Ergebnis selbst die tatsächlich sehr anderen Stärken und Schwächen der Parteien in der DDR die zweite große Überraschung gewesen.

Niemand hatte vorher geschrieben, daß ausgerechnet in den früher »roten« Gebieten in Thüringen, Sachsen und Sachsen-Anhalt die Allianz/CDU ihre besten Ergebnisse

402. Forschungsgruppe Wahlen: »Wahl in der DDR«. Mannheim, 6.4.1990, S. 7

erhalten würde. Niemand hatte vorher geschrieben, daß die SPD ihre höchsten Stimmenanteile in den eher ländlichen Gebieten Mecklenburgs und Brandenburgs erzielen würde. Niemand hatte vorher geschrieben, daß das Bündnis 90 nicht etwa in Leipzig und Dresden, wo die wichtigsten und kontinuierlichsten Demonstrationen stattfanden, sondern in Ostberlin besonders gut abschneiden würde und daß die CDU in den Städten erfolgreicher sein würde als auf dem Land.

Die wichtigste Überraschung war die Entscheidung von 55 % der Arbeiter für die CDU/Allianz, wogegen die SPD nur 22 % der Arbeiterstimmen gewinnen konnte und die PDS als Nachfolgerin der »Partei der Arbeiterklasse« lediglich 12 %. Dagegen war die PDS besonders erfolgreich bei den »Leitern« und Angestellten – also den Bürokraten und Funktionären des SED-Staates. Der überraschend hohe Anteil an PDS-Stimmen kann damit als Indiz gedeutet werden, daß ein nennenswerter Teil der DDR-Bevölkerung irgendwelche Privilegien erhielt und nun um deren Wegfall besorgt sein mußte. Eine Bestätigung dafür ist das gute Abschneiden der PDS bei der »Intelligenz«, die bei Wohlverhalten vom Regime gehätschelt wurde – und in Ostberlin, dem Wohnort der Funktionäre des zentralistischen SED-Staates[403].

Sympathie für einzelne Politiker hat bei der Wahl nur eine geringe Rolle gespielt, wobei mit Ausnahme von Hans Modrow die Politiker aus der DDR sehr viel weniger geschätzt wurden als die führenden Vertreter der Bundesrepublik – Helmut Kohl mit seinen besonders niedrigen Werten ausgenommen[404]. Ideologisch und in den dringend-

403. ebenda, Abteilung 3
404. ebenda, S. 22

sten Sachfragen gab es einen hohen Konsens, von dem nur die Wähler der PDS als weithin isoliert abwichen. Hierfür ist das Urteil über den Sozialismus aufschlußreich:

Tabelle 65: Urteil über Sozialismus[405]

Frage: »Wie stehen Sie grundsätzlich zu der Idee des Sozialismus?«

Halte vom Sozialismus . . .	kaum, gar nichts %	etwas %	sehr viel, viel %
Alle	45,6	28,4	25,8
Allianz	63,0	23,4	13,5
Freie Demokraten	55,4	28,5	16,1
SPD	39,3	33,3	27,4
Bündnis 90	28,4	41,3	30,3
PDS	9,7	15,1	75,2
Rest	40,2	36,9	22,0

Hiernach gab und gibt es im Gebiet der DDR drei ideologische Lager:

- das Lager derer, die nicht nur von der Praxis, sondern auch von der Idee des Sozialismus nichts halten, wozu die Wähler der CDU, DA und DSU gehören;
- ein zweites Lager mit tendenziell freundlicher Aufmerksamkeit für die Idee bei gleichzeitiger Abwertung der Praxis des Sozialismus, wozu die Wähler der SPD und des Bündnis 90 gehören – wobei letzteres etwas links von der SPD zu orten ist;

405. ebenda, S. 21

- und die PDS, die eine entschieden sozialistische Anhängerschaft hat.

Die Daten für diese Angaben sind von dem in Ost-Berlin neugegründeten Institut für Sozialforschung, USUMA, in Zusammenarbeit mit den westdeutschen Instituten Emnid und der Forschungsgruppe Wahlen gesammelt worden. Die Sozialwissenschaftler von der Akademie der Wissenschaften der DDR hatten ihre Daten auch mit dem Verfahren der Korrespondenzanalyse ausgewertet, und diese ergab für die Positionierung der Parteien in der DDR zwei Dimensionen: links-rechts und alt-neu. Die CDU, die in der Masse ihrer Mitglieder eine Blockpartei ist, nimmt auf der Alt-Neu-Dimension eine Mittelstellung ein, die PDS eine Extremstellung als alte und linke Partei, weit entfernt von der SPD als einer neuen und gemäßigt linken Partei.

Eine weitere, detailliertere Analyse ergibt, daß die Wähler des Demokratischen Aufbruchs, der DSU und der CDU in dem erwähnten zweidimensionalen Raum eng beisammen positioniert sind, daß also eigentlich keine Grundlage für drei verschiedene Parteien der Allianz vorhanden ist. Die Unterteilung gibt lediglich Entscheidungen von Politikergruppen wieder. Auch die Wähler der LDP, des Forums und der (Ost)Grünen liegen ihrerseits nah beisammen[407]. Diese Wählerorientierungen kristallisierten sich erst in den letzten drei bis vier Wochen vor dem Wahltermin heraus. Die Wahlvoraussage der Umfrageabteilung des staatlichen Fernsehens (eines der drei vor 1990 Regime-genehmen Umfrage-Institute in der DDR) hatte zwar ebenfalls die

407. ebenda.

Schaubild 23: Parteienspektrum bei der Volkskammerwahl in der DDR[406]

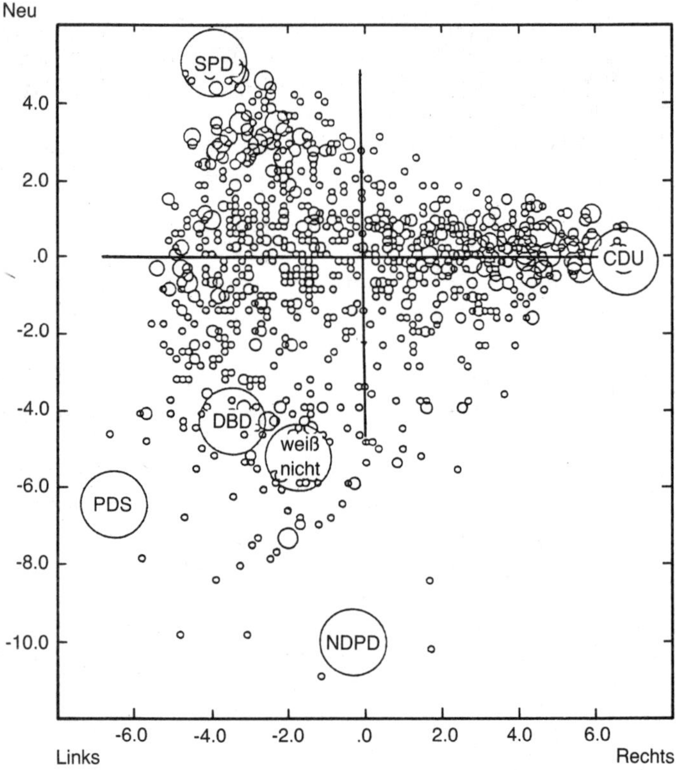

406. Günter Kapelle, Jan-Bernd Lohmöller und Günter Wignanek: »Die Parteienlandschaft der Volkskammerwahl«. USUMA, Ostberlin 1990, Tafel 2, S. 21

Allianz gewaltig unterschätzt, aber die Trendzahlen – die vollständigsten, die verfügbar sind – dürften dennoch der Tendenz nach brauchbar sein. Hiernach hat die Allianz nicht nur den größeren Teil der lange unentschiedenen Wähler für sich gewinnen können, sondern auch einen großen Teil der Wähler, die sich zunächst für die SPD entscheiden wollten.

Schaubild 24: Entwicklung der Wählerpräferenzen vor der Volkskammerwahl[408]

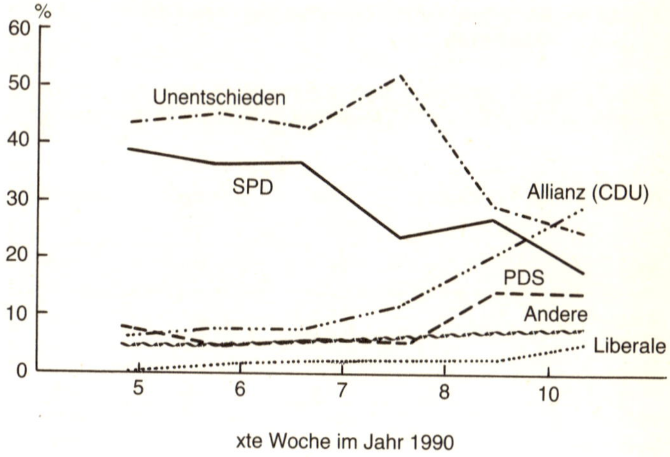

408. Pressemitteilung der Umfrageeinheit des staatlichen Fernsehens der DDR, Mitte März 1990. In den letzten sechs Wochen vor der Wahl wurden jeweils 1 000 Personen befragt

Die damalige Zuordnung der DDR-Wähler zu Positionen und Gruppen ist zwar verständlicherweise weniger eng als in der Bundesrepublik, aber bei den vier Wahlen des Jahres 1990 doch in der Grundstruktur sehr stabil geblieben. Sie bleibt vorerst verschieden von der Bundesrepublik. Ungeachtet aller Unterschiede der Wähler bei Sachfragen – die übrigens geringer sind als in der Bundesrepublik – war das Aufgehen der DDR in der Bundesrepublik nicht strittig. Die erste Wahl war eindeutig ein Plebiszit für die Vereinigung.

Tabelle 66: Einstellung zur Wiedervereinigung in der DDR[409] (März 1990)

Frage: »Sind Sie persönlich für die Vereinigung der beiden deutschen Staaten, sind Sie gegen die Vereinigung, oder ist Ihnen das gleichgültig?«

Einstellung zur Vereinigung	Dafür %	Dagegen %	Gleichgültig %
Alle	90,7	5,1	3,7
Allianz	98,2	0,7	2,4
FDP	95,3	3,7	–
SPD	92,2	5,1	2,7
Bündnis 90	87,1	3,6	9,3
PDS	79,2	17,0	3,0
Rest	82,2	7,7	9,3

Mochte auch der Erhalt einer für weitere Versuche mit dem Sozialismus verfügbaren DDR einem Teil der politischen Führungsschicht und des kulturellen Establish-

409. Forschungsgruppe Wahlen, ebenda, S. 18

ments in West- und Ostdeutschland ein vorrangiges Ziel sein – für die Menschen in der DDR war das kein Thema. Das Wahlergebnis änderte von heute auf morgen die politische Agenda. Was immer vorher mehrheitlich in dem meinungsbildenden Teil der Öffentlichkeit insbesondere der Bundesrepublik als Wunsch verbreitet worden war, wieder einmal hatte es die Bevölkerung in der DDR zu Makulatur gemacht. Die »classe politique« in Ost- und Westdeutschland konnte nicht gestalten, sondern mußte sich erneut anpassen. Im Osten tat sie das durch Neuorientieren des Personals am Runden Tisch. Ein Teil wurde unsichtbar, ein anderer rückte nach vorne. Der Stellvertreter Modrows, de Maizière (CDU Ost), wurde Ministerpräsident.

8. Kapitel: Was für eine DDR ging unter?

Mit den Wahlen am 18. 3. 1990 sei eine eigene Gesellschaft, die der DDR, untergegangen[410], zumindest habe die Schnelligkeit der Ereignisse, der forcierte »Anschluß«, der DDR keine Chance gelassen, nach 40jährigem SED-Terror eine eigene Gesellschaftspersönlichkeit auszubilden[411] – so lautete es in Teilen der Presse. Aber was war das für eine DDR, die da verschwand?

Gegenwärtig gibt es hierauf nur sehr provisorische und lückenhafte Antworten. Die Führungsschicht selbst – und das ist ein wichtiger Teil einer Erklärung für ihr Versagen – war über das eigene Land nicht gut informiert. Kommunistische Länder verlangen fortwährend quantifizierte Berichte über alle organisierten Tätigkeiten, aber diese Berichte sind immer ungenau gewesen und wurden im Verlauf der Zeit noch unzuverlässiger[412]. Dazu trug gerade der Versuch bei, durch Leistungsanreize die Effektivität in allen Lebensbereichen zu erhöhen. Der Anteil der leistungsbezogenen Zuwendungen wuchs fortwährend und wirkte als allgemeine Versuchung, sich möglichst günstig zu präsentieren. Das konnte auf zwei Weisen erreicht werden: erstens durch »weiche« Planzahlen, d. h. leicht zu

410. Gebhard Schweigler: »Was deutsch ist, bestimmen wir. Reißt zum Schluß auseinander, was zusammengehört?« Süddeutsche Zeitung, Nr. 124, 31. 5. 1990, S. 11

411. Heinrich Jaenecke: »Die Zwei-Klassen-Nation«. Stern 12. 7. 1990, S. 142

412. Erwin K. Scheuch: »Der real verfallende Sozialismus«. In: Merkur, Heft 3/1990, S. 472–482

erreichende Zielvorgaben, und zweitens durch »Gesundmogeln«. Da ein Zurückbleiben hinter dem Vorjahresergebnis zu Negativprämien führen konnte, mußte das Ergebnis jedes Jahr besser sein. Folge: Auf dem Papier wurde man immer »gesünder« und verlor zunehmend den Kontakt zur Realität.

Schaubild 25: DDR-Wirtschaft: Über 20 Jahre zurück[413]

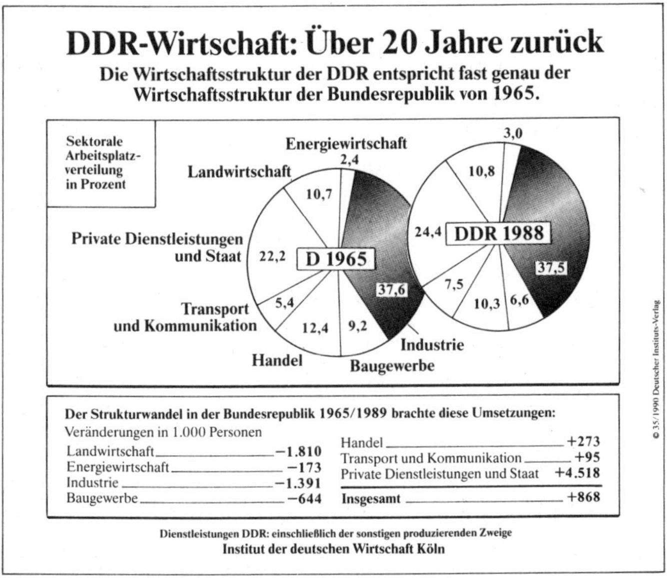

413. »Weit im Rückstand. DDR/Strukturwandel«. iwd, Institut der deutschen Wirtschaft Köln, Jg. 16, Nr. 35, 30. 8. 1990, S. 5

Wie inzwischen auch andere kommunistische Staaten hatte die Führung der DDR neben dem Berichtswesen weitere Informationsquellen. Aber auch diese waren oft wenig aussagefähig. Die letzte Volkszählung fand 1981 statt und offenbarte vor allem, daß das System des Fortschreibens der letzten Volkszählung auf der Grundlage von Verwaltungsdaten bis zur nächsten Zählung zu großen Verzerrungen führt. Das ist in der Bundesrepublik nicht anders gewesen, nur waren die Verzerrungen in der DDR noch größer. Daneben hat man auch in der DDR Markt- und Meinungsforschung als Informationsmittel entwickelt. Das erlaubte nicht nur eine Erweiterung der Sachverhalte, über welche die Führung informiert werden konnte, sondern auch die Berücksichtigung des sogenannten »subjektiven Faktors«, also des Bewußtseins – zusätzlich zu den »objektiven« Bedingungen. Das war zuerst in der Sowjetunion Ende der sechziger Jahre zu einem Thema geworden; denn im Marxismus war früher das Bewußtsein ein bloß passives Element der gesellschaftlichen Wirklichkeit, da nach Marx das Sein das Bewußtsein bestimmt. Jetzt aber wurde es durch den Zwang der Verhältnisse zum eigenen Faktor für die gesellschaftliche Entwicklung.
Zwei Arten von Sozialforschung sind in der DDR zu unterscheiden[414]. Die meisten Untersuchungen wurden in spezifischen Betrieben, einzelnen Regionen oder in bestimmten Verbänden erhoben. Der kommunistische Staat übte Herrschaft durch Zwangsmitgliedschaft in Korporationen aus, die als »Transmissionsriemen« – so Lenin – den Willen der

414. Wolfgang Zapf und Georg Thurn (Hg.): Zur Lage der sozialwissenschaftlichen Forschung in der ehemaligen DDR. Wissenschaftszentrum Berlin, Dezember 1990

Führung umsetzen sollten in den Gehorsam der Massen. An dieser Herrschaftsgliederung hatten Sozialwissenschaftler üblicherweise anzusetzen, wenn sie auf Personen zugreifen wollten, etwa in Umfragen. Repräsentativ für die DDR waren die erhobenen Daten selbstverständlich in keiner Weise, aber sie waren ja auch als Herrschaftswissen für die jeweilige Untergliederung des Regimes gesammelt worden. Hinzu kam, daß die Erhebungsinstrumente genehmigungspflichtig waren und es durchaus zum Alltag gehörte, daß die politische Führung bzw. die zuständige politische Kontrolleinheit in das Erhebungsprogramm inhaltlich eingriff.

Die große Zahl von Untersuchungen im Rahmen der jeweiligen »gesellschaftlichen Einrichtungen« gibt so noch kein allgemeines Bild, obgleich es vorstellbar wäre, bei systematischer Auswertung einen solchen Gesamteindruck zu gewinnen. Bisher war eine Zusammenschau wegen des Herrschaftssystems nicht möglich; denn die Berichte waren von den Forschern nur in wenigen numerierten Exemplaren allein der politischen Führung zugänglich zu machen. Die Forscher selbst blieben in ihren verschiedenen Instituten und Hochschulen vollständig voneinander abgeschottet. Mit Kollegen eines anderen Instituts oder einer anderen Abteilung als der, für die eine Forschung genehmigt worden war, über ein Untersuchungsergebnis zu sprechen, das war Geheimnisverrat.

Daneben gab es noch eine Umfrageforschung in Anlehnung an westeuropäische und amerikanische Vorbilder. Bereits 1957 wurde ein Forschungsinstitut für den Binnenhandel der DDR gegründet, das inzwischen »Institut für Marktforschung Leipzig« heißt. Seit 1964 wurden dort angeblich über 300 repräsentative Konsumentenbefragungen

durchgeführt. Die Vorgehensweise war teilweise eine bloße Fortführung der Methoden, die bei der Nürnberger Gesellschaft für Konsumforschung von Wilhelm Vershofen in der zweiten Hälfte der dreißiger Jahre entwickelt worden waren.
Interviewernetze bestanden daneben noch bei der Hörerforschung des Rundfunks und der Zuschauerforschung des Fernsehens. In der Zusammenarbeit bei den Wahlprognosen für die erste Volkskammerwahl erwiesen sich diese Netze – wie erwähnt – als indiskutabel.
Mitte der achtziger Jahre gewann die Staatsführung den Eindruck, daß sich viel Unzufriedenheit aufgebaut hatte, über die man unzureichend informiert war. Inzwischen war die »Sozialindikator«-Bewegung als der Versuch der umfassenden Inventur einer Gesellschaft auch den Sozialwissenschaftlern der DDR bekannt. Einige besonders vertrauenswürdige unter ihnen erhielten die Erlaubnis, die verstreuten Daten zu einer Gesamtübersicht zu vereinen – was vordem Geheimnisverrat gewesen wäre. Den ersten wirklich umfassenden Sozialreport legte das Institut für Soziologie und Sozialpolitik der Akademie der Wissenschaften Anfang 1990 der Regierung vor, und inzwischen wurde er sogar veröffentlicht[415]. Im Wissenschaftszentrum Berlin wurde dann im Juni 1990 dieser Datenreport in Parallelreferaten von Wissenschaftlern der DDR und der Bundesrepublik kritisch erörtert[416].

415. G. Winkler: »Sozialreport 1990«. Berlin/Ost und Bonn 1990
416. Roland Habich et. al.: »Sozialreport 1990. Daten und Fakten zur sozialen Lage der DDR. Dokumentation eines Workshops am Wissenschaftszentrum Berlin für Sozialforschung (WZB)«. Berlin 1990

Die Ideologie des Regimes wirkte sich auch auf die Kategorienbildung und selbstverständlich noch mehr auf die Themenwahl aus. Da es in der DDR nach der Enteignung theoretisch keine Klassenunterschiede mehr gab, mußte man sich auch nicht über soziale Ungleichheiten informieren und wies insbesondere die Entwicklung von Schichtungsmodellen zurück.
Das drückte sich u. a. auch darin aus, daß sich der Versuch, in der Sozialforschung die Gliederung der DDR-Bevölkerung nach sozialer Schicht zu erfassen, sehr schwierig gestaltete. Es handelt sich hier um die Repräsentativbefragung ISSP-Plus der Arbeitsgruppe EMMAG; Erhebungszeitraum war Dezember 1990. Über diese Umfrage gibt es bisher nur einen internen Bericht. Bei zwei forschungstechnisch verschiedenen Ansätzen – einmal mit verbalen Vorgaben, daneben bildlichen Stimuli – erhielt man 81,3 bzw. 81,2 % unbrauchbarer Antworten. Wahrscheinlich sieht sich die große Mehrheit in der Mitte, aber darüber hinaus ist die Bevölkerung mit der Vorstellung einer abgestuften Gliederung der Gesellschaft nicht vertraut.
Ideologie bestimmte auch die Kategorien der Berufsstatistik. Nach offizieller Lesart mußte es sehr viele Arbeiter geben, und auch die Gruppe der Intelligenz hatte nach den Vorstellungen über einen entwickelten Sozialismus groß zu sein. Eine kritische Prüfung durch die westlichen Kollegen ergab allerdings: »Nur 32 % der Beschäftigten üben echte Arbeiterberufe aus; die Schicht der Intelligenz wurde überschätzt[417].«
Es gab keine Erhebung über Diskrepanzen zwischen der Art der Ausbildung und der tatsächlich ausgeübten Berufs-

---

417. ebenda, S. 17

arbeit, womit die sehr umfangreichen Fehlsteuerungen bzw. die schlechte Verzahnung von Beschäftigungs- und Berufssystemen unsichtbar blieb. Die Vorstellung, das Schulsystem habe im Prinzip einheitlich zu sein, hatte zur Folge, daß es keine nach verschiedenen Schulzweigen differenzierten Statistiken gab.
Im Mittelpunkt einer allseits entwickelten sozialistischen Persönlichkeit hatte der Wunsch nach hoher Produktivität zu stehen. Dann verbot es sich selbstverständlich zu prüfen, ob nicht auch im Osten das Bedürfnis nach Arbeit im Rahmen des Spektrums der Bedürfnisse zurückging. Breiten Raum nahmen statt dessen im »Sozialreport« die Arbeitsbelastungen und die zeitliche Beanspruchung ein: »Die Untersuchung folgt damit einem eher traditionellen gewerkschaftlich geprägten Verständnis von Arbeit, indem die Perspektive des Industriearbeiters eindeutig gegenüber der des Büroangestellten dominiert[418].« In der kommunistischen Theorie war Verwaltungstätigkeit »unproduktiv«, und allseits entwickelte sozialistische Persönlichkeiten betrieben keine Drückebergerei am Arbeitsplatz und machten nicht »blau«. Da sie das nicht tun sollten, fragte die Sozialbeobachtung auch nicht, ob es doch vorkam.
In der soziologischen Literatur der DDR findet sich auch die Behauptung, in der DDR hätten vor allem die Elemente des alten proletarischen Arbeitsethos überdauert, die auf die Bewahrung der Solidarformen und die Abwehr von als unzumutbar angesehenen Leistungen zielten. »Die Vermutung ist nicht von der Hand zu weisen, daß die tradierten Solidarformen, die zu subindustriellen Standards

418. ebenda, S. 21

der Arbeit (Fred Klinger) geführt haben, durch die Innovationsnotwendigkeiten und die technisch erforderlichen Umstrukturierungen der Arbeitswelt in Frage gestellt werden. Da sie zugleich so etwas wie der täglich erlebbare ›Beweis‹ dafür waren, daß sich im Sozialismus besser arbeiten, wenn schon nicht besser leben lasse als im Kapitalismus, berühren diese Veränderungen die Legitimationsgrundlage des politischen und sozialen Systems«, schrieb vor wenigen Jahren der Politikwissenschaftler Glaeßner[419]. In der Tat sollte sich erweisen, daß Sozialismus mit flexibler Anpassung an technisch und gesellschaftlich bedingte Veränderungen nicht vereinbar ist.

Wie weltfremd in der DDR über die Wirklichkeit theoretisiert wurde, belegt auch folgendes Zitat aus einer SED-Zeitschrift: »Weil mit dem Aufbau des Sozialismus alle gesellschaftlichen Verhältnisse beseitigt wurden, die den Menschen ökonomisch, politisch und geistig knechten und unterwerfen, und damit Bedingungen entstanden sind, in denen der einzelne sich eins wissen kann mit den Zielsetzungen, Werten, Idealen und Normen der Gesellschaft, der er angehört, eröffnet unsere Gesellschaft für alle die Chance, ihrem Leben, ihrem Tun – geleitet von diesen Zielsetzungen und Werten – einen reichen Sinn zu geben[421].«

Dem statischen Charakter kommunistischen Denkens entspricht es, daß es keine ausreichenden Daten zur Verände-

419. Gert-Joachim Glaeßner: »Politische Kultur und nationales Erbe in der DDR«. In: Karl-Ernst Jeismann (Hg.): »Einheit – Freiheit – Selbstbestimmung. Die Deutsche Frage im historisch-politischen Bewußtsein«. Schriftenreihe der Bundeszentrale für politische Bildung, Bd. 255, Bonn 1987, S. 120–142, hier S. 132

421. Reinold Miller: »Sinn des Lebens und Anspruch an sich selbst«. Einheit, Nr. 38 (1983), 10, S. 918

Schaubild 26: DDR-Defizit bei Dienstleistungen[420]

DDR: Defizit bei Dienstleistungen

Würde sich die DDR dem bundesdeutschen Tätigkeits-Profil vollständig anpassen, müßten rund 1,4 Millionen Beschäftigte umlernen.

Anteile an der Beschäftigung 1988 in Prozent	DDR	D	Mobilitätsbedarf in 1.000 Personen
Transport und Handel	13,9	18,0	+352
Verwaltungs- und Büroarbeit	12,6	16,6	+343
Dienstleistungen	6,6	9,8	+275
Maschinelle Fertigung	12,9	15,7	+240
Heilberufe	4,4	5,9	+129
Leitung	6,1	6,5	+34
Kultur und Kunst	0,4	0,7	+26
Produktionsvorbereitung	6,1	5,5	−52
Erzieherische Berufe	6,6	5,3	−112
Landwirtschaftliche Arbeit	6,6	3,8	−241
Reparatur und Instandhaltung	12,0	8,0	−343
Manuelle Fertigung	11,8	4,3	−645

Ursprungsdaten: Institut für Arbeitsmarkt- und Berufsforschung, Nürnberg
Institut der deutschen Wirtschaft Köln

rung der Berufsstruktur gab, keine Zahlen über die berufliche Mobilität oder die Mobilitätschancen und erst recht keine Daten über die Bewertung der beruflichen Situation. Ein System, das sich als Planwirtschaft verstand, hatte nicht einmal die elementarsten Daten, um zu prüfen, ob die Verteilung der Arbeitskräfte richtig und die Nutzung der Arbeitszeiten effektiv war.

420. iwd, 30. 8. 1990, a.a.O.

Die Daten über Einkommen und Verbrauch litten gleichfalls unter konzeptioneller Blindheit. In erster Linie wurde auf den individuellen Einkommensempfänger und dessen Verbrauch abgestellt, obwohl wir doch in Haushalten leben und weniger das Individuum als der Haushalt einen Lebensstandard hat. Es gab auch keine Statistik über die Veränderungen der Realeinkommen, weil ein kommunistischer Staat der Theorie nach ja stabiles Geld und eine wachsende Versorgung hat. Im »Sozialreport« bezeichneten die DDR-Forscher dementsprechend die Struktur der Einkommensverwendung als relativ stabil. Das war sie in der Statistik auch, weil sie mit sehr groben Kategorien arbeitete. Bei einer genaueren Aufschlüsselung fanden westliche Kollegen allerdings erhebliche Veränderungen im Zeitablauf[422]. Nach einer Befragung im Dezember 1990 verdiente die ganz überwiegende Zahl der Haushalte zwischen 1 000 und 2 250 Mark im Monat – also für »östliche« Verhältnisse gut.[423]

Nun weiß jeder in der DDR, daß es neben der offiziellen Wirtschaft eine inoffizielle gab. Dennoch wurde nur selten deren Beitrag erhoben. Untersuchungen hätten vielleicht sogar ergeben können, daß die Versorgung der Bevölkerung besser war als in der offiziellen Statistik ausgewiesen. Nicht zuletzt hatte der Verwandtschaftszusammenhalt über die Mauer hinweg wesentlich zu einer Verbesserung der Versorgung in der DDR beigetragen. Wirtschaftspolitisch kann es als eine Art direkter Subvention durch die Bundesrepublik verstanden werden, wenn »Luxusgüter« wie Kaf-

422. Habich et. al. (a.a.O.), S. 27
423. Es handelt sich um die bereits erwähnte Umfrage ISSP-Plus im Dezember 1990 des EMMAG Instituts.

fee und Damenstrumpfhosen an Ostdeutsche verschenkt wurden. 40 % des Kaffees und über 50 % der Damenstrumpfhosen kamen tatsächlich aus der Bundesrepublik und waren Symbole einer neuen Ungleichheit, über die sich die Datenerhebung der DDR allerdings ebenfalls ausschwieg. Bei einem Einzelhandelsumsatz der DDR von 120 Milliarden Mark wird das Volumen der Geschenke durch Pakete aus dem Westen auf 30 bis 35 Milliarden Mark geschätzt[424].

Die Förderung der Familie hatte im offiziellen Selbstverständnis einen ganz hohen Rang. Um so bemerkenswerter ist es, wie wenig man über die Lebensverhältnisse in den Familien wußte. Das ergibt sich aber folgerichtig aus der Perspektive, unter der die politische Führung die Familie sah: als »Produktionseinheit« für Kinder und als Reservoir für Arbeitskräfte. Entsprechend gibt es viele Angaben über die Entlastungen der Mütter durch Kindergärten und ähnliche staatlich getragene Einrichtungen, weil die so entlasteten Mütter dann umfassender als Arbeitskräfte zur Verfügung stehen. Man erfährt dagegen aus Datensammlungen der DDR fast nichts über die Beziehungsgeflechte zwischen Männern und Frauen, über das enorme Konfliktpotential durch zeitraubendes Anstehen und andere Umständlichkeiten in der Versorgung. Religion bleibt ausgespart, obwohl die Entkirchlichung eine der Besonderheiten der DDR war.

Ein sehr anschauliches Bild von den statistischen Daten als Irreführung durch Ideologie gibt die Wohnungsstatistik. Um die 200 000 Wohnungen will die DDR seit 1985 jährlich gebaut haben, was dem Volumen der Bundesrepublik im

424. Habich et. al. (a.a.O.), S. 28

gleichen Zeitraum entspricht. Allerdings schließt diese hohe Zahl vorgeblicher Neubauten auch Renovierungen mit ein, und es wird vermieden, Abgänge auszuweisen. So hatte man bei der Volkszählung 1981 gegenüber den Statistiken einen Fehlbestand von 400000 Einheiten – was umgerechnet auf die Bundesrepublik in der Statistik zuviel gezählter 1,6 Millionen Wohnungen entspräche. Wir hatten uns dagegen laut Volkszählung 1987 mit unserer Fortschreibung der Verwaltungsdaten »nur« um eine Million geirrt, relativ also um weniger.

In offiziellen Mitteilungen an die eigene Führung erscheint die DDR demnach als ein System, in dem die sozialpolitischen Leistungen hoch sind, die Bevölkerung ausreichend mit Wohnraum versorgt ist, die Annäherung an das Ziel der Gleichheit schon ziemlich weit und die Ausstattung der Haushalte mit langlebigen Gebrauchsgütern unproblematisch ist. Vor allem Letzteres setzt allerdings den sehr entschiedenen Willen voraus, Vergleichszahlen aus westlichen Ländern nicht zur Kenntnis zu nehmen.

Die besonderen Werte der DDR, die in die Bundesrepublik mit eingebracht werden sollen, an die glaubte die Führung wohl tatsächlich. Da weder Wahlen noch Märkte, noch öffentliche Meinung über die Presse, noch Wissenschaft als Korrektive wirken konnten, war nicht alles Lüge, was an falscher Selbstdarstellung betrieben wurde, sondern auch Selbsttäuschung.

Familienpolitik, Wohnungspolitik und Gesundheitspolitik galten in der DDR als Vorzeigegebiete. Die Rentenpolitik war allerdings auch nach eigenem Verständnis weniger opulent. Nun wurden die familienpolitischen Maßnahmen eigentlich nur als Bevölkerungs- und Beschäftigungspolitik verstanden. In diesem letzteren Bereich war die Familienpolitik tatsächlich erfolgreich. Die Erwerbsquote bei Frauen entsprach den hohen Werten im Ostblock, lag also wesentlich über der Bundesrepublik. Ob das allerdings die Kinderkrippen bewirkten und die großzügigeren Lohnfortzahlungen nach einer Entbindung bei berufstätigen Frauen, muß nach Forschungen im Osten bezweifelt werden. Entscheidend dürften die niedrigen Löhne gewesen sein. Wie in anderen Ländern des real existierenden Sozialismus, war auch in der DDR das Lohnniveau so bemessen, daß ein Haushalt nur durch mindestens zwei Vollbeschäftigte zu finanzieren war.

Bevölkerungsstatistisch ist der wichtigste Unterschied zwischen der Bundesrepublik und der DDR der dort frühere Zeitpunkt der Geburten. Am Ende aber schaut ungefähr das gleiche heraus: Bundesrepublik und DDR waren beide hinsichtlich des Ausfalls an Geburten verglichen mit der Zahl, die für Reproduktion nötig wäre, fast identisch und in Europa Spitzenreiter im Wenig-Gebären. Insofern hat die Sozialpolitik, die das Bevölkerungswachstum fördern sollte, nicht gegriffen.

Irreführend ist in dieser Grafik die Begründung für den starken Geburtenrückgang Mitte der sechziger Jahre. Nicht die Legalisierung des Schwangerschaftsabbruchs, sondern das veränderte Bewußtsein bei jungen Frauen parallel zur Entwicklung der Antibaby-Pille waren die ausschlaggebenden Gründe, daß Frauen in Ost und West immer häufiger auf ein zweites Kind verzichteten.

Eindeutig höher war in der DDR die Scheidungsrate, wobei »Früh-Scheidungen« nach weniger als fünf Jahren Ehe besonders hoch sind[426].

---

426. ebenda, S. 3

Schaubild 27: Bevölkerungspyramide[425]

Altersaufbau der Wohnbevölkerung in beiden deutschen Staaten
am 31. Dezember 1983

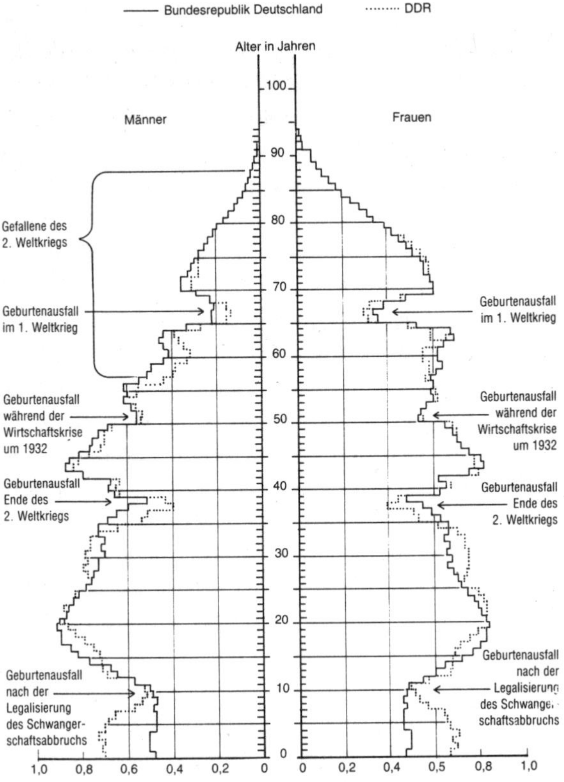

Der einheitliche Sozialkörper von Bundesrepublik und DDR ist gut erkennbar. Die Kriege haben am Bevölkerungsaufbau anhaltende Wunden geschlagen; die deutsche Teilung dagegen zeichnet sich nur gering in den unterschiedlichen Geschlechtsproportionen ab. Eindeutig unterschiedlich entwickelt sich der Bevölkerungsaufbau von unten her; hier bilden sich die Effekte der Bevölkerungspolitik der DDR eindeutig ab.

425. Aus Tilman Mayer: »Familienpolitik im Vergleich. Familien- und Bevölkerungsentwicklung in der DDR«. Stimme der Familie, 37. Jg., Heft 2, Februar 1990, S. 3

Es wäre jedoch falsch zu vermuten, dies sei endlich einmal ein wichtiger Unterschied zwischen der Gesellschaft der DDR und der Bundesrepublik – nämlich der geringere Wert der Familie. Jutta Gysi, Leiterin der Sektion Familienforschung am Institut für Soziologie und Sozialpolitik der Akademie der Wissenschaften in Berlin, hat in einer Umfrage vom Januar 1990 ermittelt, daß der Wunsch nach einem guten Familienleben einen ganz hochrangigen Wert bei der Bevölkerung der DDR einnimmt[427]. Noch immer ist demnach das Leben mit einem Ehepartner die bei weitem beliebteste Lebensform, und das eheliche Glück gilt als entscheidend für die allgemeine Lebenszufriedenheit. Die höhere Zahl der Ehescheidungen erklärt sich – wie auch in anderen kommunistischen Ländern – aus den Belastungen, die ein Leben im sozialistischen Alltag besonders für die Frauen zur Folge hat.

Mit Stolz hat das Regime immer auf die gute Versorgung mit Wohnraum verwiesen, und eine angenehme Wohnung ist angesichts des hohen Stellenwertes der Familie für die Lebenszufriedenheit auch eine Bedingung, die zu einer allgemeineren Zufriedenheit beiträgt. Tatsächlich konnte es aber trotz seiner stolzen Statistik nicht einmal die »Reproduktion der bestehenden Bausubstanz« erreichen[428]. Die Quadratmeterzahl pro Einwohner war mit 27 bis 28 im internationalen Vergleich zwar sehr hoch und die Mietbelastung mit 1–10 Prozent des Einkommens extrem niedrig – aber die Qualität war schlimm. Im Volksmund

427. Jutta Gysi und Nikolai Staufenbiel: »Familie in der DDR«. Stimme der Familie, 37. Jg., Heft 8, August 1990, S. 1–6
428. Sozialreport, a.a.O, S. 40

kursierte daher schon Jahre vor dem Herbst 1989 der »Witz«: »Wie lautet die Definition von Sozialismus? – Ruinen schaffen ohne Waffen!« Auch die Qualität des Wohnumfeldes läßt im Vergleich zu westlichen Standards erheblich zu wünschen übrig.
Bleibt das Gesundheitswesen. Nach der Statistik war in der Tat die Versorgung ziemlich gut: Auf 100000 Einwohner kamen 243 Ärzte (Bundesrepublik: 280); auch in der Bettenzahl der Krankenhäuser war die DDR im Prinzip in der gleichen Versorgungsklasse wie die Bundesrepublik – wenn man rigoros von Qualität absieht[429]. Dieser Unterschied drückt sich nicht zuletzt darin aus, daß die Bundesrepublik für die Gesundheitsversorgung der Bevölkerung mehr Geld ausgibt, als es dem Abstand in der Bevölkerung und auch dem Lebensstandard entspricht.
Nicht nur war das Gesundheitswesen der DDR verglichen mit dem der Bundesrepublik zurückgeblieben. Vor allem war das Leben in der DDR beschwerlicher. Das drückt sich in häufigeren Beeinträchtigungen des Wohlbefindens aus. Insbesondere die psychosomatischen Beschwerden sind ein Indiz für die mäßige Lebensqualität in der DDR.
Vorzeigestück der Sozialpolitik der Bundesrepublik ist die Altersrente. Überhaupt ist für die deutsche Tradition des Wohlfahrtsstaates kennzeichnend, daß dieser beim Empfänger von Wohlfahrtsleistungen eine Einkommenserhaltung bewirken will (»income maintenance«). Vergleichsweise hierzu lag der Akzent der sozialpolitischen Maßnahmen der DDR auf der Wiederherstellung und der Stärkung

429. gesellschafts-politische standpunkte (gps). Informationen und Nachrichten zur Gesundheitspolitik, Alterssicherung, Umwelt und zum Arbeitsmarkt aus Deutschland und Europa, 1. Jg., Nr. 1, 4. 1. 1990

Tabelle 67: Gesundheitsstatus in West und Ost[430]

Beschwerden	West (April 1989) %	Ost (Sommer 1990) %
Kopfschmerzen oder Migräne	25	33
Schlafstörungen	24	39
Ermüdungserscheinungen	23	38
Nervosität	21	38
Magen- und Darmbeschwerden	19	30
Verdauungsstörungen	12	20
Schwindelgefühle	12	24
Appetitlosigkeit	5	13
Kreislauf- oder Durchblutungsstörungen	27	35
Herzbeschwerden	15	22

der Arbeitskraft. Rentner müssen deshalb in einem solchen System zu den vernachlässigten Teilen der Bevölkerung gehören. Das ist dann in der Tat auch massiv der Fall gewesen. Nach Berechnungen des Deutschen Instituts für Wirtschaftsforschung ergeben sich folgende Werte für Erwerbstätige und Pensionäre in der Bundesrepublik und der DDR:

Tabelle 68: Nettoeinkommen der Haushalte

	Bundesrepublik DM	DDR Mark
Erwerbstätige	3745	1746
Rentner	2426	630

430. Umfragen des Instituts für Demoskopie

Der Einkommensabstand zwischen den Haushalten von Rentnern und Erwerbstätigen war also in der Bundesrepublik ein Minus von einem Drittel, in der DDR aber nahezu zwei Dritteln.

Die intellektuelle Grundlage für die Versuche, eine eigenständige DDR zu bewahren, war die Behauptung, in der DDR sei eine eigene Gesellschaft entstanden. Das war nicht nur Propaganda eines SED-Nachfolge-Establishments zum Erhalt einer Verfügungsmasse »das andere Deutschland«, sondern auch die übliche Überreaktion von Führungsgruppen auf die formelle Organisation einer Gesellschaft. Die DDR war als staatliche Organisation tatsächlich ein sozialistischer Staat auf dem Weg zum Kommunismus. In unsere Sprache übersetzt soll das heißen, daß es noch Reste der bürgerlichen Gesellschaft gab, aber ohne Bedeutung für die Macht im Staat.

Eine Gesellschaft des »entwickelten Sozialismus« bedeutete, daß nur die Beschäftigung in staatlichen bzw. öffentlichen Unternehmungen legitim war. Reste privater Beschäftigung wurden lediglich geduldet. Das Steuersystem der DDR war entsprechend eingerichtet, daß für das gleiche Einkommen je nach der Stellung im Erwerbsleben unterschiedliche Beträge zu zahlen waren. Verdiente beispielsweise ein Arbeitnehmer 25 000 Mark im Jahr, so zahlte er 20 % Steuern, ein Freiberufler für das gleiche Einkommen aber 29,4 %, ein privater Handwerker 32,0 % und ein genossenschaftlicher Handwerker gar 45,0 %. »Sonstige Steuerpflichtige« hatten für nach unseren Vorstellungen mittlere Einkünfte 68 % Steuern abzuführen[431].

---

431. »DDR-Steuersystem. Gleiches Einkommen – andere Belastung«. iwd, Institut der Deutschen Wirtschaft, Nr. 7, 15. 2. 1990, S. 4f.

Diese Steuern dienten in erster Linie gesellschaftspolitischen Zwecken. Für die Einnahmen des Staates hatten sie mit einem Anteil von 7,7 % eine ganz untergeordnete Bedeutung; denn die öffentliche Hand finanzierte sich 1988 zu 76,4 % aus den Pflichtabgaben der Wirtschaftseinheiten.

Zentrales Instrument der Kontrolle der Bevölkerung und ihrer Mobilisierung für die Zwecke des Staates war das Netzwerk der gesellschaftlichen Organisationen. Obgleich nach marxistischer Theorie der Mensch ja ein Reflex seiner Lebensumstände ist, war der SED-Staat analog dem NS-Staat ein Regime, das voluntaristisch führte. Die Menschen wurden fortwährend für irgendeine Sache propagandistisch mobilisiert, wobei in Kampagnen beispielsweise zum Einbringen der Ernte eine militaristische Sprache kennzeichnend war. Die SED pflegte nichts zu tun, zu veranlassen oder zu bewirken, sondern immer nur zu kämpfen. Der DDR-Satiriker Ernst Röhl spottete:

»Wir kämpfen überlegen
den Kampf in Pflicht und Kür
wir wissen nicht, wogegen
und oftmals nicht, wofür.
Wir sind nicht mehr zu dämpfen,
wir werden nimmer ruh'n.
Was wir auch tun, wir kämpfen
Auch, wenn wir gar nichts tun[432].«

---

432. Oschlies, a.a.O, S. 31. Oschlies zitiert weiter Matthias Biskupes mit einem Gedicht, das im Eulenspiegel Nr. 46/1989 erschienen war: »Wer schrieb all das/ Welches wir jetzt als falsch zu erkennen haben:/ Vom Ruhm und von Pracht und von Herrlichkeit,/ Von Ausgegrenzten, Aufputschern, Rädelsführern, Verrätern,/ Gebrüllter Staatsfeindlichkeit, zusammengerottet?« (S. 27)

Hier wurde eben nicht geerntet, sondern eine Ernteschlacht geschlagen, um dem Klassenfeind eine Niederlage beizubringen. Dieses Vokabular ließ den Alltag für die Führungsschicht ungeheuer dynamisch erscheinen, wenngleich in der Praxis die Tendenz zur privatistischen Abkoppelung von der Gesamtgesellschaft das wichtigste Leitmotiv der Lebensführung war.

Die Propaganda des Regimes war allgegenwärtig, auch wenn in den achtziger Jahren die Beschlagnahme der öffentlichen Flächen mit Regime-Agitation gedämpfter wurde. Immer wieder wurde von den Bürgern verlangt, die vom Regime vorgegebenen Gebetsmühlen-Formeln nachzusprechen. Es sollte keinen politikfreien Raum geben. Alle Organisationen hatten dem Kampf gegen den Klassenfeind zu dienen. »Die Aufgabe der Universitäten und Hochschulen besteht darin, hochqualifizierte sozialistische Persönlichkeiten zu erziehen und auszubilden. Der Absolvent einer sozialistischen Hochschule zeichnet sich durch einen festen Klassenstandpunkt aus und handelt auf der Grundlage des Marxismus-Leninismus. Er meistert die Wissenschaft als eine Hauptproduktivkraft und Waffe im Klassenkampf[433].«

Das war die real existierende DDR nach ihrer eigenen Statistik.

Im internationalen Vergleich westlicher und östlicher Industriegesellschaften ist diese DDR, die in den Augen ihrer Führungsschicht eine dynamische Gesellschaft war, nach eigenen Statistiken zwar kein armes, aber ein ärmliches

433. Beschluß des Staatsrates der DDR über die Weiterführung der III. Hochschulreform; Gesetzblatt der DDR vom 3. April 1969

Tabelle 69: Ein deutscher Vergleich[434]

	Bundesrepublik	DDR
Bevölkerung	61 Millionen	16,5 Millionen
Bruttosozialprodukt	2,13 Billionen DM	336 Milliarden M
Pro-Kopf-Einkommen	35 000 DM	19 500 Mark
Inflation	1,2 %	2–3 %
Exporte	568 Mrd. DM	50 Mrd. Mark
Importe	440 Mrd. DM	46 Mrd. Mark
Bildungsausgaben	9 %	6 %
Kindersterblichkeit	0,9 %	0,8 %
Lebenserwartung	75 Jahre	73 Jahre
Autos (pro 100 Haushalte)	83	48
Fernsehgeräte (Farbe, gesamt) (pro 100 Haushalte)	86/125	39/118
Telefone (pro 100 Haushalte)	92	7
Toiletten in Wohnungen	95 %	60 %

Land gewesen. Das Vorzeigeland der östlichen Wirtschaftsgemeinschaft, jährlich subventioniert mit 7–8 Milliarden Devisenmark, erreichte nicht einmal ganz das Bruttosozialprodukt pro Kopf des ärmsten Mitglieds der EG, Portugal.

Die Beengtheit der Lebensführung geht aus einer Gegenüberstellung der Kaufkraft in Zeiteinheiten aus, ein Vergleichsmaßstab, der der Arbeitswertlehre von Karl Marx entspricht und also systemimmanent ist.

434. »Wirtschaft und Unterricht«. iwd, Institut der Deutschen Wirtschaft, 15. Februar 1990. Statistisches Bundesamt: DDR 1990 – Zahlen und Fakten, Stuttgart, 1990

Tabelle 70: Der Kaufkraftvergleich[435]

Arbeitszeit, die ein Industriearbeiter im Durchschnitt aufwenden muß, um diese Güter kaufen zu können	Mengeneinheiten	Bundesrepublik Preis DM	Bundesrepublik Arbeitszeit Std.	Bundesrepublik Arbeitszeit Min.	DDR Preis Mark	DDR Arbeitszeit Std.	DDR Arbeitszeit Min.
Mischbrot	1 kg	3,18	0	10	0,52	0	5
Butter	250 g	2,15	0	7	9,60	1	27
Zucker	1 kg	1,91	0	6	1,55	0	14
Vollmilch	1 l	1,20	0	4	0,68	0	6
Ei	1 Stck.	0,25	0	1	0,34	0	3
Rindfleisch	1 kg	9,79	0	32	5,80	0	52
Schweinekotelett	1 kg	10,67	0	35	8,00	1	12
Kartoffeln	2,5 kg	2,47	0	8	0,43	0	4
Käse	1 kg	11,98	0	39	9,40	1	25
Bohnenkaffee	250 g	4,47	0	15	17,50	2	38
Bier	0,5 l	0,95	0	3	0,72	0	7
Branntwein	0,7 l	14,62	0	48	14,50	2	11
Braunkohlebriketts	50 kg	20,55	1	7	1,70	0	15
Haushaltsstrom	1 kWh	0,31	0	1	0,08	0	1
Farbfernseher	1 Stck.	1 539,00	83	30	4 900,00	739	4
Kühlschrank	1 Stck.	559,00	30	20	1 425,00	214	56
Waschmaschine	1 Stck.	981,00	53	13	2 300,00	346	54
Briefporto	1 Brief	0,80	0	3	0,20	0	2
Rundfunkgebühr	1 Monat	5,16	0	17	2,00	0	18
Telefonortsgespräch	1 Einheit	0,23	0	1	0,20	0	2
Stundenlohn eines Industriearbeiters:		18,43 DM			6,63 Mark		

Ziel des Regimes war, durch ein zentral kontrolliertes Bildungssystem die »allseits und harmonisch entwickelte

435. »Der Kaufkraft-Vergleich«, iwd, Institut der deutschen Wirtschaft, Köln, 22. 3. 1990

sozialistische Persönlichkeit« zu formen, in der dann Staatsziele und eigene Motivation zusammenfallen würden. Eine solche Persönlichkeit konnte keine Probleme haben mit den partei-offiziellen Liedern »Tapfer lacht die junge Garde« oder »Die Partei hat immer recht«[436]. Der Erziehungsanspruch des Systems – verkörpert durch Erziehungsministerin Margot Honecker –, die Züchtung eines »Neuen Menschen«, wurde bis zum Ende der DDR aufrechterhalten. Demgegenüber bestätigten interne Untersuchungen der Akademie der Pädagogischen Wissenschaften in Ost-Berlin immer wieder: Den neuen Menschen gibt es nicht. Es gibt nur den Deutschen, der sich im Sozialismus irgendwie einrichtet, ähnlich wie im NS-Staat. Nach den Untersuchungen von Bildungssoziologen (wie dem Direktor am Institut für Soziologie der Humboldt-Universität zu Berlin, Artur Meier) für das Ministerium Margot Honeckers war die real existierende DDR ein Staat deutscher Kleinbürger, in dem sich Ärmlichkeit, Neid und Mißgunst miteinander verbanden.
Der Überwachungsapparat war allgegenwärtig und entsprach beim Wohnen dem Blockwartsystem des NS-Regimes (bzw. hatte das NS-Regime auch das von der Sowjetunion kopiert). Besucher mußten in einem Hausbuch notiert werden, und jeder Kontakt mit Bürgern aus anderen Staaten – auch sozialistischen! – war zu melden.
Es gab schätzungsweise 103 000 hauptamtliche Mitarbeiter des Staatssicherheitsdienstes und 150 000 nebenamtliche mit einem Hauptberuf, der sie zu wertvollen Informanten

---

436. Hannegret Biesenbaum: »Die Floskel von der allseits gebildeten Persönlichkeit. Die DDR im Umbruch: Suche nach Ansätzen für eine Bildungsreform«. Frankfurter Rundschau, 22. 2. 1990

machte. Vergleichszahlen lassen die Massivität des Apparats erkennen: Der Verfassungsschutz für die Bundesrepublik mit ihren 48 Millionen Erwachsenen hatte insgesamt 5000 hauptamtliche Mitarbeiter[437]. Die Gestapo im NS-Regime hatte für die Kontrolle von 80 Millionen Deutschen etwa 65000 Mitarbeiter. Sechs Millionen Überwachungsakten wurden für 12,3 Millionen Erwachsene der DDR angelegt, weitere zwei Millionen für Bürger der Bundesrepublik. Alles und jedes wurde bei den Überwachten notiert, und bei diesem Vollständigkeitswahn mußte die Übersicht verlorengehen. Der Einschüchterungseffekt solch lückenloser Kontrolle scheint sich verbraucht zu haben.

Nach dem Sozialreport 1990 war des DDR-Bürgers größtes Glück sein Privatleben, darin die Freizeit und innerhalb dieser wieder das Reisen. Sobald das erzwungene System der formellen Institutionen beseitigt wurde, waren die DDR-Bürger ganz einfach Menschen mit großem Nachholbedarf an Weltläufigkeit und Konsum. Wenn die Umstände es zuließen, würden sie sich im Konsum den Westdeutschen am liebsten sofort angleichen. Eine Frage nach ihren Anschaffungswünschen zeigte die gleiche Kaufbereitschaft für gehobene Gebrauchsgegenstände wie 25 Jahre zuvor bei den Bundesbürgern:

---

437. Der Verfassungsschutz hat allerdings auch sehr viel eingeschränktere Aufgaben. Vor allem hat er keine Exekutivbefugnisse. Gerade diese waren aber der Kern des Einschüchterungseffekts, der von der Stasi (Volksmund: VEB Horch und Greif) ausging.

Tabelle 71: Versorgung von DDR-Haushalten mit gehobenen Gebrauchsgütern[438]

	Im Haushalt vorhanden %	Geplanter Kauf in diesem oder im nächsten Jahr %
Auto	61	29
Farbfernseher	78	27
Fernseher, schwarz-weiß	52	1
Fotoapparat	78	9
Filmkamera	5	4
Fahrrad	78	10
Stereoanlage	48	13
Kühlschrank	98	13
Radio	98	6
Geschirrspüler	1	7
Kaffeemaschine	88	8
Waschmaschine, vollautomatisch	42	19
Wäschetrockner, vollautomatisch	3	5
Tiefkühltruhe	57	20
Videorekorder	11	25
Plattenspieler	64	4

Im Prinzip unterscheiden sich auch die Reisewünsche nicht. Wie in der Vergangenheit der Bundesrepublik wird aber zunächst einmal in deutschsprachige Länder gereist. Bis zum Juni 1990 waren bereits 92 % der DDR-Bewohner in der Bundesrepublik gewesen.

438. Spiegel 35/1990, a.a.O., S. 47

Tabelle 72: Reiseziele der Deutschen aus der DDR[439] (Anfang 1990)

	%
Bundesrepublik Deutschland	89,0
Frankreich	4,4
Österreich	2,4

Tabelle 73: Besuche im jeweils »anderen Deutschland«[440] (Juni 1990)

	DDRler in die Bundesrepublik %	Bundesdeutsche in die DDR %
Ja, einmal	17	14
Ja, mehrmals	75	10
Nein/Keine Angaben	8	76

Danach wird das europäische Ausland an die Reihe kommen, während Fernreisen in exotische Länder vorläufig noch jenseits der Vorstellungen sind. Aber das ist nur eine Frage der Zeit.

In der real existierenden DDR mit dem Staatsziel der Sonntagsreden einer allseits gebildeten sozialistischen Persönlichkeit war die ganze Gesellschaft formell organisiert nur für das Produzieren. Ob im Medizinischen, Sozial-

439. »Die Bundesrepublik als liebstes Reiseziel. Erste Untersuchung der Reiseabsichten von Deutschen aus der DDR« und »Der Westen lockt. Die Reiseabsichten der DDR-Bürger für 1990 – eine Umfrage«. FAZ, 15. 3. 1990

440. Ipos, a.a.O, S. 83f.

wesen oder in der Arbeitswelt: Der Mensch interessierte als Produzent. Tatsächlich aber war auch der DDR-Bürger mehrheitlich nur ein verhinderter Konsument. Wird die Welt »von unten« statt aus der Erfahrung der Führungsschicht beurteilt, dann gab es eben keine DDR-Deutschen, sondern nur ein DDR-Regime. Hier richteten sich die Deutschen in diesem Teil des Landes mürrisch ein, ohne deshalb Grundlage einer neuen Gesellschaft zu werden. Distanziert schrieb selbst der stellvertretende PDS-Vorsitzende, der Politikwissenschaftler André Brie, die Geborgenheit oder Solidarität zwischen den Menschen in der DDR sei »zum Teil auf sehr negative Weise zustande gekommen ... durch Repressionen der Mangelgesellschaft«[441].

Nichts ist wohl kennzeichnender für den Charakter des Systems als sein Umgang mit der Umwelt. Soweit überhaupt Umfragen in der DDR verläßlich sind – ab Anfang März 1990 sind sie es mit steigender Tendenz –, ist ersichtlich, daß in der Bevölkerung die Umweltqualität mindestens den Stellenwert hat wie bei den Bundesdeutschen (Dringlichkeit des Umweltschutzes: Bundesrepublik 74 %, DDR 79 %)[442], wobei allerdings die Zufriedenheitswerte deutlich geringer sind.

In der tatsächlichen Politik des Regimes hatte aber der Umweltschutz eine völlig nachrangige Bedeutung. »Ein Grund ist die Art der Planung, in der lediglich die Quantität der Produktion zählte. Investitionen und Produktions-

---

441. Rainer Ott: »Das halbe Deutschland ganz oder das ganze Deutschland halb. Über die Chancen der DDR als DDR«. Sender Freies Berlin, Kulturelles Wort, 19.2.1990

442. Ipos, a.a.O, S. 54f.

ziele wurden dort so festgesetzt, daß die Aufmerksamkeit für Unterhalt, Umwelt und Arbeitsbedingungen entmutigt wurde. Am wichtigsten waren dann die Zerstörung der bürgerlichen Gesellschaft, die Einrichtung eines Einbahnsystems, in dem lediglich Anordnungen von der Spitze der Hierarchie nach unten liefen und Rückantworten nicht erlaubt waren.« Das war der real existierende Sozialismus, der offiziell als Grund für seine Vorzüglichkeit angab, nur im Kommunismus hätten die Gemeinschaftsinteressen Vorrang vor den Privatinteressen[443].

Erfolgreich war das Regime mit seiner Agitation gegen die Religion. Es wird geschätzt, daß in der Hälfte der Fälle die staatliche »Jugendweihe« die Konfirmation bzw. Kommunion ersetzte; auch nach dem Zerfall des Regimes ist sie weiter populär. Die Entkirchlichung, die in der Bundesrepublik unter Protestanten weit fortgeschritten ist, hatte in der damaligen DDR die Kirchen auf Minderheitspositionen zurückgedrängt. In einer Umfrage im Dezember 1990 erklärten 74,6 %, nicht kirchlich gebunden zu sein[444].

Auffällig ist gleichzeitig, daß es geregelte Beziehungen zwischen SED, Staatsführung und dem Bund der evangelischen Kirchen gab. Die Stasi duldete, daß Dissidentengruppen einen Freiraum in lokalen Kirchengemeinden fanden, und sie machte diese Gruppen damit vorhersehbar. Vielleicht ist aus diesem teils kooperativen, teils antagonistischen Miteinander von Kirchenbund und Regimefüh-

443. Flora Lewis: »The Red Grime Line«. Foreign Affairs. The New York Times, 10. 4. 1990, S. A 11

444. Es handelt sich um erste Auszählungen einer vergleichenden Erhebung in der Bundesrepublik im Mai 1990 durch Infas und in der Ex-DDR im Dezember 1990 durch das Institut EMMAG, beide im Auftrag von ZUMA/Mannheim

Tabelle 74: Häufigkeit des Kirchenbesuchs

Frage: »Wie oft besuchen Sie den Gottesdienst?«

	West %	Ost %
Mehr als einmal in der Woche	2,5	1,0
Einmal die Woche	11,1	2,2
Einmal bis dreimal im Monat	8,7	1,9
Mehrmals im Jahr	17,8	6,8
Seltener	36,1	19,6
Nie	23,1	48,4
Keine Angabe	0,0	20,1

rung die Schwäche der evangelischen Organisationen als Volkskirche zu erklären.

Besonders stolz war die politische Führung des Landes auf die Schulung der Jugend. Von Bildungsministerin Margot Honecker berichteten Mitarbeiter, daß sie auch privat an die Zielvorstellungen glaubte, die sie offiziell verkündete. Jugendforschung war eines der wenigen Gebiete, wo empirische Erhebungen kontinuierlich waren. Der Star-Jugendforscher des Regimes, Walter Friedrich, vom Zentralinstitut für Jugendforschung in Leipzig, mußte aber berichten, daß die Identifizierung der jungen Menschen mit der DDR nach 1975 abgenommen hatte und daß dieser Vorgang, den er als Verfall des sozialistischen Bewußtseins wertete, ab 1985 immer schneller verlief.

Tabelle 75: Identifikation mit der DDR[445]

Frage: »Ich bin stolz, ein Bürger unseres sozialistischen Staates zu sein« (bis 1979)
»Ich fühle mich mit der DDR eng verbunden« (ab 1983)
(Die methodischen Probleme durch die unterschiedliche Frageformulierung sind zu beachten.)

	sehr stark/ stark %	mit Einschränkung %	kaum/überhaupt nicht %
Lehrlinge			
1970	41	50	9
1975	57	38	5
1979	40	50	10
1983	46	45	9
1985	51	43	6
1986	48	46	6
1988 (Mai)	28	61	11
1988 (Okt.)	18	54	28
Junge Arbeiter			
1970	37	53	10
1975	53	42	5
1979	38	52	10
1983	55	38	7
1985	57	39	4
1986	46	49	5
1988 (Mai)	32	61	7
1988 (Okt.)	19	58	23
Studenten			
1970	43	57	10
1975	66	32	2
1979	51	44	5
1983	70	29	1
1985	70	28	2
1986	68	30	2
1988 (Mai)	52	45	3
1989 (Febr.)	34	51	15

445. Walter Friedrich: »Mentalitätswandlungen der Jugend in der DDR«. Aus Politik und Zeitgeschichte, B 16–17/90, 13. 4. 1990, S. 25–37, hier Tabelle 7, S. 30

Die sozialliberale Politik mit ihrer Annäherung an die kommunistischen Staaten, insbesondere die Bahr-Parole »Wandel durch Annäherung« und die darauffolgende weltweite Anerkennungswelle der DDR hatten offensichtlich in den siebziger Jahren ihre Wirkung auf die Jugend der DDR nicht verfehlt: Zu dieser Zeit stieg die Identifikation mit »ihrem Staat« stark an. Damit korrespondierend, glaubten immer mehr junge Menschen in der DDR an den Sieg des Sozialismus in der ganzen Welt. Bei den Lehrlingen stieg der Prozentsatz von 46 % auf 63 %, bei den (von der SED ausgesuchten) Studenten sogar von 65 auf 78 %. Das war in den achtziger Jahren vorbei. Die Jugend ist meist ein Seismograph, ein Teil der Gesellschaft, an dem Zeitströmungen überstark ausgeprägt sind. Deshalb ist es von großer Bedeutung, daß die Jugendforscher beobachteten, wie das Selbstverständnis der DDR als »antifaschistisches Bollwerk« verblaßte[446]. Der Antifaschismus war nach dem Willen der SED die wichtigste moralische Grundlage der DDR, die eigentliche Legitimität für das »bessere Deutschland«. Befragungen in der DDR und der Bundesrepublik bei Schülern in Großstädten ergaben jedoch, ». . . daß sich trotz unterschiedlicher gesellschaftlicher Entwicklungsbedingungen und Erziehungssysteme die Einstellungen gegenüber der Zeit des Nationalsozialismus nur unwesentlich unterscheiden«. Und wenn es Unterschiede gab, dann in der stärkeren Befürwortung autoritärer Auf-

---

446. Wilfried Schubarth, Roland Pschierer und Thomas Schmidt: »Verordneter Antifaschismus und die Folgen«. Untersuchungsbericht über eine gemeinsame Erhebung des Deutschen Jugendinstituts München und des Zentralinstituts für Jugendforschung in Leipzig. Befragt wurden im Juni/Juli 1990 jeweils 1000 Schüler der 9. Klasse – also meist 15jährige

fassungen in der DDR. Einen »starken Mann« an der Spitze Deutschlands wollten 7 % der Schüler im Westen, aber 16 % im Osten Deutschlands. Hier werden exemplarisch Grenzen der Beeinflussung durch Schulbildung offensichtlich.

Im April/Mai 1989 identifizierten sich selbst von den SED-Mitgliedern nur noch 48 % sehr mit dieser Partei, bei den Nicht-Mitgliedern nur noch 8 % – überhaupt nicht aber 55 %![447] Wie in der Bundesrepublik gab es erhebliche Unterschiede nach Bildung: Die – politisch streng gesiebten – Studenten standen dem Sozialismus im Mai 1989 noch relativ am positivsten gegenüber, die handarbeitenden Jugendlichen aber lehnten ihn stärker ab als alle anderen Gruppen.

Diese dramatische Wende in der Beurteilung des Sozialismus hatte sich innerhalb von nur fünf Jahren vollzogen[448]. Als Grund nannte Friedrich die in den letzten Jahren ständig steigenden Zahlen von Ausreisewilligen aus der DDR und die sich mehrenden Restriktionen, Tabus, Drangsalierungen und Rechtsverletzungen durch Staats-, Sicherheits- und Parteiorgane. All dies habe den Glauben an die Zukunftsperspektive des Sozialismus erschüttern lassen. Damit trat die bis Mitte der achtziger Jahre »stark verdrängte (oft allerdings heimlich ersehnte) deutsche Identität, der Wunsch, als Deutscher zu gelten, bei vielen DDR-Bürgern wieder in den Vordergrund«[449].

Vergleiche von Erhebungsergebnissen aus dem Gebiet der

447. Friedrich (a.a.O.), Tabelle 6, S. 29

448. Hier ist aber noch einmal an die Skepsis zu erinnern, die bei Umfrageergebnissen vor März 1990 angebracht ist

449. ebenda, S. 30f.

DDR und der Bundesrepublik ergeben beides: eine hohe Übereinstimmung und erhebliche Abweichungen. Je nach Vorentscheidung werden sie angeführt als Beleg für die unbeschädigte Zusammengehörigkeit beider Teile Deutschlands oder als Beweis für eine eigene Gesellschaft der DDR. Da diese Diagnose von Bedeutung für politische Machtkämpfe in Deutschland ist, ist selektives Zitieren von Ergebnissen verbreitet. Dabei ist es einfach, ein Grundmuster für beides zu finden: Übereinstimmungen und Abweichungen zwischen Befunden aus dem Osten und dem Westen Deutschlands. Die Reaktionen, die von den aktuellen Lebensbedingungen abhängen, sind verschieden; Grundeinstellungen und Verhaltensweisen im Privatbereich sind ähnlich bis identisch. Eine Ausnahme von diesem Muster sind zu einem Teil die Verhaltensweisen und Einstellungen in der Politik.

Daß trotz aller materiellen Enge die Gesellschaft der DDR eine Nischengesellschaft gewesen wäre, mit viel menschlicher Wärme und Glück im Kleinen, ist ein Märchen. Die bereits zitierten Befunde über die Verbreitung psychosomatischer Störungen in der DDR widersprechen dem ebenso wie die Urteile über allgemeine Lebenszufriedenheit.

Allgemeine Lebenszufriedenheit ist ein Durchschnittswert, der überdeckt, daß selbstverständlich die Zufriedenheit in verschiedenen Lebensbereichen sehr unterschiedlich ist. Eine vergleichende Erhebung – der »Wohlfahrtssurvey« – ergab im Herbst 1990, daß bei einer ausnahmslos höheren Lebenszufriedenheit in sieben (im Osten acht) berücksichtigten Bereichen im Westen die Struktur der Antworten über die Höhe der Zufriedenheit mit verschiedenen Lebensbereichen relativ zueinander in West und Ost gut übereinstimmt.

Tabelle 76: Allgemeine Lebenszufriedenheit in West und Ost[450]

Lebenszufriedenheit	West (1988) %	Ost (Juni 1990) %
Eher unzufrieden	3	10
Eher zufrieden	72	68
Hochzufrieden	17	17
Keine Angabe	8	14
Mittelwert	7,9	6,6

(Zufriedenheitsskala von 0 (unzufrieden) bis 10 (zufrieden)
Eher unzufrieden = 0–4
Eher zufrieden = 6–9
Hochzufrieden = 10)

Ob unter ärmlichen Bedingungen lebend oder im Wohlstand: Die Deutschen sind am zufriedensten mit dem Leben in der Familie, noch ziemlich zufrieden mit dem näheren Umfeld, aber weniger zufrieden mit den Verhältnissen in einer allgemeineren Öffentlichkeit. Für die DDR wird das noch deutlicher in einer Umfrage, bei der einige weitere Bereiche erfaßt wurden als in der oben erwähnten Erhebung.

450. Sozio-ökonomisches Panel des Deutschen Instituts für Wirtschaftsförderung. Die im folgenden mitgeteilten Umfragewerte sind überwiegend vorläufige, erste Auszählungen. In den Größenordnungen dürften sie jedoch verläßlich sein

Schaubild 28: Zufriedenheit mit Lebensbereichen in der Bundesrepublik und der DDR[451]

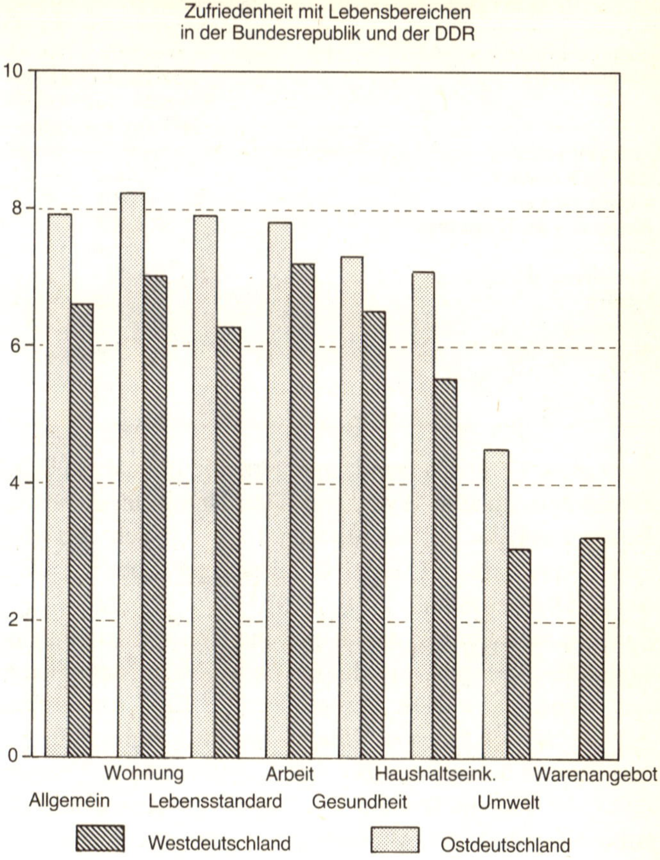

Wohlfahrtsurvey ZUMA/WZB, In der DDR Oktober 1990;

451. Die Erhebung im Westen ist der Wohlfahrtssurvey des Wissenschaftszentrums Berlin, technisch betreut durch ZUMA. Mit vergleichbaren Fragen wurde diese Umfrage im Oktober 1990 von USUMA/Ostberlin wiederholt. Der Grafik liegt eine erste Auszählung zugrunde, so daß sich bei einer späteren Veröffentlichung die Werte noch, voraussichtlich nur geringfügig, ändern können

Tabelle 77: Zufriedenheit mit verschiedenen Lebensbereichen in der ehemaligen DDR[452] (Dezember 1990)

Lebensbereich	Durchschnittswerte (0 = sehr unzufrieden – 10 = sehr zufrieden)
Ehe/Partnerschaft	8,9
Familienleben	8,3
Aufteilung der Hausarbeit	8,2
Arbeitsplatz	7,8
Ausbildung/Schulbildung	7,7
Freizeit	7,1
Wohnung	7,0
Wohnumgebung	7,0
Öffentliche Sicherheit	3,8
Umweltschutz	2,6

Bei einem Vergleich Bundesrepublik und (damalige) DDR erhielt Ipos im Juni 1990 die größten Unterschiede bei der Beurteilung der wirtschaftlichen Lage[453]. »Sehr bis eher zufrieden« waren 87 % der Bundesbürger, aber nur 14 % der DDR-Bewohner.

Es ist wahrscheinlich, daß diese hohe Unzufriedenheit eine Folge des Wechsels von Maßstäben ist. Mehr Menschen in der (damaligen) DDR beurteilten ihre Lage unmittelbar vor der wirtschaftlichen Vereinigung im Vergleich zu früher als jetzt besser, als über eine Verschlechterung berichteten. Ist aber nicht mehr die frühere DDR, sondern die Bundesrepublik der Maßstab des Vergleichs, dann überwiegt das Gefühl, man werde zurückgesetzt.

452. Unveröffentlichte Erhebung der Institute EMMAG (Ostberlin) und ZUMA (Mannheim), (ISSP Plus und ALLBUS 90)

453. Ipos, a.a.O, S. 59

Tabelle 78: Vergleich des Lebensstandards in der Bundesrepublik

Frage: »Im Vergleich dazu, wie andere hier in der Bundesrepublik leben: Glauben Sie, daß Sie Ihren gerechten Anteil erhalten, mehr als Ihren gerechten Anteil, etwas weniger oder sehr viel weniger?«[454]

	Westen %	Osten (Dez. 1990) %
Mehr als gerechten Anteil	5,9	1,7
Gerechten Anteil	25,0	12,8
Etwas weniger	57,0	41,3
Sehr viel weniger	11,0	41,1
Keine Angabe	1,1	3,1

Die Menschen in der ehemaligen DDR sind weit entfernt davon, sich so saturiert zu fühlen wie ein erheblicher Teil der Bürger in der bisherigen Bundesrepublik. Im Osten sind elementare Bedürfnisse vorrangig, wie »Kampf gegen steigende Preise« oder »Aufrechterhaltung von Ruhe und Ordnung«. In den Sozialwissenschaften ist es heute häufig geworden, eine solche Einstellung, einen Vorrang lebenspraktischer Bedürfnisse, als »materialistische Orientierung« zu bezeichnen. Demgegenüber wird eine Priorität für Werte der Selbstentfaltung »postmaterialistisch« genannt[455]. Unter den gegebenen Umständen war zu erwarten, daß die Antwortprofile sich bei den »alten« und »neuen« Bundesbürgern in dieser Hinsicht sehr voneinander unterscheiden.

454. Erhebung EMMAG und ZUMA; siehe oben

455. Die Konzeption der »postmateriellen Persönlichkeit« wurde von Ronald Inglehart zunächst entwickelt in »The Silent Revolution in Europe – Intergenerational Change in Postindustrial Societies«. In: American Political Science

Schaubild 29: Vergleich neue/alte Bundesländer[456]

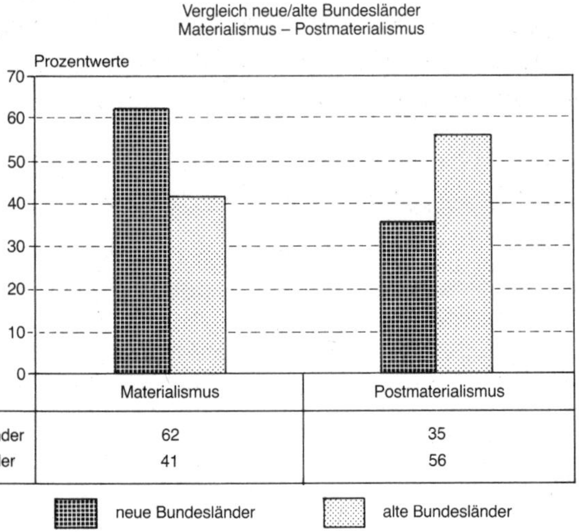

	Materialismus	Postmaterialismus
neue Bundesländer	62	35
alte Bundesländer	41	56

N = 1 028 neue Bundesl. (Dez. 90)/3 000 alte Bundesl. (Mai 90) Mohler 1991

Review, Jg. 65 (1971), S. 991–1017. Die neueste Darlegung mit Daten aus 28 Ländern ist Ronald Inglehart: »Kultureller Umbruch«, Frankfurt 1989. Inglehart konzipierte die »postindustrielle« oder »postmaterielle« Persönlichkeit als einen in der Zukunft in saturierten Gesellschaften vorherrschenden Persönlichkeitstyp. Im Gegensatz dazu ist hier mit Postmaterialismus eine nur aktuelle Haltung unter den Bedingungen des Wohlstands gemeint, die bei anderen Randbedingungen auch wieder durch eine dann andere Haltung ersetzt werden kann. Diese Unterschiede in der Konzipierung von »postmateriell« markieren die Pole in der Kontroverse, ob die Veränderungen von Verhalten und Einstellungen der letzten 25 Jahre in westlichen Gesellschaften zu deuten sind als Wertewandel oder nur Verhaltensänderung

456. Die Grafik wurde angefertigt von Peter Mohler/ZUMA auf der Grundlage einer ersten Auszählung der Umfrage ISSP/Plus im Dezember 1990 durch EMMAG/Ostberlin für Werte aus Ostdeutschland. Die Daten für die damalige Bundesrepublik beruhen auf dem ALLBUS/ISSP im Mai 1990

Neben Unterschieden, die sich aus den sehr verschiedenen wirtschaftlichen Rahmenbedingungen erklären lassen – und die damit im Gefolge einer Angleichung der Lebensbedingungen auch verschwinden dürften –, sind die stärksten Unterschiede im Bereich der Beziehungen zwischen Bürger und politischen Institutionen, insbesondere zwischen

Tabelle 79: Einstellungen zum politischen System[457]

Aussage:		Ja %	Nein %	K. A. %
Alles in allem gesehen kann man in diesem Land sehr gut leben	West Ost	95,0 85,6	3,6 11,1	1,4 3,3
Leute wie ich haben so oder so keinen Einfluß darauf, was die Regierung tut	West Ost	29,5 58,9	63,9 39,4	6,6 1,7
Die Politiker kümmern sich nicht viel darum, was Leute wie ich denken	West Ost	65,7 61,7	30,1 34,2	4,2 4,1
Die ganze Politik ist so kompliziert, daß jemand wie ich gar nicht versteht, was vorgeht	West Ost	38,9 31,7	56,8 67,1	4,3 1,1
Ich traue mir zu, in einer Gruppe, die sich mit politischen Fragen befaßt, eine aktive Rolle zu übernehmen	West Ost	29,5 25,2	63,9 71,5	6,6 3,3

457. Die Zahlen für den Westen beruhen auf einer Umfrage für ZUMA im Sommer 1990. Im Oktober/November 1990 führte das Institut für Soziologie und Sozialpolitik der Humboldt-Universität (Ostberlin) in der ehemaligen DDR eine Repräsentativbefragung durch

Individuum und Staat zu registrieren. Für diesen Komplex wurde im Rahmen des International Social Science Program ein Satz von Testfragen entwickelt, der insbesondere das Gefühl von Machtlosigkeit versus Selbstvertrauen in die eigene Handlungskompetenz erfassen soll. Eine Repräsentativbefragung in beiden Teilen Deutschlands hatte dann teilweise überraschende Befunde (siehe Tab. 79):

Allgemein sind die Unterschiede geringer, als zu erwarten war, wobei eine skeptische Haltung hinsichtlich der Bürgerbezogenheit der Politiker vorherrscht. Daß sich Politik ziemlich abgehoben von den Nichtpolitikern vollzieht, ist ein Zwei-Drittel-Konsens in Gesamtdeutschland. Ein sehr großer Unterschied besteht demgegenüber im Selbstvertrauen, Einfluß auf die Politik der Regierung nehmen zu können: Mehr als zweimal so viele Menschen in der (ehemaligen) Bundesrepublik als in der vormaligen DDR vertrauen auf ihre Einflußmöglichkeiten. Das ist keine Folge eines geringeren Interesses an Politik im Osten. Im Gegenteil: Einer der überraschendsten Befunde eines Vergleiches Ost-West ist die Übereinstimmung im Interesse an der Politik selbst nach der Erfahrung des Lebens unter völlig verschiedenen politischen Systemen:

Tabelle 80: Interesse an der Politik[458]

	West (Mai 1990) %	Ost (Okt. 1990) %
Sehr starkes Interesse an Politik	13,3	16,1
Starkes Interesse	24,2	24,5
Mittleres Interesse	41,4	38,9
Geringes Interesse	15,7	13,7
Überhaupt kein Interesse	5,3	6,3
Keine Angabe	0,1	0,5

Zugleich geben in der ehemaligen DDR nur 29,7 % der Befragten an, sie trauten sich die Einflußnahme durch eine Bürgerinitiative zu – im Westen sind das 40,7 %. In der früheren DDR folgte eben auf die Erfahrung mit dem autoritär/despotischen Regime des NS-Staates nahtlos das despotisch/autoritäre Regime der Kommunisten. Das resignativ-passive Selbstverständnis der Menschen in den neuen Bundesländern ist ein verständlicher Reflex auf diese Bedingungen.

Mit dieser Kontinuität einer Existenz als bloßes Objekt der Politik läßt sich die u. E. wichtigste Besonderheit in der politischen Orientierung der Bevölkerung in der vormaligen DDR erklären: der Etatismus, die Hochschätzung der Rolle des Staates – auch bei Ablehnung der Staatspartei.

458. Das sind Daten der gleichen Erhebung wie die eben zitierten Zahlen

Tabelle 81: Verantwortung des Staates in wirtschaftlichen Fragen[459]

Aufgabenbereich	... auf jeden Fall Staatsverantwortung		
	West %	Ost %	Differenz %
Einen Arbeitsplatz für jeden bereitstellen	29,6	59,6	+30,0
Die Preise unter Kontrolle halten	20,4	47,5	+27,1
Gesundheitliche Versorgung	56,8	79,1	+22,3
Lebensstandard alter Menschen	54,1	81,4	+27,3
Angemessener Lebensstandard für Arbeitslose	19,1	49,1	+30,0
Abbau von Einkommensunterschieden zwischen Arm und Reich	22,0	45,0	+23,0
Angemessene Wohnungen für alle	24,3	45,8	+21,5

Bei allen Unterschieden in den Prozentsätzen zwischen West und Ost darf nicht übersehen werden, daß die Struktur der Antworten übereinstimmt. Bei weitem die höchsten Zustimmungen finden sich für Staatsverantwortung bei sozialpolitischen Garantien der Randbedingungen für die eigene Lebensführung – Renten, Gesundheitsversorgung. Und auch im Osten wird die Intervention in den Wirtschaftsprozeß durch Preiskontrollen relativ weniger gewünscht. Der Staat als Wohlfahrtsstaat ist deutsche Tradition, und entsprechend kann der Umstand, daß die

459. Im Westen wurden im Auftrag von ZUMA durch Infas 3000 Personen befragt, im Osten durch EMMAG 1028 Bürger. Erhebungszeitraum war im Westen der Mai 1990, im Osten der Dezember 1990

höhere Zustimmung zu Staatsfunktionen im Osten um 20–30 % linear verschoben gegenüber den Akzeptanzwerten im Westen ausfällt, als ungebrochenes Weiterleben deutscher Traditionen gedeutet werden. Salopp formuliert: In der Einstellung zum Staat als Wohlfahrtsstaat sind die Bewohner der ehemaligen DDR Deutsche geblieben, die der bisherigen Bundesrepublik jedoch Westeuropäer geworden.

Tabelle 82: Verantwortung der Regierung in wirtschaftlichen Fragen[460]

Aufgabenbereich	... starke Befürwortung von Eingriffen der Regierung		
	West %	Ost %	Differenz %
Gesetzliche Kontrolle der Löhne und Gehälter	8,6	48,2	+39,6
Gesetzliche Kontrolle der Preise	20,1	60,1	+40,0
Finanzierung von Beschäftigungsprogrammen	31,4	66,0	+34,6
Unterstützung der Industrie bei neuen Produkten und Technik	27,5	52,1	+24,6
Unterstützung, um Arbeitsplätze zu sichern	26,2	49,4	+23,2
Verkürzung der wöchentlichen Arbeitszeit	23,1	45,7	+22,6

460. Erste Auszählung der bereits erwähnten Umfragen von Infas und EMMAG

Darüber hinaus haben sich die neuen Bundesbürger aber auch daran gewöhnt, daß die Regierung den Wirtschaftsprozeß steuern will. Vor allem Vollbeschäftigung und Preiskontrollen werden als Verantwortlichkeiten der Regierung gesehen. Die Wirkmechanismen einer sozialen Marktwirtschaft müssen unter den Menschen der ehemaligen DDR erst noch bekannt werden – das ergab sich ebenfalls aus der schon wiederholt zitierten ersten Auswertung des ALLBUS (West, Mai 1990) und des ISSP Plus (Ost, Dezember 1990).
Betrug bei der Frage nach der Verantwortung des Staates die durchschnittliche Differenz zwischen Antworten im Westen und Osten Deutschlands noch +25,9 % für stärkere Staatsintervention im Osten, so steigt dieser Wert noch auf +30,8 % für eine stärkere Intervention der Regierung. Auffällig sind die hohen Werte für Zuständigkeit der Regierung bei Angelegenheiten, die in der alten Bundesrepublik in die alleinige Zuständigkeit der Tarifparteien gehörten und jetzt auch im Osten gehören: Höhe der Löhne und Gehälter sowie Regelungen der Arbeitszeit. Musterschüler der sozialen Marktwirtschaft sind die Antwortenden aus dem Westen auch nicht, wenn sie etwa die Unterstützung der Regierung für neue Produkte und Technik fordern; denn das heißt im Klartext Investitionslenkung, aber da dürfte sich das Verständnis eines Querschnitts im Westen auch nicht vom durchschnittlichen Sachverstand heutiger Bundestagsabgeordneter unterscheiden. Im großen und ganzen ist im Westen jedenfalls eine Wirtschaftsordnung akzeptiert, die normalerweise staatsfrei in den Einzelentscheidungen ist (sein sollte). Eine solche Wirtschaftsordnung ist im Osten Deutschlands noch nicht verstanden und noch nicht wirklich akzeptiert.

Die in vielen Studien gefundenen Ähnlichkeiten zwischen West und Ost zum Zeitpunkt der Einigung auch in politischen Einstellungen bis hin zum Wahlverhalten dürften nicht darüber hinwegtäuschen, »daß man von einer Nation mit zwei politischen Kulturen sprechen kann«, schreibt der Leiter von ZUMA in einer ersten Auswertung des ISSP Plus – der Umfrage im Gebiet der ehemaligen DDR im Dezember 1990[461]. Wir lesen die Zahlen etwas anders, und das hängt teilweise vom Verständnis des Begriffs der »politischen Kultur« ab.

Dieser Begriff war in den sechziger und siebziger Jahren in den Sozialwissenschaften einmal so erfolgreich wie in den achtziger Jahren der Begriff »Postmaterialismus« – und Voraussetzung für einen solchen Erfolg ist gewöhnlich eine gewisse Vagheit, ein Deutungsspielraum[462]. Sicherlich gehören zur »politischen Kultur« die Vorstellungen über die eigene Kompetenz als Bürger, über Möglichkeiten aktiver Einflußnahme und über legitime Aufgabenverteilungen zwischen politischen Institutionen. Hier gibt es in der Tat Unterschiede zwischen West und Ost. Sie sind jedoch oft weniger gravierend als die Differenzen in den Vorstellungen über die Wirtschaftsordnung, auch wenn Marktwirtschaft als Wert eine hohe Akzeptanz hat. Zur politischen Kultur gehören aber auch Grundorientierung und Grundwerte. Und hier gibt es weitgehende Identitäten.

Wir wiesen in einem früheren Kapitel auf die Bedeutsamkeit der Selbsteinstufung auf dem Links-Rechts-Konti-

461. Presseerklärung von Peter Mohler (ZUMA, Mannheim): »Die Bundesrepublik: eine Nation – zwei politische Kulturen«.
462. Die »klassische« Quelle für das Konzept der »politischen Kultur« ist Gabriel Almond und Sidney Verba: »The Civic Culture – Political Attitudes and Democracy in Five Nations«. Princeton 1963

Schaubild 30: Selbsteinstufung auf der Links-Rechts-Skala[463]

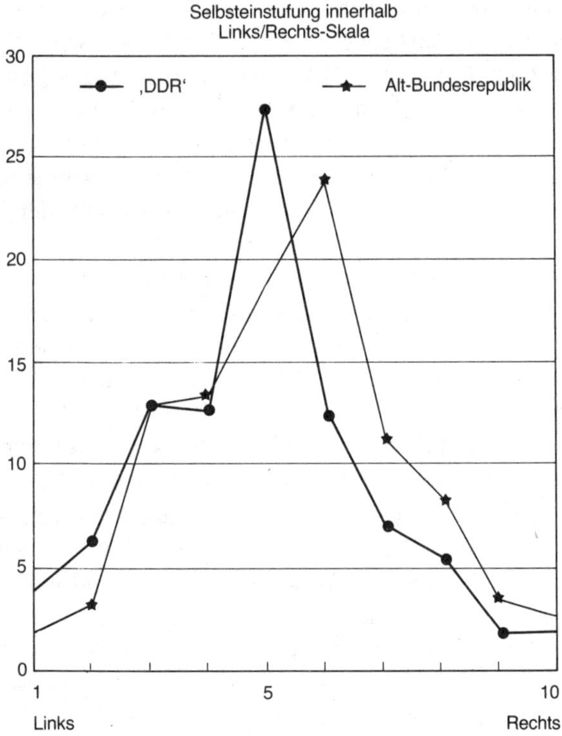

Quelle: Institut für Soziologie und Sozialpolitik, Ost-Berlin

Werte für die DDR: ISSP Plus Oktober/November 1990
BRD: Allbus 1990, Sommer 1990

463. Eigene Grafik auf der Grundlage des ALLBUS 90 und der ersten Auszählung der Umfrage ISSP Plus im Dezember 1990 in der ehemaligen DDR

nuum hin. Ungeachtet aller Unklarheiten in der inhaltlichen Bedeutung von »links« und »rechts« ist das Selbstverständnis als »links« oder »rechts« grundlegend für die Art der Teilnahme an Politik und die Zuordnung von Streitpunkten zum einen oder anderen Pol mitentscheidend für die Bewertung und Stellungnahme. Die Ergebnisse der Umfragen von Infas und EMMAG, letztere im Dezember 1990 auf dem Gebiet der ehemaligen DDR, erlauben einen Vergleich: Unterscheiden sich in West und Ost diese Grundorientierungen in der Politik?
Ersichtlich ist die Bevölkerung der DDR etwas »linker« als die der Bundesrepublik, aber ungeachtet eines 40jährigen Monopols der SED über die Medien dominieren auch dort Menschen in politisch-ideologisch mittleren Positionen. Im ganzen ist die Übereinstimmung überwältigend.
Eine beeindruckend hohe Übereinstimmung ergab eine IPOS-Befragung in der DDR und in der Bundesrepublik über die Vorstellungen von einer idealen Gesellschaft. Die nachstehende Grafik macht anschaulich, wie ähnlich sich die Menschen in Deutschland in der Struktur ihrer Wünsche geblieben sind.
Über die ebenfalls neue Studie des Instituts für Demoskopie »Das Deutschlandbild der Deutschen« wird berichtet: »Unser Befund zeigt überraschende Übereinstimmungen zwischen Ost- und Westdeutschen«[465]. Durchweg kann man zum Zeitpunkt, an dem die DDR in der Bundesrepublik aufgeht, diagnostizieren: Die DDR war deutsch geblieben – und wenn sich Unterschiede zwischen Ost und

465. Briefliche Mitteilung durch Gunnar Sohn

Schaubild 31: Vorstellungen von der idealen Gesellschaft[464]

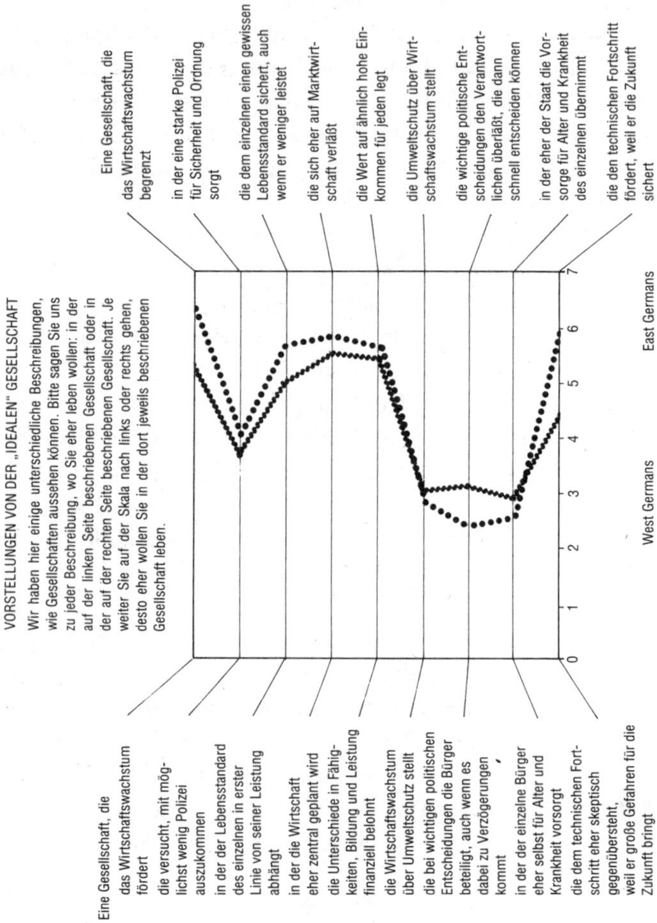

464. Selbst gefertigt nach den Angaben in Ipos 1990, a.a.O. S. 65f.

West nachweisen lassen oder als Eindruck augenfällig werden, dann durchweg als Folge einer Verwestlichung der Bundesrepublik. Darauf reagiert ein großer Teil des Establishments, insbesondere der ehemaligen DDR, mit der Aufforderung, nun habe es auch für die bisherige Bundesrepublik Wandel durch Annäherung an die DDR zu geben. Nach quantitativen Befunden und nach Impressionen war das ein besonders deutscher Teil Deutschlands, der jetzt zur Bundesrepublik hinzu kommt: materiell eng, kleinbürgerlich, wenig großzügig zueinander, verantwortungsscheu, auf Reputierlichkeit bedacht, mit einer pietistisch-utopisch-sozialistischen Minderheit und einer religiös gleichgültigen großen Mehrheit, zunehmend auch durch Fehlen einer Perspektive demotiviert, jetzt aber hoffnungsvoll. Lernen können wir am Kasus der DDR viel – aber wollen wirklich die Bundesrepublikaner durch Annäherung wieder deutscher werden?

9. Kapitel: Der Prozeß der Wiedervereinigung als ungeplantes Experiment – Teil III

9.1. Die Einigung durch Währung und Verträge

Als DM-Nationalismus erklärten sich Linksintellektuelle in der Bundesrepublik den Willen der Mehrheit in der DDR zur Vereinigung. Die Bundesrepublik übte sicherlich ökonomische Anziehungskraft aus, aber das war nur ein Teil ihrer Attraktivität. 51 % der Befragten in der DDR erklärten aus Anlaß der Volkskammerwahlen, daß sie von der Demokratie der Bundesrepublik »sehr viel« hielten, 39 % hielten von ihr »etwas«. Zugleich wirkte der eigene Sozialismus auf eine Mehrheit abstoßend. Nur jeder vierte stimmte dem Sozialismus als »Idee« zu, noch weniger dem real existierenden[466]. Die Wahl war mithin auch Sozialismus-Flucht.

Das Wahlergebnis vom 18. März 1990 kam für politische Beobachter so unerwartet, die beobachteten Zusammen-

466. Matthias Jung: »Parteiensystem und Wahlen in der DDR«. Aus Politik und Zeitgeschichte. Beilage zur Wochenzeitung Das Parlament, B 27/90, vom 29. 7. 1990, S. 12

hänge zwischen sozialen Merkmalen und Wahlentscheidung waren zudem so verblüffend anders, als nach den Erfahrungen unterstellt wurde, daß sich die Deutung verbreitete, dies sei ein Zufallsergebnis gewesen. Entsprechend erwartete man von den Kommunalwahlen am 6. Mai 1990 eine Korrektur. Das Abschneiden der über die ganze DDR verbreiteten Parteien – lokal kandidierten auch andere Gruppierungen und Einzelbewerber – bestätigte jedoch die Volkskammerwahl. Das war um so bemerkenswerter, als für die Kommunalwahlen ein anderes, parteienfeindliches Wahlrecht angewandt wurde: Jeder Wähler hatte drei Stimmen, die er auch auf Kandidaten einander bekämpfender Parteien verteilen konnte. Dennoch entsprachen nicht nur die Anteile der Parteien insgesamt dem Ergebnis vom März 1990, sondern auch die Beziehungen zu sozialen Merkmalen der Wähler – wie der Erfolg der CDU insbesondere bei Arbeitern und im vorgeblich »roten Süden« der DDR[467]. Hier zeichnete sich, was viele Wahlbeobachter in der Bedeutung nicht richtig einschätzten, eine Veränderung im Parteiensystem ab, die von bundesweiter Bedeutung ist und noch erhebliche Weiterungen haben dürfte.
Jedenfalls konnte nun die CDU des Bundesgebietes, die aufgrund der damals für sie entmutigenden Umfragezahlen den Ausgang der Bundestagswahlen und den Fortgang der Einigung mit Sorge erwartete, Vertrauen schöpfen: Ein mäßiges Abschneiden im Bundesgebiet würde durch ein sehr gutes Ergebnis in der DDR ausgeglichen werden. Die SPD hätte eigentlich damals bereits die Bundestagswahlen

467. Matthias Jung, a.a.O., S. 12–14

und die Hoffnung auf den Regierungswechsel aufgeben müssen.

Mit dem Wahlausgang als Plebiszit gegen die DDR war die Entscheidung gefallen, daß die DDR und die Bundesrepublik sich vereinigen sollten. Dann gab es aber viel Streit in der Politik über scheinbare Einzelheiten, der jedoch ein verdeckter Kampf um Inhalte war. Wie schnell sollte die Einigung erfolgen? In wie vielen Schritten war sie zu vollziehen? Sollte die DDR eine eigene Einheit bleiben oder zugunsten neu zu schaffender Länder untergehen? Wie viele Verträge welchen Umfangs waren notwendig?

Die Politiker hatten zum Teil das Gesetz des Handelns zurückgewonnen, seitdem in der DDR mit dem Wahlausgang eine Regierung vorhanden war, die von sich behaupten konnte, sie spräche für die Bevölkerung. Insofern war die Eigendynamik, die von der Bevölkerung ausging, wieder eingefangen. Allerdings nicht ganz; denn die Möglichkeit, der soeben selbstgewählten Regierung durch Abwandern in den Westen die Grundlage zu entziehen, war geblieben. Diese Freizügigkeit innerhalb Deutschlands setzte dem Handeln der Berufspolitiker Grenzen und zwang sie auch weiterhin, ihre Zeitpläne umzustoßen.

Nebeneinander liefen jetzt mehrere Vorgänge auf das gleiche Ziel hin, aber auf verschiedenen Bühnen ab. Da gab es zunächst die Stimmung in der Bevölkerung, die wie eine Art Vetomacht wirkte. Dann gab es als den Teil der Wirklichkeit, der im Alltag die Medien füllt, das Handeln der Berufspolitiker, teils auf der Vorderbühne, teils hinter den Kulissen. Schließlich gab es noch die Nebenschauplätze der Auslandskommentare und der Meinung des kulturellen Establishments.

Um dieses durchsichtiger zu machen, bietet es sich an, was

auch sonst in der Zeitgeschichte den Durchblick erleichtert: Phasen zu unterscheiden. Das ist hier leicht möglich durch markante Ereignisse in der Zeit zwischen dem 18. März und den vorgezogenen Bundestagswahlen am 2. Dezember 1990.

- Als Abschluß der ersten Phase kann die Unterzeichnung des ersten Staatsvertrags zwischen der Bundesrepublik und der DDR am 18. Mai 1990 sowie das grundsätzliche Einverständnis zur Einführung von fünf neuen Ländern in der DDR angesehen werden. Damit war das Verschwinden der DDR als eigene Einheit beschlossen, und das hatte für viele Institutionen des bis dahin zentralistischen Staates gravierende Folgen.
- Phase 2 des Einigungsprozesses endete mit der Verwirklichung der Wirtschafts-, Währungs- und Sozialunion am 1. Juli 1990. Das ist sicherlich der wichtigste Schritt gewesen, von dem dann eine Dynamik auf Art und Schnelligkeit des weiteren Verlaufs ausging.
- Endpunkt der 3. Phase ist am 3. Oktober 1990 die Wiedervereinigung im rechtlichen Sinn – also die prinzipielle Ausdehnung der Rechtsordnung der Bundesrepublik auf das Gebiet der bisherigen DDR.
- Insgesamt kann der Prozeß als abgeschlossen gelten, seit am 2. Dezember 1990 in allen Teilen des nun vereinigten Deutschlands das erste gesamtdeutsche Parlament seit 1933 gewählt wurde – das Ende der 4. Phase.

Zunächst hat der Streit der Berufspolitiker vor allem in der Bundesrepublik alles andere überdeckt. Bundeskanzler Kohl hatte durch eine zweite kühne Entscheidung sichergestellt, daß der Prozeß der Einigung ziemlich schnell ablaufen mußte, indem er bereits im Wahlkampf vor dem 18. März das Versprechen gab, so schnell wie möglich die

Schaubild 32: Abwanderungsbewegung aus der DDR

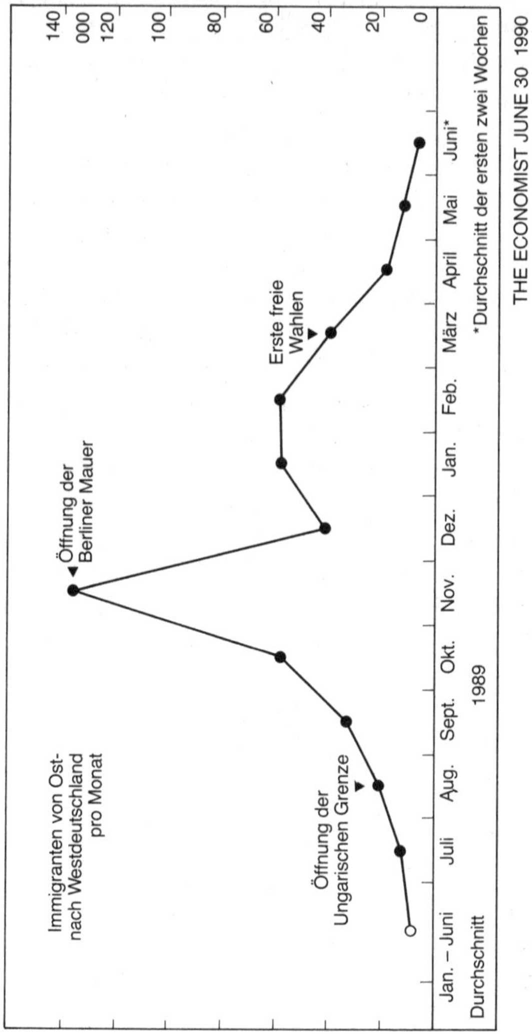

Deutsche Mark in der DDR einzuführen. Dafür war er von vielen Seiten überwiegend getadelt worden, nicht zuletzt auch von Pöhl, dem Präsidenten der Deutschen Bundesbank. Schon damals war aber deutlich, daß in diesem Fall politische Rationalität und wirtschaftliche Vorsicht zu unterschiedlichen Ergebnissen führen mußten, wobei der politischen Vernunft der Vorrang gebot.
»Kommt die DM nicht zu uns, kommen wir zur DM«, lautete im Frühjahr ein in der DDR verbreiteter Spruch, und wenn es dazu wirklich häufig gekommen wäre, dann wäre die aktuelle wirtschaftliche Vernunft des Bankpräsidenten zur schlimmen Unvernunft sogar wirtschaftlicher Art geworden. Auch die Wirtschaft stand durch die Freizügigkeit in Deutschland unter Zugzwang; auch wirtschaftlich konnte nicht mehr autonom entschieden werden.
In der Bevölkerung war das, was ein großes Medien-Thema wurde, nicht kontrovers. Am 23. April 1990 gab das Politbarometer des ZDF die Antworten auf die Frage bekannt, wie man die versprochene Einführung der DM als Währung auch der DDR beurteilte. Hier das Ergebnis:

Tabelle 83: Für die DM als Währung in der DDR[468]

	%
Bundesbürger	76
DDR-Bürger	91

468. Bundespresse- und Informationsamt, Rundfunk-Auswertung Deutschland, 24. 4. 1990, S. 6

Mehrheitlich wurde dabei ein Umtauschkurs von 2:1 befürwortet.

Für die Bevölkerung der Noch-DDR gab es nur zwei Gründe für ein Unbehagen beim Dahinschwinden der DDR. Nach Umfragen wußte man um die versteckte Arbeitslosigkeit durch Überbesetzung der Belegschaften, und man erwartete nun eine offene Arbeitslosigkeit. Diese Einschätzung war realistisch, während der zweite Grund zur Besorgnis auf dem Irrtum beruhte, die DDR sei ein Gemeinwesen mit besseren Sozialleistungen. Die Propaganda der DDR-Führung hatte die Bundesrepublik als Ellenbogengesellschaft und Land der Haifisch-Kapitalisten dargestellt, und dieser Eindruck konnte vor dem Zerbröckeln der Mauer durch Augenschein nicht korrigiert werden. Das westdeutsche Fernsehen war hier auch keine große Hilfe.

Nach der Zerstörung des NS-Regimes ermittelten die Umfrageforscher der US-Militärregierung nur einen wichtigen Grund für die deutsche Bevölkerung, mit Nostalgie an den NS-Staat zu denken: Er galt als vorbildlich in Sozialleistungen. Diese Vorstellung hatte auch das SED-Regime vermitteln können. »Gibt es aus Ihrer Sicht Errungenschaften der DDR, die auf jeden Fall bewahrt werden sollten?« fragte Infratest im Mai 1990. Die Antworten (siehe Tab. 84):

Auch in dieser Hinsicht blieben die Deutschen einig: Soziale Sicherheit und Sozialleistungen wurden (und werden) in beiden Teilen des Landes hoch geschätzt.

In der Politik heizte diese Entscheidung des Kanzlers, schnell die DM in der DDR einzuführen, den Meinungsstreit heftig an. Die SPD klagte, daß der Prozeß der Einigung überstürzt sei und daß die Menschen in der DDR

Tabelle 84: Erhaltenswerte Errungenschaften der DDR[469] (nur Werte über 10 %)

	%
Kindereinrichtungen	41
Soziale Errungenschaften (allgemein)	26
Hortbetreuung, Schulspeisung	20
Recht auf Schwangerschaftsabbruch	14
Sicherung des Arbeitsplatzes	10
Nichts	15

erst zu ihrer eigenen Identität finden müßten, bevor man ihnen die Schwierigkeiten des Zusammenlebens mit der Bundesrepublik zumuten könne. »Spiegel« und »Stern«, in dieser Frage zur Wiedervereinigung ausnahmsweise einmal einig, brachten Umfrageergebnisse, nach denen es mit der Wiedervereinigung zu schnell vorangehe (siehe Tab. 85):
Die Forschungsgruppe Wahlen – durchaus nicht immer frei von politischen Sympathien – berichtete im ZDF-Politbarometer vom März 1990: »Nach Ansicht der meisten Deutschen in West und Ost sollte die Vereinigung der beiden Staaten nicht zu schnell kommen.«[474] »Die Einheit kommt zu schnell«, überschrieb der »Stern« am 22. 5. 1990 das Ergebnis einer Forsa-Umfrage vom 15. bis 17. 5. 1990 unter Bundesbürgern.
Für eine »behutsame Vereinigung« hatte sich laut ZDF-Politbarometer des März 1990 die Mehrheit der Bundes-

469. Anne Köhler und Alexander Rummel: »Die Meinung der DDR-Bürger im deutschen Vereinigungsprozeß von Mai bis August 1990«. München, November 1990, S. 16
474. Süddeutsche Zeitung: »Das Tempo drosseln auf dem Weg zur Einheit«. 19. 3. 1990, S. 12

Tabelle 85: Tempo der Wiedervereinigung

	Viel zu schnell/ zu schnell %	Gerade richtig %	Zu langsam/ viel zu langsam %
(nur Bundesbürger in der Zeit März bis Juni 1990)			
März 1990[470]	65	31	3
Mai 1990[471]	60	32	3
Juni 1990[472]	64	32	4
(nur DDR-Bewohner)			
Juni 1990[473]	55	36	9

bürger ausgesprochen[475]. Im »Spiegel« 14/1990 hieß es ebenfalls: »Es geht zu schnell.« Nach dieser Ausgabe hatte Emnid nur 3 % Befragte ermittelt, denen der Prozeß der Wiedervereinigung zu langsam voranschritt[476]. Im Juni 1990 berichtete dann »Der Spiegel« über eine Emnid-Befragung, in der 25 % bzw. 39 % der Bundesbürger der Meinung waren, die Wiedervereinigung gehe viel zu schnell oder zu schnell voran[477]. Bemerkenswert war, daß der Anteil derjenigen, die auf schnelleres Tempo drängten, in der DDR größer war als in der Bundesrepublik.

470. Umfrageinstitut war Emnid. »Der Spiegel«, Heft 14/1990, S. 43
471. Umfrageinstitut war Forsa. »Stern«, Nr. 22/1990, 23. 5. 1990, S. 218
472. Umfrageinstitut war Emnid. »Der Spiegel«, Nr. 26/1990, S. 48
473. eodem loco
475. Kölner Stadt-Anzeiger: »Mehrheit für behutsame Vereinigung. Umfrage zum ZDF-Politbarometer – Grundgesetz soll beibehalten werden«. 19. 3. 1990, S. 7
476. »Kohls zweiter Sieg schon sicher? Spiegel-Umfrage im Wahljahr 1990 (III): Die politische Situation im Monat März«. Der Spiegel 14/90, 2. 4. 1990, S. 36–48
477. »Ist die Wahl schon entschieden? Spiegel-Umfrage im Wahljahr 1990 (VI): Die politische Situation im Monat Juni«. Der Spiegel 26/90, 25. 6. 1990, S. 40–50

Die pauschale Diagnose: »Es geht alles viel zu schnell« fand allerdings auch in der Bevölkerung der DDR nach Umfragen durchaus Resonanz. Zum Zeitpunkt der ersten Wahl am 18. März 1990 ermittelte die Forschungsgruppe Wahlen eine Mehrheit von 54 %, die meinte, man solle sich mit der Vereinigung Zeit lassen. Zufrieden mit der Schnelligkeit waren 35,9 %, wobei es Mehrheiten für eine schnelle Vereinigung nur bei den Wählern der Allianz gab, die größten Klagen dagegen bei den Wählern der PDS und des Bündnisses 90[478].

Die Korrelation mit den Parteivorlieben kann als Indiz dafür gewertet werden, daß es nicht nur bei den Politikern, sondern auch bei den Wählern lediglich vordergründig um die Schnelligkeit ging, dem Inhalt nach jedoch um die Abschaffung oder die mögliche Bewahrung einer DDR-Identität.

Würden die erwähnten Fragen wörtlich genommen, so verletzten sie alle Regeln für die Formulierung bei Umfragen; denn wir wissen nicht, auf was sich das Wort »schnell« als Kriterium bezieht, und was »schnell« für die Befragten bedeutete. Wahrscheinlich zweierlei: daß die Änderung schneller kam als erwartet – oder zu schnell, um gut zu tun. Es ist dies eine typische Stimmungsfrage, mit der Stimmung gemacht wurde. Entweder diente diese Frage der Unterfütterung politischer Propaganda, oder sie sollte als Plebiszit über die Wünschbarkeit und Dringlichkeit des Untergangs einer eigenen DDR gelesen werden.

Die Klage über die Schnelligkeit war in Wirklichkeit ein zweiter Versuch, eine eigenständige DDR nun wenigstens

478. Forschungsgruppe Wahlen, a.a.O., S. 18

als Teil der Bundesrepublik zu erhalten oder zu entwickeln. Dieses inhaltliche Ziel drückte sich dann zwischenzeitlich in einem staatsrechtlichen Streit um die Art des Beitritts aus. Als das Grundgesetz formuliert wurde, war selbstverständlich die Situation bei einer eventuellen späteren Einigung nicht vorauszusehen. Deshalb wurden zwei Möglichkeiten zu Artikeln des Grundgesetzes: Artikel 23 erlaubte den Beitritt deutscher Länder durch einseitige Erklärung. Hier hatte die Bundesrepublik gar nicht erst zuzustimmen, sondern lediglich zur Kenntnis zu nehmen, daß ein deutsches Land beitreten wollte. Artikel 146 hingegen erlaubte den Zusammenschluß der gesamten DDR und der Bundesrepublik unter der Maßgabe einer neuen Verfassung. Dies wurde von den Beitrittskritikern und besonders vom kulturellen Establishment als Möglichkeit vorgezogen.

Ein Beitritt nach Artikel 146 bedeutete inhaltlich nicht nur die Möglichkeit, die DDR beisammen zu lassen, sondern auch die Aussicht, lästige Begrenzungen des Grundgesetzes endlich loszuwerden. Wie sich in der Diskussion zeigte, gehörten zu diesen Lästigkeiten der Ausschluß von Plebisziten über inhaltliche Fragen und das Fehlen eines Ausländerwahlrechtes. Zugleich konnte man noch eine ganze Menge Staatsziele in die Verfassung hineinschreiben, womit dann anschließend Gruppen einzeln diese Staatsziele einzuklagen vermochten. Artikel 146 GG eröffnete den Weg zunächst für Grundsatzdiskussionen in den Feuilletons, fortwährende Rechtsstreitigkeiten, das Anheizen von Bewegungen – und all das mit der schließlichen Möglichkeit, doch eine andere Republik zu bekommen. Würde dann noch möglichst viel Sozialismus aus der DDR konserviert, so mochte das schließliche Deutschland vielleicht sogar eine neue linke Republik werden. Überwiegend widerstand die Regierung Kohl/Genscher diesen nur scheinbar staatsrechtlich formulierten Wünschen. Ganz ablehnen wollte die Regierung Kohl/Genscher diese Wünsche nach einer Verfassungsdiskussion nicht. Statt in der Form des Beitritts der DDR wurden sie im späteren Einigungsvertrag durch einen Passus, mit dem eine Verfassungsdiskussion nach dem Beitritt begründet werden konnte, doch noch berücksichtigt. Zwei Gründe hierfür wurden in Bonn an Insider gestreut: Grund Nr. 1: de Maizière und die ihn stützenden Gruppen wollten einen Hebel, mit dem – wenn denn schon die Einigung unvermeidbar wurde – dann wenigstens auch die Bundesrepublik verändert werden konnte; einen am Rand der Konfrontation verhandelnden de Maizière wolle und könne man nicht abweisen. Grund Nr. 2: Da der Einigungsvertrag verfassungsändernde bzw. verfassungswidrige Klauseln enthielt, wurde zur rechtlichen Absicherung eine Zwei-Drittel-Mehrheit im Bundestag benötigt – und das bedurfte der Zustimmung auch der SPD. Die SPD aber wollte die Verfassungsdebatte.

Im Mai 1990 sprach sich die Regierung der DDR dafür aus, neue Länder in der DDR zu gründen und den Beitritt nach Artikel 23 GG zu vollziehen. Neben dem Druck westlicher Politiker war die Stimmung in der DDR-Bevölkerung ausschlaggebend. Infas hatte im Frühjahr 1990 ermittelt, daß 55 % der Bürger wieder die alten Länder haben wollten. Für ein Weiterbestehen der DDR gab es nur eine kleine Minderheit[479]. Der formelle Beschluß der Volkskammer

479. Bundespresse- und Informationsamt, Mitteilung vom 19. 7. 1990

ließ dann allerdings wegen vieler Uneinigkeiten in Details wie Länderzahl und Ländergrenzen auf sich warten. Erst am 22. Juli 1990 wurde das »Ländereinführungsgesetz« verabschiedet, mit dem fünf Länder gebildet wurden.

Mit der demokratisch gewählten Übergangsregierung Lothar de Maizières war außerdem ein erster Staatsvertrag, der das Nötigste für die Zeit bis unmittelbar nach der Wiedervereinigung regelte, durch Kanzleramtsminister Seiters ausgehandelt worden. Die Bevölkerung der Bundesrepublik war der damaligen Ansicht von Kohl und Seiters. Nach Infas glaubten 47 %, »alles Wichtige« sei nun geregelt[480]. Dagegen protestierten allerdings de Maizière, Konsistorialrat Stolpe als graue Eminenz des evangelischen Kirchen-Establishments der DDR – beide auf ihre Art Sozialisten christlicher Provenienz – gemeinsam mit der Führung der westdeutschen Sozialdemokratie. Es müsse nachverhandelt werden, zu viele Einzelheiten seien offen geblieben.

Von seiten der Nachfahren des Runden Tisches dürfte der wahre Grund für den Wunsch nach einem zweiten Staatsvertrag die Hoffnung gewesen sein, möglichst viel möglichst lange von einer DDR-Identität zu erhalten. Nur so konnte auch das unsichtbar gewordene, aber teilweise noch intakte Netzwerk der SED-Führung weiterwirken. Die Regierung Kohl gab nach – weil sie den Einigungsprozeß als Gemeinschaftshandeln von Regierung de Maizière, Bundesregierung und SPD-Opposition wollte. Wahrscheinlich ging es dabei für die Regierung Kohl um den Bonus des Einigungs-Kanzlers, der im anstehenden Wahl-

---

480. Bundespresse- und Informationsamt, Mitteilung vom 27. 6. 1990

kampf sein Werk als unumstritten präsentieren wollte. Immerhin waren zum Zeitpunkt des Entschlusses, einen zweiten Staatsvertrag auszuhandeln, die Umfrageergebnisse für die Regierung Kohl nicht günstig und der Wahlausgang zweifelhaft.

Nach dem Grundsatzbeschluß zum Nachverhandeln gewann dann allerdings der Prozeß des Aushandelns eine Eigendynamik, die für die westliche Seite und insbesondere den Minister Schäuble erklärungsbedürftig bleibt. Jedenfalls ist dieser Einigungsvertrag die Folge einer Eigendynamik bei der »classe politique«.

Die faktisch Große Koalition beim Aushandeln war eine Mehrheit solcher Personen, welche die Aufgabe der Politik in einer möglichst weitgehenden Verrechtlichung und Regulierung aller Lebensäußerungen sahen. Es gab ferner eine (fast) Allparteienkoalition des Totschweigens der weiter bestehenden Machtzentren und Einflußagenten der SED mit ihrem Staatssicherheitsdienst. Ordnungspolitische Überlegungen im Sinne einer freiheitlichen Gesellschaft waren den maßgebenden Personen für diesen Prozeß, der seinen materiellen Ausdruck in den fast 1000 Seiten des Einigungsvertrages mit seinen Anhängen fand, augenscheinlich fremd. Wer zu der elitären Minderheit gehören möchte, die sich mit dem monströsen Inhalt auseinandersetzen möchte, kann den Einigungsvertrag Nr. 2 vom 6. 9. 1990 vom Bundespresse- und Informationsamt unter Ziffer 104/S. 877 anfordern.

Bis zum Jahresende 1990 war nicht ersichtlich, wie es zu diesem monströsen Einigungsvertrag kommen konnte – monströs nach Umfang, aber auch nach Inhalt. Dieser war fast allen Abgeordneten und auch der Mehrheit des Bundeskabinetts unbekannt, als er verabschiedet wurde. Zum

Zeitpunkt der Verabschiedung durch das Kabinett war der Vertragstext nicht einmal vollständig gedruckt. Auch etwas mehr Zeit hätte jedoch nicht viel bewirkt; denn im Text wuchern Verweise auf Anhänge und das Recht der DDR. Woher sollte das Wissen kommen, was diese Verweise inhaltlich bedeuten? Vielleicht konnte nur de Maizière, der Nächte hindurch an Formulierungen arbeitete, die Tragweite dieses besonders undurchsichtigen Textes beurteilen. Als der Vertrag wenige Stunden vor der Verabschiedung durch das Kabinett Kohl/Genscher Ende August 1990 zu Ende verhandelt schien, war das immer noch nicht das Ende des Nachbesserns zum Seiters-Vertrag. Auf Drängen von de Maizière wurde nach der feierlichen Unterzeichnung des Einigungsvertrages am 31. August 1990 in Berlin im September als Vertrag Nr. 3 noch eine »Vereinbarung« nachgeschoben, mit der die Interpretationen des soeben geschlossenen Vertrages festgeschrieben wurden. Die wichtigsten Ergänzungen waren wohl die Vorschriften zur Einsichtnahme in Stasi-Akten, die im Interesse derjenigen eingeschränkt wurde, über die solche Akten existierten[481] – und dieser dritte Einigungsvertrag blieb bis heute ziemlich unsichtbar!

Man kann bei freundlicher Sicht den Text zum Teil sehen als den Versuch von mehr oder weniger bürgerlichen Sozialisten und von Etatisten, ein Maximum an Berechtigungen und Schutzklauseln für das Establishment der DDR festzuschreiben. So gelesen ist er ein Interessenvertrag für die Mittelschicht und Oberschicht der Privilegierten in der vormaligen DDR. Ein Beispiel sind Passagen, mit denen

481. Bundespresse- und Informationsamt, Nr. 112/S. 1177 vom 20. 9. 1990

das DDR-Recht übernommen wird, in dem getrennt wird zwischen Eigentum am Grundstück (dokumentiert im Grundbuch) und am Gebäude (festgehalten im Gebäuderegister). Durch diese Trennung, die der Systematik des Römischen Rechts völlig widerspricht, kann das weitere Eigentum der Profiteure des Regimes an ihren Datschen sichergestellt werden. Der Einigungsvertrag garantiert unrechtmäßig erworbenes Eigentum, erschwert die Privatisierung und verpflichtet zur Anerkennung von Examen, die inhaltlich die Anerkennung nicht rechtfertigen. Durch Konzessionen bei Artikel 146 GG öffnet er die Tür für eine allgemeine Verfassungsdebatte in der Bundesrepublik.
Nicht zuletzt wurden Rechte wie lange Fristen für Kündigungsschutz niedergelegt, die einem Juristen zwar einleuchten, für einen Wirtschaftler aber nichts anderes als eine Garantie für große Arbeitslosigkeit sind. Wie soll jemand bei den völlig überbesetzten Belegschaften mit geringer Produktivität eine Investition rechtfertigen, wenn er die Belegschaft nicht auf ein vertretbares Maß reduzieren kann? Also unterbleibt die Investition, und statt einiger Personen in einer Belegschaft werden alle arbeitslos. So einfach wirkt der Markt, wenn Juristen meinen, sie könnten ihn aussperren. Für den Geist, aus dem heraus dieser Einigungsvertrag vor allem zwischen drei Protagonisten ausgehandelt wurde – auf DDR-Seite Günther Krause, Staatssekretär im Ministerpräsidentenamt, Ministerpräsident Lothar de Maizière und auf der Seite der Bundesrepublik Wolfgang Schäuble, die beiden letzteren Juristen –, ist das gleichzeitige Jonglieren mit dem Wahlrecht kennzeichnend. Das Wahlrecht hat zwar bei uns im staatsrechtlichen Sinn keinen Verfassungsrang, wohl aber selbstverständlich in einem staatsphilosophischen Sinne.

In der Verhandlungstrias wurden aber die Bestimmungen wie bloße Beliebigkeiten hin- und hergewendet[482]. Mal sollte einheitlich im ganzen Bundesgebiet gewählt werden, dann getrennt in der DDR und in der Bundesrepublik, mal sollte es eine Fünf-Prozent-Klausel geben – gesamtdeutsch oder in zwei Teilen –, dann wieder nur eine Drei-Prozent-Klausel, ebenfalls gesamtdeutsch oder in beiden Teilen[483]. Die CSU meldete Sonderwünsche an, um ihrer Tochtergründung in der DDR, besonders in Sachsen, der DSU, auf jeden Fall in den Bundestag zu helfen durch eine Manipulation der Vorschriften über Listenverbindungen zwischen Parteien. Schließlich stritt man noch über die Direktmandate als Möglichkeit, Sperrklauseln zu unterlaufen. Von den Unterhändlern wurde das verstanden als Aushandeln eines Paketes, mit dem möglichst alle gegensätzlichen Interessen ein wenig Berücksichtigung finden sollten. Da entschied dann das Bundesverfassungsgericht und legte detailliert dar, unter welchen Bedingungen die ersten freien Wahlen in Gesamtdeutschland ablaufen sollten.

»Dolus eventualis« – ein Spiel mit Möglichkeiten – nennen die Juristen ein Verhalten wie das der Architekten des Einigungsvertrages. Die Bestimmungen beispielsweise über die Wiederzuweisung von Eigentum bzw. die Entschädigung für unrechtmäßige Enteignungen wurden von Verfassungsrechtlern als verfassungswidrig qualifiziert. Aber »dolus eventualis« heißt: Lassen wir's drauf ankom-

482. Siehe dazu Erwin K. Scheuch: »Prozentjäger. Wahlrechtsänderung«. Rheinischer Merkur/Christ und Welt, Nr. 32, 10. 8. 1990

483. Wäre nach den Bestimmungen gewählt worden, die Wolfgang Schäuble vorschlug, dann wären die Grünen (West) weiterhin im Bundestag und die Republikaner nur knapp gescheitert

men, wie das Verfassungsgericht entscheidet. Ein »dolus eventualis« war auch der Versuch, dem Verfassungsgericht die Nachprüfung des Passus über die Bodenreform vor 1949 zu verwehren, indem man den Einigungsvertrag einfach zu einem zwischenstaatlichen Dokument erklärte, das nationales Recht bricht.

Damit übernahmen de Maizière, Krause und Schäuble übrigens die Zwei-Staaten-Theorie für das Verhältnis Bundesrepublik-DDR, obgleich doch die fünf neuen Länder dem Gebiet beitraten, in dem das Grundgesetz, so wie es vor dem Einigungsvertrag bestand, galt. Zwar wird sich zeigen, ob tatsächlich das Grundgesetz auf diesem »kalten Weg« in wesentlichen Elementen geändert werden kann, aber für das Urteil über die damaligen Verhandlungen ist die aus dem Vertragstext hervorgehende Absicht das wichtige Faktum.

Wolfgang Schäuble erklärte später die Merkwürdigkeiten des fast tausendseitigen Einigungsvertrages damit, daß ohne sein Nachgeben gegenüber de Maizières Wünschen das ostdeutsche Parlament die Einigung nicht beschlossen hätte[484]. Damit suggerierte er, daß die Regierung de Maizière die Freiheit gehabt hätte, den Einigungsprozeß zu stoppen, was jedoch nach der Währungs-, Wirtschafts- und Sozialunion vom 1. Juli 1990 nicht mehr der Fall war. Auch die Umfragedaten über die Stimmung in der Bevölkerung der DDR ließen de Maizière keinen Spielraum für Verweigerung. Diese Daten waren beiden Regierungen bekannt. Zudem waren die wirtschaftlichen Druckmittel der west-

484. »Die Kriminalität ist jetzt die größte Gefahr«. Joachim Neander und Manfred Schell im Gespräch mit Bundesinnenminister Wolfgang Schäuble. Die Welt vom 10. 12. 1990, Nr. 288, S. 6f.

deutschen Regierung überwältigend. Wichtige Bestimmungen, die wie Schutzklauseln für SED-Seilschaften wirkten, wurden erst unmittelbar vor der Abstimmung in den Vertrag hineingeschrieben – zu einem Zeitpunkt, da eine Verweigerung der Vereinigung für de Maizière politischen Selbstmord bedeutet hätte.
Eine wirklich zutreffende Erklärung für den Inhalt der Verträge Nr. 2 und Nr. 3 muß sehr viel problematischer sein.

9.2. Probleme mit der wirtschaftlichen Vereinigung

Die Abwesenheit ordnungspolitischer Kriterien wird vielleicht nirgendwo so deutlich und in ihren Konsequenzen so folgenreich wie bei der Übernahme der Treuhandstelle, die PDS-Ministerpräsident Modrow installiert hatte. Die Treuhandstelle wurde zum Eigentümer für das Staatseigentum erklärt, was Verantwortung für über 8000 Betriebe bedeutet. Nun sollte die Treuhand entscheiden, welche dieser Betriebe zu sanieren oder zu privatisieren waren.
Praktisch alle Mitarbeiter der Treuhand kamen zu Anfang aus Verwaltung und Wirtschaft des SED-Staates und müssen als SED-Seilschaften angesehen werden[485]. Der Vorgesetzte wurde dann vom Westen eingesetzt. Dem ersten Leiter der Anstalt, Reiner Maria Gohlke, ehemals Chef

485. Siehe Jürgen H. Wintermann: »Wir machen den totalen Schnitt. Wir fangen wieder bei Null an«. Die Welt, Nr. 249, 24. 10. 1990, S. 15 (Beginn einer Serie: Treuhand-Report); Arnd Brummer: »Die verdienen daran, daß alles kaputtgeht. Treuhandanstalt von den alten SED-Seilschaften durchsetzt«. Kölnische Rundschau, Nr. 248, 23. 10. 1990, S. 3

der Bundesbahn, wurden wichtige Erfahrungen im Sanieren öffentlicher Betriebe nachgesagt[486], und entsprechend sah er auch seine Hauptaufgabe darin, die Betriebe der SED-Wirtschaft durch Sanierung und Subventionen zu erhalten, statt sie zu privatisieren. Wahrscheinlich kostete diese Treuhandstelle bis heute mindestens 50 Milliarden DM, die allein für laufende Ausgaben versickerten[487].
Kundige Beobachter kritisierten von Anbeginn zweierlei: Einmal könne man die Aufgabe der Sanierung und der Privatisierung nicht dem gleichen Beamten anvertrauen. Denn wenn die Alternative (Sanierung oder Privatisierung) innerhalb der gleichen Institution zu entscheiden war, die als Behörde organisiert wurde, dann habe man damit den Mops zum Wächter über die Würste bestimmt – weil jeder privatisierte Betrieb eine Aufgabenminderung der Behörde bedeutet, jede Entscheidung für Sanierung dagegen ein Festschreiben der Existenz der Behörde mit auszudehnendem Umfang. Sodann ist die Idee, eine einzelne Behörde könne das gesamte Staatseigentum der SED-Wirtschaft verwalten, ein Aberwitz. Es braucht noch nicht einmal Sabotage der ehemaligen SED-Seilschaften bemüht

486. Die vom Sanierer Gohlke betreute Bundesbahn fährt immer größere Defizite ein – inzwischen 40 Milliarden DM.
487. Wolf Biermann zur Treuhand: »Sie ist das monströseste und krudeste Wirtschaftsimperium, das es wohl je auf der Welt gab. Es ging um fünfzehn offizielle Halunken in Leipzig, Dresden, Erfurt, Schwerin und anderen Bezirksstädten. Treuhänder – ein Wort, das in meiner Nase sowieso nach schwerem Betrug riecht... Ins Amt gehievt wurden diese Wirtschaftsverweser von Modrow. Gehalten von de Maizière, sicherten sie den geordneten Rückzug ihrer alten Genossen, die Herrschaft des Honecker-Apparats unter neuen Bedingungen...« (Wolf Biermann: »Über das Geld und andere Herzensdinge. Schwierigkeiten eines Intellektuellen mit der Ökonomie oder: Erst kommt das Fressen, dann kommt die Unmoral«. (Die Zeit, Nr. 47, 16. 11. 1990, S. 61)

zu werden, wenn das Versagen der Treuhandstelle zu erklären ist.

Mit der Zustimmung zu einer bisher wenig effektiven, aber sehr kostspieligen Behörde erkaufte sich die Regierung Kohl sicherlich viel Zustimmung bei der Mannschaft um de Maizière, die sich durchaus nicht als Übergangsregierung verstand. So ist das eben, wenn Berufspolitiker wieder das Gesetz des Handelns an sich zu ziehen vermeinen. In der Wirklichkeit allerdings bestimmten andere Akteure das Tempo.

Es kann die Meinung begründet werden, daß Kanzler Kohl angesichts des realen Zustands der DDR – den die SPD-Führung mit ihren inhaltlichen Entscheidungen und in publizistischen Äußerungen lange nicht wirklich zur Kenntnis nahm[488] – in den den Gang der Dinge wirklich beeinflussenden Grundsatzentscheidungen keinen wesentlichen Fehler beging. Man kann aber auch die Wertung vertreten, daß von seiten der Politik nichts Wesentliches geschah, um das Weiterleben der SED-Seilschaften zu beeinträchtigen und den Übergang zu einer freien Wirtschaft zu beschleunigen.

Wenn hier so nachdrücklich auf den Einigungsvertrag eingegangen wurde, so ist ein wesentlicher Grund dafür, daß im Frühjahr und Sommer 1990 zwar außenpolitisch sehr

488. Dabei hatte sich bereits im Winter 1989/90 das ganze Ausmaß des desolaten Zustands der DDR-Wirtschaft offenbart. Als jedoch der außenpolitische Berater von Kanzler Kohl, Teltschik, damals vom drohenden Zusammenbruch der DDR-Wirtschaft sprach, forderte der SPD-Vorsitzende Vogel noch dessen Rücktritt. Siehe zum Erkenntnisstand über die wirtschaftliche Lage der DDR zu diesem Zeitpunkt beispielsweise: Peter Christ: »Alles Schrott. Die DDR-Wirtschaft steuert immer schneller auf den Abgrund zu«. In: Die Zeit, Nr. 7, 9. 2. 1990, S. 23 und 25

Positives geschah, für die Verhältnisse in der DDR selbst aber von seiten der Bundesrepublik und der Regierung de Maizière nichts nennenswert Förderndes. In einem Interview bestätigte Minister Schäuble diese Einschätzung des Weiterwirkens von SED-Cliquen mit der Begründung, man habe auch Rücksicht auf die Sowjetunion nehmen müssen. »Aber der Preis dafür ist zum Beispiel, daß die alten Stasi-Apparate Zeit hatten, daß sie Akten vernichten konnten, daß sich neue Seilschaften bilden konnten.«

Geschützt durch de Maizière und Diestel hatten sich bis zum 3. Oktober 1990 die SED- und Stasi-Seilschaften vom Schock des 18. März wieder erholen und Spuren verwischen können. Für den damaligen DDR-Innenminister Diestel waren die 2,4 Millionen SED-Mitglieder schließlich die »Elite der DDR« gewesen[489]. Die Zeit zwischen dem 18. März und dem 1. Juli 1990 war die »hohe Zeit« des Reißwolfes für Personalakten in der DDR[490].

Dabei war die Ausgangssituation für einen grundsätzlichen Wandel in der DDR günstig. Nachdem vor der Wahl nur

---

489. »Diestel: Stasi-Akten vernichten. ›Chancengleichheit‹/Die Zustände im Innenministerium/Kein Berufsverbot«. FAZ, Nr. 176, 1. 8. 1990, S. 4.
Wie selbstherrlich Diestel mit Stasi-Vermögen verfuhr, berichtet Wolf Biermann. Diestel habe ihm noch vor der Währungsunion für einen »sehr günstigen Preis« eine Stasi-Villa in Ostberlin angeboten für 12000 Ostmark. Die Sorge um die zu erwartende Kritik seiner Kollegen ließ Biermann der großen Versuchung – so er selbst – widerstehen (Biermann: »Über das Geld und andere Herzensdinge«, a.a.O., S. 62)

490. Siehe Christian Wernicke: »Aufarbeitung per Reißwolf? Unter Bonner Druck. Die Volkskammer wurde mit ihren Ansichten zur Zukunft der Stasi-Akten übergangen«. Die Zeit, Nr. 27, 7. 9. 1990, S. 2; Thomas Kleine-Brockhoff, Kuno Kruse und Michael Sontheimer: »Der letzte Coup der Stasi. Der Apparat ist zerschlagen, die Spitzel machen Karriere – als Manager, Richter, Polizisten. Die Bundesregierung hat Erich Mielkes Nachlaß geerbt. Doch statt den Opfern zu helfen, schont sie die Täter«. Die Zeit, Nr. 42, 12. 10. 1990, Dossier, S. 17–21

21 % der DDR-Bewohner von einer günstigen Veränderung des politischen Klimas und der Stimmung berichtet hatten, waren es wenige Wochen nach der Wahl und dem Versprechen einer »harten« Währung schon 72 %.

Tabelle 86: Klimaveränderung in der DDR[491]

Frage: »Hat sich seit der Öffnung der Grenzen hier am Ort etwas verändert? Ich meine jetzt nicht die Versorgung, was man kaufen kann, sondern das politische Klima, die Stimmung der Einwohner. Fühlen sich die Leute hier jetzt freier und ungezwungener, oder würden Sie das nicht sagen?

	DDR-Bürger	
	Anfang März 1990	Mai 1990
	%	%
Fühlen sich freier, ungezwungener	21	72
Würde ich nicht sagen	44	18
Unentschieden	35	10

Das Versprechen, die DM in der DDR als offizielle Währung einzuführen, stiftete für die Bürger die gewünschte Hoffnung. Die Aussichten auf eine freie Marktwirtschaft mit viel besseren wirtschaftlichen Bedingungen war für die Menschen der DDR kein so anschauliches Ziel wie das Versprechen der DM, die stellvertretend für eine westliche Wirtschaft stand. 91,1 % bejahten die baldige Einführung der DM, und in allen Parteien lag der Prozentsatz der Zustimmenden über 90 % – mit Ausnahme der PDS, wo sich »nur« zwei Drittel die baldige DM wünschten[492].

491. Elisabeth Noelle-Neumann: »Die Stimmung in Deutschland. Der Grundton ist optimistisch«. FAZ, 19. 6. 1990, S. 14
492. Forschungsgruppe Wahlen, a.a.O., S. 19

Mit dem Versprechen des »guten« Geldes gab es für die beiden Regierungen in Deutschland eine Schonzeit, in der die Berufspolitiker nach eigenen Maßstäben handeln konnten, statt auf Ereignisse, Bevölkerung oder Medien reagieren zu müssen. Diese Zeit zwischen dem 18. März und dem 1. Juli 1990 eignet sich damit als Maßstab für eine Beurteilung der »classe politique«, wenn diese für sich agieren kann.

Tabelle 87: Vor- und Nachteile der Wiedervereinigung[493]

Frage: »Glauben Sie, daß eine Vereinigung der beiden deutschen Staaten der Bevölkerung in der DDR in der nächsten Zeit eher Vorteile bringen wird, eher Nachteile bringen wird, oder daß sich Vor- und Nachteile ausgleichen werden? Und wie wird das auf lange Sicht sein? Wird das eher Vorteile bringen, eher Nachteile bringen, oder werden sich Vor- und Nachteile ausgleichen?«

	Vereinigung bringt *jetzt*			
	eher Vorteile %	eher Nachteile %	Vor- und Nachteile %	weiß nicht %
Gesamt	22,0	26,2	46,6	5,2
Parteipräferenzen:				
Allianz	30,2	15,7	48,7	5,4
CDU	32,6	13,4	47,0	7,0
DSU	26,2	19,7	48,9	5,2
Bund Freier Demokraten	21,2	29,0	41,6	8,2
SPD	22,0	26,2	47,6	4,2
Bündnis 90	12,6	38,6	43,1	5,7
PDS	7,0	54,3	34,5	4,2
Rest	17,1	26,9	52,2	3,8

493. Forschungsgruppe Wahlen, a.a.O., S. 20

	Vereinigung bringt *auf lange Sicht*			
	eher Vorteile %	eher Nachteile %	Vor- und Nachteile %	weiß nicht %
Gesamt	58,4	4,3	36,7	0,6
Parteipräferenzen:				
Allianz	67,0	2,8	29,6	0,6
CDU	65,5	1,4	32,6	0,5
DSU	79,8	2,6	16,7	0,9
Bund Freier Demokraten	64,9	2,6	31,4	1,1
SPD	59,8	4,6	35,4	0,2
Bündnis 90	46,9	5,3	47,1	0,7
PDS	36,3	10,4	52,2	1,1
Rest	51,0	5,4	43,1	0,5

Das allgemeine Bild, das sich die Menschen in der DDR nach der ersten freien Wahl von ihrer Zukunft machten, kann als ziemlich realistisch gewertet werden: Auf kurze Sicht erwartete man ziemlich viele Nachteile, auf lange Sicht überwiegend Vorteile.
Die Politiker hatten und haben also durchaus einen zeitlichen Spielraum; denn was immer die DDR-Bewohner an aktuellen Nachteilen hinnehmen mußten, lasteten sie bis auf weiteres dem SED-Regime an. Als es nach den Wahlen am 18. März 1990 zu Versorgungsengpässen und willkürlichen Preiserhöhungen kam, hatte das nicht eine Abwendung von der neu gewählten Regierung zur Folge, sondern eine höhere Irritation mit dem vergangenen Regime.
Mit dem Absterben der DDR war der Enthusiasmus einer Befürwortung der Vereinigung gesunken. Das läßt sich damit deuten, daß jetzt die Vereinigung von einem prinzi-

piell zu beurteilenden Wunsch zu einem kostspieligen administrativen Problem wurde. Es ist jedenfalls keine Zunahme der Sympathie für eine DDR als eigener politischer Einheit. In allen verläßlichen Umfragen des Jahres 1990 sind die Befürworter der Einigung häufiger und nachdrücklicher in der DDR als in der Bundesrepublik; letztere wurde durch die Vereinigung ja belastet.

Während sich die Versorgung mit Gebrauchs- und Verbrauchsgütern wesentlich verbesserte, passierte in Produktion und Wicdcraufbau nicht allzu viel. Die Problematik war offensichtlich: Die Belegschaften der Großbetriebe in Industrie und Landwirtschaft waren durchweg zwei- bis dreimal so groß wie nach westlichen Maßstäben angemessen. Die Großbetriebe wären nur wettbewerbsfähig zu machen durch große Kapitalinvestitionen, die dann aber zugleich auch einen hohen Freisetzungseffekt für die Belegschaft hätten. Deshalb war die Konzentration der Treuhandstelle auf die Großbetriebe gleichbedeutend mit einer Politik der Steigerung von Arbeitslosigkeit.

Notwendig waren Neugründungen, insbesondere von Klein- und Mittelbetrieben, vorrangig im personalintensiven Dienstleistungsbereich, um durch neue Arbeitsplätze die notwendigen Freisetzungen aus den überbelegten Betrieben auszugleichen. Das war nur möglich, wenn eine Zeitlang die Löhne in der DDR hinter denen in der Bundesrepublik zurückblieben[494]. Insofern boten sich mit solchen Klein- und Mittelbetrieben auch Standortvorteile, die in der Politik der Treuhandstelle allerdings ungenutzt blieben. Eine solche Politik war nicht einmal schwierig umzu-

494. Siehe hierzu u. a. Hans-Peter Canibol und Reinhold Böhmer: »Deutsches Dilemma«. In: Wirtschaftswoche, 15. 6. 1990, S. 29–32

setzen, da bisher nominell die Löhne in der DDR viel geringer waren als in der Bundesrepublik und mit der Umstellung Mark:DM im Verhältnis 1:1 in der Kaufkraft bereits angehoben wurden.
Beim Umbau der DDR-Wirtschaft kam es auf die Schnelligkeit von Neugründungen kleiner und mittlerer Betriebe an, nicht vorrangig auf das Sanieren schon vorhandener Betriebe. Das Gegenteil war die Wirtschaftspolitik in der DDR. Dies konnte nach den politisch zu verantwortenden Rahmenbedingungen (Treuhand/Stasi-Schutz) auch gar nicht anders ablaufen. Wirtschaftlich/politisch war der Zeitraum vom 18. März bis zum 1. Juli 1990 statt eines Abschnitts der Erneuerung eine Periode der Reaktion – sehr kostspielig für Gesamtdeutschland und – wenn überhaupt – erst langfristig wieder gutzumachen.
Der Augenschein war anders, irreführend. Die Politik war von großer Hektik erfüllt, wobei das Parlament der Noch-DDR durch die Fülle der verabschiedeten Gesetze auffiel. Die Nachfolger des Runden Tisches richteten sich in Wirklichkeit in einem Staatswesen auf Dauer ein, unter wohlwollender Billigung dieses Bemühens durch de Maizière.
Anders als unsere westliche Publizistik zur damaligen Zeit war sich die Bevölkerung der DDR durchaus bewußt, daß die alten Machtstrukturen nicht zerschlagen waren. »Ist der Stasi eigentlich noch eine Gefahr für die DDR, oder ist das jetzt vorbei?« wurde in der DDR gefragt. Im Mai antworteten 50 % »ist noch eine Gefahr«; verneint wurde die Gefahr von 35 %[495]. Daß die ehemaligen SED-Funktionäre

495. Noelle-Neumann: »Die Stimmung in Deutschland«. FAZ, 19.6. 1990, S. 14 (a.a.O.)

eine Gefahr für die Demokratie seien, bejahten im Mai/ Juni 1990 in bemerkenswertem Gleichklang auf Befragen des bundesdeutschen Innenministeriums die Deutschen in West (65 %) und Ost (63 %). Als Gefahr für den späteren gesamtdeutschen Staat wurden sie von mehr als der Hälfte (53 %) der Bundesbürger und immerhin noch 40 % der DDR-Bewohner gesehen[496].

Nach Zuflüsterungen von Kollegen der Akademie der Wissenschaften in Ostberlin zu Beginn des Frühjahrs 1990 war das Hinarbeiten auf eine »Rumänische Lösung« mit dcr Abwahl des Runden Tisches durchaus nicht vorüber. Der Machtapparat aus SED und Stasi sei nur unsichtbar geworden, weil er sich im Augenblick in der Öffentlichkeit nicht zeigen dürfe. Er hoffe aber auf einen Herbst des Mißmutes über die wirtschaftlichen Bedingungen, wolle dann Streiks und Krawalle inszenieren und beides 1991 in den Westen hineintragen. Die SED und ihre Stasi gedächten in der Illegalität so konspirativ weiterzuarbeiten, wie das die Übung kommunistischer Parteien in westlichen Gesellschaften gewesen ist. Vorrangiges Aktionsziel seien »soziale Bewegungen«, vorrangiger Aktionsraum die Straße.

In der Tat kann man sich fragen, ob der Eisenbahner-Streik im November 1990 nicht ein erster Versuch für solche vom Stasi erzeugten Unruhen war. Vielleicht noch lehrreicher ist die Gewalttätigkeit der Hausbesetzer am 12./13. November 1990 in der Mainzer Straße in Ostberlin. Das SED-PDS-Blatt »Neues Deutschland« sowie Ibrahim

496. Ipos, a.a.O., S. 80f.

Böhme, SPD[497], und der evangelische Bischof von Berlin-Brandenburg, Forck – eine durchaus kennzeichnende Koalition – , gaben den Gewalttätern Flankenschutz: Tadelnswert sei das Vorgehen der vorwiegend westlichen Polizei[498]. In beiden Fällen zeigte sich jedoch wieder, daß die Bevölkerung nicht der neuen Demokratie, sondern dem Weiterleben alter Zustände die Schuld gab.

An konspirativen Vorsätzen hat es zwischen dem 18. März und dem 3. Oktober 1990 in der DDR sicherlich ebenso wenig gefehlt wie in der Bundesrepublik. Dies ergibt sich auch aus dem Weiterlaufen systematischer Bespitzelungen von Führungspersonal in beiden Teilen Deutschlands durch die Stasi. Aber bis auf weiteres haben Stasi-erzeugte Unruhen und andere Kampagnen bei der Bevölkerung der ehemaligen DDR keine Resonanz. Wo immer die wahren Sympathien der damaligen politischen Führung in der DDR gelegen haben mögen: die Bevölkerung setzte ihrem Handeln Grenzen. Man erwartete allerdings von der Bundesrepublik für die Durststrecke der nächsten Jahre viel Hilfe.

---

497. Böhme ist zwischenzeitlich vom ehemaligen DDR-Schriftsteller Reiner Kunze als informeller Mitarbeiter des Staatssicherheitsdienstes unter den Decknamen »August Dremker« und »Paul Bonkarz« enttarnt worden. Kunzes Urteil über Böhme: »Böhme arbeitete für die Stasi auf schlimme Art und Weise und nicht selten genüßlich« (siehe Jürgen Serke: »Mit hoher Intelligenz auf das Schlimmste denunziert«. Die Welt, 11. 12. 1990, Nr. 289, S. 3)

498. Mit der Überschrift »Westpolizei probte den Aufstand – Mit Gewalt erzwingen, was die Politik versäumt hat?« versuchte das »Neue Deutschland« Stimmung gegen die Häuserräumung und damit gegen die verantwortlichen Politiker zu machen. Frank Wehner, Kommentator des Blattes, sprach dem regierenden SPD-Senat die politische Kompetenz ab und behauptete unter Verdrehung der Tatsachen: »Pervers war die Verwüstung einer Nebenstraße, doch mindestens ebenso makaber ist es, wenn aus niederen Wahlmotiven Bürgerkrieg geprobt wird.« Der Schuldige sei eindeutig der »Staat, der nicht fähig ist, bei Konflikten angemessen kalkulierbar zu reagieren« (Neues Deutschland vom 15. 11. 1990)

Von Anbeginn an war demgegenüber in der Bevölkerung der Bundesrepublik die Bereitschaft zu Opfern für die Einheit überwiegend vorhanden, aber nicht sehr groß. Ein großes Erschrecken gab es dann, als die Höhe der Aufwendungen bekannt wurde.

Tabelle 88: Der Preis der Einheit[499]

Frage: »Würden Sie von sich selbst sagen, ist Ihre Opferbereitschaft groß oder nicht so groß?«

	Groß %	Nicht groß %	Unmöglich zu sagen %
Bevölkerung insgesamt	24	51	25
Männer	21	55	24
Frauen	27	47	26
Altersgruppen:			
16–29 Jahre	16	63	25
30–44 Jahre	21	55	24
45–59 Jahre	28	47	25
60 Jahre und älter	36	37	27
Anhänger der			
CDU/CSU	33	42	25
FDP	25	37	38
SPD	17	58	25
Grünen	14	66	20
Republikaner	17	70	13

Die eigene Opferbereitschaft bezeichneten nur 24 % als groß – um so weniger, je jünger die Menschen waren. Es gab keine Partei, deren Anhänger überwiegend hohe Opferbereitschaft für die Einheit bekundeten. Seit 1959

499. Institut für Demoskopie in Allensbach, 28. 8. 1990 (a.a.O.)

hatte das Institut für Demoskopie in Allensbach diese Frage gestellt. Wurden hierfür erhebliche persönliche Einbußen als Voraussetzung genannt, war die Opferbereitschaft nie sehr groß und betrug im Februar 1990 höchstens 20 %[500].

Die politische Führung der DDR propagierte zu dieser Zeit die weitgehende Hilfe als moralische Verpflichtung, die sich aus dem 40jährigen Leiden der DDR-Bevölkerung ergebe, während es den Deutschen der Bundesrepublik gut gegangen sei. Die Bundesbürger dagegen verstanden ihren allmählich steigenden Wohlstand durchaus nicht als Geschenk, sondern als Folge eigener Bemühungen. Außerdem hatte die Bundesrepublik stellvertretend auch für die DDR Reparationen und Entschädigungen gezahlt und damit den anderen Teil Deutschlands in dieser Beziehung international schuldenfrei gemacht.

40 Jahre lang war bekanntlich in der DDR keine Rede davon gewesen, daß dieser Teil Deutschlands nach dem Zweiten Weltkrieg das schlechtere Los gegenüber der »kapitalistischen BRD« gezogen hatte. Insofern könnte die von de Maizière propagierte »Der-reiche-Bruder-soll-mal-zahlen«-Mentalität für die Zukunft Deutschlands erheblichen sozialen Sprengstoff abgeben.

Die Distanz eines Teils der westdeutschen Politiker und des kulturellen Establishments gegenüber der Wiedervereinigung erhielt von diesem Zeitpunkt ab einen anderen öffentlichen Ausdruck: Die Bundesbürger fänden die Kosten der Einheit viel zu hoch. Erhebliches Ansteigen der Steuern, Erhöhung der Beiträge für die soziale Sicherheit,

---

500. Die Zeit, a.a.O.

Tabelle 89: Mittragen der Lasten[501]

Frage: »Lothar de Maizière, der Ministerpräsident der DDR, hat gesagt, daß die Bürger der DDR vierzig Jahre lang den schwereren Teil der deutschen Geschichte getragen haben, und daß darum die Westdeutschen jetzt auch bereit sein müssen, Lasten zu übernehmen, um der DDR beim Wiederaufbau zu helfen. Sehen Sie das auch so, oder meinen Sie das nicht?«

	DDR-Bewohner %	Bewohner der Bundesrepublik %
Sehe ich auch so	78	27
Meine ich nicht	10	55
Unentschieden	12	18

höhere Staatsverschuldung, steigende Zinsen, Schwächung der Kaufkraft der DM und Verringerung der Sozialleistungen – dies als Preis für die Wiedervereinigung hinzunehmen, war nur ein Viertel bereit. »Einheit? Ja, aber bitte billig!« wurde die Veröffentlichung der entsprechenden Allensbach-Umfrage betitelt[502].

Das Wissen um die geringe Opferbereitschaft der Bundesbürger war wohl mitverantwortlich für die Fehlentscheidung der Berater des SPD-Kanzlerkandidaten Lafontaine, nur die Aufwendungen, die aus der Einheit für die Bundesrepublik folgten, zum Thema zu machen. Und das gleiche Wissen muß verantwortlich für die zweite Fehlentscheidung gewesen sein: der Verzicht von Helmut Kohl auf die Forderung nach einem »Notopfer DDR«. Das wird jetzt nach der Wahl vom 2. 12. 1990 viele Probleme machen.

501. Quelle: Allensbacher Archiv, in FAZ vom 28. 8. 1990 (a.a.O.)
502. Die Zeit: »Einheit? Ja, aber bitte billig!« Nr. 11, 9. 3. 1990, S. 3

Tatsächlich war nach diesen Zahlen jedoch die Bereitschaft zu gewissen Einschränkungen zugunsten des Wiedervereinigungsprozesses verbreitet; aber die Größe einer solchen Bereitschaft zur Einschränkung war nicht hoch. Opfer ja, aber keine fühlbare Minderung des eigenen Lebensstandards! Allerdings fehlte es hier an der Berücksichtigung des Kontextes, aus dem heraus diese Antworten gegeben wurden. Sind die Bundesbürger der Ansicht, ihr reiches Land mit 61 Millionen Einwohnern könnte mit seinen bereits vorhandenen Überschüssen die Lage der nur 16 Millionen Bürger der DDR ändern: Warum sollten sie dann hohe Einschränkungen für die Wiedervereinigung bejahen? Ein Beispiel für den hier wirksam werdenden Kontexteffekt sind die – früher zitierten – Antworten auf die Frage, wie wichtig die Bekämpfung der Inflation sei. Diese wurde im Augenblick der Befragung als ein unwichtiges Thema angesehen – aber auf dem Hintergrund der tatsächlichen Abwesenheit von Inflation.
Die Forschungsgruppe Wahlen berichtete, daß die Deutschen gegenüber den zu erwartenden Belastungen wenig opferbereit seien. Verbreitet waren in der Bevölkerung Erwartungen von Steuererhöhungen, Problemen beim Wohnungsbau und der Finanzierung des sozialen Netzes[503]. Diesen Mißmut in der Bundesrepublik sollte der Wahlkampf von Lafontaine zur Angst steigern. Die dadurch ausgelösten Sorgen konnte der Kandidat aber verständlicherweise nicht in Sympathie für sich umsetzen. Denn von welchem Preis ab hätte er sagen können: Lassen wir die

503. Süddeutsche Zeitung: »Mit gemischten Gefühlen zur Einheit. Die meisten Bundesbürger rechnen kurzfristig für sich eher mit Nachteilen, wenn die deutsche Teilung aufgehoben wird«. 20. 2. 1990, S. 10

Einigung; die ist mir zu teuer? Und war die Wiedervereinigung nur Grund für Sorgen und nicht auch zugleich Anlaß zur Freude?
Ein abstoßendes Aufwallen nationaler Gefühle war vom kulturellen Establishment als Folge der Möglichkeit einer Wiedervereinigung vorausgesagt. Eine Diagnose der Wirklichkeit, die sich als grotesk falsch erwies; denn schon zu Beginn des Einigungsprozesses war die Beurteilung im Westen merklich kühler als im Osten – und das hat sich bis zum 2. Dezember 1990 nicht geändert. Die Vereinigung wurde 1990 vor allem als praktisches Problem erlebt.

9.3. Die Liquidierung der DDR

Wie sich an den Umbauversuchen der Sowjetunion zeigt – auch in Polen, Ungarn und der ČSFR –, kann ein allmählicher Wandel bei noch intaktem Partei-Apparat der KP und ihrer Zwangsorgane nicht funktionieren. Dazu kommt das Beharrungsvermögen aller Institutionen, zumal so großer Apparate, wie sie vom Regime in Ostberlin geschätzt waren. Ein schrittweises Vorgehen gibt den Profiteuren des alten Regimes die besseren Chancen, sich einzugraben und Obstruktion zu betreiben, als bei einem Umbau wie bei uns ab 1948. Im Gegenteil zu den in 9.1. zitierten Klagen, alles gehe zu schnell: Insofern ging der Prozeß in der DDR noch viel zu langsam, wie sich auch an der zunehmenden Obstruktion durch den Riesenapparat der Treuhandstelle erwies[504].

---

504. Siehe Hans Martin Kölle: »Blockierer unter Druck. Investitionen in der DDR: Die Industrie versetzt den Hoffnungen nach dem zweiten Staatsvertrag einen herben Dämpfer«. Rheinischer Merkur/Christ und Welt, Nr. 36, 7.9. 1990, S. 12; Hans-Joachim Nöh: »›Solche roten Socken müssen raus aus den Betrie-

Man hätte das Wirtschaftssystem und das Staatswesen der DDR unmittelbar nach dem 18. März 1990 liquidieren sollen; das hätte den Bürgern der vormaligen DDR dann viel Angst und auch einige Not erspart sowie Deutschland zwischen 50 und 100 Milliarden DM, die »à fonds perdu« versickerten. Profitiert von der Verzögerung der Einheit Deutschlands haben letzten Endes nur die Bankrotteure des alten SED-Staates. Die Regierung de Maizière wollte aber keine direkte Intervention bundesdeutscher Instanzen. Ein Beispiel: Selbstverständlich konnte man wissen, daß es in der DDR keine diskutable Verwaltung vor Ort gab, und entsprechend hätte es nahegelegen, sofort mit Beamten der Bundesrepublik den Aufbau einer effizienten Verwaltung zu beginnen. Es wurde aber nichts unternommen.

Warum war nun die angeblich zu große Hast bei der Vereinigung überhaupt ein Thema, woher kam die Vorliebe für Behutsamkeit bei einer Linken, der es doch sonst mit dem Verändern nicht schnell und gründlich genug gehen kann? Einmal, weil eigentlich eine Weiterexistenz der DDR gemeint war – einer DDR, die als wenigstens moralisch besseres Deutschland für neue Experimente mit irgendeinem Sozialismus verfügbar gewesen wäre.

Hinzu kam die Forderung der neuen politischen Führung der DDR, man müsse »aufrechten Ganges« in die Wieder-

ben‹. In 90 Prozent aller Firmen in den neuen Ländern regieren noch die Cliquen, die einst die SED einsetzte – Das Beispiel SKET in Magdeburg«. Welt am Sonntag, Nr. 50/90, S. 4; Frank Mangelsdorf: »Bei der Stasi-Auflösung kräftig abgesahnt? Neue Verdachtsmomente gegen Günter Eichhorn/Staatsanwaltschaft ermittelt«. Die Welt, Nr. 292, 14. 12. 1990, S. 4 (Nach diesem Bericht arbeitet Eichhorn inzwischen in der Berliner Treuhandanstalt im Bereich Finanzvermögen.)

vereinigung gehen. Eine merkwürdige Metapher, die auch von westlichen Politikern wie Innenminister Schäuble übernommen wurde. War denn die Zustimmung zur Einigung – die ja übrigens ohnehin der Wählerauftrag an de Maizière war – gleichbedeutend mit der Übergabe einer Festung, deren Besatzung einen ehrenvollen Abzug mit Waffen und Fahnen aushandelt? Die Metapher »aufrechter Gang« bedeutete im Klartext, daß die Führungsmannschaft möglichst viel Kontrolle über die DDR und das Weiterbestehen ihrer Einrichtungen haben wollte. Beide Formeln des Widerstandes gegen wirklichen Wandel der DDR zielten auf das Gleiche, wobei die zweite Formel noch das mittransportiert, den Berufspolitikern »gehöre« ihre Bevölkerung, die sie bei der Wiedervereinigung nicht kapitulierend einer gegnerischen Generalität übergeben wolle.
Bis zuletzt wurde die Formel vom »aufrechten Gang« immer dann benutzt, wenn die Berufspolitiker das Gesetz des Handelns zurückerhielten. Damit wurden die Zugeständnisse umschrieben, die von westdeutschen Politikern an die neue Führungsschicht ostdeutscher Politiker gemacht wurden. Mit den zugänglichen Quellen ist jetzt noch nicht entscheidbar, ob diese Zugeständnisse, diese Rücksichtnahmen von westdeutschen Politikern, Folge von Kollegialitätsgefühlen waren oder ein Tribut an Einflußgruppen wie den Bund der evangelischen Kirchen, ein Geringschätzen von Versprechen und Verträgen oder aber ein Nachgeben gegenüber geheimdienstlich verwertbaren Umständen – wahrscheinlich war es eine Mischung von Motiven. Mit dem Wohl der Bevölkerung in der DDR hatte die Formel vom »aufrechten Gang« jedenfalls wenig zu tun.
Nach mehr als einem Vierteljahr Stagnation beim Umbau der DDR – und das, obgleich die Regierung de Maizière in

der Volkskammer über eine Zwei-Drittel-Mehrheit verfügte – sagten 81 % der Bürger in Ost und West: Die Lage ist schlecht. Dabei war der Pessimismus in der DDR weniger ausgeprägt als in der Bundesrepublik. Schlecht, das bedeutete in erster Linie Unsicherheit über die Arbeitsplätze. In der DDR hielten im August 1990 53 % ihre eigenen Arbeitsplätze für unsicher – in der Bundesrepublik waren es lediglich 7 %[505]. Sicherheit der Arbeitsplätze ist aber nach deutscher Tradition und den Beobachtungen der Umfrageforscher ein Wert, der noch höher rangiert als Sicherheit vor Inflation oder hohe Versorgung.

Tabelle 90: Einschätzung der wirtschaftlichen Lage in der DDR[506]

Frage an DDR-Bürger nach der Einschätzung ihrer eigenen wirtschaftlichen Lage für die Gegenwart, die Vergangenheit und die Zukunft durch das Leipziger Institut

Eigene Lage *heute:*	%
»Sehr gut« oder »gut«	40
»teils, teils«	49
»schlecht« oder »sehr schlecht«	11
Eigene Lage *vor einem Jahr:*	
»besser als heute«	28
»genauso«	56
»schlechter«	16
Eigene Lage *in einem Jahr:*	
»besser«	50
»genauso«	30
»schlechter«	20

505. Der Spiegel Nr. 35/1990. Umfrage durch Emnid und Usuma
506. Der Spiegel 35/1990, a.a.O., S. 50. Umfrage durch Usuma

In der DDR sorgte man sich viel mehr als in der Bundesrepublik vor einer starken Zunahme der Arbeitslosigkeit[507]. Wurde aber nach der Sicherheit des eigenen Arbeitsplatzes gefragt, war der Pessimismus doch weniger ausgeprägt – wenngleich immer noch viel höher als in der Bundesrepublik. Die Sorge um die Strukturschwäche des eigenen Wirtschaftssystems war also stärker als die Sorge um die eigene Situation.

Seit Keynes gilt es in den Wirtschaftswissenschaften als Faustregel, daß Zukunftserwartungen die Stimmungen und Entscheidungen von heute stärker beeinflussen als die tatsächliche Lage. Diese Zukunftserwartungen waren in der DDR um den Zeitpunkt der Einführung einer harten Währung allgemein positiv. Man erwartete wirtschaftliche Probleme, aber auch ein Gleichziehen mit der Bundesrepublik in absehbarer Zeit.

Trotz allen Unmuts mit der Politik und der Entwicklung der Wirtschaft, der im Juni 1990 einen ersten Höhepunkt erreicht hatte, war die Zustimmung zur Wiedervereinigung in der DDR ungebrochen und in stabiler Weise viel höher als in der Bundesrepublik: Ein Unterschied, der früher bereits erwähnt wurde.

---

507. Der Spiegel 22/1990, 28. 5. 1990, S. 39

Schaubild 33: Freude über die Wiedervereinigung[508]

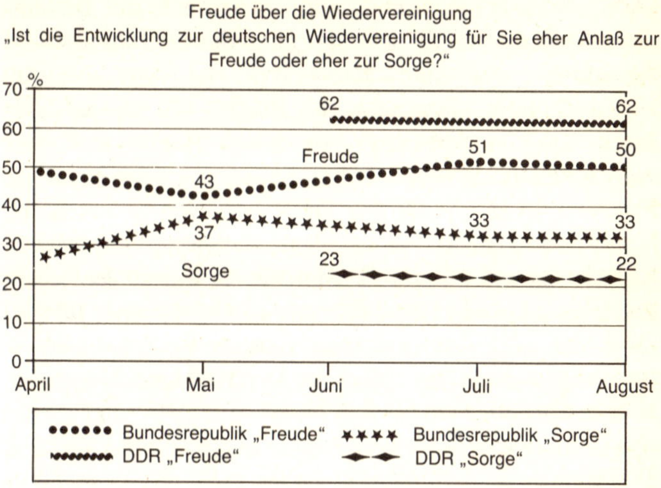

Die Erklärung ist nicht etwa ein Defizit an Zustimmung zu Deutschland in der Bundesrepublik, sondern der Umstand, daß ein großer Teil der Bundesbürger glaubte, das Abtragen der sozialistischen Erblast allein übernehmen zu müssen, was von der Opposition, irreführend allerdings als »Kosten der Einheit« deklariert, auch immer wieder bestätigt wurde[509].

508. »Eine große Mehrheit der Deutschen in Ost und West befürwortet die Einheit. Allensbach: Die meisten vermuten ein anderes Meinungsbild/Zustimmung zur Wiedervereinigung in der DDR größer als in der Bundesrepublik«. FAZ, 28. 8. 1990, S. 6

509. Wie stark politische Sympathien nicht nur die Meinungen in der Bevölkerung, sondern die Berichterstattung darüber beeinflussen, zeigt eine Veröffentlichung aus dem August 1990. Im Auftrag des »Stern« hatte das Institut Forsa

Die Einführung der DM mit dem 1. Juli 1990 war im Westen mit einiger Sorge verbunden, daß die DM ihre Stabilität verlieren könnte. Dies meinten in der Bundesrepublik immerhin 51 %, wogegen in der DDR eine solche Furcht nur bei einer Minderheit von 18 % ermittelt wurde[510]. Jetzt erwarteten die Bürger für die nächsten Jahre einen Aufschwung, von dessen Beginn man aber auch gleich etwas sehen wollte. Immer noch gab es für die Probleme beim Umbau der DDR erstaunliche Karenzzeit in der Bevölkerung. Für ein Gleichziehen mit dem Westen rechnete sie mit längeren Fristen als die Bundesdeutschen. Zwischen zwei und fünf Jahre sah man im Sommer 1990 als Ziel. Nur sollte sich inzwischen auch ein Beginn zeigen.
Der Augenschein des Alltags in der DDR sprach dagegen. In den Betrieben schien sich nichts zu ändern, und die bei einem Kleinersetzen von Instituten und Betrieben entlassenen Mitarbeiter schienen in erster Linie die kritischeren Geister zu sein. Die Treuhandstelle rief nach immer weiteren Subventionen und praktizierte das Gegenteil von Deregulierung. Per Staatsvertrag wurden im anderen Deutschland zahlreiche Regelungen eingeführt, die das Wachstum

nach der Wünschbarkeit der Wiedervereinigung gefragt und ermittelt, daß 71 % der Bundesbürger Freunde der Wiedervereinigung seien; in der DDR seien es sogar 88 %. Dafür wurde von einem Zeitungsredakteur als Überschrift gewählt: »Fast jeder vierte Bundesbürger lehnt die Einheit ab« (Kölner Stadt-Anzeiger, 15. 8. 1990, S. 8). Angesichts der Erfahrung, daß man in einer pluralistischen Gesellschaft bei Umfragen für fast keinen Gegenstand mehr als 70 % Zustimmung erhält, ist die Umkehrung des Ergebnisses durch eine Überschrift ein wichtiges Indiz für die Entschlossenheit großer Teile der Kulturberufe, sich mit der Wirklichkeit nicht abzufinden

510. Der Spiegel Nr. 26/90, 25. 6. 1990, S. 48. Die Werte wurden durch die Umfrageinstitute Emnid und USUMA ermittelt

bremsten, wie die »WirtschaftsWoche« diagnostizierte[511]. Die Stimmung nach der Einführung der »harten« DM war von Ungeduld gegenüber der politischen Entwicklung gekennzeichnet. Das Taktieren und Zögern in der Führungsschicht der DDR erwies sich als kontraproduktiv, da es nur die Ungeduld in der Bevölkerung erhöhte. Das zwang die Politiker zu raschem Handeln und damit zur Verkürzung von Fristen, so daß sich wieder die Ereignisse überstürzten und in der Politik außer Kontrolle gerieten.

Parallel zu der Ungeduld, die sich im Anschluß an die »harte« Währung und gestärkt durch die Geschwindigkeit mit der Umstellung unter der Bevölkerung der DDR ausbreitete, wirkte eine internationale Initiative mit überraschendem Ausgang weiter destabilisierend für die Versuche eines Teils der politischen Führung der DDR, einen eigenständigen Staat beizubehalten.

Außenpolitisch hatte man zunächst bei der Regierung Kohl mit großen Schwierigkeiten gerechnet. Aber Helmut Kohl gelang es, die politischen Spitzen der westlichen Verbündeten zu günstigen öffentlichen Äußerungen zu bewegen. Allerdings war die Frage zu klären, ob bei einer Vereinigung die weitere Mitgliedschaft in der NATO akzeptiert würde. Zu Beginn des Jahres 1990 hatte die Sowjetunion ihre Zustimmung zur Wiedervereinigung mit der Forderung des Austritts aus der NATO verbunden – und damit die alte Forderung nach einem neutralen Deutschland wieder aufleben lassen.

Am 16.7. 1990 besuchte Helmut Kohl den sowjetischen

511. »Alte Zöpfe kappen. Per Staatsvertrag wurden im anderen Deutschland zahlreiche Regelungen und Knebelungen eingeführt, die das Wachstum bremsen«. WirtschaftsWoche, Nr. 28, 5.7. 1990, S. 14–26

Präsidenten Gorbatschow in dessen Heimatstädtchen im Kaukasus. Für die internationale Öffentlichkeit überraschend, stimmte Gorbatschow nicht nur der Vereinigung, sondern auch dem Verbleiben der Bundesrepublik Deutschland in der NATO und dem Aufgehen der Nationalen Volksarmee in der Bundeswehr zu. Die Sowjetunion erklärte sich zu einem vollständigen Abzug ihrer Truppen bereit. In einer Kehrtwende hatte damit der sowjetische Präsident Gorbatschow den Weg freigegeben für ein geeintes Deutschland im westlichen Bündnis. Das »Warum« ist gegenwärtig nicht mit einiger Sicherheit angebbar. Haben vor allem US-Präsident George Bush und/oder die Außenminister Genscher und Schewardnadse Gorbatschow umgestimmt? Haben für dieses Einlenken des Präsidenten der UdSSR dessen wirtschaftliche, ethnische und ideologische Anfechtungen den Ausschlag gegeben – die Einsicht, die Sowjetunion müsse sich auf den Kernbereich ihres Imperiums konzentrieren?

Genscher und Kohl hatten bis dahin große Sorge gehabt, ob sich ein Konsens der anderen für Deutschland wichtigen Staaten zur Wiedervereinigung erreichen ließe. Unter anderem hatte man eine Vier-plus-Zwei-Konferenz (zwei Deutschlands, vier ehemalige Besatzungsmächte) erdacht, deren Zustimmung vor weiteren Vereinigungsschritten abzuwarten war[512]. Diese Rücksichtnahme konnte nun entfal-

512. »Umnebeln die Zahlenmagie und dieser Hokuspokus von Ziffern das Gemüt, das sich der Entwirrung der deutschen Frage endlich nahe wähnte? ›Du mußt versteh'n! Aus eins mach zehn, und zwei laß' geh'n, und drei mach' gleich, so bist du reich. Verlier die Vier! Aus fünf und sechs, so sagt die Hex', mach' sieben und acht, so ist's vollbracht; und neun ist eins, und zehn ist keins. Das ist das Hexeneinmaleins.‹ Hat Goethe in der Szene der Hexenküche im ›Faust‹ gleichsam das Menu des nach schrecklichen Verirrungen nun einsetzenden zweiten Anlaufs zur deutschen Einheit prophezeit? Der Spötter kann in jede

len. Wo Gorbatschow zustimmte, mußten die westlichen Verbündeten ihre Bedenken fallenlassen. Nicht nur die Wiedervereinigung der Menschen, sondern auch die Liquidierung des Staates DDR konnte praktisch durchgesetzt werden.

Da sich in den verbliebenen Institutionen der DDR von selbst nichts bewegte, waren bei einem weiteren Zuwarten nur Zustimmung der Bevölkerung und Subventionen zu verlieren gewesen. Zum baldmöglichen Zeitpunkt sollte die Wiedervereinigung erfolgen, während man früher noch mit viel längeren Fristen gerechnet hatte. Tatsächlich sperrte sich aber ein Teil der DDR-Führung bis zuletzt gegen einen schnellen Ablauf der Vereinigung – nicht zuletzt de Maizière –, obgleich die Forderungen nach mehr Tempo in der Bevölkerung lauter wurden.

Nach wie vor war die Berichterstattung durch eine Flut von Horrormeldungen über die Zustände in der DDR gekennzeichnet[513]. Dazu »Der Spiegel« am 6. August 1990: »Bei den Menschen drüben wachsen mit der Angst vor der Zukunft Zorn auf die eigene, unfähige Regierung und Zweifel am Wort des Bonner Bundeskanzlers ... Streiks, Demonstrationen, Bauernaufstände – keine schönen Aussichten für einen Wahlkämpfer Kohl ... Die DDR-Wirtschaft

---

Zeile einen Sinn für die germanische Politikarithmetik hineinlesen. ›Zwei laß' geh'n‹ und ›Verlier die Vier!‹ bieten sich vielleicht als Motto für die Sechserrunde an, die sich erstmals am 14. März auf Beamtenebene in Bonn an einen eigens für sie gezimmerten runden Tisch setzte. Die Sowjetunion, Großbritannien und Frankreich hätten statt der Formel zwei plus vier zunächst lieber die alte, nämlich vier plus null, und dann erst vier plus zwei gesehen ...«. Neue Zürcher Zeitung: »Das Hexeneinmaleins der deutschen Einheit«, Nr. 98, 29./30. 4. 1990, S. 7

513. »Schiefes Bild vermittelt. ARD und ZDF verkennen Schwierigkeiten und übertreiben Ängste«. MedienKritik Nr. 32, 6. 8. 1990, S. 11

steht kurz vor dem Zusammenbruch ... der Optimismus, der die wirtschaftliche Vereinigung der Deutschen begleitete, ist verflogen.«[514] Tatsächlich kam nach dem 1. Juli 1990 auch in der Wirtschaft einiges in Gang. Schon im August hatten 31 % der befragten Bundesbürger über 16 Jahren gesagt, sie seien an einer Mitarbeit bei der Umstellung der Wirtschaft in der DDR interessiert. Von den leitenden Angestellten und Beamten sowie den Selbständigen und Freiberuflern bekundete knapp die Hälfte Interesse[515]. Tatsächlich übernahmen dann auch Bundesbürger Aufgaben in der DDR. Dabei erwiesen sich als besonderes Reservoir von sonst in der Bundesrepublik brachliegendem Talent die Rentner mit früher hochqualifizierten Positionen.

In der Gewißheit des bevorstehenden Endes seiner DDR wurden vom bisherigen Establishment Beute in Sicherheit gebracht und Auffangpositionen geschaffen. Beispiele für ersteres sind Eigentumsübertragungen zu Schleuderpreisen; Beispiele für letzteres sind Institutsneugründungen und Ernennungen an Hochschulen. Schon früher gelangte der evangelische Theologe Heinrich Fink, vordem eine Stütze des SED-Regimes, in das Amt des Rektors der Humboldt-Universität in Ostberlin. Als die Vereinigung in Sichtweite kam, wollte er 200 Professoren durch Neuernennung in das vereinte Deutschland hinüberretten. Das scheiterte an massiven Protesten, aber ein neues »Institut für

514. Dieses und weitere Zitate finden sich in: »DDR-Wirtschaft: Stereotype Horror-Berichterstattung. Wie Lafontaines Kurs unterstützt wird«. MedienKritik Nr. 34/20. 8. 1990, S. 3

515. »Umfrage: Fast jeder dritte zum Mithelfen in der DDR bereit«. FAZ, 15. 8. 1990, S. 10

interdisziplinäre Zivilisationsforschung« wurde vom damaligen Wissenschaftsminister Hans Joachim Meyer genehmigt. Meyer und Fink sind ebenso wie Bischof Forck, Stolpe und de Maizière Teil eines einflußreichen Netzes, das man etwas salopp formuliert als »Netz des Konsistorialrats-Sozialismus« bezeichnen kann. Es funktionierte, als noch im September 1990 der SED-Ideologe und Stasi-Agent André Brie zum Professor am erwähnten Institut für Zivilisationsforschung berufen wurde[516]. Ganze Seilschaften konnten sich in diesen letzten Wochen der Regierung de Maizière noch für ein Weiterwirken im vereinigten Deutschland eingraben.

Die politische Führung der Bundesrepublik zeigte sich nach der Vereinigung erstaunt, wie groß die Schwierigkeiten bei der Entwicklung der neuen Bundesländer waren – insbesondere bei öffentlichen Einrichtungen und der Wirtschaft. Dabei hätte klar sein müssen, daß zusätzlich zum Auswechseln des Führungspersonals (das unterblieb) und zur Demontage sozialistischer Institutionen auch ein allgemeiner Umbau der Wirtschaftsstruktur notwendig war. Die Eckwerte für eine entsprechende Diagnose waren im Prinzip abrufbar. Nach jahrzehntelanger Bevorzugung von Großbetrieben durch die Führung der DDR waren jetzt in der gewerblichen Wirtschaft 87,9 % der Arbeitnehmer in solchen Betrieben beschäftigt; 27,2 % aller Arbeitnehmer der gewerblichen Wirtschaft der DDR arbeiteten sogar in Betrieben mit mehr als 5000 Beschäftigten[517]. In dynami-

516. Michael Brie war ein bekannter Regime-Intellektueller. Der Name Brie bedeutete für die Führungsschicht der DDR ungefähr das, was der Name von Weizsäcker für das Establishment in der Bundesrepublik ist
517. DDR 1990, op. cit., S. 44

schen Wirtschaften wie denen Japans, der USA oder der Bundesrepublik sind nicht einmal ein Drittel der Arbeitnehmer in Großbetrieben tätig. Um die Flexibilität der Wirtschaft in der DDR zu erreichen, muß die Mischung der Betriebsgrößen radikal verändert werden – und das hätte für die Treuhandanstalt eine Priorität von Verkaufen und Abwickeln vor dem Sanieren bedeuten müssen, einen Vorrang von Neugründungen vor dem Erhalten.

Die Branchenstruktur war völlig abgestellt auf die Arbeitsteilung, die zwischen den Ländern des östlichen Gegenstücks zum Gemeinsamen Markt, dem RWG, vereinbart war, und sie drückte zudem die kommunistische Fixierung auf die Schwerindustrie aus. So wurde es von der politischen Führung der DDR begrüßt, daß sich in den letzten 20 Jahren die Produktion von Roheisen und Walzstahl mehr als verdoppelte, wogegen im gleichen Zeitabschnitt diese Produktionen in der Bundesrepublik heruntergefahren wurden[518]. Von 3,2 Millionen Beschäftigten in der Industrie der DDR arbeiteten nur 486 000 in der Leichtindustrie[519].

Bei allen Schwierigkeiten, die durch objektive Bedingungen, Unfähigkeit oder Sabotage bewirkt wurden, begannen jetzt doch die Investitionen. Eine Erhebung des Instituts der Deutschen Wirtschaft in Köln über die Entwicklung von März bis Oktober 1990 ergab, daß fast alle der 50 größten Unternehmen der Bundesrepublik in der DDR aktiv geworden waren. Das Investitionsvolumen überschritt die Milliardengrenze. Besonders stark engagierten sich die

---

518. ebenda, S. 47, Tabelle 8.7
519. ebenda, S. 43, Tabelle 8.2

Firmen des verarbeitenden Gewerbes – vor allem die Branchen Maschinenbau und Elektrotechnik, gefolgt vom Fahrzeugbau. Hier hatte ja die DDR, vor allem in Sachsen, große Traditionen. Etwa 25 % der Aktivitäten westdeutscher Unternehmen entfielen auf Dienstleistungen. Die wichtigsten Formen des Engagements waren nicht das »joint venture« – was bei einer beabsichtigten Privatisierung ja auch wenig Sinn macht –, sondern Neugründungen. Besonders ermutigend für die Menschen in der DDR war das Ergebnis, daß über 50 % der Industrieunternehmen, die sich jetzt in der DDR engagierten, dort auch produzieren wollten. Zwar blieb das Wachstum neuer Arbeitsplätze durch die Neugründungen von Klein- und Mittelbetrieben besonders im Bereich der Dienstleistungen weit hinter den Erwartungen zurück, dafür aber kam jetzt das Engagement der größeren Unternehmen in Gang, die es offensichtlich besser als die Kleinunternehmer verstanden, mit der Treuhand und mit der Mischung aus Inkompetenz, Unklarheit und Sabotage in den mittleren Führungsetagen der DDR fertig zu werden[520].

Entscheidend in der ersten Phase eines Aufbaus der maroden Wirtschaft der DDR konnten aber nicht Privatpersonen sein; hier waren die öffentlichen Hände gefordert. Die Treuhandstelle machte zwar de facto mit ihrer besonderen Aufmerksamkeit für Großbetriebe und dem Stellenwert der Sanierung in ihrer Alltagsarbeit auch Wirtschafts- und Strukturpolitik, sollte das aber gar nicht und war dazu auch nicht geeignet. In erster Linie war der Bund in zweifacher

---

520. »Die Initiativen greifen. Ostdeutsche Wirtschaft«. Dokumentation des Instituts der Deutschen Wirtschaft, iwd, Nr. 48, 29.11.1990, S. 6f.

Hinsicht gefordert: als Financier und als ordnungspolitischer Akteur. Als Financier konnte er dann tatsächlich weit mehr Milliarden zusammenbringen, als erwartet wurde. Hier war und ist er bisher ein Erfolg[521]. Aber schon damals zeichnete sich ein Versagen der politischen Führung in der Ordnungspolitik ab. Die politischen Entscheidungen waren noch durch eine zentrale Kompetenz beim Kanzleramt gelenkt worden. Eine analoge zentrale Zuständigkeit für die Entwicklung des Ordnungsrahmens einer Marktwirtschaft nun auch in der DDR gab und gibt es nicht und wurde auch als Notwendigkeit nicht gesehen.

Die Entscheidungen über die Investitionen in Verkehrseinrichtungen, Telekommunikation, Umweltschutz, Wohnungsbau, die Entwicklung der Verwaltung: All dies sollte von den zuständigen Ressorts der Bundesministerien gesteuert werden; die Abstimmung sollte durch Gesprächsrunden auf Staatssekretärs- bzw. Bereichsleiterebene erfolgen. Ein solches Arrangement ist auf zweifache Weise defizitär. Einmal sind solche Gremien für Ordnungspolitik nach Konzeptionen weder befugt noch geeignet. Zudem sind die Bundesministerien zur praktischen Umsetzung von Grundsatzentscheidungen nicht tauglich, weil sie (mit der Ausnahme der Bundeswehr) dem Grundsatz nach »policy ministries« sind – Ministerien für Grundsatzentscheidungen ohne administrativen Unterbau[522]; der für Einzelent-

---

521. Der Verlust des Verständnisses, was Millionen wirtschaftlich bedeuten, ereignete sich schon in den siebziger Jahren, machte aber seit 1983 galoppierende Fortschritte. Die Politik hat inzwischen eine eigene Währungseinheit, genannt »Politik-Geld«: »Eine politische Mark ist die kleinste Einheit, die angesichts der Mittel, die ein Politiker bewegen kann, bei Medien und Berufspolitikern als Beleg gewertet wird, daß der Politiker etwas tut« (nach Erwin K. Scheuch: »Das Politik-Geld«. In: Frankfurter Allgemeine Zeitung, 2. 9. 1985)

scheidungen vor Ort zuständige Unterbau befindet sich bei den Ländern, welche die Entscheidungen der Bonner Ministerien als Auftragsverwaltung ausführen. Ein integriertes Vorgehen, um den Rahmen für einzelwirtschaftliche Aktivitäten zu entwickeln, erfordert ein Abstimmen der Ressortentscheidungen nicht nur an der Spitze, sondern jeweils auch vor Ort. Es gab und gibt keine »Entwicklungsagentur DDR«, die eine Bestandsaufnahme für den Moment der Einigung vorbereitet hätte.

In diesem Zeitabschnitt wurde deutlich, was vordem lediglich in kritikwürdigen Einzelentscheidungen aufschien: Die inzwischen bestimmende politische Führungsschicht der Bundesrepublik versteht die soziale Marktwirtschaft als System nicht; sie mißversteht die in den fünfziger Jahren entwickelte Ordnung als Mischung von Laissez-faire und Etatismus[523]. Daß die soziale Marktwirtschaft als System gerade zu Beginn einen starken Staat erfordert, der über die Rahmenbedingungen die Entwicklung steuert, wurde nicht erinnert. So wurde die Aufgabe, die Wirtschaft in der DDR zu fördern, als Problem der Geldbeschaffung und -überweisung behandelt – analog der Verwechslung von Außenpolitik mit Scheckbuch-Diplomatie.

---

522. Unterderhand haben einige Ministerien, allen voran das Bundesministerium für Forschung und Technologie, sich aber eine Art von administrativem Unterbau geschaffen. Beim BMFT sind das die »Projektträger«, die im Rahmen von Programmen des BMFT die Mittel für die einzelnen Projekte verwalten. Auch die Post und die Bundesbahn sind keine wirklich föderalistisch organisierten Einrichtungen. Dennoch gilt für den Komplex wirtschaftliche Entwicklung der DDR die obige Charakterisierung im ganzen

523. Kennzeichnend hierfür ist das Unverständnis der Regierung Kohl/Genscher für das Wirken des Kartellamtes. Das wurde deutlich an der Kontroverse um den Zusammenschluß Mercedes-MBB, wo die Regierung nur mit Einwänden der »industrial politics«, der Förderung von Großunternehmen, argumentierte

Nach einer langen Nachtsitzung beschloß dann am 23. 8. 1990 die Volkskammer den Beitritt der DDR zur Bundesrepublik nach Artikel 23 des Grundgesetzes zum 3. Oktober 1990. Bezeichnend für die erlösende Wirkung nach dieser mehrmals hinausgezögerten Entscheidung war der starke Applaus für den PDS-Vorsitzenden Gregor Gysi, als dieser traurig vom soeben beschlossenen Untergang der DDR sprach. Mit ihm hatten nur 62 Parlamentarier (im Vergleich zu 294 Befürwortern aus CDU/DA, DSU, SPD und FDP) gegen das Aufgehen in die Bundesrepublik Deutschland gestimmt. Zugleich wurde der Termin für die ersten Wahlen in den neugebildeten Ländern auf den 14. Oktober 1990 festgelegt.
Am Vorabend dieser Landtagswahlen war die Stimmung in der Bevölkerung bereits besser als im Sommer 1990. Nach der eigenen wirtschaftlichen Situation gefragt, nannten nur 11 % diese »schlecht« oder »sehr schlecht«. Aber 40 % antworteten mit »gut«; ein Jahr zuvor war das nur bei 28 % der Fall gewesen. 50 % meinten, in einem weiteren Jahr noch besser dazustehen[524]. Wichtige Strukturreformen hatten große Mehrheiten in der Bevölkerung. Die Wiedererrichtung der alten Länder bejahten inzwischen 91 %, und für eine Privatisierung der Betriebe sprachen sich 84 % aus[525]. Die optimistischen Erwartungen der wirtschaftlichen Entwicklung blieben aber verbunden mit Sorgen um den Arbeitsplatz. Inzwischen gaben 5 % an, arbeitslos zu sein, und 84 % waren in Sorge um ihren Arbeitsplatz[526].

524. Der Spiegel, 35/90, 27. 8. 1990
525. Umfrage durch das Institut Infas; Mitteilung des Bundespresse- und Informationsamtes vom 10. 10. 1990
526. DDR-Politbarometer, Forschungsgruppe Wahlen, ZDF vom 2. 9. 1990

Am ehesten wurde der CDU zugetraut, den raschen Um- und Aufbau der Wirtschaft vollenden zu können. 61 % waren dieser Meinung, während nur 26 % dies der SPD zutrauten[527].

Zwischenzeitlich gab es noch einen Staatsakt: Am 20.9. 1990 wurde der bereits erwähnte umfangreiche Einigungsvertrag vom Deutschen Bundestag und von der DDR-Volkskammer ratifiziert. Am 3. Oktober 1990 vollzog sich dann die Wiedervereinigung Deutschlands unter überwältigender Zustimmung der Menschen in beiden zuvor getrennten Teilen. Überschriften in deutschen Zeitungen spiegeln die Stimmung an diesem Tag wider: »Hurra Deutschland« (Express, 2.10. 1990); »Ein Tag der Freude und der Hoffnung« (Kölner Stadt-Anzeiger, 3.10. 1990); »Sie tanzen, singen und trinken auf das vereinigte Vaterland. Die Nacht in Berlin« (Ralf Georg Reuth, FAZ, 4.10. 1990); »Deutschlands Herbstmärchen auf Umwegen« (Bernhard Heimrich, FAZ, 4.10. 1990); »Fröhlich, lautstark und würdevoll« (Johann Michael Möller, FAZ, 4.10. 1990); »Die Nacht der Deutschen« (Heimo Schwilk, Rheinischer Merkur/Christ und Welt, 5.10. 1990); »Deutschlands großer Tag« (Neue Zürcher Zeitung, 6.10. 1990).

Die Wahlen zu den fünf neuen Ländern – die dritte Wahl in einem Jahr – hatten verständlicherweise eine geringere Wahlbeteiligung bei ungefähr gleichbleibenden Ergebnissen. Zur Überraschung vieler Wahlbeobachter erwiesen sich die Beziehungen zwischen den sozialen Gruppen und den Parteivorlieben als weiterhin stabil und als immer noch abweichend von den Verhältnissen in der Bundesrepublik,

---

527. »Trendreport«, Bundespresse- und Informationsamt vom 26.9. 1990

wie sie es im März 1990 waren. So konnte man im Oktober rückblickend die ersten freien Wahlen zur Volkskammer am 18. März als sehr seltenen Fall einer sogenannten »kritischen Wahl« im Sinne der Wahlforschung erkennen. Damit sind solche Wahlen gemeint, bei denen frühere Verbindungen zwischen sozialen Merkmalen und Parteipräferenzen umgepolt werden und von da ab umgepolt bleiben[528].

Wieder hatte die CDU mehr Erfolg in den Städten als auf dem Land – den geringsten in Ostberlin, den höchsten im früher roten Sachsen. 51 % der Arbeiter hatten CDU gewählt – ein ganz leichter Rückgang in der Dominanz bei den Arbeitern. Inzwischen hat es den Anschein, als ob zumindest diese Besonderheit der DDR rückwirkt auf die Bundesrepublik, wo die SPD gegenwärtig Arbeiterstimmen besonders in ihrer Hochburg Ruhrgebiet verliert[529].

Bei den Landtagswahlen war ein Stimmensplitting möglich – also die Aufteilung einer Erst- und einer Zweitstimme auf verschiedene Parteien. Das ermöglicht eine quantitative Angabe über Nähe bzw. Ferne der Wähler verschiedener

---

528. Die Michigan-Schule für Wahlforschung (Philip E. Converse, Donald E. Stokes, Samuel H. Barnes, M. Kent Jennings) erklärt Wahlentscheidungen aus dem Zusammenspiel dreier Einflußgrößen: Identifikation des Wählers mit einer Partei, dominante Streitfragen (issues) und Eigenschaften der Kandidaten. Eine »normale Wahl« liegt dann vor, wenn nur die Parteiidentifikation das Wahlverhalten bestimmt. Üblicherweise bewirken Einflüsse von Themen und Kandidaten Abweichungen von »normalen Wahlen«, die nur vorübergehend sind. Insbesondere Themen bzw. Streitfragen können aber so stark wirken, daß die Parteiidentifikation umgepolt wird. Wahlen, in denen sich dies ereignet, werden »kritische Wahlen« (»critical elections«, »realignment«) genannt. Die klassische Quelle für diesen (wichtigsten) Ansatz der Wahlforschung ist Angus Campbell, Philip E. Converse, Warren E. Miller und Donald E. Stokes (Hg.): »Elections and the Political Order«. New York 1966

529. Analyse der Forschungsgruppe Wahlen, nach ZDF-Spezial vom 15. 10. 1990

Parteien zueinander: Verteilt ein Wähler seine beiden Stimmen auf zwei Parteien, so gelten sie als »benachbart«. Für das Land Brandenburg legte Joachim Rudolph eine repräsentative Auszählung dieses Wählerverhaltens vor[530]. Bei drei Parteien war das Splitting besonders gering: Die SPD (89,9 % wählten mit beiden Stimmen diese Partei), die PDS (84,5 %) und die CDU (80,5 %) haben inzwischen ihren jeweiligen Wählerstamm. Für drei weitere Parteien gilt dies nicht: FDP (41,9 % Splitting), Bündnis 90 (51,4 %) und Grüne (55,6 %). Die SPD ist bei ihren Wählern am nächsten den Wählern des Bündnis 90, die FDP am nächsten der CDU; die CDU ist bei ihren Wählern keiner anderen Partei besonders nahe – wenn überhaupt, dann noch denen der SPD vor denen der FDP. Die PDS ist jetzt ziemlich isoliert. Nicht nur in den Abstimmungsergebnissen, sondern auch in der Affinität zwischen den Parteien sind sich heute bereits die Deutschen aus den alten und den neuen Bundesländern ähnlich – bei vorläufig noch bestehenden Unterschieden in der Affinität zu sozialen Gruppen.

9.4. Endspurt nach der rechtlichen Vereinigung

Die Vision Adenauers in seiner ersten Regierungserklärung von 1954 nach der Integration der Bundesrepublik in die westliche Wertegemeinschaft hatte sich verwirklicht. Damals hatte er als seine Absicht erklärt, »die Bundesrepublik zu einem gesunden Staatswesen zu machen, das

530. Unveröffentlichter Bericht von Joachim Rudolph, Seminar für Soziologie der Humboldt-Universität Berlin

bereit und in der Lage ist, die Sowjetzone am Tage der Wiedervereinigung zu tragen und zu stützen«[531]. Die deutsche Geschichte sollte vom 3. Oktober 1990 nach einem Beschluß der Volkskammer der DDR weitergehen als Geschichte der Bundesrepublik Deutschland, in die die DDR einzugliedern war. So erwies sich diese Bundesrepublik wider Erwarten nicht als Provisorium, sondern als bewährte Struktur auch eines wiedervereinigten Deutschlands. Damit konnten die Deutschen endlich ihre kollektive Identitätsneurose verlieren[532].

Geht es mit der Vereinigung besser oder schlechter als erwartet, fragte nach der Vereinigung die Forschungsgruppe Wahlen[533]:

Mit der Vereinigung ging es ...	
besser als erwartet	42 %
wie erwartet	39 %
schlechter	17 %

Inzwischen konnte es in der DDR mit dem Abschluß des Vereinigungsprozesses gar nicht mehr schnell genug gehen. Zwar waren dort jetzt mehr Menschen mit der Entwicklung ihres Einkommens zufrieden als unzufrieden, aber die wirtschaftliche Entwicklung wurde doch überwiegend pessimistisch beurteilt. Dazu trug bei, daß bei Behörden und in Läden immer noch der Umgang mit den Kunden weit unfreundlicher war, als die DDR-Bürger dies inzwischen im

531. Zitiert nach Eckhard Fuhr: »Von der Spaltung zur Einheit«. FAZ, 24. 8. 1990, S. 7–10
532. Hans-Peter Schwarz: »Das Ende der Identitätsneurose«. Rheinischer Merkur/ Christ und Welt, Nr. 36, 7. 9. 1990, S. 3
533. Forschungsgruppe Wahlen, Querschnitt von Bundesbürgern, ZDF-Politbarometer vom 22. 10. 1990

Westen kennengelernt hatten. Die Menschen in der DDR hatten drei vorrangige Sorgen: Kriminalität, Arbeitslosigkeit und die weiter im Amt befindlichen kommunistischen Funktionäre. Der CDU traute man zu, mit zwei dieser Sorgen besser fertig zu werden als die SPD: mit den SED-Seilschaften und der Kriminalität[534].

Die Sorge um Arbeitslosigkeit war den Bundesbürgern gut verständlich, die Sorge um Kriminalität weniger. Ein Vergleich der Stimmung in den alten und neuen Ländern der Bundesrepublik Deutschland ergab ein steigendes Maß an allgemeiner Unruhe dort. Sowohl die Bundesbürger als auch die Bewohner der ehemaligen DDR waren mehrheitlich dafür, daß die Stasi- und SED-Verbrechen verfolgt werden. Verständlicherweise gab es auch hier in den neuen Bundesländern eine deutlichere Mehrheit:

Tabelle 91: Verfolgung der Stasi- und SED-Verbrechen[535]

	Das ist ganz allgemein von großer Bedeutung, daß die Stasi- und SED-Verbrechen verfolgt werden
West-Deutschland	58 %
Ost-Deutschland	69 %

In den neuen Ländern stieg die Sorge über die fortbestehende Stasi-Unterwanderung in den folgenden Wochen auf 83 %. In den westdeutschen Medien und im anlaufenden

534. Umfrage des Instituts für Demoskopie in Allensbach für SAT 1, »Blick Extra« vom 23. 10. 1990

535. Elisabeth Noelle-Neumann: »Kohl erreicht erstmals einen Kanzlerbonus. Ein stabiles Hoch für beide Koalitionsparteien.« FAZ, 24. 10. 1990, Nr. 248, S. 5

Tabelle 92: Politische Prioritäten und Kompetenzen[538]

Wichtige politische Ziele, persönliche Bedeutung und vermutete Lösungskompetenz der Parteien (in Prozent, Auszug aus einer Liste von Antwortvorgaben)

	Wichtiges Ziel		Darum kümmert sich mehr die CDU		die SPD	
	West	Ost	West	Ost	West	Ost
Die Renten sichern	81	86	31	33	19	21
Für einen schnellen wirtschaftlichen Aufschwung der ehemaligen DDR sorgen	69	92	53	45	5	8
Dafür sorgen, daß die Führungspositionen in den alten DDR-Betrieben endlich mit neuen Leuten besetzt werden	57	70	24	37	10	6
Das Zusammengehörigkeitsgefühl zwischen Ost und West stärken	47	64	30	24	6	8

Wahlkampf der alten Bundesrepublik spielte dieses Thema jedoch keine Rolle[536].

Auch die Einschätzung der wirtschaftlichen Lage war in der ehemaligen Bundesrepublik und der damaligen DDR grundverschieden. Seit September 1990 gab es mit einer Ausnahme in der ehemaligen DDR immer eine erhebliche Mehrheit für die Meinung, es gehe eher bergab[537]. Dem-

536. Repräsentativerhebung des Instituts für Demoskopie in Allensbach für SAT 1, »Blick Extra«, 6. 11. 1990, und die FAZ

537. Elisabeth Noelle-Neumann: »Im Osten überwiegt die wirtschaftliche Skepsis. Aber keine Anzeichen für eine Katastrophenstimmung«. FAZ, 7. 11. 1990, Nr. 260, S. 5

538. Ebenda, Tabelle 2

gegenüber war in der Bundesrepublik die Einschätzung der wirtschaftlichen Lage überwiegend positiv – wie auch tatsächlich die Konjunktur –, allerdings in den Meinungen eher noch weniger ausgeprägt als in der Realität.

Bei der Frage nach den wichtigsten politischen Zielen ergaben sich sehr unterschiedliche Antwortprofile (Tab. 92).

Einige Wochen vor der Wahl zeigte sich eine ziemliche Ähnlichkeit in der Einschätzung der relativen Kompetenz von CDU und SPD im Westen wie im Osten Deutschlands. Befragt, wer an den Problemen der Wirtschaft in der ehemaligen DDR die Schuld trägt, nannten dort nur 2 % die Bonner Regierung[539]. Die von Lafontaine versuchte Schuldzuweisung an die Regierung Kohl, weil diese alles viel zu schnell habe ablaufen lassen, war nicht erfolgreich. Bei diesem Urteil war es selbstverständlich, daß die SPD bei der Wahl weit abgeschlagen würde.

Die ersten Wahlen zu einem gemeinsamen deutschen Parlament hatte die politische Führung der Bundesrepublik 1989 zunächst für das Jahr 1991 geplant – frühestens. Nachdem aber mit der Rückendeckung durch die Sowjetunion internationale Rücksichtnahmen entfallen konnten, wurde gegen zunächst heftigen Protest der SPD die anstehende Bundestagswahl auch zugleich zur ersten gemeinsamen Wahl für ein deutsches Parlament. Hierfür schien aus technischen Gründen der 2. Dezember 1990 der früheste Termin.

Trotz dieser Komprimierung der politischen Prozesse blieb es ein müder Wahlkampf. Ein offensichtlicher Grund hier-

---

539. Ost-Politbarometer der Forschungsgruppe Wahlen für die Sendung Blickpunkt des ZDF vom 18. 11. 1990

für war die sich mit dem Herbst durchsetzende Gewißheit in Ost und West, daß die amtierende Regierungskoalition als Macher der Wiedervereinigung diese Wahlen nicht verlieren konnte. Bis Mitte des Jahres 1990 hatte das noch ganz anders ausgesehen, aber seither war diese Ansicht so allgemein, daß sie selbst eine Mehrheit der SPD-Wähler teilte. So wurde es eine der schwierigsten Aufgaben für die Planer des Wahlkampfes, die Wahlbeteiligung hochzuhalten. Bei der Union ließ man sich vom Institut für Demoskopie in Allensbach bestätigen, daß dies mit Erfolg geschehen sei; denn nach entsprechenden Umfragen sollte das Interesse an der Wahl sehr hoch sein[540]. »Geringes Interesse« ermittelte das Institut im Gebiet der alten Bundesrepublik nur bei 14 % und in den neuen Bundesländern bei 22 %. Diese Diagnose war damals schon zweifelhaft und erwies sich schließlich angesichts niedriger Wahlbeteiligung als irrig. Allerdings ging man bei der Bundesregierung unter Einschätzung der eigenen Chancen von einer hohen Wahlbeteiligung bei 85 % aus.

Es gab einen zweiten Grund für das tatsächlich nicht sehr starke Interesse an der ersten freien Wahl zu einem gesamtdeutschen Parlament seit 1933: Die Wahlkämpfer griffen zum Teil nicht die Themen auf, die für die Menschen von Interesse waren. Dazu gehörte das Asylantenthema, die Stabilität der DM, der Wohnungsbau im Westen und im Osten, daß DDR-Betriebe endlich mit neuen Leuten besetzt werden oder daß Sorge getragen wird für die Verfolgung von Stasi- und SED-Verbrechen[541].

540. Umfrage des Instituts für Demoskopie in Allensbach für »Blick Extra«, a.a.O., vom 23. 10. 1990

541. Noelle-Neumann: »Erstmals einen Kanzlerbonus«, FAZ, 24. 10. 1990, (a.a.O.)

Abweichend von den Erwartungen in den Monaten vorher wurde das schließliche Wahlergebnis in der ersten Kommentierung und inzwischen auch in der Erinnerung als selbstverständlich gewertet.

Tabelle 93: Ergebnis der Bundestagswahl am 2. 12. 1990[542]

–Deutschland insgesamt –

Wahlbeteiligung	%		Sitze	
	77,8			
CDU	36,7	44,0	268	319
CSU	7,1		51	
DSU	0,2		–	
SPD	33,5		239	
F.D.P	11,0		79	
Die Grünen	3,9		–	
PDS	2,4		17	
Bündnis 90/Grüne	1,2		8	
Die Republikaner	2,1		–	
Sonstige	1,8		–	

Das Insistieren der CSU, es müsse eine DSU im Bundestag geben – eine Art Ost-CSU –, hatte die Beratungen über das Wahlrecht sehr kompliziert gemacht und führte dann zu einer auf die DSU zugeschnittenen Wahlrechtsklausel. Nach der Wahl war zu sehen, daß durch diese »Extrawurst« der CDU/CSU Stimmen für die Berechnung der Mandate verlorengingen.

Bemerkenswert ist die für eine Bundestagswahl niedrige Wahlbeteiligung. Diese liegt in der Bundesrepublik gewöhnlich deutlich über 85 % und erreichte bei den Wahlen

542. Alle Bundestagswahlergebnisse nach: »Koalition gewinnt die erste gesamtdeutsche Wahl. Union stabil/FDP gestärkt/SPD und Grüne verlieren«. Das Parlament, 40. Jg., Nr. 50, 7. 12. 1990

zum Bundestag 1972 und 1976 über 90 %[543]. Schon die Beteiligung an der Wahl 1987 war mit 84,3 % erheblich unter dem Durchschnitt, die zweitschlechteste in der Geschichte der Bundesrepublik. Die jetzige Wahlbeteiligung insgesamt wurde durch die DDR verschlechtert, aber auch in dem Gebiet der alten Bundesrepublik war die Beteiligung der Wähler so gering wie 1949 bei der Wahl mit der bisher niedrigsten Beteiligung.

Tabelle 94: Ergebnis der Bundestagswahl am 2. 12. 1990

– Wahlgebiet West und Wahlgebiet Ost –

	Wahlgebiet West %		Wahlgebiet Ost %	
Wahlbeteiligung	78,6		74,7	
CDU	35,5	44,3	41,8	42,8
CSU	8,8		–	
DSU	–		1,0	
SPD	35,7		24,3	
F.D.P	10,6		12,9	
Die Grünen	4,8		0,1	
PDS	0,3		11,1	
Bündnis 90/Grüne	–		6,0	
Die Republikaner	2,3		1,3	
Sonstige	1,9		1,5	

543. Statistisches Bundesamt (Hg.): Datenreport 1989, Bonn 1989, S. 150

Die Regierung war im Amt geblieben, und die Opposition hatte von vornherein keine Chance gehabt. Dennoch hatte der Wahlausgang einige wichtige unerwartete Ergebnisse:

1. Der Anteil der CDU war mit 44,3 % nicht hoch, obgleich sich Kanzler Kohl zufrieden gab. Trotz eines Jahrhundertereignisses wie der Wiedervereinigung und eines Kandidaten der SPD, welcher der Koalition bestätigte, der jetzige Ablauf des Einigungsprozesses sei nur ihr Werk, erreichte die CDU lediglich das Ergebnis von 1987. Einen Einigungsbonus gab es nur insoweit, als ihr Ansehen nach 1987 erheblich abgesackt war. Gleichziehen mit dem Wahlergebnis von 1987 bedeutete aber, das zweitschlechteste Ergebnis seit Bestehen der Bundesrepublik zu erreichen.
2. Die Sozialdemokraten erzielten ihr schlechtestes Ergebnis seit Verabschiedung ihres Godesberger Programms. Inzwischen haben sie sich ein Programm zugelegt, das hinter Godesberg zurückgeht, wobei noch offen bleiben kann, wie weit das bei der jetzigen Wahl eine Rolle spielte. Wichtiger ist wahrscheinlich, daß die CDU wieder Arbeiter zurückgewinnt, die SPD diese aber verliert, und daß der erhoffte große Einbruch in die neuen Intelligenzberufe des Dienstleistungsgewerbes nicht erfolgt.
3. In der Nachkriegszeit herrschte ein Trend zur Konzentration der Stimmen auf die beiden großen Parteien vor. Der Konzentrationsgrad von 77,8 % ist bei dieser Wahl besonders niedrig gewesen, ohne daß es zu einer allgemeinen Zersplitterung des Parteiensystems gekommen wäre. Die Zahl der Parteien, die sicher mit einem Ergebnis jenseits der Fünf-Prozent-Grenze rechnen können, ist nicht gestiegen.

4. Den Grünen war ein Ergebnis knapp unter 10 % vorausgesagt worden – und das von den meisten Umfrageinstituten. Tatsächlich konnten sie auf dem Gebiet der bisherigen Bundesrepubik nicht einmal die Fünf-Prozent-Grenze überwinden und befinden sich in einer Existenzkrise.
5. Die Hoffnung der PDS, zu einer linken Konkurrenz neben der SPD werden zu können, dürfte nach den Ergebnissen dieser Wahl verfehlt sein. Bei Wahlen in Gesamtdeutschland mit einer Fünf-Prozent-Klausel für das ganze Bundesgebiet braucht die SPD nicht zu befürchten, nach links zu verlieren. Selbst in der ehemaligen DDR ist der Trend rückläufig.
6. Die Republikaner sind doch nicht so vollständig zerfallen, wie dies angesichts ihrer inexistenten Organisation zu erwarten war. Sie sind also weiter als Protestpartei in Ausnahmesituationen zu beobachten.
7. Die SPD muß jetzt nicht mehr eine Konkurrenz nach links durch Entgegenkommen oder Abgrenzung fürchten, könnte sich also wieder zur Mitte hin orientieren. Ihr Führungspersonal steht aber heute – zumindest in den mittleren Rängen – erheblich links von ihren eigenen Wählern[544].

Zusammenfassend kann das Wahlergebnis gedeutet werden als eine sichere parlamentarische Grundlage für einen Zusammenbau beider Teile Deutschlands. Es ist zugleich aber auch ein Hinweis darauf, daß sich das Parteiensystem

544. Siehe hierzu die Ausführungen im Kapitel: Wie extremistisch sind die Deutschen?

in der Bundesrepublik verflüssigt. Einen Wiedervereinigungsbonus hat es für Kanzler Kohl insofern gegeben, als seine miserablen Wertungen zwischen den Wahlen dem Normalmaß für einen Regierungschef angenähert wurden. Einen Vereinigungsbonus für die CDU gab es trotz einer der CDU ungewollt gefälligen SPD nur im Sinn einer Minderung der sonst zu erleidenden Verluste. Politik in Deutschland bleibt interessanter, als sich die Mehrheit der Bürger wünschen dürfte.

9.5. Das Zerbröseln des SED-Staates als Lehrstück

Wenn der Prozeß des Zerbröselns der SED-Macht und des Hineinwachsens des »ersten Arbeiter- und Bauernstaates auf deutschem Boden« in die Bundesrepublik hier als ungeplantes Experiment vorgestellt wurde[545] – was hat uns dann dieses Experiment gelehrt? Vieles – für die Zeitgenossen, die Deutschen, die Sozialwissenschaftler.

1. Noch im Sommer 1989 erschien die DDR als ein Monolith mit unerheblichen Dissidenten-Tupfern. Dann zerbröselte die Macht schrittweise, und alle Mühen der Politiker vermochten den Gang der Ereignisse nicht anzuhalten, erst recht nicht zu wenden. Wie anders redete Gorbatschow im Herbst 1989 und dann im Juli

545. Diese Perspektive wurde von M. Rainer Lepsius empfohlen: »Sie (= die Gesellschaft der DDR) war Objekt eines einzigartigen Experiments, das zu analysieren für eine Soziologie, die sich ganz überwiegend im institutionellen Rahmen westlicher Gesellschaften bewegt, auch von theoretisch und methodisch größtem Interesse sein müßte«. In: Kölner Zeitschrift für Soziologie und Sozialpsychologie, Heft 2, Jg. 42 (1990), S. 322

1990 von der deutschen Vereinigung und der NATO! Was bedeuteten die Zielerklärungen von de Maizière und anderen Erhaltern einer eigenständigen DDR? Vor allem – wie hilflos war der gewaltige Zwangsapparat angesichts einer Entwicklung, bei der seine Macht als ungeeignet zur Anwendung scheibchenweise beschnitten wurde! Nicht die Konfrontation, sondern letztlich das Abstimmen mit den Füßen zwang die SED zur schrittweisen Übergabe der Macht.

2. Peter Glotz hat zwar unrecht mit seinem »Post-Nationalismus«, aber recht mit seiner Beobachtung, daß es den alten Nationalstaat in Europa nicht mehr gibt. Die Handlungen der SED-Führung mit und ohne Verkleidung in fremdem Gewande zeigen die Abhängigkeit der Führung von der Großwetterlage. Eine »Chinesische Lösung« war nur dann mit Sicherheit erfolgreich, wenn die Sowjets ihre Zwangsmittel ausliehen, aber das paßte nun gar nicht zu deren damaliger internationaler Politik. Momentan kann kein Staat in Europa mal eben zehntausend Menschen erschießen, auch wenn dafür die Mittel überreichlich vorhanden sind.
3. Die DDR sollte ein zentral gelenkter Staat mit perfekter Planwirtschaft sein. Jetzt entlarvte er sich als ein Chaos, verdeckt durch bürokratische Abläufe. Jede Institution war fortwährend berichtspflichtig – und doch war auch die Führung über die wirklichen Zustände nicht informiert. Zwang bewirkte als Ausweichen davor das Beschönigen und das gegenseitige Belügen als Systemeigenschaft. Ein Regime, das sich gegenüber marktgesteuerten Systemen selbst die Fähigkeit zur Voraussicht zusprach, war de facto uninformiert und unfähig zu Voraussagen.

4. Für einen Deutschen war es großartig anzuschauen, wie die Menschen in der DDR rasch an Selbstvertrauen gewannen. Während gelegentlicher Besuche erschien vieles an der damaligen DDR wie eine direkte Fortsetzung der autoritären Traditionen Deutschlands, die uns nicht zu Unrecht von unseren Nachbarn nachgesagt werden. Der Kasernenhofton und die Schulmeisterei der Kleinfunktionäre waren für Westdeutsche entnervend. Auffällig waren auch das Duckmäusertum und eine dem Westdeutschen übergroß erscheinende Vorsicht im Reden. Als dann aber die Dämme gebrochen waren, als die Menschen sich gegenseitig Mut machten, zeigte sich unter dem angepaßten Bürger der DDR ein selbstbewußter Mitmensch, bereit und fähig zu Widerspruch und freier Zusammenarbeit.
5. 40 Jahre hatte das Regime versucht, »allseits gebildete sozialistische Persönlichkeiten« heranzuziehen. Eine kleinmaschige Zensur beschränkte die Außeneinflüsse, und der eigene Propaganda-Apparat sollte überwältigen. Es waren aber Deutsche, die sich begegneten, als Ungarn die Grenzen öffnete. Manche Worte waren verschieden, auch manche Erfahrungen, aber die Gemeinsamkeiten diesseits und jenseits der Mauer waren geblieben.
6. Die zerfließende Ordnung in der DDR war auch ein Test für die Führungsgruppen der Bundesrepublik. Westlichen Politikern bot sich die Gelegenheit, den Eindruck Lügen zu strafen, sie wehten mit dem Zeitgeist und seien Bauchredner, die fremde Texte täuschend selbst sprechen. Einige bestanden den Test – vor allem Helmut Kohl und Willy Brandt –, die Mehrzahl aber nicht. Manche Personalentscheidungen er-

wiesen sich als katastrophal. In Sachentscheidungen wurde das Fehlen ordnungspolitischer Vorstellungen offenbar.
Für die Wirtschaftsführer war das Durcheinander insbesondere zwischen dem 18. März und dem 3. Oktober 1990 eine große Chance und eine erhebliche Versuchung. Durch ein Eingehen auf die Machenschaften des ostdeutschen Führungspersonals konnten westliche Firmen zu raschen Gewinnen gelangen – auf Kosten der Bevölkerung der DDR. Was bisher sichtbar wurde, zwingt zu dem Schluß: Die Korruption, die Vorteilnahme in der Politik sind wohl milder als bisher zu werten – wir würden sonst gegenüber unserer wirtschaftlichen Führungsschicht mit zweierlei Maß messen.

7. Mit größerer Transparenz für die Art der Kooperation vieler Berufsgruppen und Institutionen mit dem SED-Regime wird auch der NS-Staat zwischen 1935 und 1939 heute verständlicher. Kritiker des DDR-Regimes irrten, wenn sie einen schroffen Gegensatz zwischen einer kleinen Clique von Herrschenden und einem unterdrückten Volk zu sehen vermeinten. Einen qualifizierteren Beruf konnte nur ausüben, wer sich mit dem Regime arrangierte. Die SED band die Spitzen der evangelischen Kirche als loyale Kritiker der konkreten Handlungen der politischen Führung de facto in das Regime ein und ließ sie zu Pfeilern des Systems werden. Vielleicht 10 bis 15 % der Bürger konnten durch Brosamen-Privilegien als Stützen der Herrschenden gewonnen werden. Bis zu einer massenhaften Herausforderung reichte das, die Herrschaft zu stabilisieren, den alltäglichen Terror als Instrument zu ersetzen durch gezielte Einschüchterung.

8. Grenzen der Medien wurden deutlich und zugleich deren Möglichkeiten, den Gang der Ereignisse zu beeinflussen. Die Berichterstattung zu Beginn der massenhaften Botschaftsbesetzungen verstärkte die Ereignisse selbst – ein Mechanismus, der zuerst an der Life-Übertragung von Ghetto-Unruhen in den USA der sechziger Jahre deutlich wurde. Solche Berichte machen die Gesellschaften nervöser. Zugleich wurden auch Grenzen der Medien sichtbar: Selbst bei dichter Berichterstattung über ein Land erstaunt der anschließende Augenschein.
   In den Sozialwissenschaften wird unterschieden zwischen Ereignisgeschichte und Sozialgeschichte: Die Medien leuchten den ereignisgeschichtlichen Teil der Vorgänge aus. Und auch davon nur einen Teil; denn die zerbröselnde DDR zeigt wieder einmal, daß Konspirationen und Cliquenwesen als verdeckter Teil der Ereignisgeschichte ein wirksamer Teil der Wirklichkeit sind.
9. Für einen Sozialwissenschaftler ist es besonders faszinierend zu sehen, wie entscheidend heute bei fortwährendem sozialem Wandel die Rückmeldesysteme für eine Gesellschaft sind. Insofern ist das Gleichsetzen von Kommunikation und Gesellschaft bei Habermas und anderen zwar immer noch abwegig, aber verständlicher. Vor allem bleiben nach dem Exempel der DDR-Gesellschaft Rückmeldesysteme nur leistungsfähig, wenn sie teilweise gegeneinander reden – also Fachpresse gegen Fernsehen, Fernsehen gegen persönliche Kommunikation, diese gegenüber Märkten usw.
10. An den Schwierigkeiten, die DDR umzubauen zu einer offenen Gesellschaft, wird die zentrale Bedeutung der

mittleren Ebene der Gesellschaft anschaulich. Das ist einmal nachzuweisen an den Grenzen des vormaligen Versuchs, aus diesem Teil Deutschlands eine Kopie der in der UdSSR angestrebten kommunistischen Gesellschaft zu machen. Und es wird umgekehrt jetzt deutlich bei den Versuchen, den Sozialismus rückzubauen. Bereits bei den Bemühungen um die Entnazifizierung nach 1945 bestätigte sich das Diktum von Max Weber: »Eine jede Berufsvereinigung ist eine Verschwörung gegen die Öffentlichkeit.« In einer jeden Institution überwiegt das Beharrungsvermögen.

Besonders ein relativ kleines Land wie die DDR ist als Gesellschaft bereits auf mittleren Ebenen – und erst recht an der Spitze – ein Gewebe gegenseitiger Verpflichtungen. Einem von außen kommenden Säuberer werden dann Kettenbriefe von Persilscheinen entgegengereckt. Letztlich eint auch Gegner in mittleren Positionen von Verantwortlichkeit die Weltsicht: Wer die Ordnungselemente des Alltags beschädigt, der bewirkt das Chaos.

11. Der Ablauf der Ereignisse in der DDR bekräftigt, daß die Vorstellung einer Gesellschaft als komplizierter Maschine, deren Teile im Verhältnis 1:1 aufeinander reagieren, völlig unangemessen ist. Ein eher organizistisches Bild, wie es auch den Erklärungen von Talcott Parsons unterliegt, ist angemessener. Das besagt, daß Gesellschaft »reaktiv« ist, daß Druck Gegendruck erzeugt, daß der Verlust eines Gleichgewichts in einer Ordnung Versuche zum Wiedergewinnen dieses Gleichgewichts (»Equilibrium«) auslöst.

Solche Systeme sind über- und unterdeterminiert zugleich, d. h. bei allen Veränderungen im einzelnen, bei allen Krisenerscheinungen oder deren Gegenteil scheint sich zunächst nichts zu bewegen[546]. Aber ist erst ein Schwellenwert erreicht, dann ist kein Halten mehr. Wird eine Zerfallserscheinung aufgehalten, fließt die Entwicklung um das Hindernis herum und reißt anschließend auch diesen fixen Punkt mit all den anderen weiter mit im Strom der Veränderung. Das gilt im kleinen, wie bei Prozessen individueller Verwahrlosung, wie im großen für ganze Gesellschaften – die DDR ist hierfür exemplarisch.

---

546. Daß es unterschwellig bereits eine Aushöhlung des Regimes gab, die den westlichen Beobachtern entging, hat Wolfgang Zapf ausgeführt: »Das DDR-System schien seine Selbststeuerungsfähigkeit zu erhöhen durch Verbesserung des Lebensstandards und durch perfekte Überwachung einschließlich des Ventils einer variablen Reisepolitik. Die Entspannungspolitik der Bundesrepublik Deutschland finanzierte durch riesige Real- und Geldtransfers den relativen Vorsprung der DDR im Ostblock. Was wir als Beobachter, Besucher und Verwandte unterschätzt haben, war die langfristige Erosion der materiellen Infrastruktur und die Sprengkraft einer doppelten Identität, in der DDR-Bürger öffentlich ihre Genossenrolle ausfüllten, privat jedoch von westlichen Standards nicht abgingen« (Wolfgang Zapf: »Modernisierung und Transformation«. In: WZB-Mitteilungen Nr. 50, Dezember 1990, S. 35)

Auswahlbibliographie

Abel, Wilhelm: »Geschichte der deutschen Landwirtschaft vom frühen Mittelalter bis zum 19. Jahrhundert«. 2. Aufl., Stuttgart 1967

Adorno, Theodor W., F. Frenkel-Brunswik, D. J. Levinson, R. N. Sanford: »The Authoritarian Personality«. New York 1950

Adorno, Theodor W. und Max Horkheimer: »Dialektik der Aufklärung«. Neueste Aufl., Frankfurt 1987

Allmann, Joachim: »Der Wald in der frühen Neuzeit«. Berlin 1989

Allport, Gordon W.: »The Nature of Prejudice«. Cambridge 1954 (dt. Übersetzung: »Die Natur des Vorurteils«. Köln 1971)

Almond, Gabriel und Sidney Verba: »The Civic Culture«. Princeton 1963

Aron, Raymond C.: »L'opium des intellectuels«. Paris 1955 (dt. Übersetzung 1957)

Barnes, Samuel H. und Max Kaase (Hg.): »Political Action. Mass Participation in Five Western Democracies«. Beverly Hills 1979

Baudrillard, Jean: »Selected Writings«. Stanford 1988

Beck, Ulrich: »Risikogesellschaft«. Frankfurt 1986
Bell, Daniel: »The Cultural Contradictions of Capitalism«. New York 1976
Bender, Peter: »Das Ende des ideologischen Zeitalters. Die Europäisierung Europas«. Berlin 1981
Bendix, Reinhard: »Nation Building and Citizenship«. New York 1964
Berdahl, Robert M.: »Der deutsche Nationalismus in neuer Sicht«. In: Heinrich August Winkel (Hg.): »Nationalismus«. Königstein 1978, S. 138–154
Bericht der Kommission »Zukunftsperspektiven gesellschaftlicher Entwicklung«, erstellt im Auftrage der Landesregierung von Baden-Württemberg, Stuttgart, November 1983
Berkowitz, L.: »Aggression – A Social Psychological Interpretation«. New York 1962
Best, Heinrich: »Interessenpolitik und nationale Integration 1848/49«. Göttingen 1980
Best, Heinrich: »Die Männer von Bildung und Besitz – Struktur und Handeln parlamentarischer Führungsgruppen in Deutschland und Frankreich«. Düsseldorf 1990
Best, Heinrich: »Nationale Verbundenheit und Entfremdung im zweistaatlichen Deutschland«. In: Kölner Zeitschrift für Soziologie und Sozialpsychologie, Heft 1, 42. Jg., 1990
Bogner, Arthur: »Zivilisation und Rationalisierung – Die Zivilisationstheorien M. Webers, N. Elias und der Frankfurter Schule«. Opladen 1989
Bohrer, Karl-Heinz: »Die Macht des Bildes. Zur Soziologie des häßlichen Deutschen«. In: Merkur (1977), 12, S. 1228–1230

Boldt, Hans: »Deutsche Verfassungsgeschichte. Band 2: Von 1806 bis zur Gegenwart«. München 1990

Bolte, Karl Martin und S. Hradil: »Soziale Ungleichheit«. Opladen 1984

Borchardt, K.: »Die industrielle Revolution in Deutschland«. München 1972

Boudon, Raymond: »Effets pervers et ordre social«. Paris 1977

Bourdieu, Pierre: »Die feinen Unterschiede«. Frankfurt 1982

Bracher, Karl Dietrich: »Deutscher Sonderweg«. In: Institut für Zeitgeschichte (Hg.): »Deutscher Sonderweg – Mythos oder Realität?« München 1982, S. 46–53

Brandt, Peter und Herbert Ammon: »Patriotismus von links«. In: W. Venohr (Hg.): »Die deutsche Einheit kommt bestimmt«. Bergisch-Gladbach 1982

Bras, Hervé Le und Emmanuel Todd: »L'invention de la France. Atlas anthropologique et politique«. Paris 1981

Bürklin, Wilhelm P.: »Grüne Politik«, Opladen 1984

Bundesministerium für innerdeutsche Beziehungen (Hg.): »Zahlenspiegel Bundesrepublik Deutschland – Deutsche Demokratische Republik – ein Vergleich«. Bonn, 3. Aufl. 1986

Campbell, Angus, Philip E. Converse, Warren E. Miller und Donald E. Stokes (Hg.): »Elections and the Political Order«. New York 1966

Conocer, Pamela J. und Stanley Feldman: »The Origins and Meaning of Liberal/Conservative Self-Identification«. In: American Journal of Political Science, Bd. 25 (1981), S. 617–645

Conocer, Pamela J. und Stanley Feldman: »How People Organize the Political World«. In: American Journal of Political Science, Bd. 28 (1984), S. 95–126

Conti, Christoph: »Abschied vom Bürgertum – Alternative Bewegungen in Deutschland«. Hamburg 1984

Converse, Philip E.: »The Nature of Belief Systems in Mass Publics«. In: David E. Apter (Hg.): »Ideology and Discontent«. New York 1964

Converse, Philip E.: »Some Mass-Elite Contrasts in the Perception of Political Spaces«. In: Social Sciences Information, Bd. 14 (1975), S. 49–83

Conze, Werner (Hg.): »Staat und Gesellschaft im deutschen Vormärz 1815–1848« (Industrielle Welt I), 2. Aufl., Stuttgart 1970

Dahrendorf, Ralf: »Gesellschaft und Demokratie in Deutschland«. München 1965; Neuaufl., München 1968

Deutsch, Karl W.: »Nationalism and Social Communication«. Cambridge (Mass) 1953

Deutsch, Karl W.: »The Nerves of Government«. Glencoe (Ill) 1963

Deutsch, Karl W.: »Nationenbildung – Nationalstaat – Integration«. Düsseldorf 1972

Deutsch, Karl W.: »Tides among Nations«. New York 1979

Dietz, Barbara und Peter Hilkes: »Deutsche in der Sowjetunion: Zahlen, Fakten und neue Forschungsergebnisse«. In: Aus Politik und Zeitgeschichte, B 50/1988, S. 3–13

Dupeux, Louis: »Nationalbolschewismus in Deutschland 1919–1933«. München 1985

Elias, Norbert: »Studien über die Deutschen«, Frankfurt am Main 1989

Esser, Hartmut: »Kulturelle und ethnische Identität bei Arbeitsmigranten«. Köln 1988

Falter, Jürgen W.: »Wahlen und Wählerverhalten während der Weimarer Republik unter besonderer Berücksichtigung der Phase 1928–1933«. In: Karl Dietrich Bracher et. al. (Hg.): »Die Weimarer Republik«. Bonn 1987

Faulenbach, Bernd: »Ideologie des deutschen Weges«. München 1980

Faulenbach, Bernd: »Deutscher Sonderweg. Zur Geschichte und Problematik einer zentralen Kategorie des deutschen geschichtlichen Bewußtseins«. In: Aus Politik und Zeitgeschichte, B 33/1981, S. 3–21

Fichte, Johann Gottlieb: »Rede an die deutsche Nation«. In: Bernhard Pollmann: »Lesebuch zur deutschen Geschichte«, Bd. II, Dortmund 1984, S. 196–210

Fischer, Wolfram: »Der Staat und die Anfänge der Industrialisierung in Baden 1780–1850«, Bd. 1, Berlin 1962

Freyer, Hans: »Revolutionen von rechts«. Jena 1931

Freyer, Hans: »Der politische Begriff des Volkes«. Jena 1933

Fricke, Karl Wilhelm, Hans Lechner und Uwe Thaysen: »Errungenschaften und Legenden. Runder Tisch, Willkürherrschaft und Kommandowirtschaft im DDR-Sozialismus«. (Deutschland-Report Nr. 11) Adenauer-Stiftung, Melle 1990

Friedrich, Walter: »Mentalitätswandlungen der Jugend in der DDR«. In: Aus Politik und Zeitgeschichte, B 16–17/1990, S. 25–37

Fuchs, Dieter und Hans-Dieter Klingemann: »The Left Right Schema«. In: M. Kent Jennings et. al. (Hg.): »Continuities in Political Action«. Berlin und New York 1990

Funke, Manfred, Hans-Adolf Jacobsen, Hans-Helmuth Knütter und Hans-Peter Schwarz (Hg.): »Demokratie und Diktatur. Geist und Gestalt politischer Herrschaft in Deutschland und Europa«. Schriftenreihe der Bundeszentrale für politische Bildung. Bd. 250, Bonn 1987

Gabanyi, Annelie Ute: »Die Deutschen in Rumänien«. In: Aus Politik und Zeitgeschichte, B 50/1988

Gast, Wolfgang: »Das Bild der Deutschen im amerikanischen Fernsehen. Ein Bericht über Ziele und Methoden einer inhaltsanalytischen Studie«. In: Dieter Schmidt-Sinns (Hg.): »Völker und Nationen im Spiegel der Medien«. Schriftenreihe der Bundeszentrale für politische Bildung, Bd. 269, Bonn 1989, S. 43–53

Gazzo, Emanuelle: »Das gestörte Bild der Deutschen. Zur aktuellen Kritik der Bundesrepublik in Europa«. In: Europa-Archiv, 32. Jg., 1977, S. 823–831

Geiger, Theodor: »Die Legende von der Massengesellschaft«. In: Archiv für Rechts- und Sozialphilosophie, Bd. 39 (1950/51)

Geramb, V. von: »Der Volksbegriff in der Geistesgeschichte und Volkskunde«. In: Zeitschrift für Volkskunde, Bd. 50, 1953

Gimpel, Jean: »La révolution industrielle du Moyen Age«. Paris 1975 (deutsche Ausgabe Zürich 1980)

Glaeßner, Gert-Joachim: »Politische Kultur und nationales Erbe in der DDR«. In: Karl-Ernst Jeismann (Hg.): »Einheit – Freiheit – Selbstbestimmung«. Bonn 1987, S. 120–142

Glaeßner, Gert-Joachim: »Vom ›realen Sozialismus‹ zur Selbstbestimmung. Ursachen und Konsequenzen der Systemkrise in der DDR«. In: Aus Politik und Zeitgeschichte, B 1–2/1990

Goethe, Johann Wolfgang von: »Deutschlands Zukunft«, 13. 11. 1813. In: Bernhard Pollmann: »Lesebuch zur deutschen Geschichte«. Bd. II, Dortmund 1984

Greenacre, M. J.: »Practical Correspondence Analysis«. In: V. Barnett (Hg.): »Interpreting Multivariate Data«. Chichester 1981. S. 119–146

Greß, Franz, Hans-Gerd Jaschke und Klaus Schönekäs: »Neue Rechte und Rechtsextremismus in Europa. Bundesrepublik, Frankreich, Großbritannien«. Opladen 1990

Grosser, Alfred: »Frankreich, die Bundesrepublik und das Problem der Nation in Europa«. In: Funke et. al. (Hg.): »Demokratie und Diktatur«. Bonn 1987, S. 417–423

Grunenberg, Antonia: »Das Ende der Macht ist der Anfang der Literatur. Zum Streit um die SchriftstellerInnen in der DDR«. In: Aus Politik und Zeitgeschichte, B 44/1990, S. 17–26

Gysi, Jutta und Nikolai Staufenbiel: »Familie in der DDR«. In: Stimme der Familie, 37. Jg., Heft 8/1990, S. 1–6

Habermas, Jürgen: »Strukturwandel der Öffentlichkeit«. Neuwied 1962; 2. durchgesehene Aufl., Neuwied 1965

Habermas, Jürgen: »Die neue Unübersichtlichkeit«. Frankfurt 1985

Habermehl, Werner: »Sind die Deutschen faschistoid?« Hamburg 1979

Hachel, Heinz: »Nationale Identität. ›Vernunftehe‹, zwischen Rechts und Links am Beispiel der Zeitschrift ›wir selbst‹. In: Niemandsland. Zeitschrift zwischen den Kulturen. Jg. 1, Heft 2/1987, S. 102–114

Hättich, Manfred: »Deutschland – Eine zu späte Nation«. Mainz 1990

Hart, Jeffrey: »Reactionary Modernism«. Cambridge 1984
Heinen, Ernst: »Staatliche Macht und Katholizismus in Deutschland«. 1. Band: bis 1867. Paderborn 1969. 2. Band: 1867 bis 1914. Paderborn 1979
Heintz, Peter: »Soziale Vorurteile. Ein Problem der Persönlichkeit der Kultur und der Gesellschaft«. Köln 1957
Hennig, Eike und Richard Saage (Hg.): »Konservativismus«. München 1983
Henning, Friedrich-Wilhelm: »Das vorindustrielle Deutschland 800–1800«. Paderborn 1974
Hildebrand, Klaus: »Der deutsche Eigenweg. Über das Problem der Normalität in der modernen Geschichte Deutschlands und Europas«. In: Manfred Funke et. al. (Hg.): »Demokratie und Diktatur«. Bonn 1987, S. 15–34
Hobsbawm, Eric J.: »The Age of Capital 1848–1875«. New York 1975
Hoffmann, Rolf: »Mit anderen Augen. Die Deutschen von außen betrachtet«. In: Die politische Meinung, 34. Jg., Nov./Dez. 1989, S. 35–40
Hoffmann-Axthelm, D. und E. Knödler-Bunte: »Wie souverän ist die Bundesrepublik?« Berlin 1982
Hoffmann-Lange, Ursula: »Eliten und Demokratie in der Bundesrepublik«. In: Max Kaase (Hg.): »Politische Wissenschaft und politische Ordnung«. Opladen 1986, S. 318–338
Hrbek, Rudolf: »Nationalstaat und Europäische Integration«. In: Peter Haungs (Hg.): »Europäisierung Europas?« Veröffentlichungen der Deutschen Gesellschaft für Politikwissenschaft (DGfP), Bd. 6, Baden-Baden 1989, S. 81–108
Hüllen, Rudolf von: »Ideologie und Machtkampf bei den Grünen«. Bonn 1990

Hüttenberger, Peter: »Deutsche Gesellschaft 1945«. In: Manfred Funke et. al. (Hg.): »Demokratie und Diktatur«, Bonn 1987, S. 316–330

Hyman, Herbert H. und Paul B. Sheatsley: »The Authoritarian Personality – A Methodological Critique«. In: Richard Christie und Maria Jahoda (Hg.): »Studies in the Authoritarian Personality«. Glencoe 1954, S. 50–122

Hyman, Herbert C. et. al.: »Application of Methods of Evaluation«. Berkeley Cal. 1962

Inglehart, Ronald: »The Silent Revolution – Changing Values and Political Styles Among Western Publics«. Princeton 1977

Inglehart, Ronald: »Kultureller Umbruch. Wertwandel in der westlichen Welt«. Frankfurt am Main 1989

Inkeles, Alex und Daniel J. Levinson: »National Character: The Study of Modal Personality and Sociocultural Systems«. In: Gardner Linzey (Hg.): »The Handbook of Social Psychology«. Bd. 2, 1954, S. 977–1020

Inkeles, Alex und D. H. Smith: »Becoming Modern – Individual Change in Six Developing Countries«. London 1974

Institut der deutschen Wirtschaft (Hg.): »Zahlen zur wirtschaftlichen Entwicklung 1990«. Köln 1990

Jäckel, Hartmut: »Unser schiefes DDR-Bild«. In: Deutschland Archiv, Oktober 1990, S. 2300–2312

Jeismann, Karl-Ernst (Hg.): »Einheit – Freiheit – Selbstbestimmung. Die Deutsche Frage im historisch-politischen Bewußtsein«. Schriftenreihe der Bundeszentrale für politische Bildung, Bd. 255, Bonn 1987

Jennings, Kent M. und Markus Gregory: »Partisan Orientation over the Long Haul – Results from the Three-Wave Socialization Panel«. In: American Political Science Review. 78. Jg. (1984), S. 1000–1018
Jesse, Eckhard: »Links- und Rechtsextremismus in der Bundesrepublik Deutschland«. In: Beiträge zur Konfliktforschung, 4/15. Jg. 1985, S. 51–72
Joerges, Bernward: »Soziologie und Maschinerie«. In: Peter Weingart (Hg.): »Technik als sozialer Prozeß«. Frankfurt 1989, S. 44–89
Jung, Matthias: »Parteiensystem und Wahlen in der DDR«. In: Aus Politik und Zeitgeschichte, B 27/1990, S. 12–22
Kalberg, Stephen: »The Origin and Extension of Culture Pessimism«. In: »Sociological Theory«, Bd. 5, 1987
Kellenbenz, Hermann: »Wirtschafts- und Sozialentwicklung der nördlichen Rheinlande seit 1815«. In: Franz Petri und Georg Droege (Hg.): »Rheinische Geschichte«. Bd. 3, Düsseldorf 1979, S. 1–70
Kepplingler, Hans Mathias: »Rechte Leute von Links«. Olten 1970
Kerlinder, Fred N.: »Liberalism and Conservativism – The Nature and Structure of Social Attitudes«. Hillsdale 1984
Kistler, Helmut: »Die Bundesrepublik Deutschland – Vorgeschichte und Geschichte 1945–1983«. Bonn 1985
Kleßmann, Christoph: »Die doppelte Staatsgründung – Deutsche Geschichte 1945–1955«. Bonn, 4. Aufl. 1986
Kleßmann, Christoph: »Zwei Staaten, eine Nation – Deutsche Geschichte 1955–1970«. Bonn 1988

Klingemann, Hans D.: »Measuring Ideological Conceptualization«. In: Samuel H. Barnes und Max Kaase (Hg.): »Political Action«. Beverly Hills 1979, S. 215–254

Klönne, A.: »Links wie rechts – auf der Suche nach nationaler Identität?« In: Die Neue Gesellschaft. Bd. 8, 1982, S. 727–731

Knight, Kathleen: »Ideology in the 1980 Election«. In: Journal of Politics, Bd. 47 (1985), S. 828–853

Kogon, Eugen: »Der häßliche Deutsche«. In: Frankfurter Hefte. 31 (1976), 11, S. 11–14

Köhler, Anne: »Wiedervereinigung – Wunsch und Wirklichkeit. Empirische Beiträge zur Frage der nationalen Orientierung unter innerdeutschen Aspekten«. In: Werner Weidenfeld (Hg.): »Nachdenken über Deutschland«. Köln 1985, S. 147–163

Köhler, Anne und Alexander Rummel: »Die Meinung der DDR-Bürger im deutschen Vereinigungsprozeß von Mai bis August 1990«. München, November 1990

Komitee für Grundrechte und Demokratie (Hg.): »Frieden schaffen mit anderen Waffen. Fünf Vorschläge zu einer alternativen Sicherheitspolitik«. Reinbek 1981

Konrad, György und Ivan Szelenyi: »Die Intelligenz auf dem Wege zur Klassenmacht«. Frankfurt 1978

Korte, Karl-Rudolf: »Deutschlandbilder – Akzentverlagerungen der deutschen Frage seit den siebziger Jahren«. In: Aus Politik und Zeitgeschichte. B 3/1988, S. 45–53

Korte, Karl-Rudolf: »Wohin gehören wir?« In: Politik und Kultur, 16. Jg., 1/1989, S. 27–33

Langguth, Gerd: »Der grüne Faktor«. 2. Aufl., Zürich 1984

Laqueur, Walter: »Was ist los mit den Deutschen?« London 1985

Lepsius, M. Rainer: »Zur Lage der Soziologie an den Universitäten der DDR«. In: Kölner Zeitschrift für Soziologie und Sozialpsychologie, Heft 2, Jg. 42, 1990
Levitin, Teresa und Warren E. Miller: »Ideological Interpretations of Presidential Elections«. In: American Political Science Review, Bd. 73 (1979), S. 751–771
Linse, Ulrich: »Ökopax und Anarchie«. München 1986
Lippmann, Walter: »Public Opinion«. 12. Aufl., New York 1949 (1. Aufl. 1922; dt. Übersetzung: »Die öffentliche Meinung«. München 1964)
Lipset, Martin Seymour: »The Sources of the Radical Right«. In: Daniel Bell (Hg.): »The Radical Right«. New York 1964
Lipset, Martin Seymour und Stein Rokkan: »Party Systems and Voter Alignment«. New York 1967
Lipset, Martin Seymour: »Political Man«, 2. Aufl., London 1983
Lobkowitz, Nikolaus (Hg.): »Irrwege der Angst«. Köln 1983
Longerich, Peter (Hg.): »Was ist des Deutschen Vaterland?« Dokumente zur Frage der deutschen Einheit 1800–1990. München 1990
Lotze, Gerd: »Deutsche und Amerikaner in der gegenseitigen Wahrnehmung«. In: Dieter Schmidt-Sinns (Hg.): »Völker und Nationen im Spiegel der Medien«. Schriftenreihe der Bundeszentrale für politische Bildung, Bd. 269, Bonn 1989, S. 109–115
Löwenthal, Richard: »Romantischer Rückfall«. Stuttgart 1970
Löwenthal, Richard und Hans-Peter Schwarz (Hg.): »Die zweite Republik. 25 Jahre Bundesrepublik Deutschland – eine Bilanz«. Stuttgart-Degerloch 1974

Lüdtke, Hartmut: »Expressive Ungleichheit – zur Soziologie der Lebensstile«. Opladen 1989

Luhmann, Niklas: »Westzeit und Systemgeschichte«. In: Peter Christian Ludz (Hg.): »Soziologie und Sozialgeschichte«. Opladen 1973, S. 81–115

Luhmann, Niklas: »Der politische Code ›Konservativ‹ und ›Progressiv‹ in systemtheoretischer Sicht«. In: Ders. (Hg.): »Soziologische Aufklärung«. 3. Aufl., Opladen 1981

Man, Hendrik de: »Vermassung und Kulturverfall«, 2. Aufl., München 1952

Marcuse, Herbert: »Der eindimensionale Mensch«. Neuwied 1967

Mathias, Peter: »The First Industrial Nation«. London 1969

Mathias, Peter: »Wer entfesselte Prometheus – Naturwissenschaften und technischer Wandel von 1600 bis 1800«. In: Karin Hausen und Reinhard Rürup (Hg.): »Moderne Technikgeschichte«. Köln 1975, S. 73–95

Mayer, Tilman: »Familienpolitik im Vergleich. Familien- und Bevölkerungsentwicklung in der DDR«. Stimme der Familie, 37. Jg., Heft 2, Februar 1990

Mayer, A. J.: »Dynamics of Counterrevolution in Europe 1870–1956«. New York 1971

Meier-Dallach, Hans-Peter, Rolf Ritschard und Rolf Nef: »Nationale Identität – ein Faß ohne empirischen Boden?« Zürich 1990

Meinecke, Friedrich: »Weltbürgertum und Nationalstaat« (Friedrich Meinecke Werke Band V), herausgegeben und eingeleitet von Hans Herzfeld, München 1962

Merritt, Anna J. und Richard L. Merritt: »Public Opinion in Occupied Germany«. Urbana (Ill) 1970

Merritt, Anna J. und Richard L. Merritt: »Public Opinion in Semisovereign Germany«. Urbana (Ill) 1980
Miller, Reinold: »Sinn des Lebens und Anspruch an sich selbst«. In: Einheit, 38 (1983), 10
Mosse, G. L.: »The Crisis of German Ideology«. New York 1974
Mühlmann, Wilhelm Emil: »Rassen, Ethnien, Kulturen. Moderne Ethnologie«. Neuwied 1964
Mühlmann, Wilhelm Emil: »Volk«. In: Wilhelm Bernsdorf: »Wörterbuch der Soziologie«. 2. Aufl., Stuttgart 1969, S. 1248–1252
Müller, Helmut L.: »Vaterland versus Muttersprache. Deutsche Schriftsteller und deutsche Nation«. In: Aus Politik und Zeitgeschichte. B 11/1982, S. 18
Müller, Helmut L.: »Der ›dritte Weg‹ als deutsche Gesellschaftsidee«. In: Aus Politik und Zeitgeschichte. Nr. B 27/1984, S. 27–38
Müller, Hans-Peter: »Lebensstile – ein neues Paradigma der Differenzierungs- und Ungleichheitsforschung«. In: Kölner Zeitschrift für Soziologie und Sozialpsychologie, Jg. 41 (1989), S. 53–71
Münch, Richard: »Die Struktur der Moderne«. Frankfurt 1984
Münch, Richard: »Die Kultur der Moderne«. 2 Bände, Frankfurt 1986
Neidhardt, Friedhelm: »Meinungsbefragung und Meinungsmache«. In: Kölner Zeitschrift für Soziologie und Sozialpsychologie, 37. Jg. (1985), S. 768–775
Noelle, Elisabeth und Erich Peter Neumann: »Jahrbuch der öffentlichen Meinung 1947–1955«. 2. durchgesehene Aufl., Allensbach 1956

Noelle, Elisabeth und Erich Peter Neumann: »Jahrbuch der öffentlichen Meinung 1965–1967«. Allensbach und Bonn 1968

Noelle-Neumann, Elisabeth und Edgar Piel (Hg.): »Eine Generation später. Bundesrepublik Deutschland 1953–1979«. München 1983

Noelle-Neumann, Elisabeth und Edgar Piel: »Allensbacher Jahrbuch der Demoskopie 1978–1983«, Bd. VIII, München 1983

Noelle-Neumann, Elisabeth und Erp Ring: »Das Extremismus-Potential unter jungen Leuten in der Bundesrepublik Deutschland 1984«. Allensbach 1985

Noelle-Neumann, Elisabeth und Renate Köcher: »Die verletzte Nation«. Stuttgart 1987

Noelle-Neumann, Elisabeth: »Demoskopie und Propaganda. Erfahrungen mit Umfragen in der DDR«. In: Die politische Meinung, Nr. 250, 35. Jg., Mai/Juni 1990, S. 6–13

Oschlies, Wolf: »›Vierzig zu Null im Klassenkampf?‹ Sprachliche Bilanz von vier Jahrzehnten DDR«. (Deutschland-Report Nr. 9), Adenauer-Stiftung. Melle 1990

Postan, M. M. and E. E. Rich (Hg.): »Trade and Industry in the Middle Ages«. Cambridge 1952

Pross, Helge: »Was ist heute deutsch? Wertorientierungen in der Bundesrepublik«. Reinbek 1982

Rautenberg, Hans-Werner: »Deutsche und Deutschstämmige in Polen – eine nicht anerkannte Volksgruppe«. In: Aus Politik und Zeitgeschichte. B 50/1988

Reigrotzki, Erich: »Soziale Verflechtungen in der Bundesrepublik. Elemente der sozialen Teilnahme in Kirche, Politik, Organisationen und Freizeit«. Tübingen 1956

Rokkan, Stein: »Nation-Building and the Structuring of Mass Politics«. In: S. N. Eisenstadt (Hg.): »Political Sociology. A Reader«. New York/London 1971, S. 393–411

Rovan, Joseph: »Staat und Nation in der deutschen Geschichte«. In: Werner Weidenfeld (Hg.): »Die Identität der Deutschen«, Bonn 1983, S. 229–247

Rüstow, Dankwart: »A World of Nations«. Washington 1968

Rytlewski, Ralf und Manfred Opp de Hipt: »Die Bundesrepublik Deutschland in Zahlen 1945–1980«. München 1987

Schäfers, Bernd: »Gesellschaftlicher Wandel in Deutschland«. Stuttgart, 5. Aufl. 1990

Scheuch, Erwin K. (unter Mitarbeit von Hans D. Klingemann): »Theorie des Rechtsradikalismus in westlichen Industriegesellschaften«. In: Heinz-Dietrich Ortlieb und Bruno Molitor (Hg.): »Hamburger Jahrbuch für Wirtschafts- und Gesellschaftspolitik«. 12. Jahr, Tübingen 1967, S. 11–19

Scheuch, Erwin K.: »Der deutsche Wähler und ein alternierendes Regierungssystem«. In: »Verfassung und Verfassungswirklichkeit«, Bd. 2 (1967) S. 197–221

Scheuch, Erwin K. und Marvin B. Sussman: »Gesellschaftliche Modernität und Modernität der Familie«. In: Günther Lüschen und Lupri, Eugen (Hg.): »Soziologie der Familie«. Opladen 1970, S. 239–253

Scheuch, Erwin K.: »Politischer Extremismus in der Bundesrepublik«. In: Löwenthal und Schwarz (Hg.): »Die zweite Republik«. Degerloch 1974, S. 433–469

Scheuch, Erwin K. und Helmut Zehnpfennig: »Skalierungsverfahren in der Sozialforschung«. In: René König: »Handbuch der empirischen Sozialforschung«. Band 3a: »Grundlegende Methoden und Techniken der empirischen Sozialforschung. Zweiter Teil«. 3. umgearbeitete und erweiterte Aufl., Stuttgart 1974, S. 97–203

Scheuch, Erwin K.: »Kulturintelligenz als Machtfaktor«. Osnabrück 1974

Scheuch, Erwin K.: »Wird die Bundesrepublik unregierbar?« Köln 1976

Scheuch, Erwin K.: »Was ist deutsch heute?« In: Politik und Kultur. Heft 1/4. Jg., Berlin 1977, S. 24–39

Scheuch, Erwin K.: »Eine andere Republik? Umfrageforscher ermöglichen eine Bilanz nach 26 Jahren«. In: Politik und Kultur. Heft 5/8. Jg., Berlin 1981, S. 3–23

Scheuch, Erwin K.: »Nationalität deutsch – Für die Bundesdeutschen ein Nichtproblem«. In: Politik und Kultur. Heft 6/10. Jg., Berlin 1983, S. 3–19

Scheuch, Erwin K.: »Auf der Suche nach der Krise. Vom Theorie-Defizit des real existierenden Kapitalismus«. In: Der Monat; Sonderheft: »Darf der Kapitalismus pleite gehen?« Weinheim 1983, S. 194–208

Scheuch, Erwin K.: »Die deutsche Nation im Bewußtsein der Bevölkerung der Bundesrepublik«. In: Klaus Weigelt (Hg.): »Heimat und Nation. Zur Geschichte und Identität der Deutschen«. Mainz 1984, S. 161–188

Scheuch, Erwin K. und Ute Scheuch: »China und Indien – eine soziologische Landvermessung«. Osnabrück 1987

Scheuch, Erwin K.: »Eine Gesellschaft wie nie zuvor«. In: Hans Spatzenegger (Hg.): »Freiheit, Gleichheit, Brüderlichkeit. Die Ideale der Französischen Revolution«. Salzburg 1989, S. 143–167

Scheuch, Erwin K. und Ute Scheuch: »Keine ethnischen Ghettos oder kulturelle und religiöse Konfliktlinien entstehen lassen«. In: der landkreis 1/1990, S. 14–19
Scheuch, Erwin K.: »Der real verfallende Sozialismus«. In: Merkur, Heft 3/1990, S. 472–482
Schiller, Friedrich: Sämtliche Werke, Bd. 1, herausgegeben von Gerhard Fricke und Herbert G. Göpfert, München 1973
Schmidt, Giselher: »Die Grünen«. Krefeld 1986
Schmitter, Philippe C. und Gerhard Lehmbruch (Hg.): »Trend Toward Corporatist Intermediation«. Beverly Hills 1979
Schüddekopf, Otto Ernst: »Linke Leute von rechts«. Stuttgart 1960
Schumpeter, Joseph A.: »Kapitalismus, Sozialismus und Demokratie«. Zunächst New York 1942, 3. deutsche Aufl., München 1972, S. 235–251
Schwan, Alexander: »Deutscher Liberalismus und nationale Frage im 19. Jahrhundert«. In: Funke et. al. (Hg.): »Demokratie und Diktatur«. Bonn 1987, S. 46–59
Schweigler, Gebhard: »Nationalbewußtsein in der BRD und der DDR«. Cambridge (Mass) 1973
Seagle, William: »The Quest for Law«. New York 1941
SINUS-Institut: »Fünf Millionen Deutsche: Wir sollten wieder einen Führer haben . . .« Reinbek 1981
Snow, Charles Percy: »The Two Cultures and the Scientific Revolution«. Cambridge 1959
Sontheimer, Kurt: »Ein deutscher Sonderweg?« In: Werner Weidenfeld (Hg.): »Die Identität der Deutschen«. Bonn 1983, S. 324–335

Sontheimer, Kurt: »Der ›deutsche Geist‹ als Ideologie. Ein Beitrag zur Theorie vom deutschen Sonderbewußtsein«. In Funke et. al. (Hg.): »Demokratie und Diktatur«. Bonn 1987, S. 35–45

Spengler, Oswald: »Preußentum und Sozialismus«. München 1920

Spengler, Oswald: »Untergang des Abendlandes«. München 1922

Spiegel Spezial: »162 Tage deutsche Geschichte. Das halbe Jahr der gewaltlosen Revolution«. Nr. 2/1990

Stackelberg, K. G. von: »›Alle Kreter lügen‹. Vorurteile über Menschen und Völker«. Wien/Düsseldorf 1965

Statistisches Bundesamt (Hg.): Datenreport 1989, Wiesbaden 1989

Statistisches Bundesamt (Hg.): DDR 1990 – Zahlen und Fakten. Wiesbaden 1990

Stearns, Peter N.: »Die Herausbildung einer sozialen Gesinnung im Frühindustrialismus – ein Vergleich der Auffassungen französischer, britischer und deutscher Unternehmer«. In: Peter Christian Ludz (Hg.): »Soziologie und Sozialgeschichte«. Opladen 1983, S. 320–342

Stern, Fritz: »The Politics of Culture Dispair«. Berkeley 1961

Sternhell, Zeev: »Les origines françaises du fascisme«. Paris 1978

Sternhell, Zeev: »Ni droite, ni gauche«. Paris 1983

Stürmer, Michael: »Das ruhelose Reich. Deutschland 1866–1918«. Berlin 1983

Szalai, Alexander (Hg.): »The Use of Time«, Den Haag 1972

Thaysen, Uwe: »Der Runde Tisch. Oder: Wo blieb das Volk?« Opladen 1990

Tipton, Frank B. Jr.: »Regional Variations of Germany during the Nineteenth Century«. Middleton/Conn. 1976
Tönnies, Ferdinand: »Gemeinschaft und Gesellschaft«, 3. Aufl., Berlin 1920
Touraine, Alain: »Le travail ouvrier et l'entreprise industrielle«. In: L. H. Parias (Hg.): »Histoire générale de travail«. Bd. 4, Paris 1962, S. 17–31
Treue, Wilhelm: »Wirtschaftsgeschichte der Neuzeit«. Bd. 1, 3. Aufl., Stuttgart 1973
Turner, Henry Ashby: »Geschichte der beiden deutschen Staaten seit 1945«. München 1989
US Bombing Survey, US Government Printing Office, Washington 1947
Uthmann, Jörg von: »Die Sehnsucht nach dem Paradies«. Stuttgart 1986
Vanberg, Viktor: »Die zwei Soziologien: Individualismus und Kollektivismus in der Sozialtheorie«. Tübingen 1975
Veen, Hans-Joachim: »Die schwankenden Westdeutschen«. In: Die politische Meinung. Mai/Juni 1990, Heft 250, S. 15–22
Vierhaus, Rudolf: »Historische Entwicklungslinien deutscher Identität«. In: »Die Frage nach der deutschen Identität«. Ergebnisse einer Fachtagung der Bundeszentrale für politische Bildung. Schriftenreihe der Bundeszentrale für politische Bildung. Bd. 221. Bonn 1985
Viljoen, Stephan: »Economic Systems in World History«. New York 1974, Teil 7
Weber, Max: »Die protestantische Ethik und der ›Geist‹ des Kapitalismus«. In: Archiv für Sozialwissenschaft und Sozialpolitik, 20. Bd. 1905, S. 1–54; 21. Bd. 1905, S. 1–110

Weidenfeld, Werner: »Die Identität der Deutschen – Fragen, Positionen, Perspektiven«. In: Werner Weidenfeld (Hg.): »Die Identität der Deutschen«. Schriftenreihe der Bundeszentrale für politische Bildung. Bd. 200, Bonn 1983, S. 13–49

Weidenfeld, Werner (Hg.): »Nachdenken über Deutschland«. Köln 1985

Weipmann, Ansgar (Hg.): »Handlungsspielräume – Untersuchungen zur Individualisierung und Institutionalisierung von Lebensläufen in der Moderne«. Stuttgart 1989

Winkler, G.: »Sozialreport 1990«. Berlin/Ost und Bonn 1990

Wolffsohn, Michael: »Keine Angst vor Deutschland«. Erlangen 1990

Zedtwitz-Arnim, G. V. Graf: »... Ein Ruf wie Donnerhall. Deutschlandspiegel«. Düsseldorf-Wien 1977

»Zur (bundes)deutschen Seele – Nachbarschaftsgefühle österreichisch gespiegelt«. In: Journal für Sozialforschung, 30. Jg. (1990), Heft 1

Publizistische Quellen

AvH-Magazin: »Frankreich und die ›incertidudes allemandes‹« (Wolf Lepenies), Nr. 55, August 1990, S. 55–62

Capital: »Über die größten Errungenschaften«. Capital-Erhebung 1978 (Rudolf Wildenmann), Nr. 10/1978

Code. Exclusives aus Politik und Wirtschaft: »Bonn: Vorsicht heißt die Parole« (Gordon Tether), Nr. 7, Juli 1990, S. 6f.

Deutsche Zeitung: »Volksfront von außen. Ein unnötiges Problem mobilisiert die Deutschfeindlichkeit« (Erwin K. Scheuch), Nr. 23, 4. 6. 1976, S. 2

Deutsches Allgemeines Sonntagsblatt: »Freiheit, die sie meinen« (Rudolf Großkopff), 10. 11. 1989, S. 1

Deutschlandfunk: »Deutsche in der Sowjetunion« (Eduard Neumaier), 11. 12. 1990

DPA-All: »Kritische Worte für Kohl nach dem Bonner Kompromiß«. 7. 3. 1990, Meldung 294

Frankfurter Allgemeine Zeitung: »Die unheimlichen Deutschen. Mißverständnisse von draußen werden mit Übertreibungen von drinnen genährt« (Günther Gillessen), 25. 2. 1978

Frankfurter Allgemeine Zeitung: »Nationalismus von links« (Erwin K. Scheuch), Nr. 176, 2. 8. 1983, S. 6
Frankfurter Allgemeine Zeitung: »Das Politik-Geld« (Erwin K. Scheuch) 2. 9. 1985
Frankfurter Allgemeine Zeitung: »Der Versuch, einen nationalen Charakter zu verändern« (Elisabeth Noelle-Neumann), 28. 2. 1986, S. 11
Frankfurter Allgemeine Zeitung: »Wir sind selbst schuld. Aus dem Innenleben der SED. Eine Enthüllungsreportage« (Monika Zimmermann), Nr. 219, 21. 9. 1989, S. 33
Frankfurter Allgemeine Zeitung: »Das Zusammengehörigkeitsgefühl ist stark geblieben. Auch die junge Generation hält an der einen deutschen Nation fest« (Elisabeth Noelle-Neumann), 23. 10. 1989, S. 13
Frankfurter Allgemeine Zeitung: »Glaubenskrieg. Westöstliche Eintracht unter Intellektuellen« (Frank Schirrmacher), Nr. 280, 2. 12. 1989, S. 27
Frankfurter Allgemeine Zeitung: »Die Furcht vor dem ›Vierten Reich‹« (Karl Jetter), 13. 12. 1989, S. 16
Frankfurter Allgemeine Zeitung: »Wo soll man anfangen? Die stille Liebe zur Heimat DDR« (Helga Schubert), Nr. 30, 24. 1. 1990, S. 29
Frankfurter Allgemeine Zeitung: »Furcht, Hoffnung und der Einheitsstaat« (Matthias Rüb), 6. 2. 1990, S. 29
Frankfurter Allgemeine Zeitung: »Das Spektakel ist zu Ende. Und die Künstler werden wieder gebraucht« (Helga Königsdorf), Nr. 48, 26. 2. 1990, S. 33
Frankfurter Allgemeine Zeitung: »Die Angst, das Fernsehen, die kleinmütigen Deutschen. Wie man mit Stimmungsberichten vor der DDR-Wahl Politik macht« (Mathias Schreiber), Nr. 63, 15. 3. 1990, S. 35

Frankfurter Allgemeine Zeitung: »Die Bundesrepublik als liebstes Reiseziel. Erste Untersuchung der Reiseabsichten von Deutschen aus der DDR« und »Der Westen lockt. Die Reiseabsichten der DDR-Bürger für 1990 – eine Umfrage«. 15. 3. 1990
Frankfurter Allgemeine Zeitung: »Jeder ist mit seiner Wahrheit allein« (Frank Schirrmacher), 10. 4. 1990, Literatur
Frankfurter Allgemeine Zeitung: »Die stillen Amerikaner aus Deutschland« (Jörg von Uthmann), 2. 5. 1990
Frankfurter Allgemeine Zeitung: »›Dem Druck des härteren, strengeren Lebens standhalten‹. Auch eine Studie über den autoritären Charakter: Christa Wolfs Aufsätze, Reden und ihre jüngste Erzählung ›Was bleibt‹« (Frank Schirrmacher), Nr. 127, 2. 6. 1990, Literatur
Frankfurter Allgemeine Zeitung: »Hat Lafontaine jetzt das letzte Blättchen von seiner Ja-nein-ja-Margerite gepflückt?« (Helmut Herles), 12. 6. 1990, S. 3
Frankfurter Allgemeine Zeitung: »Für einen kulturellen Havel-Plan. Blick in französische Zeitschriften: Eitelkeiten in der postkommunistischen Ära, neue Flaggschiffe und Bernard Pivots Bilanz« (Jürg Altwegg), 16. 6. 1990, S. 29
Frankfurter Allgemeine Zeitung: »Zu viele Tugenden. Ein polnisches Plädoyer für mehr Maß bei deutscher Selbstbezichtigung« (Andrej Szczypiorski), 18. 6. 1990, S. 34
Frankfurter Allgemeine Zeitung: »Die Stimmung in Deutschland. Der Grundton ist optimistisch« (Elisabeth Noelle-Neumann), 19. 6. 1990, S. 14
Frankfurter Allgemeine Zeitung: »Weltfremd und blind. Zum Streit um die Literatur der DDR« (Günter Kunert), Nr. 149, 30. 6. 1990, S. 27

Frankfurter Allgemeine Zeitung: »Mehrheit der Westdeutschen will ›Deutschland‹ als Staatsnamen«. 20. 7. 1990, S. 4

Frankfurter Allgemeine Zeitung: »Diestel: Stasi-Akten vernichten! ›Chancengleichheit‹/Die Zustände im Innenministerium/Kein Berufsverbot«. 1. 8. 1990, S. 4

Frankfurter Allgemeine Zeitung: »Umfrage: Fast jeder dritte zum Mithelfen in der DDR bereit«. 15. 8. 1990, S. 10

Frankfurter Allgemeine Zeitung: »Von der Spaltung zur Einheit« (Eckhard Fuhr), 24. 8. 1990, S. 7–10

Frankfurter Allgemeine Zeitung: »Eine große Mehrheit der Deutschen in Ost und West befürwortet die Einheit. Allensbach: Die meisten vermuten ein anderes Meinungsbild/Zustimmung zur Wiedervereinigung in der DDR größer als in der Bundesrepublik«. 28. 8. 1990, S. 6

Frankfurter Allgemeine Zeitung: »Auf jedes Zick folgt irgendwann ein Zack« (Stephan Speicher), 8. 10. 1990, S. 35

Frankfurter Allgemeine Zeitung: »Kohl erreicht erstmals einen Kanzlerbonus. Ein stabiles Hoch für beide Koalitionsparteien.« (Elisabeth Noelle-Neumann), 24. 10. 1990, Nr. 248, S. 5

Frankfurter Allgemeine Zeitung: »Im Osten überwiegt die wirtschaftliche Skepsis. Aber keine Anzeichen für eine Katastrophenstimmung« (Elisabeth Noelle-Neumann). 7. 11. 1990, Nr. 260, S. 5

Frankfurter Rundschau: »Uneins über deutsche Einheit. Mehrheit findet Umweltschutz wichtiger als Wiedervereinigung« (Inge Günther), 12. 12. 1989, S. 1

Frankfurter Rundschau: »Die Floskel von der ›allseits gebildeten Persönlichkeit‹. Die DDR im Umbruch: Suche nach Ansätzen für eine Bildungsreform« (Hannegret Biesenbaum), 22. 2. 1990

Frankfurter Rundschau: »Made in Germany«. 23. 8. 1990, S. 3

GFM-Mitteilungen zur Markt- und Absatzforschung: »Die Verwendung von Zeit in West- und Osteuropa« (Erwin K. Scheuch), Jg. 13 (1967), S. 97

Informationen zur politischen Bildung (Hg. Bundeszentrale für politische Bildung): »Aussiedler«, 2. aktualisierte Auflage 1989

Kölnische Rundschau: »Wahlausgang in der DDR ist völlig offen. Meinungsforscher: Große Unsicherheit wegen fehlender Daten – Hohe Wahlbeteiligung erwartet«. 13. 3. 1990

Kölnische Rundschau: »Ganz unerwartet: Begeisterung für unsere Fahne«. (Bruno Mahlberg), Wochenendjournal, 22. 7. 1990

Kölnische Rundschau: »Die verdienen daran, daß alles kaputtgeht. Treuhandanstalt von den alten SED-Seilschaften durchsetzt« (Arnd Brummer). Nr. 248, 23. 10. 1990, S. 3

Kölner Stadt-Anzeiger: »DDR-Umfrage: SED bekäme bei Wahl 31 Prozent«. 8. 12. 1989, S. 6

Kölner Stadt-Anzeiger: »Mehrheit für behutsame Vereinigung. Umfrage zum ZDF-Politbarometer – Grundgesetz soll beibehalten werden«. 19. 3. 1990, S. 7

Kölner Stadt-Anzeiger: »Lafontaine – Schon jetzt ein Staatsmann« (Kurt Born), 14./15. 6. 1990, S. 20

Kölner Stadt-Anzeiger: »Fast jeder vierte Bundesbürger lehnt die Einheit ab«. 15. 8. 1990, S. 8

MedienKritik-Dokumentation: »Sozialdemokratische Deutschlandaussagen«. Der Parlamentarisch-Politische Pressedienst (PPP). Nr. 7/12. 2. 1990, S. 7

MedienKritik: »Schiefes Bild vermittelt. ARD und ZDF verkennen Schwierigkeiten und übertreiben Ängste«. Nr. 32, 6. 8. 1990, S. 11

MedienKritik: »DDR-Wirtschaft: Stereotype Horror-Berichterstattung. Wie Lafontaines Kurs unterstützt wird«. Nr. 34/20. 8. 1990, S. 3

Merkur »DDR Extra«: »Nachruf – oder kein Ausflugslokal im Finowtal« (Günter Gaus), Hamburg 1990, S. 95–98

MUT: »Deutschfeindlichkeit gestern und heute« (Hans-Helmuth Knütter), Nr. 278, Oktober 1990, S. 45–52

Neue Zürcher Zeitung: »Autorin aus der DDR mit politischen Aufgaben. Begegnung mit Helga Schubert in Zürich«. 31. 1. 1990, Nr. 24, S. 37

Neue Zürcher Zeitung: »Das Hexeneinmaleins der deutschen Einheit«, Nr. 98, 29./30. 4. 1990, S. 7

Neue Zürcher Zeitung: »Deutschlands neue Metamorphose«. 6./7. Mai 1990, S. 6 (Ch. M.)

Neue Zürcher Zeitung: »Undiplomatische Verbalattacke eines britischen Ministers gegen Deutschland. Warnungen vor deutscher Dominanz in der EG«. Nr. 160, 14. 7. 1990, S. 1

Neues Deutschland: »Abgrenzung« (Jürgen Kuczynski), 10. 2. 1971

Neues Deutschland: »Konservative Revolutionen« (Jürgen Kuczynski), 8. 11. 1989, S. 4

Neues Deutschland: »Westpolizei probte den Aufstand – Mit Gewalt erzwingen, was die Politik versäumt hat?« (Frank Wehner), 15. 11. 1990

New York Times: »The Red Grime Line« (Flora Lewis), 10. 4. 1990, S. A 11
Parlament: »Aussiedler«. Beilage, 26. 7. 1982
Parlament: »Wer sind die Neuankömmlinge?« (Stefanie Wahl), 39. Jg., Nr. 35, 25. 8. 1989
Parlament: »Chancen für die deutsche Wirtschaft. Bedeutung der Aussiedler für uns« (Klaus Leciejewski), 39. Jg., Nr. 35, 25. 8. 1989
Parlament: »Koalition gewinnt die erste gesamtdeutsche Wahl. Union stabil/FDP gestärkt/SPD und Grüne verlieren«. 40. Jg., Nr. 50, 7. 12. 1990
Parlament: »Schlechter Gesundheitszustand in Ostdeutschland«. 22. 2. 1991
planung und analyse: »Die Mehrheit in Europa ist für ein geeintes Deutschland«. 17. Jg., April 4/1990
Quick: »Welcher Name? Welche Flagge? Welche Hymne?« (Wickert-Umfrage), Heft Nr. 9, 22. 2. 1990
Report-München: »Trendwende« (Holger Lösch), 20. 2. 1990
Rheinischer Merkur: »Gibt es Feindschaft gegen Deutsche? Eine gespielte Empörung« (Erwin K. Scheuch), 9. 7. 1976, S. 3
Rheinischer Merkur: »Souveränität falsch geparkt« (Erwin K. Scheuch), S. 31, 5. 8. 1983, S. 8
Rheinischer Merkur/Christ und Welt: »Prozentjäger. Wahlrechtsänderung« (Erwin K. Scheuch), Nr. 32, 10. 8. 1990
Rheinischer Merkur/Christ und Welt: »Blockierer unter Druck. Investitionen in der DDR: Die Industrie versetzt den Hoffnungen nach dem zweiten Staatsvertrag einen herben Dämpfer« (Hans Martin Kölle), Nr. 36, 7. 9. 1990, S. 12

Rheinischer Merkur/Christ und Welt: »Das Ende der Identitätsneurose« (Hans-Peter Schwarz), Nr. 36, 7. 9. 1990, S. 3
Rheinischer Merkur/Christ und Welt: »Das haben wir einfach nicht verdient« (Hermann Kant), 19. 10. 1990, S. 21
Sender Freies Berlin (Kulturelles Wort): »Das halbe Deutschland ganz oder das ganze Deutschland halb. Über die Chancen der DDR als DDR« (Rainer Ott), 19. 2. 1990
Spiegel: »Fremde Zähler. Wann und von wem erfahren die DDR-Wähler nächsten Sonntag, wie sie gewählt haben?« Nr. 11/1990, 12. 3. 1990, S. 40ff.
Spiegel: »Kohls zweiter Sieg schon sicher? Spiegel-Umfrage im Wahljahr 1990 (III): Die politische Situation im Monat März«. Nr. 14/1990, 2. 4. 1990, S. 36–48
Spiegel: »Ist die Wahl schon entschieden? Spiegel-Umfrage im Wahljahr 1990 (VI): Die politische Situation im Juni«. Nr. 26/1990, 25. 6. 90, S. 40–50
Spiegel: »Zu groß, zu tüchtig, zu mächtig« (Rudolf Augstein), 27/90, 2. 7. 1990
Spiegel-Gespräch: »Nötige Kritik oder Hinrichtung?« mit Günter Grass über die Debatte um Christa Wolf und die DDR-Literatur. Nr. 29/1990, 16. 7. 90
Spiegel: »Jetzt ist da eine Einheitssoße«. Der Dramatiker Heiner Müller über die Intellektuellen und den Untergang der DDR. Nr. 31/1990, 30. 7. 90
Spiegel: »›Die Krake müssen wir sezieren‹. Der Bürgerrechtler Jens Reich über das Ende der DDR«. Nr. 37/1990, 10. 9. 1990
Stern: »DDR-Wahlen – Modrow und SPD vorn«. Heft 10, 1. März 1990, S. 277

Stern: »Die Zwei-Klassen-Nation« (Heinrich Jaenecke), 12. 7. 1990, S. 142
Süddeutsche Zeitung: »Wahlen in Hessen und Bayern« (Erwin K. Scheuch). 30. 12. 1966
Süddeutsche Zeitung: »Wanderungsbewegung von der Mitte zum Rand«. 31. 1. 1989
Süddeutsche Zeitung: »Hälfte der DDR-Bürger gegen Wiedervereinigung«. 9./10. 12. 1989, S. 6
Süddeutsche Zeitung: »Mit gemischten Gefühlen zur Einheit. Die meisten Bundesbürger rechnen kurzfristig für sich eher mit Nachteilen, wenn die deutsche Teilung aufgehoben wird«. 20. 2. 1990, S. 10
Süddeutsche Zeitung: »Das Tempo drosseln auf dem Weg zur Einheit«. 19. 3. 1990, S. 12
Süddeutsche Zeitung: »Was deutsch ist, bestimmen wir. Reißt zum Schluß auseinander, was zusammengehört?« (Gerhard Schweigler), Nr. 124, 31. 5. 1990, S. 11
Süddeutsche Zeitung: »Frontstaat und Kampffeld. Das Deutschlandbild im US-Fernsehen ist immer noch stark von der Nazi-Zeit geprägt« (Roswitha Loibl), Nr. 164, 19. 7. 1990, S. 38
Tempo: »Oh Oskar«. Nr. 2/90, Februar 1990, S. 38
Welt am Sonntag: »›Solche roten Socken müssen raus aus den Betrieben‹. In 90 Prozent aller Firmen in den neuen Ländern regieren noch die Cliquen, die einst die SED einsetzte – Das Beispiel SKET in Magdeburg« (Hans-Joachim Nöh), Nr. 50, 16.. 12. 1990, S. 4
Welt: »Sensationeller Sieg von CDU und DSU. Schnelle Schritte zur Einheit erwartet«. 19. 3. 1990, S. 1
Welt: »Nach dem 18. März bricht in Frankreich Selbstkritik aus« (Hanspeter Oschwald). 26. 3. 1990, S. 2

Welt: »Welle antideutscher Gewalt in England nach der WM-Niederlage«. 6. 6. 1990, S. 1

Welt: »Sachsen will gegen Stasi-Mittelbau vorgehen. Bürgerkomitee in Leipzig lehnt Überstellung der Akten nach Berlin ab« (Thomas Krafczyk), Nr. 198, 25. 8. 1990

Welt: »Angst vor Krauts, Hunnen und der Mark« (Siegfried Helm), 2. 10. 1990, S. 11

Welt: »Der Rückzugsbefehl kam in letzter Minute. Schaltete Honecker selbst um auf Dialog?« (Werner Kalinka und Thomas Krafczyk), Nr. 235, 8. 10. 1990, S. 5

Welt: »Wir machen den totalen Schnitt. Wir fangen wieder bei Null an« (Jürgen H. Wintermann), Nr. 249, 24. 10. 1990, S. 15 (Beginn einer Serie: Treuhand Report)

Welt: »Die Kriminalität ist jetzt die größte Gefahr«. In: Die Welt im Gespräch. (Joachim Neander und Manfred Schell im Gespräch mit Bundesinnenminister Wolfgang Schäuble). 10. 12. 1990, Nr. 288, S. 6f.

Welt: »Mit hoher Intelligenz auf das schlimmste denunziert« (Jürgen Serke). 11. 12. 1990, Nr. 289, S. 3

Welt: »Bei der Stasi-Auflösung kräftig abgesahnt? Neue Verdachtsmomente gegen Günter Eichhorn« (Frank Mangelsdorf), Nr. 292, 14. 12. 1990, S. 4

WirtschaftsWoche: »Deutsches Dilemma« (Hans-Peter Canibol und Reinhold Böhmer), 15. 6. 1990, S. 29–32

WirtschaftsWoche: »Alte Zöpfe kappen. Per Staatsvertrag wurden im anderen Deutschland zahlreiche Regelungen und Knebelungen eingeführt, die das Wachstum bremsen«. Nr. 28, 5. 7. 1990, S. 14–26

Zeit: »Die Deutschen im Zerrspiegel. Radikalenerlaß als Stein des Anstoßes« (Theo Sommer), 4. 6. 1976

Zeit: »Deutschland: gedoppelt, nicht getrennt? – Honekkers Besuch in Bonn: worum es geht« (Theo Sommer), 4. 9. 1987

Zeit: »Kleine Schritte oder große Luftsprünge? Deutschlandpolitik zwischen Torschlußpanik und Anschlußeuphorie – Das Ziel muß bleiben: Wandel ohne Explosion« (Theo Sommer), 22. 9. 1989, S. 3

Zeit: »Alles Schrott. Die DDR-Wirtschaft steuert immer schneller auf den Abgrund zu« (Peter Christ), Nr. 7, 9. 2. 1990, S. 23 und 25

Zeit: »Einheit? Ja, aber bitte billig!«, 9. 3. 1990, S. 3

Zeit: »Der Preis der Einheit« (Robert Leicht), 9. 3. 1990

Zeit: »Warum der rechte Rand ausfranzt« (Robert Leicht), 17. 3. 1989, S. 1

Zeit: »Ein Votum für die Einheit. Die Arbeiterschaft entschied sich für die Allianz« (Manfred Berger, Wolfgang G. Gibowski und Dieter Roth), Nr. 13, 23. 3. 1990, S. 5

Zeit: »Der DM-Nationalismus. Weshalb es richtig ist, die deutsche Einheit nach Artikel 146 zu vollziehen, also einen Volksentscheid über eine neue Verfassung anzustreben« (Jürgen Habermas), Nr. 14. 30. 3. 1990

Zeit: »Der Schmerz über das eigene Versagen« (Helga Königsdorf), 1. 6. 1990

Zeit: »Predigen in einer leeren Kirche. Rollenprobleme für das Staatsoberhaupt: Richard von Weizsäcker zeigt Unsicherheit, während der Kanzler die Stunde nutzt« (Gunter Hofmann), 27. 7. 1990, S. 5

Zeit: »Aufarbeitung per Reißwolf? Unter Bonner Druck. Die Volkskammer wurde mit ihren Ansichten zur Zukunft der Stasi-Akten übergangen« (Christian Wernicke), Nr. 27, 7. 9. 1990, S. 2

Zeit (Dossier): »Der letzte Coup der Stasi. Der Apparat ist zerschlagen, dic Spitzel machen Karriere« (Thomas Kleine-Brockhoff, Kuno Kruse und Michael Sontheimer), Nr. 42, 12. 10. 1990, S. 17–21

Zeit (Dossier): »Lieber rot als tot. Vierzehn Portraits – ein politisches Kaleidoskop« (Ulrich Stock), 2. 11. 1990

Zeit: »Über das Geld und andere Herzensdinge. Schwierigkeiten eines Intellektuellen mit der Ökonomie oder: Erst kommt das Fressen, dann kommt die Unmoral« (Wolf Biermann), Nr. 47, 16. 11. 1990, S. 61

»Graue Literatur«

Allensbacher Berichte Nr. 15/1990

Allensbacher Berichte Nr. 6/1982, Internationale Wertstudie 1981/82: Frage nach dem Nationalstolz der Deutschen

Allensbacher Berichte Nr. 13/1982

Allensbach-Umfrage: »Das Ansehen der Deutschen. Eine Repräsentativbefragung in den Vereinigten Staaten, in Großbritannien und Frankreich im Auftrag der Redaktion des ›Stern‹«. IfD-Bericht 2970/I, März 1984

Allensbach-Umfrage: »Aussiedler in der Bundesrepublik Deutschland«. November 1988

Allensbacher Berichte Nr. 6/1990

Allensbacher Berichte: »Die ersten freien Wahlen in der DDR. Ein klares Ergebnis für Wiedervereinigung und soziale Marktwirtschaft«. Nr. 8/1990

Allensbach-Umfrage für SAT 1, Sendung Blick Extra vom 23. 10. 1990

Allensbach-Umfrage für SAT 1 und die FAZ, SAT 1, Blick Extra, 6. 11. 1990

Allensbacher-Umfragen Nr. 2064, 3021, 3072, 4002, 4049, 4194/4195, 5024, 5025

Blasius, Jörg: »Korrespondenzanlayse – ein multivariates Verfahren zur Analyse qualitativer Daten«. In: Historische Sozialforschung. Quantum Information. Nr. 42/43. April/Juli 1987, S. 172–189

Bundespresse- und Informationsamt, Rundfunk-Auswertung Deutschland, 24. 4. 1990, S. 6

Bundespresse- und Informationsamt, Mitteilung vom 27. 6. 1990

Bundespresse- und Informationsamt, Mitteilung vom 19. 7. 1990

Bundespresse- und Informationsamt, Mitteilung vom 20. 9. 1990

Bundespresse- und Informationsamt, Mitteilung vom 26. 9. 1990

Bundespresse- und Informationsamt, Mitteilung vom 10. 10. 1990

EMMAG (Empirisch-methodische Arbeitsgruppe des Instituts für Soziologie und Sozialpolitik: Methodenbericht zur Durchführung der Studie ISSP 1990 plus, Berlin 1990 (unveröffentlichte Randauszählung)

Emnid-Informationen Nr. 50/1958, Anlage »Völker im Urteil der Deutschen«

Emnid-Informationen Nr. 5/6 1989

Emnid-Informationen Nr. 7/8 1989

Emnid-Informationen Nr. 11/12 1989

Eurobarometer Nr. 24, Dezember 1985

Eurobarometer Nr. 25, Juni 1986

Eurobarometer Nr. 27, Juni 1987

Eurobarometer 2000, Sonderausgabe 30. Jahrestag, März 1987
Eurobarometer Nr. 31, Juni 1989
Eurobarometer N. 33, Juni 1990
Eurobarometer: »Rassismus, Ausländerfeindlichkeit und Intoleranz«. Brüssel, November 1989 (Sonderausgabe)
Forsa: »Gesamtdeutsche Meinungen zu Deutschland«. Umfrage 101/1165. 4. 9. 1987 (unveröffentl. Manuskript)
Forschungsgruppe Wahlen: »Wahl in der DDR«. Mannheim, 6. 4. 1990, S. 7
ForschungsgruppeWahlen: DDR-Politbarometer, ZDF vom 2. 9. 1990: »Trendreport«
Forschungsgruppe Wahlen, ZDF-Spezial vom 15. 10. 1990
Forschungsgruppe Wahlen, ZDF-Politbarometer vom 22. 10. 1990
Forschungsgruppe Wahlen: Ost-Politbarometer für die Sendung Blickpunkt des ZDF vom 18. 11. 1990
Forschungsgruppe Wahlen, ZA-Studien Nr. 1764 und 1765
Fuchs, Dieter und Hans D. Klingemann: »Function, Structure and Contents of the Left-Right Schema«, (mimeo). Köln/Berlin 1987
Fuchs, Dieter und Steffen M. Kühnel: »Die evaluative Bedeutung ideologischer Selbstidentifikation«. Vervielfältigt, Zentralarchiv Köln 1989
gesellschafts-politische standpunkte (gps). Informationen und Nachrichten zur Gesundheitspolitik, Alterssicherung, Umwelt und zum Arbeitsmarkt aus Deutschland und Europa. 1. Jg., Nr. 1, 4. 1. 1990
Habich, Roland et. al.: »Sozialreport 1990. Daten und Fakten zur sozialen Lage der DDR. Dokumentation eines Workshops am Wissenschaftszentrum Berlin für Sozialforschung (WZB)«. Berlin 1990

HICOG-Report Nr. 17S
HICOG-Report Nr. 211
Hoffmann-Nowotny, Joachim: »Auf dem Wege zu einer individualisierten Gesellschaft«. Universität Zürich, Nr. 6, 1989
Infas-Umfragen 1973, 1977, 1978, 1980 und 1981
Infas-Untersuchung: »Meinungen und Einstellungen zur Ausländerproblematik«. Tabellenband Februar 1982. Endbericht April 1982
Infas-Report: »Politogramm Bundestagswahl 1983«. Bonn-Bad Godesberg März 1983
INFRATEST: Die Meinung der DDR-Bürger im Deutschen Vereinigungsprozeß von Mai bis August 1990. München, November 1990 (Anne Köhler)
Inkeles, Alex: »National Character Revisited«. 28. 12. 1988. Veröffentlicht durch WZB (Wissenschaftszentrum Berlin für Sozialforschung), Arbeitsgruppe Sozialberichterstattung, P 89–103
Ipos: »Einstellungen zu aktuellen Fragen der Innenpolitik 1990 in der Bundesrepublik Deutschland und in der DDR«. Ergebnis zweier repräsentativer Umfragen Mai/Juni 1990 im Auftrag des Bundesministers des Inneren der Bundesrepublik Deutschland. Mannheim 1990
Institut für Weltwirtschaft an der Universität Kiel: »Wahlen, Parteien und Parteiprogramme in Deutschland seit 1871« (Glismann und Rodemer). Oktober 1990
iwd: »Die Integration deutscher Aussiedler – Perspektiven für die Bundesrepublik Deutschland. Untersuchung des IW im Auftrag des Bundespresseamtes«. (Zusammengefaßt veröffentlicht in: iwd, Institut der Deutschen Wirtschaft, Nr. 39, 28. 9. 1989 und Nr. 41, 12. 10. 1989)

iwd: »Wirtschaft und Unterricht«. Institut der Deutschen Wirtschaft, 15.2. 1990
iwd: »DDR-Steuersystem. Gleiches Einkommen – andere Belastung«. Institut der Deutschen Wirtschaft, Nr. 7, 15.2. 1990, S. 4f.
iwd: »Der Kaufkraft-Vergleich«. Institut der Deutschen Wirtschaft, Köln, 22.3. 1990
iwd, Informationsdienst des Instituts der Deutschen Wirtschaft, 14.6. 1990
iwd: »Weit im Rückstand. DDR/Strukturwandel«. Institut der Deutschen Wirtschaft Köln, Jg. 16, Nr. 35, 30.8. 1990, S. 5
iwd: »Die Initiativen greifen. Ostdeutsche Wirtschaft«. Dokumentation des Instituts der Deutschen Wirtschaft, iwd, Nr. 48, 29.11. 1990, S. 6f.
Kapelle, Günter, Jan-Bernd Lohmöller und Günter Wignanek: »Die Parteienlandschaft der Volkskammerwahl«. USUMA, Ost-Berlin 1990
Kölner Statistische Nachrichten: »Kommunalwahl am 1. Oktober 1989 in Köln«. Heft S 11, 1989
Küchler, Manfred: »Die Wahlerfolge der NSDAP bis 1932 im Lichte der modernen Wahlforschung«. Referat auf dem 24. Deutschen Soziologentag Oktober 1988 (vervielfältigt)
Medienspiegel des Instituts der deutschen Wirtschaft: »Hohe Akzeptanz für West-TV«. Jg. 13, Nr. 41, 9.10. 1989
Medienspiegel des Instituts der deutschen Wirtschaft: »Privat-TV im Abseits«. 20.8. 1990
Sample Institut, Pressemitteilung o. D. Telefonische Repräsentativbefragung am 3. und 4.10. 1989
Scheuch, Erwin K. und Hans D. Klingemann: »Materialien

zum Phänomen des Rechtsradikalismus in der Bundesrepublik 1966. Beiträge zur Politischen Soziologie« (als Manuskript vervielfältigt). Köln 1967
Statistisches Bundesamt, Ausländer 1981, Fachserie 1, Reihe 14. Wiesbaden 1982. S. 14ff. und Statistisches Bundesamt Januar 1988, veröffentlicht in: iwd, Institut der Deutschen Wirtschaft 5/89, 2. 2. 1989
Szumni, Birgit, Isabell Leichtleitner und Franz Bauske: »Datenreport: Die Vereinigung der beiden deutschen Staaten«. ZA-Information 26/1990, S. 62–71
Wissenschaftszentrum Berlin: »DDR Wohlfahrtssurvey 1990«. Berlin 1990 (unveröffentlichte Randauszählung)
Wittek, Georg: »Marktforschung in der DDR«. In: Context, Folge 01/90, S. 1–4
Zapf, Wolfgang und Georg Thurn (Hg.): »Zur Lage der sozialwissenschaftlichen Forschung in der ehemaligen DDR«. Wissenschaftszentrum Berlin, Dezember 1990
Zentralarchiv für Empirische Sozialforschung an der Universität zu Köln und Zentrum für Umfragen, Methoden und Analysen (ZUMA) Mannheim: Allgemeine Bevölkerungsumfrage der Sozialwissenschaften; Allbus 1988, Subsetcodebuch. Köln/Mannheim 1988
Zentralarchiv Informationen Nr. 26: Eurobarometer, Köln 1989, S. 8–31
ZUMA: Informationsdienst soziale Indikatoren – »Geringe Lebenszufriedenheit in der ehemaligen DDR«. Nr. 5, Januar 1991, S. 1–4
ZUMA: Informationsdienst soziale Indikatoren – »Einstellungsmuster gegenüber Gastarbeitern, Übersiedlern und Aussiedlern«. Nr. 5, Januar 1991, S. 10–14
ZUMA: Soziologie in der DDR. Mannheim, Juni 1990 (Jürgen Hoffmayer-Zlotnik)